書籍殿堂
的智者

傑出圖書館學家
李華偉傳

楊陽 ｜ 著

李華偉博士夫婦第一次退休後在俄大校園合照

|李博士中年照片

|Mary中年照片

李華偉博士圖書館生涯大事記

俄大第十五任校長溫仁‧奧頓博士（Vernon Alden，任期為1962至1969年）捐贈五百萬美金給俄大圖書館

李華偉博士當選為1987年俄大榮譽校友及俄州最傑出圖書館員

1999年9月李華偉博士在俄大退休時，俄大董事會特別把一座新建的圖書館分館命名為李華偉圖書館分館

俄大圖書館將總館一樓命名為李華偉國際藏書中心

俄大董事會董事長親臨頒發董事會正式命名證書

俄大校長，兩位前任校長，及董事會正副董事長，親臨剪彩

2001年李博士擔任美國傅爾布萊特資深專家，前往泰國清邁大學講學時，得到詩琳通公主在皇宮裡接見，感謝李博士對泰國圖書館的貢獻

2010年10月李博士參加在台北舉辦的第八次中文文獻資源共建共享國際會議

大力促成李華偉博士到國會圖書館的助理館長Dr. Carolyn Brown

國會圖書館亞洲部的閱覽室

李博士接待美國勞工部趙小蘭部長

菲美裔百歲老太太以慶祝生日名義請為她祝壽的親朋好友捐款給
國會圖書館亞洲部

國會圖書館亞洲部之友會贈送紀念冊

亞洲部同事贈送感謝狀

國會圖書館館長畢靈頓博士親臨致辭感謝李博士五年任內的卓越成就

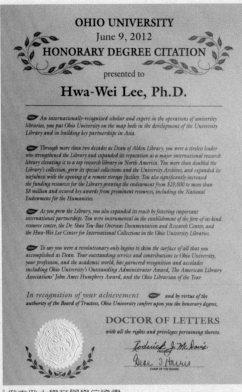

俄亥俄大學榮譽學位證書

2012年6月9日俄亥俄大學頒授榮譽博士學位給李華偉博士

2011年11月17日在深圳圖書館舉辦的李華偉博士圖書館學術思想研討會

李華偉夫婦於師大校門口合影

國立台灣師範大學在2013年12月4日至29日舉辦李華偉教授特展暨學術圖書館發展趨勢研討會

李博士於台灣師大舉辦之研討會致辭

李華偉博士與家人

李華偉博士在雅典城的新家

華偉和Mary在國會圖書館退休後遷往佛羅　　李華偉博士夫婦在傑克森威爾城柏樹村內的交通
里達州的傑克森威爾城定居　　　　　　　　工具

二次退休後李華偉博士與Mary合照

慶祝李博士夫婦結婚50週年

李博士夫婦全家在愛荷華州慶祝潘穆拉和貝絲的婚禮

李博士夫婦在佛州的海濱與家人團聚

017

雪莉全家合照

潘穆拉與貝絲合照　　詹姆斯全家合照

▌愛德華全家合照

▌查理斯全家合照

▌羅伯特全家合照

2012年8月與弟妹各家在哥倫布市團聚（左起：華明，Mary，華偉，華宇，袁清，華寧，華俊，蘇）

與家人一同參觀俄大圖書館國際藏書中心

程煥文序

程煥文

李華偉，一個在世界圖書館界享有極高知名度和美譽度的響亮名字，在美國東亞圖書館界和中國圖書館界，幾乎人人皆知、無人不景仰。這不僅是因為李華偉博士在圖書館事業上功勳卓著，達到了華美圖書館界迄今無人企及的領袖地位，在圖書館學術研究上碩果累累，超越了圖書館學資訊學研究生院一流教授的學術成就與國際影響，而且是因為李華偉博士禮賢下士，平易近人，樂善好施，助人為樂，具有超乎尋常的親和力和仁愛心。

我在二十世紀九〇年代中期才結識李華偉博士，那時李華偉博士擔任美國俄亥俄大學圖書館館長，是華人在美國擔任研究型大學圖書館總館館長的第一人。與美國大學圖書館館長通常稱為University Librarian或者Director不同的是，李華偉博士的館長頭銜前面還有一個十分罕見的特別字眼Dean，中國國內因為傳統文化的影響習慣將其翻譯為「院長」級館長，似乎美國大學圖書館館長的社會地位像中國如今的大學圖書館館長一樣不及學院的院長。其實，美國的大學圖書館館長更像「職業館長」，添列「院長」頭銜，除了在大學的管理中額外享有院長的「參政」權利以外，更多的是享受一種學術榮譽，一種不同於一般「職業館長」，而類似於「學術館長」的榮譽。這正是李華偉博士作為大學圖書館館長的與眾不同之處。

一九九八年秋，我赴美國伊利諾大學（UIUC）圖書館學資訊學研究生院做訪問學者，耶誕節期間與同在美國俄亥俄州立肯特大學做訪問學者的武漢大學圖書館館長燕今偉相約一起去拜訪李華偉

博士，那時李華偉博士即將退休。到達俄亥俄大學以後，我們才知道李華偉博士給我們安排的住所是俄亥俄大學年逾百歲的老校長捐獻給學校的私人別墅，一棟位於俄亥俄大學校園中心專供學校校長接待貴賓的高級別墅。夜晚觀看電視時，當地華人餐館的廣告不斷播放李華偉博士和俄亥俄大學校長一起在華人餐館用膳的鏡頭，以此招徠顧客。由此可見，李華偉博士在俄亥俄大學社區的影響。更令人意想不到和喜出望外的是，俄亥俄大學決定將當時正在建造的俄亥俄大學貯存圖書館命名為「李華偉圖書館」，作為學校送給李華偉博士的退休禮物，以表彰李華偉博士在擔任俄亥俄大學圖書館館長的二十一年間對俄亥俄大學做出的卓越貢獻。李華偉博士退休以後，俄亥俄大學還將俄亥俄大學圖書館總館的第一層重新裝修，命名為「李華偉國際藏書中心」，以表彰李華偉博士促進俄亥俄大學國際化的傑出貢獻。一個美國著名的大學給予一位大學圖書館館長如此崇高的永久性榮譽，這在美國極其罕見，在世界圖書館界可能也是鳳毛麟角。

美國國會圖書館是世界上最大的國家圖書館，素以執世界圖書館事業之牛耳著稱，館內人才濟濟。二十世紀中國圖書館界的卓越領袖、原北京圖書館館長（今中國國家圖書館）袁同禮先生乃中國留美攻讀圖書館學的第一代圖書館學家，在任期間致力於中美圖書館界的交流與合作，特別是與美國圖書館協會和美國國會圖書館的交流與合作，貢獻卓著，一九四九年後赴美定居，曾於一九五七年至一九六五在美國國會圖書館亞洲部中文組任職八年，但並不為美國國會圖書館所見用，屈居中文文獻編目整理之位，一身才能被淹沒。李華偉博士退休以後，應美國國會圖書館之聘，繼亞洲部代理主任盧國邦（Karl Lo）先生之後，擔任亞洲部主任（二〇〇三～二〇〇八），是為美國國會圖書館亞洲部第一位正式的華人主任。由此可見，李華偉博士在美國圖書館界的地位和影響。

正因為如此，要為李華偉博士撰寫傳記性的著作，不僅需要足夠的才識，而且還需要足夠的膽量。可喜的是，楊陽二者兼具，不僅做到了，而且做得十分漂亮。

二○一一年初春李華偉博士同意我負責編輯出版《李華偉文集》[1]時，我曾詢問李華偉博士是否可以在編輯出版《李華偉文集》的同時，撰寫一部回憶錄，或者找人寫一部傳記性的著作，以記錄他的人生歷程。李華偉博士言：中央電視臺記者楊陽曾在俄亥俄大學留學，做過他的助手，幾年前已開始著手收集資料、深度訪談、撰寫傳記。這令我驚喜萬分，因為如此一來則可以與我正在編輯的《李華偉文集》珠聯璧合，共同構成全面記錄和反映李華偉博士生活、家庭、事業和學術歷程的姊妹篇。後來，我與楊陽取得了聯繫，並且在赴京參加學術會議期間曾與楊陽長談過有關李華偉傳記的寫作事宜。同年七月，我得知此年是李華偉博士的八十華誕年，於是，我們決定在二○一一年十一月正式出版《李華偉文集》，同時舉行《李華偉文集》首發式和李華偉博士圖書館學術思想研討會，並電請楊陽務必在十一月以前完成李華偉傳記的寫作和出版，以共襄盛舉。

　　楊陽是中央電視臺的記者，白天忙得腳不沾地，晚上還要處理家務照料小孩，每天只有清晨五點以後的大約兩個小時寫作。按照原定寫作計畫，楊陽還需要一年以上的時間才可能完成書稿。在我一月數次「電令」的不斷催促下，楊陽放棄了大量難以推卻的事務和家務，犧牲了一切休息時間，夜以繼日地伏案筆耕，終於在預定日期之前完成了李華偉傳記的寫作，實在是難能可貴，可喜可賀。

　　迄今為止，中國出版的圖書館學家傳記或者回憶錄可謂鳳毛麟角，可資參考者寥若晨星。要撰寫一部圖書館學家傳記十分不易，既要掌握大量的一手資料，還要對傳主所處的時代、環境、專業，及其各種關係了然於胸，非長年累月刻苦鑽研難以成就。要撰寫李華偉博士的傳記更是難上加難，因為李華偉博士生活、工作過的機構和地方非常多，從中國到臺灣，從美國到泰國，從俄亥俄大學圖書館到美國國會圖書館，加上常年在國際圖書館界，特別是中美圖書館界往返穿梭，足跡遍及各地，影響十分廣泛，資料的收集已經

---

[1]　《李華偉文集》，廣州市：中山大學出版社，二○一一年。

十分不易，而如何把握和取捨收集到的資料，選擇寫作的角度更是難上加難。楊陽在撰寫李華偉傳記的過程中，試圖以一個圖書館圈外記者的角度去記述和描寫李華偉博士，使之成為一部可供大眾閱讀的傳記作品，而不是一部純粹供圖書館人士閱讀的專業著作。這種立意和視野，頗值得讚賞，一則可以用記者的筆觸更加生動地描述李華偉博士，二則可以向普通大眾宣傳知識殿堂的李華偉博士，從而弘揚圖書館事業和圖書館學術。

楊陽在撰寫這部傳記性著作中採用了深度報導的寫作手法，開篇的「前言」記述的是美國國會圖書館舉辦的李華偉博士退休會——一場別開生面的李華偉博士榮休盛會，美國國會圖書館館長畢靈頓（James H. Billington）博士、副館長麥肯（Deanna Marcum）博士、國會議員、聯邦政府高級官員、國會圖書館同仁等等，群賢畢至，讚美之詞連篇累牘，頌揚之聲不絕於耳。這種利用「前言」倒敘的寫作手法，自然引人入勝，增添了著作的可讀性和吸引力。書稿正文共分二十六章，按照時間順序，從李華偉博士的童年一直記述到他榮休後的生活，並採納我的建議將每章的題目統一改為四字格式，言簡意賅，清新明瞭。在正文的寫作上，楊陽以女性特有的豐富情感和細膩筆觸，娓娓敘述李華偉博士的人生、事業與學術思想，沒有晦澀的專業術語，沒有深奧的玄妙學理，卻詳細地解說了李華偉博士的圖書館事業成就與學術思想。在敘述李華偉博士的人生、事業與學術思想中，楊陽用濃重的筆墨去描述與李華偉博士有關的書、人、事、情，通篇文字都洋溢著濃郁的人文色彩，將高居知識殿堂的李華偉博士還原為生活在普羅大眾之中的智者和仁者，惟妙惟肖，真實生動。在書後，楊陽還專門增添了李華偉五十年圖書館生涯大事記、李華偉著作目錄、李華偉人生大事記三個附錄，作為對正文的補充，這使得該著在通俗性和可讀性上又增添了幾分學術性和研究性。這些獨到之處正是這本著作的成功之所在。

在書稿的撰寫中，楊陽陸續地將完成的章節交給李華偉博士審閱，以避免各種舛誤。書稿完成以後，楊陽還在反覆斟酌書名，不斷與我交換意見，最後確定採用「書籍殿堂的智者」作為主書名，

由此可見楊陽精雕細琢、精益求精的嚴謹著述精神。

　　《書籍殿堂的智者》與《李華偉文集》互為表裏，相輔相成，相得益彰，配合閱讀，不僅可以全面認識、理解李華偉博士及其圖書館事業貢獻與學術思想，而且可以欣賞智者的高雅，感受仁者的慈愛，享受人生的樂趣。

　　是為序。

程煥文

二〇一一年十月三日

於中山大學康樂園竹帛齋

吳晞序
學使之風山高水長
——《書籍殿堂的智者》序言

吳晞

　　李華偉博士是成就卓然、享譽世界的圖書館學家、圖書館管理者，此乃公論、定評，楊陽女士的這本《書籍殿堂的智者》和同時出版的的煌煌大作《李華偉文集》就足以說明。但是對我們這一代圖書館學人來說，李博士首先是國際圖書館的學術使者。改革開放，國門洞開，李博士是步入國門的圖書館界第一人，也是手牽手引領我們走向世界的帶路者。

　　早在一九八〇年代初期，我其時任職於北京大學圖書館，和當時初出茅廬的一代青年學人一樣，充滿瞭解世界的如饑似渴之情。這時李博士的出現，使我們眼中的大洋彼岸圖書館不再是各路文獻中虛虛實實的記載，也不僅僅是外國專家們報告中洋洋灑灑的洋文，而是成了活生生的可觸可見的一番情景，還有了高水準的專業解讀。面對我們的那些經常不知天高地厚的各色問題，李博士總是誨人不倦，不厭其煩，從不計較我們的無知和唐突，最後還忘不了勉勵幾句。

　　不久，北大的多名青年館員陸續參加了美國俄亥俄大學的「國際圖書館員培訓項目」，李華偉博士時任俄亥俄大學圖書館館長，也是這個項目的創始人和推進者。我本來也名列其中，但由於領導「器重」，指名要我參加另外一個澳大利亞的國際交流項目，結

吳晞序　學使之風山高水長——《書籍殿堂的智者》序言
027

果項目黃了，俄亥俄也沒有去成，至今想起來還為失去這一難得的學習機會糾結不已。後來才知道，俄亥俄大學的國際圖書館員培訓是個持續施行多年的項目，始於一九七九年，專門為發展中國家的圖書館員提供培訓，一九八三年至一九九九年共有超過一百五十位來自中國大陸的圖書館員到俄亥俄大學接受了為期半年至一年的培訓，其中不少人後來成為中國圖書館界卓有成就的佼佼者。

在我所任職的機構，從北京大學到文化部圖書館司、深圳圖書館，無處不見李博士慈藹的音容和忙碌的身影，似乎總是在為中國圖書館界與美國及世界圖書館的交流交往而奔忙。作為國際圖書館學術使者，已經成為李博士在中國的人所共知的身份，也是他多年為之殫精竭慮的一項事業。我到深圖任館長後，曾禮聘他出任顧問，而正式聘請他出任客座教授、訪問教授、學術顧問的中國大學和圖書館就至少有二十家之多，包括北京大學、清華大學、浙江大學、北京師範大學、北京郵電大學、西安交通大學、南開大學、湖南醫大、武漢大學、四川大學、東北師範大學、天津理工學院和中國國家圖書館、浙江圖書館、中國科學院圖書館及中國科學院武漢文獻資訊中心與蘭州文獻資訊中心，以及臺灣的中央圖書館。中國圖書館學會在二〇〇五年的年會上還授予他終身名譽會員的稱號。這些頭銜正是李博士多年功業的寫照。

從楊陽的這部《書籍殿堂的智者》中，我們可以清晰看出李博士在中國圖書館界繁忙而又卓有成效的足跡。從一九八二年開始，李博士幾乎每年都要到中國講學或參加學術會議，有時還不止一次，李博士總是稱之為「回國」，使人倍感自己人般的親切。經李博士親手操辦或促成的重要學術活動數不勝數，在政府和民間都產生了重大和深遠的影響，很難想像這些都是他在擔任俄亥俄大學圖書館館長和美國國會圖書館亞洲部主任的繁重工作中完成的。就是在他二〇〇八年正式退休之後，還在為落實中美兩國政府《加強中美圖書館合作協議》而奔走於大洋兩岸，而這個協議也是他親身參與並竭力促成的，國內圖書館界為之受益者多達數千人。

曾有人用「經緯樞紐，美華橋樑」來讚譽李博士的風節和業績，甚為精當傳神。我願用實例來進一步加以說明。我所任職的深圳圖書館，早在一九八〇年代就和俄亥俄大學圖書館建立了交換館員的關係，在李博士關照下，深圖的中層幹部和業務、技術骨幹到俄亥俄大學學習、培訓的，以及去多批參觀考察的，前後不下數十人。從「圖書館自動化集成系統（ILAS）」到「城市街區二十四小時自助圖書館」，深圖之所以能夠在業務和技術上有所作為，其根本因素即在於有個具有國際視野的精英館員團隊，而精英之所以成為精英，又怎能離開李博士多年來的重要作用。可以這樣說，中國圖書館界能有今天的成就和發展，如果沒有李博士多年持續不懈的努力，是不可想像的。李博士之德之功，善哉大焉！

　　「雲山蒼蒼，江水泱泱，先生之風，山高水長。」這首范仲淹在千年之前所作之歌，恰是李博士的拳拳之心和君子之風的絕好寫照。值此李華偉博士八秩壽辰之際，衷心祝願李博士壽山福海，一如既往，繼續指導、勉勵、扶助，和我們一起見證中國圖書館的發展。

吳晞

二〇一一年九月

莊守經序

莊守經

　　我衷心祝賀《書籍殿堂的智者》一書的出版，要感謝作者楊陽女士的辛勤勞作，她將華偉的精彩人生清晰地展現在我們面前，讀之令人感動不已，受益良多。

　　我和華偉相識於一九八二年加拿大蒙特利爾國際圖聯會議上，此後近三十年，我們一直保持著密切的聯繫，是圖書館事業把我們聯繫在一起，是人間友情使我們聯繫在一起。

　　這三十年是我國改革開放的三十年，是我國圖書館事業迅速發展的三十年，也是華偉推進中美文化交流、幫助中國圖書館事業實現現代化而盡心竭力辛勤奔波的三十年。三十年來，我國圖書館事業取得了巨大的進步，從原來的十分落後的狀態發展到了接近或達到世界先進水平的局面，這是改革開放的成果，它極大地得益於國際交流，特別是與美國交流、向美國學習。美國是當今世界圖書館事業發展的領航者，從美國將最先進的理念、經驗、技術、管理等直接引進，結合實際加以運用，就可以使我們少走彎路，迎頭趕上。而在中美交流上，我們有著一個得天獨厚的有利條件，這就是：在美國圖書館界活躍著一批勤奮有為、業務精湛的華裔圖書館員，他們成為了兩國之間的天然使者，兩國交流的天然橋樑。正是由於有了他們的努力，使交流進行十分順暢有效，他們對中國圖書館事業的現代化，做出了重大貢獻，華偉正是他們中的最傑出者。

　　華偉幾十年活躍於美國圖書館界，成就卓著，他先後擔任過許多重要職務，也就有著許多名銜：館長、主任、理事、主席、教

授、顧問等等，但一項他終身從事的重要職務，卻是有實無名的，這個名應該是「中美文化交流大使」，確實，這個「大使」的職務沒有地方給以任命佈置任務，當然也沒有地方發薪給以報酬，在這裏，他是一個完全的志願者，懷著一顆赤誠之心，志願服務，志願奉獻。在這個崗位上，他盡心盡力，三十年一以貫之，沒有間斷，也無所謂退休，在這個崗位上，他不顧體病不顧疲勞，奔波於中美之間，國內一些主要城市都留有他的足跡和聲音。在這個崗位上，上自圖書館最高層級的兩個國家圖書館的交流合作，下至邊遠省份的館員培訓，他都身體力行，積極參與。就我所知，在中美圖書館交流這一任務上，花費心血之多，持續時間之久，活動範圍之廣、交流質量之高，所作貢獻之大，華偉可算是第一人！關於這方面的事蹟，本書有一章「中美津梁」作了專門介紹，但是限於篇幅書中所反映的只能是有限的一角，但這並不很重要，重要的是：華偉一生的出色作為開創了歷史，他也就成為了一位歷史人物，李華偉這個名字深深地融入了中美文化交流史中，融入了中國圖書館事業發展史中，他將永遠為歷史所銘記！

華偉在一生中創造出了許多精彩的人生篇章，我認為中美交流這一篇應是精彩中之精彩，因為它具有深遠的歷史意義，代表著當今時代的主流方向！

凡是和華偉接觸過的人無不為他所特有的精神魅力所感染所折服，內在的無形的精神是較之外在的有形的東西更具有本質意義的。那麼華偉的精神、他的優秀品格具體地說有哪些呢？我把想到的先一一列了出來：敬業的精神、創新的精神、實幹的精神、堅韌的精神、團結的精神、奉獻的精神、助人的精神、和善的精神、謙虛的精神、大（大視野大胸懷）小（小事情小細節）結合的精神……往下是可以再繼續列出若干點的。寫到此，我意識到華偉的優是全優的性質，不是少數幾點能概括代表的，他是全面性、綜合性的優，他是一個追求完美，儘量做到了完美的人。那麼他的優又是源自何處，為什麼他能做到比較的「全」和「完」呢？觀察一下他的出身經歷，就可以比較清楚地回答這個問題：是博大精深的中

華文化涵養了他，是充滿活力的美國文化培育了他。華偉汲取了東西方兩種文化的精華，把它們綜合為一體，融合於己身，從而形成了他的全優，造就了他的完美。

可以說，是東西文化的互相結合，共同塑造出了一位模範的世界公民——李華偉！

縱觀華偉兄的一生，給我最大的啟示就是東西交融。華偉熱衷推進中美（東西）文化交流數十年，取得了極大成就，而他自己恰恰正是東西文化結合的結晶，東西交融是他人生最精彩之處，也是精彩之源。

東西文化有相異之處，但主要的是可以相通的，東西相通相融，優勢互補，就可產生出高一層級的新事物，從全球來看，真正實現了東西交融，就將產生一個嶄新世界！

期盼著二十一世紀能夠是一個以中美合作為核心的和平的世紀、合作的世紀、和諧的世紀、交融的世紀！

莊守經

二〇一一年九月

董哲潜序

董哲潜

　　《書籍殿堂的智者》是李華偉博士的傳記，作者楊陽女士用通暢流利的文筆描述了華偉先生最重要的經歷。

　　華偉先生是生在大陸，成長在臺灣，深造在美國的精英。他保持了華人「愛家愛國、內斂堅韌、勤儉苦幹」的優良傳統。是在美國成家立業卓有成就的華人典範。

　　《書籍殿堂的智者》記述華偉的童年就引人入勝，使我們瞭解到上個世紀三〇年代中國大陸飽受戰亂之苦，直至一九四九年九月，華偉一家乘轟炸機飛抵臺灣新竹空軍基地，這就很有傳奇色彩了。

　　《書籍殿堂的智者》記述華偉從臺灣赴美國留學，並能融入美國社會的章節非常生動。上個世紀五〇年代的美國，亞洲族裔受到歧視，很多華人在美國處境艱難，受到排斥。然而二十六歲的華偉到美國深造，就被聰慧美麗的Mary深深地愛上了。一九五九年他們結婚，至今夫妻恩愛，事業發展，兒孫滿堂，金婚已過，非常美滿。華偉先生從俄亥俄大學圖書館院長級館長的崗位退休後，又受聘於美國國會圖書館任亞洲部主任，發揮了更大的作用，七十七歲高齡二次光榮退休。

　　上個世紀九〇年代，中國國家教育委員會（現教育部）在世界銀行貸款的「師範教育發展」專案中，規定受益高等師範院校一百二十八所，根據技術援助部分要求，專門組織這些院校圖書館館長進行培訓。華偉博士因在以往的交流合作活動中，口碑最好，被中國國家教育委員會聘為外籍專家。並於一九九五年在東北師範大

學，一九九六年在四川大學作精彩講授，為了這兩次授課，華偉博士攜專著《現代化圖書館管理》（臺灣三民書局印行）來華，受到普遍讚譽。

我兩次全程陪同華偉博士的講學及研討活動，使我受益匪淺。至今回憶起來，仍倍感親切。

拜讀這本傳記，可知華偉博士的成長、奮鬥與成就。

董哲潛

辛卯年中秋於北京

自　序

李華偉

　　在我五十年的圖書館生涯中，尤其是後面一段歲月，有很多朋友好心地建議，說應該有一本傳記，將我在圖書館工作的經歷及心得寫出來，與同行的朋友們分享。大家都認為，過去半個世紀，全世界的圖書館事業經歷了前所未有的巨大變化，我適逢其時，身歷其境，親身體會，有很多經驗值得記錄下來。另外，我還見證了中國圖書館界三十年來重建、發展、和突飛猛進的一段歷史，值得將我個人的觀察留個記錄，作為歷史的見證。我雖然有此同感，但遲遲沒有行動。主要的原因是我的中文荒蕪太久，文筆生疏，再加上我總覺得自己的份量不夠，寫個人的傳記勉強可以，但寫圖書館的發展史，實在不夠資格。僅僅是寫個人傳記，意義並不大。

　　後來，中科院武漢圖書館張萬萍館長，在一九九七年派送了兩位圖書館館員到俄亥俄大學參加國際圖書館員培訓專案，其中特別包括了一位在武漢廣播電臺工作的呂紅女士。呂紅也曾經是該館館員，來俄大主要是為我寫傳記。呂紅畢業於武漢大學中文系，文筆出色。她在俄大停留了半年的時間，收集了大量資料，包括錄音、照片、和一些文稿。後來，呂紅前往舊金山工作及居留，分別在國內外的刊物上登載了多篇有關我的文章。因為她的卓越才華，勤於寫作，呂紅著有長篇小說、散文集、小說集等多種。目前是美國華文文藝協會的副會長，美國《紅杉林》雜誌的總編，中國僑聯文協的海外顧問。

　　二〇〇八年初，我從美國國會圖書館退休時，俄亥俄大學畢業的一對夫婦，楊陽和曲勃，已經回國服務，希望為我寫傳記，由楊陽執筆。楊陽在來美前，曾經在中國國內的電臺和電視臺工作。她

在俄大獲得兩個碩士學位，後來又曾經在香港和加拿大工作過一段時間。回國後在中國中央電視臺新聞中心任職。在俄大攻讀時，楊陽曾經擔任我的學生助理，除了為我處理中文文件外，還幫我接待中國來訪的賓客，交換館員，和訪問學者。為了寫我的傳記，楊陽付出甚多，而且犧牲了她的休息時間。曲勃也被拉進來幫忙修改和校對。為此，我要特別感謝他們。

當然，我的傳記能夠順利完成及出版，最需要感謝的是中山大學圖書館的程煥文館長和深圳圖書館的吳晞館長。由他們發起，國內的公共圖書館研究院、廣東省立中山圖書館、中山大學圖書館和深圳圖書館在二○一一年十一月十七日聯合舉辦「李華偉博士圖書館學術思想研討會」，並同時舉行《李華偉文集》和《書籍殿堂的智者》的發表會。

關於文集的編輯工作，是由中山大學資訊管理學院前院長譚祥金教授、及圖書館前館長趙燕群教授共同主持，他們兩位是中國圖書館界著名的模範夫婦及前輩。資訊管理學院的潘燕桃老師和幾位研究生都投入了許多寶貴的時間及精力。美國的華人圖書館員協會得知這個消息後，也加入為研討會的合辦單位。文集由中山大學出版社出版，傳記由廣西師範大學出版社出版。細讀了楊陽撰寫的初稿後，我對她優美的文筆、深切的觀察、細緻的描述和對我個人的瞭解，感到驚訝和佩服。同時也領會到她用功之深。

最後，我也要感謝程煥文館長，吳晞館長，莊守經館長，及董哲潛處長在百忙之中為我的傳記寫序。他們四位都是我的良師益友。與他們多年來的交往，受益匪淺。

李華偉

台灣版序

　　我的人生可以分成幾個階段。首先是青少年戰亂時期（一九三一～一九四九），正好趕上了抗日戰爭及內戰，大部分的時間是在逃難中度過；其次是大學時期也是我在台灣台中一中完成高三學業及考進師大後的一段安心求學的時期（一九四九～一九五七）；再其次是遠渡重洋到美國留學，成家，立業的時期（一九五七～至今）。在台灣八年的期間，是一段非常值得回憶的時期，也是奠定我做人，學習，做事根底的一段寶貴的日子。在台灣，除了師大的老同學外我還有很多俄大校友和圖書館界的朋友，因此我傳記的繁體字版能在台灣出版，對我來說是非常有意義的。

　　我要特別感謝傳記作者楊陽女士的支持和鼓勵，讓這本傳記的繁體字版能在台灣出版。同時我也要感謝台灣師大圖書資訊學研究所吳美美教授推薦由台灣的秀威資訊科技股份有限公司出版這本傳記的繁體字版。在我與秀威資訊科技股份有限公司的吳松杰副總經理和廖妘甄編輯的頻繁接觸中，我深受他/她們認真敬業的精神所感動。這本精美的繁體字版能夠順利地在台灣出版，吳教授和廖編輯功不可沒！

　　楊陽是中國大陸中央電視臺的節目片製作者。她是一位卓有才華，思想敏捷，文筆流利，感情豐富，認真負責的作者。正如廣州中山大學圖書資訊管理學院程煥文院長在他的序言中所說：

> 要撰寫一部圖書館學家傳記十分不易，既要掌握大量的一手資料，還要對傳主所處的時代、環境、專業，及其各種關係了然於胸，非長年累月刻苦鑽研難以成就。要撰寫李華偉博

士的傳記更是難上加難，因為李華偉博士生活、工作過的機構和地方非常多，從中國到臺灣，從美國到泰國，從俄亥俄大學圖書館到美國國會圖書館，加上常年在國際圖書館界，特別是中美圖書館界往返穿梭，足跡遍及各地，影響十分廣泛，資料的收集已經十分不易，而如何把握和取捨收集到的資料，選擇寫作的角度更是難上加難。楊陽在撰寫李華偉傳記的過程中，試圖以一個圖書館圈外記者的角度去記述和描寫李華偉博士，使之成為一部可供大眾閱讀的傳記作品，而不是一部純粹供圖書館人士閱讀的專業著作。這種立意和視野，頗值得讚賞。

楊陽的原稿中有些章節在大陸出版的簡體字版中被刪除。為了保持作者的原著，台灣的繁體字版是按照原稿出版。這是兩個版本主要不同之處。另外，在台灣版中，秀威資訊科技股份有限公司同意在每一章加入相關的照片，使傳記更為醒目和生動。

台灣的圖書館及資訊專業從上個世紀七十年代開始蓬勃發展。我有幸能在館員培訓，新技術介紹，國際交流方面略盡其力。1991年我的文集《圖書館學的世界觀》由台灣學生書局出版。1996年拙作《現代化圖書館管理》一書由三民書局出版。這兩本書都得到海峽兩岸讀者的好評。希望我的傳記繁體字版《書籍殿堂的智者》能總結我一生為圖書館事業的投入和親身體會，激發讀者對圖書館的了解和興趣。

目錄
Table of Contents

附錄

他有一種能使自己和所有人欣然相處的能力，以致和他交往的愉快
勝過任何奉承，同時，他又受到那些與其交往者的高度尊敬。他具
有一種以明智和系統的方式發現和整理必要的生活原則的能力，他
從不表現任何憤怒或激情，完全避免了激動而同時又溫柔寬厚，他
能夠表示嘉許而毫不囉嗦，擁有淵博知識而毫不矜誇。

（古羅馬）馬可·奧勒留（Marcus Aurelius），《沉思錄》

前言：美國國會圖書館退休會

一

二〇〇八年三月的最後一天，又是華盛頓的櫻花時節，春意料峭。櫻花初放。粉一團白一團，開得恣意濃鬱、肆無忌憚，春風掠過，花瓣顫慄，一邊開一邊落，飄飛如雨。波多馬克河（Potomac River）穿城而過，帶走所有平靜與繁華的時光。美麗的華盛頓，是應該說再見的時候了。

李華偉博士整理好衣裝，像往常一樣出門，乘地鐵上班。還不到七點鐘，地鐵車廂散散地空了幾個座位，他並沒有坐下來，表情稍顯異樣，今天，他將從美國國會圖書館亞洲部主任的職位上退休。

從二〇〇三年二月起，李博士擔任美國國會圖書館亞洲部主任，是歷屆擔任這一級別的唯一華裔。他是美國圖書館界的資深館長，曾經擔任美國俄亥俄大學圖書館院長級館長，並在服務了二十一年後退休。身為華裔，李博士是數千位美國華裔圖書館員中「酋長式」的人物，在圖書館國際合作方面的作用和影響尤其引人注目。在過去三十年中，中國圖書館行業迅速躋身於世界先進之列，他是極為關鍵的人物之一，正是他持續三十年不間斷地往來奔波，搭橋牽線，中國圖書館界直接汲取到最先進的科技和管理理念，在發展途中走了的捷徑。中國圖書館人對李博士尊重備至，讚譽他為「經緯樞紐，美華橋樑」。

退休會原本預定在亞洲部所在的傑佛遜大廈，方便相熟的同事和朋友們小聚話別。因為預約參加的人數超出預計，不得不臨時改

在麥迪森大廈五樓的禮堂舉行。禮堂經常舉辦大型的演講和聚會，容得下二、三百人。李華偉博士擔任亞洲部主任已經五年，就在二○○八年一月，夫人和孩子們為他慶祝了七十七歲生日，而他也即將圓滿完成與美國國會圖書館亞洲部的約定，可以安心退休。

走出地鐵站，清晨的陽光灑了一身，清新涼爽，很舒服。華盛頓是李博士最喜歡的城市之一。到國會圖書館任職之前，偶爾開會、旅遊經過，李博士會到處走走看看，而居住在華盛頓五年的時間裏，反而少有機會去欣賞，甚至週末也常常加班。此刻，李博士覺得華盛頓真美，只是可惜，也許這座城市的美麗，匆忙之間都將與他錯過了。

但願今天會非常輕鬆，李華偉博士這樣想著，加快了腳步。麥迪森大廈五樓的禮堂，寬敞開闊，前面擺放了幾排座位，後面是臨時用做自助午餐會的餐桌，簡單的三明治、沙拉、點心和飲品已經安置妥當。通常情況下，國會圖書館雇員退休時，都舉行話別會，這是機構對個人工作生涯的評價、致謝和道別。話別會比較正式，但氣氛一般很輕鬆，畢竟退休意味著不用朝八晚五地工作，擁有足夠的自由，安排自己的生活。

二

李博士走進禮堂，參加退休會的多半是熟悉的面孔，有陪伴他共同工作了五年的亞洲部的同事們、國會圖書館其他部門的主管和同事們，此外，還有《世界日報》和其他媒體的記者，亞洲部讀者之友會的朋友們，氣氛很好，只是大家都明顯有些依依不捨。

國會圖書館兩位重量級人物，館長詹姆斯・畢靈頓（Dr. James H. Billington）和副館長迪艾娜・麥肯（Dr.Deanna Marcum）博士同時到場，讓與會的人們有些吃驚。照慣例，圖書館雇員的退休會，館長親自出席，極其少見。今天來參加退休會的還有幾位國會議員和美國聯邦政府幾個部門的高級官員。當中聲名顯赫的邁克・本田（Michael Honda）先生是日裔，多年來一直致力於美國少數族裔的權益。議會中關注亞裔和太平洋裔的亞太美裔委員會，就是由本田

先生擔任主席，他同時還是美國民主黨幾位副黨魁之一。

這註定是李華偉博士欣慰而驕傲的一天，亞洲部的變化超過了所有人的預期。而二〇〇八年，又是他開始圖書館生涯整整五十年的紀念，工作到七十七歲而高齡退休，在圖書館界實屬少有。回望半個世紀的前塵往事，翩翩少年已是皓然白首。

詹姆斯‧畢靈頓（Dr. James H. Billington）館長親自發表致辭，這位蜚聲圖書館界的學者很少這樣流露感情：

> 感謝您為國會圖書館忠誠的服務，以及您在五年前帶來對圖書館和國際事務的廣博經驗……
>
> 自從您二〇〇三年二月十日來到國會圖書館，您在國際圖書館界和圖書館專業的成就是無可比擬的。在您任內，您不知疲倦地建立我們的館藏，以保證能為我們的國家提供最好的參考諮詢和遠端服務。您主持的亞洲部改組，與中國、日本、韓國、臺灣等地區的研究圖書館建立數位化合作專案，設立和贊助亞洲部之友會和譚翠榮（Florence Tan Moeson）女士基金，以及最近成立的亞太美裔藏書基金等，將會把您的功績永久地保留在這裏。

> （"Thank you for your dedicated service to the Library of Congress and the breadth of institutional and international experience that you brought with you five years ago. ……
>
> Your international librarianship and professionalism have been exceptional since your arrival at the Library of Congress on February 10, 2003. During your tenure, you worked tirelessly to build our collections and to ensure that our reference service and outreach activities served the nation in the best of possible ways. The reorganization of the division; the establishment of collaborative digitization projects with major national libraries and research institutions in China, Japan, Korea, and Taiwan;

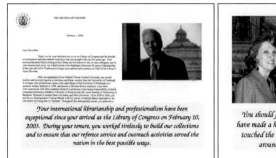

| 國會圖書館館長畢靈頓博士的賀信 | 國會圖書館副館長麥肯博士的賀信 |

your establishment and support of the Asian Division Friends Society and the Florence Tan Moeson Fund, as well as your recent establishment of the Asian Pacific American Collection Fund, will carry on your good work long after you leave these halls.") [1]

　　副館長迪艾娜・麥肯（Deanna Marcum）博士的致辭頗為動人。麥肯博士相當於常務副館長，位高權重，圖書館四千多位員工，超過三分之二歸她統領。她與學術界和社會各界交往頻繁。雖然平日低調，但做事嚴謹，尤其欣賞踏實做事的下屬，對李華偉博士甚是器重。

　　　　我很榮幸可以在您的退休會，寫這封表揚信。我相信您會非常高興地知道您已經給國會圖書館帶來了巨大的改變；您感染和影響了眾多國會圖書館的同事，世界各地的圖書館員，以及國際上的學者。有句俗語——活得極有意義的一生——對您來講是再合適不過了。
　　　　當國會圖書館找您來做亞洲部主任時，您比任何人都清楚國會圖書館是如何迫切地需要您。當時的書庫雜亂無序，無

---

[1]　James H. Billington 館長寫給李博士的信。二〇〇八年二月一日。

法使用，甚至書目也不在聯網目錄上，館員間的關係和士氣十分低落……您在俄亥俄大學做館長已經非常成功，而且您以OCLC顧問的身份幫助OCLC建立與中國的關係；您可以理所當然地退休而享受天倫之樂，但是您卻為責任感和服務心驅使，接受了國會圖書館的工作；使學術界和圖書館都大為受益。

今天的亞洲部與您剛來時無法同日而語，部門改組把過去各自為政的語言分組徹底改變。員工們能夠相互融洽地努力工作。藏書整理得井然有序，可以供讀者使用。通過各種學術活動和亞洲部之友會的成立，您大大提升了亞洲部的形象，並與亞洲各地區無數的圖書館建立了夥伴關係。

以您現在的年齡，您即使不那麼努力，大家也會完全理解。但是那不是華偉做事的態度！您萬里奔波，採購圖書，不辭辛勞地為國會圖書館建立對外夥伴關係。同時，您也不完全依賴聯邦政府，您是一位卓越的募款人和人際關係建立者。

最後，您沒有僅僅依賴他人來支持亞洲部，在宣佈退休時，您自己捐獻了一大筆錢給您任內最後一個項目，發展亞太美裔特藏。為他人樹立了榜樣。

您的退休對我來講是苦樂參半。您當然應該享有與親人、好友在一起的輕鬆時間，但是我會因您的離任而感到非常惋惜。您的才華、熱忱、和您的智慧使得我對亞洲部的能力和潛力增加了信心……

（"It is an honor to write this tribute on the occasion of your retirement. You should feel enormously gratified in knowing that you have made a huge difference in this institution, and you have touched the lives of a great number of LC staff, librarians around the world, and international scholars. The phrase 'a life well lived' refers specifically to you!

You know better than anyone else how badly you were needed when the Library recruited you to head the Asian Division.

Collections were unavailable to the public, bibliographic records were not in the online catalog, staff relations and morale were in disrepair. You had already enjoyed a highly successful career at Ohio University as the University Librarian and, as a consultant, you set OCLC on a path to become highly influential in China. You could have insisted – with complete justification – on enjoying retirement with your family. Instead, your sense of obligation and service led you to accept the job here, and the scholarly and library communities owe you a great deal.

There is almost no comparison of today's Asian Division to the one you inherited. The reorganization has removed the language-based independent units. The staff work harmoniously and productively. The collections are well organized and can be served to the public. You have exponentially raised the public profile of the Asian Division with your seminars and the formation of a Friends group. We have partnerships with countless libraries in all parts of Asia.

At your stage of life, it would have been perfectly understandable if you had been more leisurely. But not Hwa-Wei! You have traveled hundreds of thousands of miles to form partnerships, acquire collections, and create goodwill for the Library of Congress. You have not relied solely on federal dollars, either. You have been a supremely talented fund-raiser and a relationships-builder.

Finally, you have shown that you are not simply looking to others to sustain the Asian Division. When you announced your retirement, you made a substantial financial contribution to your latest campaign – the development of an Asian Pacific American collection. You have set a high standard for those who follow.

Your retirement is bittersweet for me. You certainly deserve some peaceful, more relaxed time with your family and friends, but I shall miss you very much. Your intellect, your passion, and

your wisdom have given me great confidence in the capacities and
capabilities of the Asian Division....") [2]

三

　　兩位館長的讚揚十分中肯，確是肺腑之言，禮堂安靜得可以聽
到呼吸，旋即掌聲響起，久久不停，李華偉博士起身，點頭向眾人致
謝。真誠謙和的微笑一如既往，也許他所有的辛勞付出，都在這一刻
欣然得饋，對於一位用生命與圖書館相伴的圖書館員，他別無所求。

　　當初說服李博士到國會圖書館工作的主要人物是凱羅琳‧布朗
（Dr. Carolyn T. Brown）博士，她主管各地區研究部門，亞洲部是
她主管的部門之一。布朗博士不僅說動了李博士退而復出，而且在
他上任後，鼎力相助，使得李華偉博士能夠大刀闊斧地改革，在她
的賀詞中，布朗博士特別提到：

　　　　當您來到國會圖書館，您曾答應我，您會停留五年。五
年之約太快了，我們都感到遺憾，但是您帶給亞洲部的是令
人驚訝的五年……

　　　　要是我過去能對您的成功稍有幫助的話，那僅僅是為新
來的您，解釋國會圖書館神秘的官僚制度，及儘量為您清除
障礙，使得您能夠在有挑戰性的環境裏，發揮最大的才能。
您在擔任主任期間，取得了巨大成就，而且也顯示了一個具
有眼光和經驗的領導者——他很早以前即已拋棄自我中心，
能夠以他偉大的仁慈和罕有的智慧重用有才幹的人。

　　　　("When you came to the Library, you promised me that
you would stay for five years. We are all reluctant to see that five
years come to an end, but what an astonishing five years you
have given to the Asian Division……

　　　　If I have had a small part in your success, it has only been

---

[2]　Deanna Marcum副館長寫給李博士的信。二〇〇八年二月十五日。

to explain an arcane bureaucratic system to a newcomer and to remove as many obstacles as I could so that you could be the very best that you are capable of being in the often challenging environment. Your tenure as chief has been a triumph and demonstration of what is possible with a leader of vision and experience, one who long ago discarded the encumbrances of ego and who has led with deep appreciation for the gifts of others, with great humility, and with a rare wisdom.")[3]

四

李華偉博士的發言很簡短,感謝凱羅琳‧布朗(Dr. Carolyn T. Brown)博士,並強調從學術機構轉任聯邦政府機關是自己職業生涯中的重大轉變,此外,他表示自己一人無力完成這許多事情,感謝同仁們的協助。他有六個孩子及成群孫輩,退休後會把時間還給家庭,不過仍將留在顧問委員會上,共同推動與中國國家圖書館的合作計畫[4]。

美國國會圖書館是世界最具聲望的圖書館,作為終生職業的完美至高點,李華偉博士驕傲之至,因為除此之外,沒有任何一個圖書館能夠令他在職業上有如此豐厚的收穫。

在此之前,李華偉博士接受國會圖書館美國民俗中心的採訪時,談到自己的退休,他這樣告訴採訪者:

> 最初國會圖書館能夠吸引我,在七十二歲的年紀,仍然可以欣然授命,職業上的追求是最重要的原因。我因此對自己要求甚高,對亞洲部的同事要求甚高,以至於我退休之際,可以跟大家開玩笑說,我終於要退休了,你們應該高興,因為至少你們可以暫且鬆一口氣,不用緊張應對工作。

---

[3] Carolyn Brown博士寫給李博士的親筆信。二○○八年二月六日。
[4] 世界日報,北美版大華府新聞,二○○八年二月十九日。News from WorldJournal. com,http://www.worldjournal.com/wj-wa-news.php?nt_seq_id=1673181

當然，這只是玩笑而已，亞洲部智慧的同仁們會一如既往，勤懇工作，把個人和團隊的智慧發揮到極致，這正是我所追求和希冀的。我在任期間，為亞洲部招募了一輩新人，他們有創新的思想和理念，給亞洲部帶來新鮮血液。他們的激情和智慧如果能夠和老一輩同仁的經驗和智慧結合起來，從而使得有價值的經驗得到充分共用，對年輕人今後的專業發展至關重要，我已經全力嘗試在過去的工作中，側重和強調新老的結合，為此創造適當的文化氛圍，相互的支持、信任和尊重是最重要的，現在已經開始看到些成果，我做了我能夠做和應該做的，也為亞洲部的下任主任開個頭，現在是全身而退的時候，希望亞洲部會走得更遠，走得更好。

　　我一直認為，自己的角色是行政主管，我的責任是創造一個環境和氛圍，讓每一位同仁最大限度地展示他們的才華，激勵出每個人最好的一面，給每個人提供機會，並在他們需要時，提供支援。領導者的最高境界，在於讓每個人最大限度地發揮才華，管理不應該成為制約和禁錮，而應該是最真誠全面的服務和支持[5]。

　　過去五年的時間，李華偉博士遭遇了超常複雜、艱難的環境。他能夠將國會圖書館亞洲部從一個死氣沈沈、士氣低落、被人譏為話柄的部門，轉變成生氣勃勃，令人欽佩的部門，完全是一個奇跡。對李博士而言，他竭盡心力，工作負荷重，壓力巨大，他必須像年輕人一樣地投入工作，週末加班是常有的事，畢竟是七十幾歲高齡，他時時感覺到自己的身體在不斷挑戰極限，而且情況變得很糟糕。

　　從去年冬天開始，他經常感到疲勞。從傑佛遜大廈到麥迪森大廈，要經過一段地下通道，李博士每天與不同部門的人聯絡，需要在通道中來回往返數次，就在幾個月前，他突然感到胸悶，透不過氣來，甚至需要在通道中途停下來休息幾次。

5　"Interview with Dr. Hwa-Wei Lee," The Library of Congress, American Folklife Center, January 29, 2008

同樣的症狀曾經在二〇〇五年發生過一次，醫生發現他的心血管阻塞，並立即為他做手術，在心臟主血管中放入了兩個支架。而這次相同的症狀再度出現時，醫生告訴他，血管阻塞變得愈加嚴重，隨時有中風危險，建議他接受心臟搭橋手術。身體不斷地傳達出強烈的資訊，李華偉博士感覺到了，他必須面對自己的健康狀況和年齡，需要停下來好好休息一下。

五

　　退休會，包括午餐會一直進行了兩、三個小時，作為今天的主角，李華偉博士是所有目光的焦點，他保持著一貫的儒雅風度，不斷點頭致謝，感激大家為退休會準備的一切。同事和朋友們述說著難捨之情，退休會的氣氛不覺添了幾分傷感。

　　正是這位平易謙和、寵辱不驚的長者，在過去五年中，重振亞洲部，他溫和而毫不缺乏魄力，寬仁又決不妥協避讓，他沉穩堅定、舉重若輕、低調為人、高調做事，國會圖書館上下，無不對他深懷敬意。他天生是一位完美的領導者，所有的困境和艱難，都無法抵抗他的堅韌和自信，所有的敵意和對抗情緒，都絲毫不會令他沮喪，反而在他的寬容和智慧中春風化雨，轉化為積極的能量。他至始至終帶給大家正面的精神力量，這力量是如此之巨大和開放，為同行的人創造了正確的方向。

　　亞洲部館藏主任盧雪鄉女士說：「五年前，亞洲部像是一隻睡著的獅子，直到被李華偉博士的魔杖一點，這隻熟睡的獅子豁然驚醒……他是救援者，把沒人理會的中文部點醒，帶著大家學習走路、跑步，直到真正地呈現在全世界面前。在李華偉帶領大家的五年裏，讓屬下學到許多。」[6]

　　亞洲部學術研究主任居蜜博士也表示，在國會圖書館工作了三十年，她曾經目睹眾多變遷，但李華偉任內的變化最大，他以有限

---

[6]　《世界日報》北美版。二〇〇八年二月十九日。大華府新聞。News from WorldJournal.com，http://www.worldjournal.com/wj-wa-news.php?nt_seq_id=1673181

的經費進行諸多工作，為此與「六樓」主管周旋談判，百忙中仍四處演講，宣揚亞裔文化及撰寫專業著述。新創的亞太裔特藏更是深具使命的任務。她表示能為李華偉做事，是她的榮幸。[7]

李華偉博士深知，自己在國會圖書館全部的成功在於將亞洲部改頭換面，這在整個國會圖書館是前所未有的，影響巨大，所有人都重新認識亞洲部，對亞洲部的工作人員刮目相看。當然，一切決不會像退休會的讚美詞一般美妙動人。正如每一段旅行的開始，包括過程當中，都不可避免地充滿了疲憊、焦慮、仇視、困惑、絕望乃至放棄，但到達旅程的終點，如果它必將到達美妙的終點的話，一切旅途中的不美好都終將被遺忘，記憶會選擇保存美好的時刻，就像人們翻開旅途中的照片，見到的都是幸福和微笑。

實際上，他在亞洲部的工作，很多地方無法照章行事，甚至破壞了國會圖書館的規矩，他甚至經常接到有關部門的提醒，類似於警告。在保守官僚的機構當中，不壞規矩做不成事情。李博士曾經跟他們講，「我來國會圖書館的時間不會超過五年，在任職內有很多的事情要做，如若件件依著規矩，恐怕一件事情都做不成。」

毫無疑問，這是李華偉博士生命當中意義特殊的一天。如同一曲恢宏的樂章，在最炫爛華彩之處倏然謝幕，餘味無盡。他的職業生涯正是在到達最輝煌之處，全身而退，完美得無可挑剔。

此刻，傑佛遜大廈一樓的亞洲部主任辦公室，已經被整理得空空蕩蕩，辦公桌上堆積著的文件，都全部處理完畢。李博士把自己的少許雜物裝進紙箱，每天習慣列出的必完成事情之清單（to-do-list），在今天仍然沒有間斷，他知道自己還需要辦理退休的一系列程序，差不多要蓋二、三十個章，上繳二十幾把鑰匙。另外，秘書那裏還有一個表格（check list），需要逐項檢對，涉及到其他部門的帳務，或需交接的事情都要交待好，當然，這都是例行公事，非常簡單。在五點鐘下班之後，他在國會圖書館的電腦裡保存的所有資訊都將不復保留，主任辦公室很快會迎來它新一屆的主人。

---

[7]　《世界日報》北美版。二○○八年二月十九日。News from WorldJournal.com，http://www.worldjournal.com/wj-wa-news.php?nt_seq_id=1673181

傑佛遜大廈的走廊通道裏異常安靜，大理石地面映出他淺淺的影子，腳步的聲響大得有些誇張，李博士心裏其實很複雜，他對相伴五年的亞洲部同事們不捨，對相伴五十年的圖書館更是不捨，而他此刻不得不選擇離開，開始安排自己的退休生活，獨自面對身體的病痛，面對年老。

六

　　李華偉博士退休，他的夫人Mary最高興。和多數美國女人一樣，Mary結婚以後沒有出去工作，她大部分的生活內容就是丈夫、家庭和孩子們。她一直希望李博士早點退休，開始兩個人的退休生活。一九九九年，李華偉博士從俄亥俄大學圖書館館長的職位上退休，Mary很高興，而三年之後，他又重新開始工作，任職亞洲部主任，甚至比以往任何時候都忙碌。李博士的第二次退休正是Mary盼望的，雖然三月三十一日最後一天的工作結束後，他們來不及吃一頓正式的晚餐慶祝，而在此之前，Mary已經不斷地找理由，與李博士一起慶祝了好幾次。

　　Mary顯然是迫不及待的，她早已打理好行裝，所有的家當都提前兩天由搬家公司運往佛羅里達州，她將阿靈頓的公寓清理乾淨，除了幾件簡單的隨身行李，公寓裏已經空無一物。四月一日清早，他們搭乘火車，前往佛羅里達。Mary計畫得周到而且有效，她訂好了兩個人的火車包間，那輛二〇〇三年款的雪弗蘭商務車，可以開上火車，交給服務員管理，隨同他們一起到達目的地。

　　實際上，Mary為李博士退休做了更實際的準備。早在三年前，她去看望住在佛羅里達州傑克遜維爾（Jacksonville，Florida）的大女兒一家，雪麗（Shirley）帶她看了周圍的老年退休社區，希望他們退休以後就在自己附近居住。

　　佛羅里達州是南部著名的「陽光州」，傑克遜維爾在佛州東北部，地處熱帶，緊臨大西洋，一年四季是溫暖濕潤的好天氣，因此聚集了眾多的退休社區，成為美國人養老的最理想選擇。Mary看中了柏山莊（Cypress Village），他們的運氣不錯，剛好柏山莊有一棟

房子出售。他們退休後的新家，Mary其實早就準備好了。

佛羅里達州是不一樣的美國，所有的喧囂和忙碌都與這裏無關，清清海風，烈烈陽光，濯濯碧浪，與Mary一同漫步海灘，李華偉博士突然之間感覺到自己換了一個時空，與第一次的退休不同，他真正開始享受每一天的晴朗日光。

四月九日，李博士接到邁克‧本田議員的電話。「華偉，您的國會圖書館退休會令我印象深刻，尤其是您在任期間做的事情更令人敬佩，明天的國會議程上，我準備了一個發言……」

四月十日，本田眾議員在國會議程上發言，對李博士的功績大加讚賞，他的發言被正式列入二○○八年四月十日的國會記錄（Congressional Record）：

> 議長夫人，我今天站立起來，是為了褒揚李華偉博士，在他擔任國會圖書館亞洲部主任五年內有許多極為卓越的貢獻和成就——這是李博士五十年來獻身於圖書館事業的里程碑。李博士即將退休……
>
> 在他服務於國會圖書館的短期任內，李博士專注於亞洲部的全盤革新和重組上。為了改進和擴充亞洲部的資源、藏書、服務和對外聯繫，他推出了很多創新的計畫。作為國會亞太美裔委員會的主席，能與李博士和他亞洲部忠於職守的同事合作共事，我感到榮幸。共同在國會圖書館設立亞太美裔館藏，宣揚亞太美裔的事蹟，改變一般人對亞太美裔的錯誤觀念。這是李博士在他事業生涯上的另一個里程碑。
>
> 李博士退休後與夫人Mary搬遷到陽光燦爛的佛羅里達州，但是，我猜想他不會慢下來，而且會繼續他的許多活動。任何見過他的人都知道，他無限的精力和熱心的精神不會讓他閒下來……
>
> 議長夫人，我讚賞李華偉博士專心致志的精神和對圖書館專業的許多貢獻，也要特別地感謝他領導亞洲部和在國會圖書館設立亞太美裔館藏的功績……

（"Madam Speaker, I rise today to honor the many contributions and achievements of Dr. Hwa-Wei Lee. After an esteemed 5 years as the chief of the Asian Division at the Library of Congress—a bookend to his dedicated 50 years in the library profession, Dr. Lee is retiring. ……

During his short tenure at the Library of Congress, Dr. Lee focused his energy on completely rejuvenating and reorganizing the Asian Division. He introduced innovative programs designed to improve and expand the division's resources, collections, services, and outreach. As chair of the Congressional Asian Pacific American Caucus, it has been my privilege to have collaborated with Dr. Lee and his dedicated staff at the Asian Division. Our shared pursuit to tell the complete Asian American and Pacific Islander, AAPI, story and dispel the cloak of invisibility and mischaracterization upon the community has given life to a new AAPI Collection at the Library of Congress. This is another milestone of Dr. Lee's storied career.

Dr. Lee and his lovely wife Mary will soon move to Florida to bask in the sunny rays of retirement. But I suspect that he will not slow down, and will continue his many pursuits. As anyone who has met Dr. Lee can attest, his boundless, enthusiastic spirit will not allow him to stay idle. ……

Madam Speaker, I commend Dr. Hwa-Wei Lee for his dedication and many contributions to the library profession and am especially grateful for his nurturing leadership of the Asian Division and of the establishment of the AAPI Collection at the Library of Congress. …"）[8]

---

[8] Honoring Dr. Hwa-Wei Lee – (Extensions of Remarks – April 10, 2008). Speech of Hon. Michael M. Honda of California in the House of Representatives, Thursday, April 10, 2008. Pp. E577-578. http://thomas.loc.gov/cgi-bin/query

第一章　戰亂童年

兩條船，一條駛向東，一條駛向西，
但刮的風沒有兩樣。
是帆的情形，不是吹的風，
決定了我們的方向。

〈命運之風〉
美國詩人艾拉・惠勒・威爾科克斯
（Ella Wheeler Wilcox）

一

李華偉的祖籍是福建省福州市，一九三一年一月二十五日生於廣州，在七個孩子中排行老三，上有兄姐各一，下有三弟一妹。他出生時，父親李幹軍是廣東省四會縣的縣長。大哥華星年長他五歲，姐姐華宇，年長他三歲。

一九三一年是農曆辛未年（羊年），這一年，南方的雨季來得迅急洶湧，暴雨在廣東連續數日之後，一路北上，雨勢磅礡，絲毫不見勢弱。到了五月，驟雨扯開漫天大幕，遍及全國，珠江、閩江、長江、淮河流域，長江水位急遽上漲，江潮異常猛烈，似乎昭示著一個不平靜的年份。

到了六、七月份，福建、廣東、貴州、安徽、浙江、江蘇、黑龍江、遼寧、湖南、湖北、河南、江西等十六個省被暴雨洪水所困，縱橫百里之田土房屋，盡成澤國。《國聞週報》稱：「現時全國水災區域，有謂十六省者，然將各報記載歸納一處，豈止十六省

已哉……他如河北、山西、遼寧諸省，被水災者，多少不等，幾無一省能以倖免。此誠歷史上少有之浩劫。」

武漢三鎮災情尤其驚人，低窪處水深三丈，淺處也有三尺深，昔日繁華街市，此時濁水茫茫，樓房猶如水中孤島。在武漢逗留了幾天的蔣介石，深切感受水災之嚴重，在《告水災被難同胞書》中稱：「大江南北，洪水氾濫，禍事之慘，災情之重，亙古未有，……此次水災之奇重，不僅影響長江人民之生計，實關係中華民族整個之生存！」[1]

面對如此局面，國民黨南京政府在《為賑濟水災告全國同胞書》中哀歎：「湯湯江漢，滔天未已。茫茫禹跡，沉沒堪虞。死者盡葬魚腹，生者淪為餓殍。斯誠國家之不幸，民族之奇災！」

這是中國在二十世紀遭遇受災範圍最廣，災情最嚴重的大水災，受災區域遍及全國多省，災民達到七、八千萬人，幾乎達到中國當時總人口的六分之一。水患令南京政府疲於賑災，憂患重重，災民流離失所，痛不欲生。然而，這只是災難的序幕。

一九三一年九月十八日在中國東北爆發了一次軍事衝突和政治事件。衝突雙方是中國東北軍和日本關東軍，即是歷史上的「九·一八」事變，這一天在此後的時間裏被稱為國恥日。「九·一八」事變是日本主戰派少壯軍人的冒險的嘗試，由於國民政府採取不抵抗態度，東北軍不戰而退，日本關東軍兵不血刃，就控制了瀋陽全城，隨即佔領了遼寧、吉林和黑龍江。征服東北三省全境，無形中，助長了日本軍閥的氣焰，在日本國內，主戰的軍部勢力上升，侵略者隨之在長春建立偽滿洲國，侵略暴行演變得愈加明目張膽、肆無忌憚，全面的對華戰爭如箭在弦。

征服中國一直是日本在十九世紀末，明治維新以後，處心積慮的國策。一九二七年六月，日本首相田中義一在上奏天皇的奏摺中說：「欲征服支那，必先征服滿蒙；如欲征服世界，必先征服支那。」由來已久的貪慾不斷膨脹，終於在籌謀了半個世紀之後，燃

---

[1]　郭洪業，「一九三一年全國大水災」，《炎黃春秋》，二〇〇六年第六期。

燒成萬劫不復的戰火。烽火亂世，家國荼蘼，此後十幾年間，李華偉的童年和少年時代註定要深陷災難和戰亂之中。

二

華偉的曾祖父李順卿在福州經商，掙下一份殷實家業，子孫有機會讀書科舉。到了下一代，華偉的祖父李祖和是前清秀才，回鄉後一直辦學從教。後來父親李幹軍（原名李聖述）和華偉都從事教育，自祖父起，李家三代人的命運都與教育相關。

福州因「州北有福山」得名，這個溫暖而多雨的南方城市，地處閩江下游，面朝東海，市區距離海邊僅一個小時的車程。福州自古遠離中原地帶的權力中心，自成一體，自閩越王築冶城算起，已有二千多年歷史，這座古老的城市，少有天災人禍，背山面海，是遇荒不饑、遇兵不掠、逢災不染的「有福之州」。福州的另外一個名字是「榕城」，從北宋時期開始，滿城遍種榕樹，「綠蔭滿城，暑不張蓋」。百年古榕，遠望猶如疊翠的小山丘，獨木成林，樹冠展開竟然達到數畝地之闊。舊幹新枝，盤根錯結，斑駁滄桑裏藏著城市的古遠記憶。

與中國大多數的內陸城市不同，福州人主要是中原遷徙者與原住民混血的後代，少有地域觀念的局限，福州很早就以貿易的方式向海外開放，早在一千多年前的宋代，福州已經成為東方著名的港口城市，鄭和的七次下西洋都是由福州馬尾、長樂出航。到鴉片戰爭之後，「五口通商」，遙遠異邦的外交官、商人、探險家和傳教士紛湧而至，西風東漸，在水一方的福州人，最早遭遇了與現代西方文明的碰撞，隨著福州的「武夷茶」被西方世界漸漸知悉，福州人也漂洋過海，把血脈延伸到海外。

大海給予福州人漂泊流浪的嚮往，而福州群山環繞的地貌，又使得他們的性格在開放中多了一份傳統和保守，即使身居海外數年，子孫也保持了華人愛家愛國，內斂堅韌，勤儉苦幹的傳統。

福州一方水土養育了華偉的父輩，父親原名李聖述，少年就讀教會學校，此後，曾經在燕京大學學習神學及教育，師從司徒雷登

華偉1935年於南京

李華偉（前排中）出生後第一次回福州-1931年

華偉的兄弟姊妹1936年合影於南京（左起：三弟華明，大哥華星（醫），姐華宇，華偉，四弟華寧）

華偉（右一）與父親李幹軍（右二），姐李華宇（左二），大哥李華星

1932年華偉與母親王曉暉於南京

華偉的父母親-1935年於南京

李博士父母70大壽在台灣，1963年

▍華偉的祖父-李祖和

▍華偉的祖母-洪氏

▍華偉的外祖父-王果

▍華偉的外祖母-劉氏

先生。司徒先生從一九〇五年起開始在中國傳教，後來創建燕京大學，並擔任校長。燕京大學在中國學界獨樹一幟，秉承了司徒先生一貫提倡的自由、開放之教學氛圍[2]，從南方古城來到北京的青年李聖述，受司徒先生影響頗深。他在燕京大學取得碩士研究生學位後受聘於福建協和大學，任副教授、教授，後來成為福州協和師範學校的校長。一九二八年，他投筆從軍，參加國民革命，改名李幹軍。

華偉的母親王曉輝，也是福州人，出身名門，有一個哥哥和一個妹妹。兄妹三人都接受過良好的教會學校教育，王曉輝和妹妹王肖珠畢業於福州華南女子文理學院，是虔誠的基督教徒。哥哥王調馨曾任福州協和大學物理系教授，系主任，理學院院長，一九四八年留美，一九四九年解放後回國，後來做了福州協和大學副校長。不幸的是，他在後來的「文化大革命」中喪生。母親的妹妹王肖珠女士，教會學校畢業後，到北京燕京大學研究所攻讀教育，畢業之後，曾擔任廣州嶺南大學圖書館編目組主任、總務組主任、副館長及館長。一九四八年留美，次年在伊利諾伊大學厄爾巴拉-香檳校區完成圖書館學碩士學位，後來留在美國，並在美國匹茲堡大學及其它圖書館工作。

華偉的印象當中，他們全家並沒有回過福州。但一九八二年他第一次回大陸時，到福州尋根，並看望了舅媽。舅媽堅持說華偉小時候曾經隨父母及兄姐回過福州，舅媽還記得華偉是個白白胖胖的孩子，頗為乖巧。雖然福州是華偉記憶中的空白，他甚至無法確定父母在什麼時候曾經帶他們回去過，但他對福州絲毫沒有陌生感，尤其福州的青橄欖，清甜中雜著酸澀，是他熟悉的味道。

父親家族中的親人，只有一位當醫生的姑姑，華偉在重慶時曾見過面。一九四九年李家全家到了臺灣，從此與大陸的親人天各一方。

---

[2] 〈傅涇波：追隨司徒雷登四十四年〉，李菁，《往事不寂寞》。生活・讀書・新知 三聯書店。二〇〇九年。

三

　　身處中國近代歷史上內憂外患，動盪飄搖時期，華偉的父親李幹軍思想激進，是胸懷民族興亡、大志報國的青年。他曾經是虔誠的基督教徒，並擔任福建基督教教育協進會的總幹事。後來因為受到時代思潮和五四時期知識份子的影響，逐漸對基督教有了不同的認識，他認為基督教在中國的傳播，是西方對中國變相的政治和文化侵略。有中國留學生甚至激進地把美國傳教士及其對外政策稱為「傳教與傳導彈」（mission and missile）[3]。

　　此後，他選擇了叛逆，甚至將自己的名字李聖述改成李幹軍，決意改換一個新的態度面對世界。一九二八年八月，他辭去福州協和師範學校校長的職位，從此棄文從戎，正如他名字所表達的，加入國民革命軍，在第十一軍政治部宣傳科擔任了中校科長，第二年調任陸軍第六十師政治訓練處主任，晉升為上校軍銜。一九三〇至一九三一年，擔任廣東四會縣縣長。一九三二年，李幹軍被調到南京，擔任內政部秘書，統計司司長，並兼任軍事委員會政訓研究班教授，華偉和家人隨父親遷往南京。

　　一九三七年七月七日，盧溝橋事變，中日戰爭全面爆發，日本軍隊來勢洶洶，同年十二月，即攻陷了中華民國的首都南京，日本軍隊的屠城從十二月十三日開始一直持續到一九三八年二月。南京城經歷了第二次世界大戰當中，最滅絕人倫的屠殺，侵略者的獸行，是人類無法饒恕的罪惡。受難者的血甚至將長江的江水染成赤紅，被虐殺的中國平民和戰俘達到三十多萬，城市的三分之一被焚毀，震驚世界的南京大屠殺（Nanjing Massacre），將六朝古都變成一座死城，一座巨大的墳墓。

　　所幸李家此時已經離開南京，由於李幹軍得到桂系將領李宗仁將軍和白崇禧將軍的賞識，看重他曾經在廣東四會擔任縣長的經

---

[3]　史黛西・比勒（Stacey Bieler）《中國留美學生史》(A History of American-Educated Chinese Students)，張豔譯，生活・讀書・新知・三聯書店。二〇一〇年。

歷，聘請他到廣西桂林，負責省政府的幹部訓練團，擔任教育長，培養省裏的地方幹部，李家已經舉家遷往廣西桂林。

桂林位於廣西的東北，山環水繞、川谷交疊。峰巒外形奇特，異常秀麗。世間有「桂林山水甲天下」的說法，桂林城東門外的七星岩、月牙山，北門內的風洞山、疊彩山，麗澤門外的老君洞，城中心的獨秀峰，南門外的象鼻山，都是名聞海內外的名勝。

日本軍隊日益肆虐，廣西的情況越來越糟糕，父親李幹軍整日忙於公務，沒有辦法照顧家人，為了躲避日軍每日的飛機轟炸，他決定把妻子和六個孩子送到越南海防。李幹軍派自己的隨從護送家人過境，從廣西桂林到南寧、柳州，再輾轉至龍州，從鎮南關過境到越南河內，而後到達附近的海防。

華偉的記憶中，路好像長得走不完，稍好的路段還可以乘車，有的路段，只能徒步或者騎馬。六個孩子當中除了華星，都需要照顧。兩個年幼的弟弟華明和華寧坐在籮筐裏，一前一後，被衛兵挑在擔子上。華偉當時大概有六、七歲的樣子，由另外一個衛兵騎馬帶著他。山路陡峭，騎在馬上顛簸搖晃，稍有不慎便會落馬。華偉非常害怕，衛兵把他放在前面，索性找來繩索將華偉綁在自己身上，還嚴厲交待不可以亂動。華偉的母親因為當時懷著身孕，父親特地為她雇了轎子，衛兵們輪流抬著她走。

華偉不清楚父親為什麼會選擇海防，大概他在那裏有相熟朋友。海防是越南北部最大的港口，當時是法國殖民地，法國的警察一副趾高氣揚的架子，十分傲慢。

華偉的母親帶著六個孩子暫時在海防安頓下來，租住的房子陳設簡單，但她總會把一切打理得乾乾淨淨。數月之後，最小的妹妹華宙出生。母親要照顧剛出生的妹妹，還要料理其他六個孩子的生活，不知道她是怎麼做到的。華偉的母親實在是一位了不起的女人，帶著七個孩子，生活在異國他鄉，她可以應對得有條不紊。此後偶爾提起海防那段經歷，母親都慶幸他們兄弟姐妹七個能夠全部活下來，實在不容易。當時中國大陸到處戰亂，與生活在大陸的家庭相比，海防的生活雖然清苦，卻是遠離戰火和死亡的避難所，母

親言語之中盡是感恩和幸福[4]。

在海防住了大約有一年半的時間，在父親李幹軍的安排下，全家搬回桂林。孩子們都長大了一些，回國的行途很順利，只是小妹妹華宙是家裏的新成員，她一直被母親抱在懷裏。入境需要辦理手續，華偉的母親和李家孩子都成歸國僑民，後來回到國內讀書，華偉就讀華僑二中就是這個原因。

四

為了共同抗擊日軍，桂系和蔣介石暫時放下舊日積怨，重歸於好。李宗仁就任第五戰區司令長官，他和白崇禧指揮的台兒莊戰役是中國軍隊在對日正面戰場的首次大捷，令桂系軍隊名聲大振。桂系起家的廣西，雖然貧困，但民風彪悍，北伐時期就屢建戰功，被稱為「鋼軍」。在對日抗戰中，桂系參與了許多重要的戰役，打過幾場著名的硬仗。盟軍中國戰區參謀長史迪威曾經讚歎，廣西的士兵是世界上最好的士兵。

蔣介石與桂系的關係始終複雜微妙，既相互利用又相互防範，蔣介石不失時機地消弱桂系勢力。一九四三年九月，蔣介石為遏制李宗仁，將其從第五戰區司令長官的位置調升為「軍事委員會委員長駐漢中行營主任」，漢中行營是一所新成立的介於中央與各戰區之間的軍事機關。名義上是指揮第一、五、十戰區，實則是個虛設機構，明升暗降，削去李宗仁的兵權。一九四五年八月，日軍投降，李宗仁改任北平行轅主任[5]。此時，華偉的父親李幹軍已經晉升為李宗仁將軍的參議，擔任機要秘書，跟隨李將軍到了北京，華偉全家住進了中南海。行轅辦公地址設在中南海居仁堂，李幹軍和家人住在中南海的勤政殿。勤政殿原為明代的西苑，到清代康熙大帝時修繕擴建而成，勤政殿是皇帝在中南海居住時的辦公地點。

---

[4] 呂紅，〈跨越時空的追尋與奉獻——記俄亥俄大學圖書館館長李華偉博士〉，《美華文學》（The Literati），No. 25 (January/February 1999), 24-43 頁。
[5] 唐德剛，《李宗仁回憶錄》。廣西師範大學出版社，第一版，二○○五年。

中南海在故宮的西側，由中海和南海構成，與北海舊稱「三海」，園中水系蜿蜒，是與巍峨肅穆的紫禁城全然不同的景象。從遼金開始，各代帝王都青睞中南海，不惜重金擴建。自清代開始，中南海成為皇家禁苑，是皇帝避暑聽政的場所，成了滿清皇朝的政治中心。辛亥革命以後，這裏成為北洋政府重要的會議廳之一。

　　華偉當時就讀南京一中，留在南京，並沒有隨同家人住在中南海。根據兄弟們的描述，勤政殿的建築結構極為複雜，前廳、長廊通道、中門客廳、接見大廳、西客廳、辦公室、餐廳處處相連，大小廳室有三十幾間。華偉父親的書房相當氣派，一張巨大的紅木書桌，上面整齊疊放父親的文書要件[6]。

　　實際上，勤政殿在一九四九年之後仍然部分地延續了它的政治功能，毛澤東的外事接見，宴請外國首腦及著名人士都在勤政殿進行，直到二十世紀七十年代，勤政殿被拆除。

　　李家在中南海居住了將近兩年的時間，抗戰勝利後，國民政府首先遭遇了接收東北的難題。按照《中蘇條約》，蘇軍應於日本投降後三個月內全部撤離中國，而史達林並沒有如期兌現承諾，不同意國民政府從大連等海港運兵進入東北，拖延的結果使得蘇聯有充分時間拆運東北的工廠和物資，共產黨在這段時間內，組織民眾，並收編偽滿軍，訓練成強大的野戰軍[7]。

　　一九四五年八月，在美國斡旋之下，毛澤東由美國駐華大使赫爾利陪伴，飛到重慶，國共政府開始和平談判，雙方發表會議紀要，停止軍事衝突。表面上，兩個對立的政黨和軍隊擺出了化干戈為玉帛的祥和態度，而談判桌下的調兵遣將從來沒有停止。共產黨軍隊在東北得到補充，根基逐漸紮穩，在長春、四平一帶和國民黨軍隊展開了大規模的陣地戰。國共在關內的衝突重新擴大起來。一九四六年春天，華北已然是槍聲遍地，國共和談的協議最終成了一紙空談。剛剛擺脫第二次世界大戰夢魘的中國人還沒來得及歡愉，幸福的日子就耐不得等待，在到來的途中突然窒息，戰爭去而復

---

6 《赤空凝碧血》，空軍34中隊「八一五」號機家屬自費製作，一九九三年。
7 唐德剛，《李宗仁回憶錄》。廣西師範大學出版社，第一版，二〇〇五年。

來，共產黨和國民黨註定無法避免生死存亡的對決。此時，李華偉全家離開北京，再次搬回廣西桂林。

隨後戰場上血火蔽日，華偉的父兄無可選擇地置身其中。一九四八年冬天，內戰到了決戰勝負的關鍵時刻，在歷經遼沈戰役、平津戰役、徐蚌會戰三大戰役之後，戰局明顯有利於共產黨，軍隊實力的對比急轉直下，蔣家軍節節敗退，蔣介石聲望日下。經濟崩潰是最後的致命一擊，法幣貶值，城市裏的工商界、鄉村的農民以及靠薪金度日的公教人員深受其害，無以為生，歷史發展的重心逐步轉向中國共產黨[8]。到了一九四九年元旦前後，內外交困的蔣介石為了使國共和談有空間，宣佈下野，由代總統李宗仁出面緩和局勢，試圖求和，而李宗仁提出的以長江為界，劃江而治的提議，對當時已經控制戰局的中共政府毫無誘惑力，甚至蔣介石也採取了拒絕的態度。

一九四九年四月，共產黨的軍隊在渡江戰役中大獲全勝，突破長江防線，南京國民政府燈枯油盡，大勢已去。從一九二八年起，蔣介石登上中國政壇，權傾朝野，二十年之後，他不得不告別大陸，終結國民政府一統江山的歷史。一九四九年十月一日，毛澤東在北京宣告中華人民共和國中央人民政府成立。十月十三日，解放軍兵臨廣州，李宗仁只得飛往重慶，此後李宗仁胃病復發，出現十二指腸出血，遂於十一月二十日以治病為由轉往香港。十二月五日，與夫人郭德潔、兩個兒子及隨從人員由香港飛往美國紐約就醫[9]。

李宗仁的桂系部屬至此各奔天涯。國民政府經廣州、重慶、成都直至十二月七日遷往臺北。一九四九年十二月十日，蔣介石不得不從成都起飛，離開中國大陸。他選擇臺灣作為「復興」的基地，而中國大陸和臺灣從此海峽相隔。

8　黃仁宇，《從大歷史角度讀蔣介石日記》。九州出版社，二〇〇八年。
9　唐德剛，《李宗仁回憶錄》。廣西師大學出版社，第一版，二〇〇五年。

五

　　李幹軍在桂系軍中效力多年，最終沒能為自己和家人贏得逃往臺灣的機會，在李宗仁將軍自身不保的情境之下，華偉的父親已然無力再為家人提供任何選擇，只能聽天由命。

　　當全家還在廣西桂林的時候，李家長子李暋（原名李華星）已先行到達臺灣，他是國民政府的空軍飛行員，屬國軍當中的精英軍人，照規定可以攜眷屬到臺灣。一九四九年九月底，新的共和國建立的前幾天，李暋一個人駕機，降落桂林，全家匆匆登上他駕駛的B-25轟炸機，飛往臺灣。攸關時刻，飛行員身份賦予李暋特殊的權利，李家全家九口人也得以戲劇性地乘坐專機赴台。

　　倉猝之中，一家人上了飛機。B-25轟炸機缺乏安全裝置，甚至沒有雷達，加上當日天氣惡劣，他們逃離大陸的行程危險重重，但李暋此時別無選擇。臺灣多山，濃密的雲層低低地壓下來，他讓弟弟妹妹守在舷窗旁邊看著，看到海的時候就喊出聲來提醒他，以便降低飛行的高度。

　　他們是第一次坐上大哥開的飛機，當然那也是他們唯一的一次。也許是坐飛機讓大家興奮不已，華偉和弟弟妹妹們感覺不到恐懼，手扣著舷窗向外張望，反而幾分有趣。終於見到海了，透過灰蒙的霧霾，是藍得發黑的海面，他們大聲喊叫，飛機下降到低空飛行，虧得李暋飛行技能高超，大約過了幾個小時之後，李暋終於將全家人安全接往臺灣，匆忙降落在臺灣新竹的空軍基地。

　　離開桂林四天後，解放軍部隊佔領了廣西。逃離大陸的實在含義，華偉當時並不完全懂，從父母親和大哥的隻言片語當中，他甚至覺得暫避臺灣是權宜之選，不多時日將會重返大陸。之前由於多次躲避戰亂，顛沛流離，遷徙和搬家是尋常事，此次的搬遷並不值得在意。只是此次過於匆忙，轟炸機的機艙空間有限，家中人口多，根本裝載不下任何其他的東西。家中的一切都留在了桂林，到臺灣時一無所有。

　　李宗仁將軍手下的人即便到了臺灣，也難逃被排擠、打壓的

命運。李蔣之間宿怨積久，李宗仁遠離國民黨的權利核心，旅居美國。由於桂系背景，李幹軍在臺灣顯然沒有機會繼續從政。另外，官場中的沉沉浮浮，早已令他心灰意冷，對仕途不存任何幻念，反而活得大徹大悟。

李幹軍從來不是消極的人，何況一家人的生計都壓在他的肩上，抵達臺灣後，他重操舊業，再次進入教書行當，雖已年逾五旬，到了知天命之年，但教書育人的確是駕輕就熟之選。李幹軍曾經是燕京大學司徒雷登先生的弟子，英文功底深厚，發音純正，在台中省立農學院謀到一份教英文的職位並不困難。農學院後來改學制，成為臺灣中興大學，他就一直在學校裏教英文，大受學生歡迎，晉升為教授。教書不能帶來豐衣足食的生活，但溫飽總有保障，何況大陸潰退到臺灣的家庭，多數衣食不周、生計維艱，李家已屬幸運。一家人很快在台中穩定下來。

事實證明李幹軍是才華橫溢的教授，贏得了眾多讚譽，校長對他格外器重，鼎力栽培。經常有年輕的教師們登門拜望，仰仗李幹軍先生的提拔。老人家在教學的職位上得到認同和尊重，令他真正開心。此後，華偉的父親時常與子女們現身說法，不要搞政治，從前自己在政界混來混去，無果而終，搞教育是好的，人可以活得清高。

後半生教書，命運軌跡回到初始點，註定是華偉父親的宿命，從事教育原本最適合他，華偉一直相信那是父親一生當中較為愉悅閒適的時光。他一直工作到快七十歲才退休，晚年的李幹軍回歸宗教，七十到八十歲時，仍然在台中一家教堂做客座牧師講道。臺灣的教會比不得美國教會有錢，不設全職有薪水的牧師或傳教士，華偉父親有傳教士資格，因而常被台中的教會請去做客座牧師，他樂於做志願者。李幹軍先生長壽，九十歲去世。如今，他和妻子王曉輝女士的墓地在台中。

六

到臺灣之前，華偉不記得父親曾經用過英文，絲毫不瞭解他的英文好。到臺灣後才發現父親的英文可以用來賺錢吃飯，養家糊

口。日後華偉赴美留學，申請信、申請表格都由父親親自修改潤色，他對父親的英文功底才有了切身體會。

在李家的七個孩子中，華偉的個性最像他父親，他也深受父親的影響。其實父親吃的苦恐怕遠勝於華偉。前半生經歷了不停息的變故、戰亂，最初熱衷宗教，立志作傳教士，後來參加國民革命，跟隨李宗仁將軍，直到後半生才穩定下來，在臺灣教書、傳教。可謂半生戎馬，整日性命堪憂、如履薄冰。

李幹軍做人看得開，夠義氣。孩子們小的時候，他的收入有限，家裏時常捉襟見肘，挨近月底就沒錢了，有時甚至買不起食物，華偉的母親勤儉持家，量入為出，實在艱難時，不得不把她的陪嫁首飾拿去變賣。父親則要找朋友借錢，他有十一個結拜兄弟，感情很好，兄弟們也大多是窮朋友，當中大概有一、兩位經濟情況稍好一些，時常周濟李家。最艱難不堪時，就借一點錢給他們。李幹軍做官時，不徇私，家裏孩子多，花銷大，他的薪水很少結餘。後來入不敷出，經濟拮据，令他難堪，對孩子們也深感歉疚。以李幹軍的剛強個性，從來不會向人家張口，當不得不求助朋友時，他的無奈和痛苦，給華偉留下了深刻的印象，令他更加敬重父親。

華偉父親的結拜兄弟中大多是福建人，福建人外出闖世界很團結。其中有兩、三位華偉見過，何宜武先生對他們幫助最大，何先生做過臺灣僑務委員會副委員長，臺灣立法院的秘書長，臺灣跟海外華僑保持了良好的關係，曾經與菲律賓僑社建立了世界華僑商業銀行（世華商業銀行），他出任董事長，在臺灣銀行界頗具影響力。華偉留學美國，包括後來他的弟弟妹妹出國，都得到過何先生的幫助。

華偉父親熱愛家庭，自己平日的嗜好有限，抽抽煙、打打牌，約朋友們出去喝喝酒。母親王曉輝是賢妻良母，全部的心思都在照顧七個孩子。親緣的關係是最微妙複雜的，在人類所有感情中，父母對子女的愛心最無私，幼年時代最為親近的人，就是塑造孩子們一生的人。華偉父親母親的個性和品格對孩子們影響深遠，和睦輕鬆的家庭氣氛，讓他們各自在以後的生活中時時借鑒對照，受益終生。

因華偉十二歲起就離開家，中學、高中都住宿國立學校讀書，母親格外心疼他。後來到臺北讀書，華偉經常身體不好，有過敏性鼻炎，差不多每年都要動一次小手術，把鼻息肉拿掉。醫院的條件有限，麻藥時常失效，令他吃盡苦頭，母親經常心痛落淚。每次假期回家，華偉母親總要專門做他最愛吃的肘子，她在廚房裏忙著做飯，華偉就守在廚房裏陪她聊天，揀學校裏有趣的事情講給母親，她的興致很高，也講家裏的事。華偉喜歡單獨與母親相處的時間，一直跟她聊天，聞著廚房裏漸漸散開的香味，享受到母親對他特殊的疼愛。母子倆人大概從沒有直接表達過愛的言辭，像西方人喜歡的那種表達，但華偉仍然深切感受到母親的慈愛。

第二章　流亡求學

　　有一天，敵人打到了我的村莊，

　　我便失去了我的田舍家人和牛羊。

　　　　　　　——端木蕻良作詞，賀綠汀作曲〈嘉陵江上〉

一

　　李家兄弟姐妹七個孩子，華偉父親是公務人員，薪水並不高，養活一大家人不容易，少年的李華偉已經體會到生存的艱難。父母親早年曾經受過良好的教育，對孩子的教育極為重視，無奈舉國戰亂，全家跟隨父親奔波遷徙，華偉小學、中學所受到的教育被無休止的戰亂和搬遷割裂成一段一段。

　　抗戰時期，為收容淪陷區公私立中學、師範學校流亡到後方的學生，國民政府從一九三七年起開始設立國立中學，到抗日戰爭結束，國立中學共設置有三十四所，其中包括國立女子中學一所，國立華僑中學三所，國立東北中山中學、西南中山中學七所。這些學校都頗具規模，一千人以上的十二所，五百人以上的十三所，五百人以下的有五所。此外還有國立職業學校，比如國立師範學校等。一律實行「公費制」待遇。學校不僅提供教育而且實行公費住宿制度。在當時的情況下，對教育的穩定和發展是相當有益的，為戰亂中流亡的學生們提供了求學的機會[1]。

---

[1]　中國全歷史（20）《抗日戰爭中的教育》三七二頁。

抗戰八年，中國西南的重慶成為國民政府的陪都，四面八方的人都來到重慶。一九四三年，對日戰爭日益艱苦，雙方進入白熾化的對峙階段。華偉全家此時已經搬到重慶。他剛剛小學畢業，要升初中，父母親為華偉和大兒子華星選擇了國立第二華僑中學。華偉年幼，母親十分捨不得，卻也沒有辦法，只得讓大哥和華偉就讀同一所學校，寄望兄弟倆人相互照應。華星讀高二，華偉讀初一。

國立第二華僑中學成立於一九四一年八月，由教育部任命王德璽先生為校長。校址最初在四川重慶鄉下江津程家祠，當地程氏鄉紳熱心辦教育，把自家祠堂連同大片土地無償借給政府辦學校。

程家祠是當地最好的建築，靠山近水，山青水澈，綦江河繞堂而過，對岸是龍登山。程家祠走三公里是五福場，再走十公里到杜市，那裏有公路到重慶。學校設立之初，人數不多，高中、初中都在程家祠上課、食宿。後來流亡學生流落重慶，國立第二華僑中學學生人數不斷增加，程家祠無法容納，學校又借用了五福場旁的洋房子辦學[2]。

國立第二華僑中學在鄉下，交通不暢。第一次華偉父親帶著他和大哥一起去，先在公路旁攔了一輛卡車，跟司機講好搭車的價錢。那是一輛貨車，貨已經裝得滿滿的，司機把貨物綁到車頂上面，才勉強擠出少許空地，李家父子擠著坐下來。一路之上，綁在車頂的貨物一直搖搖欲墜，華偉索性閉上眼睛，期望它們不要突然掉下來。

車子開出去大約四、五個小時後，司機要去往另外的方向，李家父子下了車，告別司機，抖掉一路的塵土，華偉終於可以鬆一口氣，車頂的貨物搖晃了一路，幸運的是，它們竟然沒有掉下來。餘下的路程，他們還需要再繼續走四、五個小時。

從清早時離開家，已漸漸到了日落時分，父親李幹軍和哥哥華星背著他們的簡單行李，華星當時十七歲，雖然纖瘦，但個子已經差不多和父親一樣高大，有大哥在旁邊，華偉心裏總還有些安全感。父子三人也不講話，小心走在坑窪的山路上，稍遠處是農人的

---

[2]   http://www.365road.com/guide/readnews 國立第二華僑中學簡史

房屋，隨處可見田地和糞坑，不時有身形消瘦、面色蒼黑的農人與他們擦肩而過，上下打量他們三位特殊的行人，眼中盡是猜度疑問，看他們整齊的打扮、白淨的膚色，完全不是本地人的模樣。農人的疑惑令華偉更加不安，自己要去讀書的地方好像是另外一個世界。

遠山的輪廓漸漸模糊，日暮時分，炊煙縈繞，蛙啼蟬唱，全無戰爭的殘敗與血腥。天地之間，父子三人行色匆忙，趁著漸暗的暮色，趕向學校，華偉和哥哥將去往一個完全陌生的地方。

二

國立第二華僑中學的初中部設在洋房子裏，房子前面一百米左右是清澈的綦江河，與五福場僅一溪之隔。洋房子是兩層的磚木結構，西式的拱門窄窗，在眾多低矮的農宅中獨特而醒目，因為曾經是一位老傳教士的房子，當地人都暱稱它「洋房子」。

華偉入華僑二中就讀時，學校已頗具規模，註冊的學生有四百多人，分設高、初中部，只是學校的設施極其簡陋，教具和圖書嚴重匱乏，教室裏人多，桌凳不夠用，學校就地取材，組織初中部的學生登上龍登山砍竹木，雇當地的鄉人來做桌凳。用火烤彎兩支竹做凳腳，上邊夾著一條橫竹，形狀類似板凳，稱為竹扛凳[3]。

貧困的學生們從學校領取統一的衣服，布料奇厚，被眾人暱稱為「羅斯福」布。衣服耐磨耐用，一套就可以解決冷暖，鞋子以草鞋為主，消耗快，經常是破爛的，有的學生買草鞋穿，有的則自己編織草鞋，更有個別學生打赤腳上課。書本和練習本都是劣質土草紙印的，而且供應不足，經常要兩人同用一本書。土草紙質地粗糙，難以用鋼筆書寫，學生只能用毛筆，甚至寫英文也用毛筆[4]。學生宿舍是七、八個人住一個房間，竹子製成的簡易雙層床，各處都是縫隙，躺上去需要格外小心，先要坐上去，然後再慢慢躺下，太猛然的動作，會讓自己陷進去。床上沒有床墊，鋪了毯子在上面，毯子經常是被汗漬浸得看不出本來顏色。

---

[3]　http://www.365road.com/guide/readnews 國立第二華僑中學簡史
[4]　http://www.365road.com/guide/readnews 國立第二華僑中學簡史

蜀地夏季燥熱潮濕，人像是給悶在密封的罐中，經常是到了入夜時分仍然透不過氣來，饑餓的蚊蟲在黑暗裏以學生們的血液為食，肆無忌憚。冬季濕冷，十一、二歲的孩子，不知道照顧自己，早上起來勉勉強強洗個臉，不知道換衣洗澡，蝨子之患屢禁不休。

　　蝨子在學生寢室裏最為常見，那種如芝麻顆粒一般大小的寄生蟲，以人的血液為食，並傳播疾病。它常來常往，不分晝夜，這渺小的生物具有頑強的生命力，頭髮、衣服的邊角夾縫都是它們的棲身之處，繁殖奇快，生生不息。一個同學生了蝨子，要不了多久，宿舍所有的人都會生蝨子，起初全身瘙癢難耐，漸漸地就感覺不到了，所謂的蝨子多了不癢，流亡學生們個個深有體會。華偉每次回到家裏，母親要做的第一件事，都是把華偉的衣服全部脫了，用滾水煮，頭髮也必須用藥水洗過。

　　學校是收容流亡學生的，每天只提供兩頓飯，早餐和晚餐。兩餐幾乎沒有蔬菜，早上蠶豆用鹽加點辣椒煮一煮，運氣好時可以吃夠三碗，晚餐主要也是飯，配上又辣又鹹的小菜。華偉最深刻的記憶就是饑餓，總是吃不飽，饑餓是最殘酷的刑罰，胃在沒有食物的時候，蠕動得更加劇烈，晚上睡覺的時候，常常肚子餓得睡不著。饑餓就如同一個敞開的深洞，華偉大部分的時間都在下意識地尋找食物填滿它，卻總是徒勞。

　　那時候，身體開始發育，華偉的飯量增大，每頓能吃五碗米飯，但經常只要能吃到兩碗米飯，已經非常幸運了。給學校供米的商人貪財，糙米中還攙了大量的沙子、稗子甚至是石子，被學生們戲稱為「八寶飯」。開飯時間，學生們通常連沙帶米囫圇吞下，根本顧不上挑挑揀揀，因為等不到挑完沙子稗子，飯就被動作快的人搶著吃光了。沒有嘗過饑餓的人永遠無法體驗饑餓的滋味。當然，吃「八寶飯」的害處極大，學生中很多人後來都得了盲腸炎，華偉也沒能倖免。

　　雖然環境簡陋，生活艱苦，但流亡的學生們能夠有書讀，都格外珍惜，讀書的氣氛很濃，每天清晨，便有學生琅琅晨讀之聲，入晚，學生們三、五個人一組地聚在教室、飯廳、天井，一張桌子，

一盞桐油燈，安靜地做功課，功課好的同學還自願輔導差的同學，每每回想起洋房子的夜晚，華偉的心裏滿是橘黃溫馨的桐油燈的光亮，那是戰亂中國的信心和希望之所在。

經常跟華偉在一起的有四個男孩子和兩個女孩子，其中一個女孩子年長一些，孩子們都叫她「大姐」。她的確像大姐一般照看每個人，經常幫華偉洗衣服。遠離父母的孩子們彼此照應著，是一個共同求生存的團隊。月初有人家裏寄錢過來，孩子們一起出去打牙祭，相互接濟，月底有人家裏寄了食物，孩子們比過節還高興，一起分著吃。生病了相互照顧，逢到週末，幾個人還經常一起到學校附近，幫農人打小工，摘豌豆，挖紅薯，澆菜園，澆糞水，做一天的工，然後挖紅薯吃。農人的紅薯只管吃卻不能夠帶走，因此孩子們每次都吃到肚脹難忍才不得不停下來。同是天涯淪落人，孩子們像親人一樣地相互依偎，彼此幫扶，雖然各有各的秉性，但相同的命運和苦難，讓他們成了共生共死的朋友。

鄉下有鄉下的樂趣，五福場盛產橘子，臨近學校的地方多有成片的農人橘子園，秋天，橘子成熟，空氣當中滿是橘皮的澀甜味道，加上樹枝間一片一片的橙紅，對學生們是難以抵禦的誘惑，更何況他們每天都吃不飽肚皮，偷摘偷吃甚至變成了學生們的樂事。

農人知道禁止起不到任何作用，就想出了極為智慧的主意，他們允許每個學生在園子裏買一棵橘子樹，掛上自己的名字，一樹的果實都是屬於掛名的主人，可以隨便吃，價錢也不貴。此舉收效甚好，農人既保住了自己的果子，又多少有了一些收入。學生們有了自己的樹，總是令人驕傲的事情，更何況上面還掛著刻了自己名字的標牌，華偉就擁有這樣一棵橘子樹，那是他最早擁有的私人財產，因而格外精心地保護果樹。

三

華僑二中的男生們差不多人人必備一樁特殊的武器——彈弓，專為打鳥之用。在饑餓的少年眼中，鳥，首先是食物。他們的任務甚至很有趣，功課一閒下來，他們就約好了，到處找鳥，經常要走

上很遠的路，因為打鳥的人太多，鳥也倍加精明，不容易找到。華偉的技術最出色，經常彈無虛發，每次幾個人一起行動，都會小有收穫。學生們把打到四、五隻鳥，拔了鳥毛，在河邊清理好內臟，洗乾淨，拎回宿舍，用鹽泡一泡，再穿成一串，掛在宿舍窗戶邊上曬乾，實在挨不住餓的時候，用火烤鳥吃，味道極好。

兵荒馬亂的歲月，大部分的學生都窮得一無所有，避難兼讀書，日子的確艱難，一個人絕對無法生存，虧得華偉和幾個同學生死守在一起，共同度過艱難困苦的時光，反而時有知足常樂之心，加之常常聽到淪陷區的消息，以及日本人的殘暴手段。與那些在日本人統治下的苦難同胞及被日人施以酷刑或殘殺的愛國鬥士相比較，他們是幸運的。

艱苦生存的經歷，是日後難得寶貴的財富，患難時期的相互幫扶，讓彼此都深切感受到互為依靠的力量，學會了與人相處的真誠、寬容、互助和感恩。獨立面對世界和他人，少年的華偉已經意識到，離開他人，自己是無法獨自生存的，生存的首要是與人為善，與人為盟，彼此敬愛，患難與共。這些體會從此深入骨髓，對他的影響之深，在日後的為人處世當中逐漸顯現出來，成為他與外部世界相處的原則。

人的潛力和忍耐苦難的限度，完全可以超出自己的想像。少年時代所吃的辛苦同樣也為華偉設定一個人生的座標，一個低得不能再低的座標，把它作為參照系統，以後的任何一段經歷都是幸福和值得感激的。艱難是一種教育，沒有艱難就無法說珍惜和感激。苦難甚至讓他跨越了恐懼，從此可以坦然面對一切，因為最深的痛苦他已經嘗過。

華偉的同學多是東南亞華僑，抗戰結束後，大家天各一方。戰亂年代，每個人都在不停地奔波、搬遷。多年以後，僑二中的同學、朋友大多已經失去了聯繫，現在甚至連名字也都記不起來了。

四

國立中學比一般中學嚴厲，國民政府在中學「施以嚴密之訓

導」，並且著重按「軍事管理辦法、初中童子軍管理辦法、青年訓練大綱、中等以上學校導師制綱要及中等學校特種教育綱要等嚴格實施」，對學生思想的控制頗多，比如，要背誦蔣介石的《中國之命運》。教育部還編輯了一套「國定教科書」，以「青年守則」和《春秋》、《禮記》為中心，把「三民主義」滲透到國文、史地等科目中去，並以公民科為重要科目[5]。

此外，學校組織安排很多活動，逢到校慶等節日，學校有游泳比賽、球賽，連續幾夜的戲劇匯演。差不多每個班都有球隊、有自己班級的壁報，學生們都可以參加演戲。高中部有大型的「海韻」歌詠隊，初中部有「綦江合唱團」。華僑二中的籃球隊和游泳隊尤其出色，在附近的幾個縣所向無敵。吳鐵城、陳立夫、張道藩來都來過華僑二中看望師生，吳鐵城還發表講話：「大家要努力讀書，將來為國家出力，再過兩三年抗戰就勝利了，大家回到南洋，要對家長講，祖國抗戰十分困難，還設法供僑生讀書，大家僑胞愛國，國家就富強了。」

華偉對讀書的印象不是很深，好像也沒有什麼科目特別感興趣。國難當頭，學校裏到處可以感受到抗日救亡的情緒，常常可以聽到一些歌曲，他仍然記得學生們經常唱的一首歌，是端木蕻良作詞，賀綠汀作曲的《嘉陵江上》，唱起來格外感慨：

　　有一天，敵人打到了我的村莊，
　　我便失去了我的田舍家人和牛羊。
　　如今我徘徊在嘉陵江上，
　　我仿佛聞到故鄉泥土的芳香。
　　一樣的流水，一樣的月亮，
　　我已失去了一切歡笑和夢想。
　　江水每夜嗚咽流過，
　　都仿佛流在我的心上。

---

[5]　中國全歷史（20），《抗日戰爭中的教育》，三七三頁。

我必須回到我的家鄉，

為了那沒有收割的花菜，和那餓瘦了的羔羊。

我必須回去！從敵人的槍彈底下回去。

我必須回去，從敵人刀槍叢裏回去，

把我打勝仗的刀槍，放在我生長的地方。

　　一九四四年的抗日戰場，中國軍隊節節失利，日軍進入貴州，少數日寇騎兵入侵貴州省獨山，直接威脅到四川，學校開始有些騷動，規定學生無事不要離開學校，因為學校隨時都有可能西遷逃難。當時，許多青年學生熱血沸騰，有一部分學生參加知識青年軍，也有人參加中國遠征軍，打擊侵略者。

　　華偉的大哥李華星痛恨日本人，得知空軍幼校在重慶招生，毫不猶豫地報了名。國民政府在一九四〇年建立空軍幼年學校，目的在於培養空軍抗戰後備力量。當時的中國空軍，力量薄弱，直到美國陳納德將軍建立「飛虎隊」，開闢著名的「駝峰航線」，為西南遠征軍運輸軍備物質，並參與對日的空中作戰，日本空軍才收斂了囂張氣焰。李華星最敬佩飛虎隊，他一直想成為飛行員。

　　原本父母親放心不下華偉，指望大哥華星可以照顧他，但華星祇讀了一個學期就考入空軍幼校，離開了國立華僑二中，只留下華偉一個人，當時華偉只有十二歲，送走大哥的那一刻，內心惶恐無助，真想喊住大哥，懇求他不要走。但華偉心裏很明白，所有以後的日子都必須一個人獨自面對，望著大哥越走越遠的背影，華偉忍住了眼淚。

五

　　到了一九四五年八月，世界大戰的局勢發生轉變，蘇聯參戰，美國在日本的廣島和長崎投了原子彈，華偉的家人當時還在重慶。街頭的報童們開始天天叫號外，高聲喊著戰爭前線的訊息，興奮和喜悅在潮濕悶熱的空氣裏傳播，路上行人舒緩面容，展露微笑。在經歷了八年艱苦卓絕的抗戰之後，中國人準備迎來他們盼望已久的

勝利與和平。

抗戰勝利，國民政府從陪都重慶回到南京。一九四五年八月十五日，日本宣佈無條件投降。九月九日，南京全城沸騰，街道上，人群歡呼狂跳，到處張燈結綵，鑼鼓震響。一些主要街道，有用松柏枝葉紮起的牌樓，牌樓上懸掛著中華民國國旗和國民黨黨旗，兩旗中間是紅色的「V」標記，那是二戰當中象徵勝利的著名標記。牌樓上嵌著「勝利和平」的金色大字。中央軍校大門上書寫著「和平永奠」、「中國陸軍總司令部」等字樣。

上午九點，中國戰區日軍投降簽字儀式在南京原中央軍校大禮堂舉行。侵華日軍總司令岡村寧次向「中國政府」代表何應欽投降。七名日本代表由岡村寧次帶領，排成橫排，脫帽肅立，向受降席鞠躬。更具諷刺意味的是，受降方代表何應欽將軍，當年曾經就讀日本陸軍士官學校，是岡村寧次的學生。

日本人向來把中國看成無可救藥的古老國家，不堪一擊，與明治維新後的日本不可同日而語。他們錯誤地認為，中國歷史上曾經幾度被少數民族征服，蒙古族和滿族都統治過中國。日本也可以如法炮製。殊不知日本侵略中國，無異於吞下一顆定時炸彈，中國幅員廣大，人口眾多，而且中國同樣在接受西方文化，民族意識日漸高漲，只是改革起來沒有日本迅速有效而已。田中義一認為征服中國是征服世界的第一步，實際上，還是民族眼光短視，胸襟狹隘，徒有成吉思汗的野心，而無成吉思汗的才能和魄力。

投降的日本軍人還沒有全部撤退，士兵衣衫不整，排隊在碼頭上走來走去，等待遣返回國。有一天下著大雨，士兵排著隊，小孩子們拿石頭上去打。他們低頭不理。使勁踢他們都不動。過往的百姓高聲怒罵，有的甚至衝過去打……而這些還遠遠不能夠釋放中國百姓的仇恨！敗兵們垂頭喪氣，站在江邊雨中，仿佛成了一具具移動的屍體，日本人的自制力令人印象深刻，日本士兵麻木而冷漠，已經完全沒有戰爭時期的殘忍和趾高氣昂。面對此般情景，華偉內心所有的仇恨忽然消失了，反而替那群失魂落魄的軍人覺得辛酸，他甚至從他們麻木的臉上隱隱看到了一些快意，罪惡的戰爭終於結

束，幸運的是他們活了下來，終於可以回家了。他們不過是日本天皇的戰爭工具，是軍國勢力的犧牲品。而真正對人類犯下滔天大罪的，是挑起戰爭和控制戰爭的人，他們是人類的惡魔。

　　在大陸，南京是華偉居住時間最長的城市，他大概從兩歲起一直到六、七歲都隨父母住在南京。抗戰勝利之後，李家從重慶回到南京，只停留了很短時間就搬到北京中南海。此時華偉已經進入南京市立第一中學學習，沒有隨同家人北上，他已經開始習慣住宿學校，而且能夠把自己照顧得很好，父母親也不用為他擔心。

　　直到一九四七年，內戰爆發以後，李家再次搬回桂林，華偉進入國立漢民中學讀高中，並在那所著名的學校裏，完成了高一和高二的課程。

在桂林讀漢民中學高一和高二年級（華偉在前排右二）

在漢民中學時喜歡打籃球（又瘦又黑的華偉在前排左三）

與台中一中班友去台北旅遊

第三章　臺灣師大

希望是個長羽毛的東西，
總是棲伏在靈魂中，
它唱的曲調裏沒有詞句，
也永遠不會停止歌唱。

〈希望是個長羽毛的東西〉
美國詩人艾蜜莉‧狄金森（Emily Dickinson）

一

　　臺灣的面積不大，但因為有海峽作為天然屏障，後來又有美國的援助，在朝鮮戰爭以後，逐漸形成了國共隔海而治的格局。

　　臺北是臺灣島上最大的城市，市區幾條東西向的主幹道，從北往南依次以忠孝、仁愛、信義、和平為名，此外還有四維、八德等以四書五經中的典故取的路名。同時臺北還有用大陸各地命名的街巷，而且方位上，也按照中國版圖的位置排列，猶如一張微型的中國地圖，當蔣介石政權光復大陸的野心逐漸失去了影響力，這些名字就成了臺灣人心裏化不開的鄉愁。臺北簡樸而安靜，華偉初到臺北時，滿街盛行的是自行車和三輪車，汽車是稀有物，不多見，行人過馬路快慢由己，無需顧及交通燈。

　　一九四九年到臺灣後，李華偉先在臺灣省立台中第一中學高三班插班就讀，之後，考入省立師範學院（現臺灣師範大學）。臺灣當時只有臺灣大學、省立師範學院、台南工學院（現成功大學）、

台中農學院（現中興大學）等為數不多的幾所大學。臺灣被日本佔領了五十年，臺灣人學政治、學經濟都受到嚴格限制，只能學習教育、文史、醫學之類的科目。國民政府到臺灣之後，重視教育，台大和師大很快發展成臺灣的兩所知名大學。其中師大的地位尤其特殊，因為師範大學肩負著培養師資的責任，關乎臺灣的後繼子孫。

師範大學校園坐落於臺北市大安區和平東路，在臺北市的西北面。師大創建於一九二二年，校園裏的建築保留了古老的城堡式造型，有凸出的窗，以便引入較多的光線，另外也有日治時代的大樓[1]。師大靠近臺灣大學，大概有兩、三里路。上世紀五十年代，台大和師大是臺灣兩所最為著名的大學。台大校風自由，跟北大的風氣相似。師大比較中規中矩，「誠正勤樸」是師大的校訓。

國民政府在一九四九年撤退到臺灣時，從大陸帶了一批大師級的知識份子。傅斯年先生是台大的校長，一九五〇年底，傅先生不幸去世。師大的校長是劉真先生。一九四九年，劉真先生從大陸到臺灣。由於他與北京師範大學的關係好，當時北師大相當一部分名教授，都跟隨他一起到了臺灣，並被安置在台大和師大。梁實秋先生在師大，師大中文系的高明教授，教育學院楊亮功教授，都是當時的名教授。

當時還有很多著名的教授在台大和師大兼課，胡適先生在臺灣師大教過課，錢穆先生也曾經在師大教過課，他的夫人胡美琦是師大教育系的學生，與華偉同班，她雖與錢穆先生年齡差距大，但感情非常好，錢先生晚年雙眼失明，只能口述，胡美琦給錢先生記錄，用幾十年的時間，幫助老先生完成了晚年的作品。

李華偉最初報考了台大工學院，他的興趣在於土木工程。當時臺灣是聯合統一考試，所有的大學在同一天進行考試，只有師範大學設有單獨考試，出於保險，華偉也參加了臺灣師大的考試。結果聯合統考的數學沒考好，反倒是師大考試順利通過，華偉陰差陽錯地進了師範大學教育系。實際上，受父親的影響，華偉對教育同樣

---

[1] 臺灣師大校史：http://www2.ntnu.edu.tw/

感興趣，他甚至一直想著要做中學校長。

華偉從一九五〇年進師大讀書，全校師生不足三千人。師大管吃住，免學費，每年發一套制服，還定期額外給學生補助一些買書的錢。華偉很開心，父母親不用再為他籌措學費，至於自己沒能去台大工學院學習土木工程，他並不強求。

師大的教師力量強，要求嚴格，到師大以後，李華偉才開始真正念書，將他之前在大陸接受的斷斷續續的教育連貫和系統起來。他一直認為，在師大的四年時間，對他日後的發展影響巨大。

大學時代的李華偉，身材瘦削，皮膚曬得黝黑，不愛講話，一副與人為善的好脾氣，人緣很好。他並不死念書，甚至也算不上是個好學生。讀書以外大部分的時間，他熱衷於搞課外活動，參加各種社團，倒不是因為具有某一項的特長。比如，參加話劇團，他的口才不好，樣貌又不出眾，不具備上臺演出的形象，但這些並不妨礙他做話劇團的後臺主任。排練時準備場地、服裝、道具、置景；演出時事情更多些，舞臺上的劇情需要下雨了，華偉就組織人在後臺敲盆打碗，現場配音，模擬雨點打下來的聲音。師大的話劇在臺北的大學裏名噪一時，李華偉是話劇社的骨幹之一，大家都喜歡跟他一起做事，他似乎並沒有花很大力氣，一副不慌不忙的樣子，就把後臺管得井井有條、盡善盡美。劇社裏無論導演還是演員都離不開他。

師大話劇社後來出了兩位著名的電影導演，對臺灣早期電影業產生過很大的影響。一位是李行，一位是白景瑞。他們倆位都是李華偉在師大的好朋友，一起辦過話劇社。白景瑞就讀藝術系，與李華偉同年。李行是教育系的學生，是比華偉高兩屆的學長。演出話劇時，他們倆位在前臺，只要華偉在後臺坐鎮，他們心裏就格外踏實。因為華偉能吃苦，肯負責任。前臺需要的燈光、音響、換場景等的配合，他幾乎從不出錯。

李行是師大話劇社的社長，少年老成，塊頭大、嗓門大，像一位長兄，一直照顧大家。白景瑞是東北人，個頭小、其貌不揚，但為人瀟灑風流、幽默風趣、豪爽仗義，大家都喚他「小白」。實際上，華偉與這兩位導演是完全不同性情的人，但他們情投意合，經

常在一起搞活動，雖然沒錢喝酒，多數情況下，甚至連喝茶也喝不起，但偶爾發點兒意外小財，還是要打牙祭，一起吃牛肉麵。

李行早在上世紀六十年代就以《養鴨人家》一舉成名，成為「健康寫實主義」的代表人物，被公認為是「臺灣電影教父」。白景瑞從師大畢業後，曾經赴義大利學習電影，學成回台後，獨立執導《寂寞的十七歲》，在臺灣電影界聲名大振。李行與白景瑞兩位著名的導演兼兄弟，被臺灣電影界的同仁稱為「李白」。白景瑞後來在情感和事業上經歷了諸多曲折，李行從旁相助，可見當年從師範大學話劇社起，已經是兄弟情深。白景瑞去世比較早，李行在一九九五年，得到第三十二屆臺灣電影金馬獎頒發的終身成就獎，他至今還在做臺灣電影學會的會長，每年的金馬獎，他都是評委之一。

雖然走了不同的路線，李華偉和「李白」兩位導演一直是要好的朋友，每次華偉回臺灣，兄弟們都要聚聚，歡飲暢談。「李白」玩笑說，如果華偉重操舊業，一定是臺灣電影界不可多得的人物，華偉只是笑，兄弟三人仍然是大學時代的樣子。

二

五十年代，臺灣師範大學的學生中人才輩出，華偉班上諸多同學精於學業，像施金池同學，品學兼優。後來做到臺灣教育廳廳長，教育部次長等。其他同學像伍振鷟、劉鴻香、沈賢凱、伊文柱後來都成為著名的大學教授，還有好幾位做了中學校長。另外一位高銘輝同學，赴美留學，拿到博士學位後又回台從政，曾經是國民黨黨部的副秘書長。

當時還有幾位同學極具領導才華，讓華偉至今印象深刻。其中張植珊及顏秉嶼兩位，曾經與李華偉一起參加「青年救國團」的活動，組織臺灣大中學生的暑期戰鬥訓練。張，顏兩位後來都做過大學校長。華偉還記得自己在活動中頗為活躍，第一年做過海洋戰鬥大隊的大隊長，第二年做過蘭嶼探險大隊的大隊長。

李華偉擔任過教育系學生會會長，除了辦話劇社，還參加發行學生刊物，在校園裏辦壁報，用毛筆寫好，再整張貼到牆上，設

計由他來做，陳慧專門寫稿子。陳慧是中文系的才子，文采出眾，才華橫溢。他編雜誌，華偉管發行，負責刻鋼板、印刷，再發放出去。他們辦的雜誌在師大校園裏小有名氣。可惜陳慧後來得了憂鬱症，在紐約帝國大廈跳樓自殺。

校園裏的各種社團活動佔據了華偉大部分的課餘時間，大概因為他性情溫和，逢到組織活動，朋友們都願意來找他，華偉來者不拒，樂在其中。他的大學生活因此顯得比別人更為忙碌，他單薄瘦削的身體好像是巨大的能量場，總可以保持旺盛的精力。各類的體育活動他也喜歡，籃球及田徑尤其突出，還拿過校運會田徑賽八百米的冠軍。就華偉當時的身體情況而言，在體育場上有如此好的表現，連他自己都覺得不可思議。

師大四年，李華偉經常到訓導處取請假條，再交給授課的教授。條子上面的內容通常是：李華偉同學，因為要參加學校某項活動，請准許他缺席您的課。大多數教授不支持學生因為參加活動而缺課，覺得學生當以學業為重，搞活動是荒廢學業。他們收了條子，也不多講話，但會忍不住擺出難看的臉色。臨到考試，有的教授還經常特意提醒，「李華偉，這門課你一直都沒有好好上過，還有兩、三個星期就考試了，最好把其他所有的活動放在一邊，專心溫習，不然的話，你大概不會及格。」

華偉也覺歉疚，每次都誠懇抱歉地對教授說：「謝謝教授，請您放心，我一定用功！」好在他的邏輯和分析能力強，文章寫得不錯，每次考試之前開夜車，在教室看一夜的書，第二天一早，合上書本，冷水洗洗臉，清醒了就去考試，考完再把現炒現賣的東西忘掉。幸運的是，每每安全通過。成績居然比教授們想像得更好。在教育學院，李華偉考試開夜車，臨時抱佛腳的本事出了名。教授們拿他沒辦法，私下裏還挺喜歡這位熱心搞活動，說起話來有些害羞的學生。

搞課外活動，華偉一直甘願在幕後，喜歡出力，是他的個性使然，直到後來，而他才意識到，搞活動的經歷實在非常難得，是培養領導素質的最佳機會。要把事情做好，需要發動和激勵他人，與他人合作，友好相處，在事前做充分計畫，再逐步有效地付諸實

施。這是華偉在師大的意外收穫，不知不覺之間，他性格中獨有的領導者素質，漸漸萌芽，並不斷生長起來。華偉在為自己的未來做準備，只是，他此刻並沒有意識到，自己為什麼總是能夠把大家吸引到自己身邊，完成很多看起來並不容易的事情，他身上好像有一種特殊的東西，而他自己並不知道究竟是什麼。華偉曾經回顧說，他後來在匹茲堡大學圖書館做事，很快得到晉升，身為外國人，英語又不行，能夠比別人晉升得快，憑藉的就是自己都沒有完全認識清楚的領導素質。

師大校園裏活動多，但校風相當保守，校規異常嚴格。女生們晚上九點鐘必須回宿舍，宿舍關門。男生們回宿舍最遲也不得超過十一點。學校食堂吃的清湯寡油，每到晚上，學生都餓得發慌。校園外面擺攤的販子，總在大家饑腸不耐之時，隔著院牆，熱鬧地叫嚷，尤其牛肉麵的味道不單只是食物的誘惑，還誘惑著嚴格管理之下壓抑的叛逆情緒。華偉他們經常爬牆而出，飽餐一頓，再爬牆回去。如果被躲在院牆後面的生活管理組王忠樂主任發覺，一邊聽他在後面不斷喊叫站住，一邊飛快地逃，尤其覺得刺激，牛肉麵的味道也因此變得格外值得回味。華偉曾經幾次被他追喊過，但華偉是學校八百米冠軍，速度耐力都遠非王忠樂能及，從來沒被他抓到過。王忠樂後來一直以為李華偉是學生裏面最頑皮的一個。

華偉一向隨和，幾乎不與人爭執，但也有一次例外，班上一位男生非常霸道，一貫欺負弱小。同學們恨他，卻都敢怒不敢言。華偉已經記不得當時引發爭執的事件了，那一天，實在忍無可忍，要打抱不平，華偉站起來，激烈地指責他不應該欺負別人。華偉身體瘦弱，那位同學根本沒把他放在眼裏，隨手操起墨水瓶，向華偉砸過去，墨水潑了滿身，華偉抖了抖襯衫，出乎所有人意料，他突然快速、兇狠地朝著對方的臉一拳打過去，那位同學完全沒有料到好脾氣的華偉會突然還擊，躲都來不及，重重地挨了一拳，頓時滿臉是血，整個人都愣住了。華偉的拳頭果然狠得出奇，居然打掉了他的一顆門牙。力氣用得過猛，自己的手也劃開一個大口子，鮮血直流。直到後來手上還留著一個疤。

那是有生以來唯一一次打架。給華偉自己的震驚絕對不亞於挨打的同學，他也同時愣住了，驚訝於自己的爆發力，他自己都沒想到會突然出手，而且一拳就把對方鎮住，連還手的機會都沒有，就喪失了一個門牙。

　　結果很糟糕，校方不管因為什麼打架，君子動口不動手，動手就是錯。華偉被勒令賠償醫藥費，並接受兩個大過，兩個小過，留校察看的處分。幸好他因為搞課外活動有功，曾先後被記過兩個大功，兩個小功，功過相抵，沒有被留下不好的記錄，沒有影響日後回校服務。

　　實際上，賠償醫藥費是個大難題，當時臺灣窮，到師範大學讀書的學生，本來就是為了緩解家庭的經濟拮据。華偉無法告訴父母親，向他們伸手要錢。可是違反校規應受懲罰，拒絕賠償就要被開除學籍。華偉真的開始擔心起來，班上大多數同學們都支援他，為他抱打不平而叫好。大家五塊、十塊地把自己的零用錢湊出來，交給華偉。他自己又增加了兩份家教的工作，才最終湊齊了醫藥費，勉強過關。

三

　　上世紀五十年代，剛剛結束了內戰，大陸和臺灣仍然處在高度緊張狀態，雙方劍拔弩張，隨時都準備一戰。臺灣全民皆兵，並與美國往來密切，希望依靠美國，隨時武裝起來，反攻大陸。據說美國打韓戰的時候，曾經希望國民黨在中國開闢另外一個戰場，氣氛煞是緊張，實際上，蔣介石反攻大陸之願望極為迫切，但對自己的實力並無十足把握，開戰意味著，他必須面臨非生即死的選擇，不能成為贏家，蔣家就輸得一無所有，連臺灣這片棲息之地也將不復存在。權衡之下，並沒有行動。

　　那個時代的臺灣大學生，平時接受軍事管理，宿舍像軍隊的營房，床鋪整整齊齊，有專職的教官檢查督導。好處就是發給學生制服，鞋子，像華偉這樣家貧的學生最是受惠。假期在學校裏接受簡單的軍事訓練，操練、射擊、上軍事常識課，其中政治思想教育

▌師大四年級照片

▌代表教育系運動員領獎　　　▌幾位同班好友

▌華偉是師大教育系運動健將之一，曾獲得師大校運會800公尺賽跑冠軍（右前一）

1952年參加暑期戰鬥訓練的蘭嶼
探險隊擔任大隊長

1953年參加暑期戰鬥訓練的海洋戰鬥大隊擔任大隊長

參加海洋戰鬥大隊的活動

▌參加海洋戰鬥大隊的活動

▌海洋戰鬥大隊圓滿結束

▌參加台灣大專院校金門勞軍活動（左三排第四）

師大畢業照片（二排右二）

師大畢業後分發到台北師專附小擔任訓導主任（第二排，右五）

尤為重要。不斷被強化的觀念是，國民黨在臺灣是暫時的，目標最終是回到大陸，光復國土，打倒共產黨。中共當時與前蘇聯關係密切，給國民黨的宣傳提供了口實。

　　大學裏，「愛國」情緒濃，愛「中華民國」。師範大學多次組織學生到金門勞軍。話劇社、舞蹈社聯合起來，給士兵表演。另外，軍中多數的士兵是文盲，不會寫字，大學生們還幫助他們寫家信，並把信帶回給他們在臺灣的家人。華偉的印象當中，金門的戰壕建造得極為複雜，四通八達，從外面完全看不出來。他們還曾經進過一個禮堂，完全是把一座山挖空之後，在裏面修建的，對土木工程感興趣的華偉，大開眼界，讚歎工程師們的想像力。

　　事實上，金門島面積小，沒有地方隱蔽和躲藏，國民黨軍隊最可行的做法就是把一座山從中心挖空了，在內部隱蔽軍事設備。據說打開山洞的門，飛機可以自由起飛降落。當時的口號是，如果中國共產黨的軍隊敢打過來，就把他們消滅在海灘上。中國共產黨的軍隊最終沒有打金門島，不知道那些軍事設施今天是什麼樣子？

　　大學畢業後，按照政府規定，所有的男生必須服兵役，接受正規的軍事訓練。這是臺灣所有男性公民的義務，高中畢業的男生作為士兵，服兵役兩年，大學畢業生作為預備役軍官，服役十三個月，其後的五年中，每一年還要有一個月的時間回到軍隊中去。臺灣的服兵役制度直到現在為止仍然保持。

　　一九五四年，李華偉從國立臺灣師範大學畢業之後，在陸軍軍官學校和政工幹部學校先後接受了十三個月的預備軍官訓練。開始六個月是入伍訓練，十分嚴格，時間安排得緊緊張張，所有學生不分科目，一律被送到臺灣南部高雄的陸軍軍官學校，接受基礎軍事訓練。像真正的軍人一樣，他們被訓練騎馬、射擊、在地上匍匐，穿越障礙物等等。他們甚至還必須參加真槍實彈的軍事演習，模擬戰爭中可能遭遇的各種境況，頭頂上子彈、炮彈呼嘯著飛過去，據說還發生過傷亡事件。

　　六個月基礎軍事訓練之後是專長訓練，根據大學所學科目的不同，學生們被分配到不同的部門，比如，學工程的去做炮兵，學

教育的去做政工，擔任指導員，做政治思想工作。在中國共產黨軍隊的政治體系中，連隊以上的部門都設有指導員，國民黨的軍隊到了蔣經國時代，也有相類似的設置，大概來源於蔣經國在俄國的經歷。與他的父親相比，蔣經國更加能夠進入民間，從基礎上建立和穩固國民黨的統治。蔣經國執政期間實施了多項改革，做了不少好事情，在臺灣民眾中得到不少讚譽。

在政工幹部學校學習，白天上課，內容是三民主義、民權憲法，還有很多針對共產黨的宣傳，比如，在所有帝國主義中，佔領中國領土最多的就是蘇聯，又比如，外蒙原本是中國版圖，後來獨立出去，雖然蘇聯表面上是一副對中國好的樣子，但它的目標在於建立共產帝國，歷來對中國的野心最大，等等。

後半年根據每個人不同的情況分到不同的兵種。李華偉學教育系，善於搞學生活動，被派到政工幹部學校。實際上，直到軍訓開始，華偉才感覺到大學即將畢業，他馬上需要面對未來的工作和生計。華偉開始計畫，在軍訓完成之後，參加高等考試、就業考試、留學考試、及研究所考試。

高等考試是行政資格考試，讀師範大學，華偉最初的職業理想是做一位中學校長。因此他首先必須參加與職業發展相關的高等考試，包括教育行政等一些科目。要在政府機關做行政工作，包括做學校校長，必需通過高等考試。第二是就業考試，通過了可以由政府統一分派工作。第三是留學考試，華偉英文不好，之前已經考了三次，都沒通過。在美國的王肖珠姨媽，一直熱心幫他聯繫留學美國的學校，他只能刻苦補習英文，再去嘗試。第四是研究生考試，防備萬一留學不成，可以有一條後路，師大的助教一般都選擇讀研究生繼續深造，考試極其嚴格，教育系每年只招收五名學生，李華偉當時最為看重和最下功夫的還是研究生考試。

軍訓十三個月，軍事化的生活嚴格刻板，但它的好處之一是用不著搞活動，華偉的心思全部集中於準備考試。白天在政工幹部學校上課，不用費腦子，晚上七點到九點半鐘，所有人被要求到自修教室自修，內容自選，華偉可以自由安排自己的複習進度，利用自

修時間，封閉性地集中苦讀。這段複習在後來被證明收效甚豐，最終華偉全部通過了四個考試。

研究生的考試最難，至今令華偉印象深刻。師範大學教育學院只招收五名研究生，參加考試的都是教育系成績好、有實力的學生，這意味著，華偉要在考試中成為教育系名列前茅的的學生，而不是他此前一直表現出來的學習狀態。華偉筆試成績非常好，剛好排在第五名，火候力度正合適，獲得進入口試的資格。

口試主考官有教育系的系主任孫亢真教授、教育學院的田培林院長、還有一位孫邦正教授，在考場上，面對自己平時非常敬重的三位師長，華偉格外緊張，田院長先開口說到：「李華偉，你考得還不錯，你知道我們只收五名研究生，我們要培養最好的學生，將來真正去作學問，可不是像讀大學本科一樣混混就可以過關了，是真的要讀書，你是不是真的有決心好好學習，不要總忙著去搞什麼活動！」華偉連忙說：「田老師，過去實在是因為搞活動搞得太多了，學習得很不夠，我進了研究所，一定改頭換面，好好讀幾年書，把自己充實一下。」或許是華偉出人意料的筆試成績令院長看到了這個年輕人的聰明智慧，又或許是華偉真誠的態度打動了他，田院長點頭說了一句浪子回頭金不換之類的話，華偉被錄取了。

軍訓剛結束，華偉很快就開始了他的第一份工作，在北師附小做訓導主任。工作得來偶然，師大畢業生照規定應該實習一年，然後到中學做老師，可是北師附小的譚達士校長到教育系來找系主任，說是正有一個訓導主任的空缺，希望找一個學教育的大學畢業生。系主任對華偉讀書成績不滿意，但對他搞課外活動的能力印象頗深，覺得他最合適做訓導主任，於是大力推薦。見過北師附小的譚校長，譚校長也喜歡上了這位滿臉謙和，言語不多的年輕人，工作的事當場定了下來。

一年之後，師大校長劉真先生，又特地安排以助教的名義將華偉調回師大，再派到訓導處課外活動組，管理學生社團活動，這又是華偉擅長做課外活動的意外收穫。

訓導處的工作正合華偉所願，帶著新入學的師弟師妹一起組織活動，自己之前的經驗和方法都派上了用場。他喜歡人群，喜歡自己處在人群之中，在眾人的熱鬧裏，他享受組織者的快樂。師大劉真校長辦學重視五育——德育、智育、體育、群育、及美育，五育並重，他的理念，華偉一向極為欽佩，自己在師大讀書四年，直接實踐了劉校長的五育並重原則，此後受益終身。

四

研究生錄取的結果發佈後，留美的簽證也順利獲准，不同的選擇差不多在同一時刻接踵而至，這一年的確是華偉的幸運之年！研究生筆試排在第六名和第七名的同學都是華偉的好友，以往成績都勝過華偉，但在研究生考試中反被華偉超越，滿心委屈。如果華偉改頭換面，悉心苦讀，也算是肥水沒流了外人田，他們自認技不如人，輸得其所，偏偏華偉搶了機會卻又移情別戀，害得他們要再苦等一年。華偉被兩位好友罵，心裏也替兩位好友可惜，只得請客賠罪，不停地道歉。

其實華偉赴美留學的願望並不特別強烈，一來他已經被錄取為研究生，繼續在師大求學最現實，更貼近成為中學校長的人生願景。而對於地球另一端的美國，他不瞭解也沒有足夠的興趣，反而是姨媽和父母親更希望他去美國深造。二來家裏經濟狀況堪憂，父親四處舉債，湊錢買機票，還要湊錢做留學擔保（Financial Support）保證金，大筆借款不知道要怎樣才還得上，窘迫之狀令華偉心痛。諸多考慮之後，華偉甚至暗暗期望簽證最好不通過，給他一個名正言順的理由，留在臺灣。

當年的臺灣，赴美留學生中理工科學生居多，因為理工科系更容易申請到美國大學或專項科研項目的獎學金，有經濟保障，獲得美國簽證容易。相形之下，讀文科赴美留學者寥寥，因為文科學生極少能申請到獎學金，而當時臺灣的家庭大多數沒能力負擔孩子的留學花費。華偉是幸運的，有王肖珠姨媽的幫忙，他順利拿到匹茲堡大學教育系的免學費獎學金，這使得他在臺北的美國領事館申

請簽證時，沒有受到障礙，簽證官例行公事，用英文問了幾個簡單的問題，看華偉應對得還算輕鬆，就閃著藍眼睛，誇張地放慢語速說，歡迎你到美國（You are welcome to America）！

冥冥當中，命運的軌道已經設定，比華偉期望得更好，更豐盛，也註定他要為此付出比別人更多辛苦和努力。

隨後，華偉向研究生院院長辭行，「實在抱歉，沒料到留學英語考試能夠通過，機會難得，特來徵得院長批准。」華偉繼續對院長表示，到美國要發奮苦讀，拿一個博士學位，光耀門楣，學成之後回母校效力。華偉是他們班上第一個赴美留學的學生，院長格外高興，囑咐他要用功，求得好的前程。

師大的教授和朋友們都為華偉高興，而華偉此去美國留學，除了經濟上的擔憂，心理承受的壓力更重，眾位師長學友，都拭目以待，看李華偉打天下，是不是能成為可造之才？如果在美國學業無成，就沒有顏面回臺灣，面對師長和校友。他的確做好了破釜沉舟，勤奮苦讀的準備。

四年師大，華偉一直享受公費津貼，公費並不意味著沒有條件，師範學生畢業以後要做老師，或是在師範行業內服務至少五年的時間，以示回報。換言之，要教書滿五年，才能拿到師範大學的畢業證書。他在臺灣只服務了兩年，離最低標準還欠缺三年，實在心中有愧。後來師大破例將畢業證書寄給他，隨附的說明特別指出，儘管你身在國外，不能為臺灣服務，但你還是繼續在教育界工作，約定的五年服務期可以不用追究。字裏行間已經擯棄了地域觀，天下的教育都可以納入服務的範疇。

單純以時間上論，華偉在教育這一行遠遠超過了當初對師大的承諾，他此後一生都沒有離開圖書館，而圖書館是學校之外，為所有人提供教育的場所。他感謝臺灣師範大學的寬宏大度，最終授予他教育學學士的學位，而師大給予他的，已經遠遠不是一個學位能夠衡量的。

第四章　暋不畏死

請凝視我的眼睛，誠實地告訴我：

戰爭，有勝利者嗎？

——龍應台 《大江大海1949》

一

　　童年和少年時代所經歷的戰亂，尤其抗戰那段經歷，對華偉影響至深。李家全家在廣西桂林時，經歷過日本飛機的轟炸。桂林郊外的山洞可以藏身，空襲警報一響，驚恐不堪的人們就紛紛躲到山洞裏，當時被戲稱為「跑警報」。中國軍隊沒有飛機，完全喪失制空權，日本的飛機來去無阻，像隨時可能出沒的魔鬼一般，殘忍無道，瘋狂至極。通常飛機飛得很低，甚至可以看到飛行員的面孔。他們看到人群密集處，從飛機上丟下來的不是炸彈，而是手榴彈，來不及躲到洞裏的人，被炸得血肉橫飛，轟炸過後，遍地被炸斷的手和腿，有的甚至掛在樹枝上。土地混了鮮血凝成黑紅色，屍橫遍野，人間地獄一般。

　　每次「跑警報」過後，華偉和家人甚至不得不從屍體旁邊走過去。有一次，母親牽著他的手，走出洞口，不留神竟然踩在屍體上，華偉頓時臉色蒼白，恐懼猶如電流穿過全身，如此赤裸裸地面對死亡，而且死狀慘烈，對一個孩子來說，實在是無法忍受。

　　為躲避日本飛機轟炸，廣西的百姓經常帶上乾糧，清晨早早離開家，逃到鄉下或溶洞裏避難，人群擁擠在洞中，依然可以聽到外面沉重的隆隆聲，猶如在頭頂轟然炸響，每次劇烈的爆炸聲後，岩

洞和土地都隨之震動起來，警報的嗚嗚聲也不斷地響著，混在爆炸聲中尤其刺耳。

時間如同停止了一般緩慢，恐懼和絕望甚至比死亡更折磨人，避難的人們，直到天黑才敢回家。但如果運氣糟糕的話，夜晚回來已經無家可歸。 日本飛機，只要經過稍微像樣的房子，都不會放過，向房子丟燃燒彈。早晨完好的一條街道，晚上可能已然面目全非，到處是殘垣斷壁。家已經被燒成焦黑的廢墟，徒然立在散不去的濃煙之中。路邊上，常有衣衫襤褸的人，悲哭哀號，景象淒慘，路人唏噓不已。親人慘遭不幸，家園喪失，戰爭讓每個人都變成充滿痛苦、恐懼和憤怒的人。

飽經戰爭殘害的中國人，仇恨日本人已經恨到無以復加的程度。有一次，華偉父親的衛兵報告說，抓到兩個鬼子，已經給宰了，把他們的肉燉了湯，長官要不要一碗。華偉父親不知如何回答，他對「饑餐胡虜肉，渴飲匈奴血」式的復仇方式，顯然不能接受。愣了半晌，苦笑著擺手說：「不要，你們去吧。」

衛兵們真的吃了鬼子肉燉的湯，邊上圍著很多人看。聽到咕嚕咕嚕喝湯的聲音，年幼的華偉嚇得瞪大了眼睛，湯鍋裏騰起的熱氣是一股鹹腥味，透過熱氣，他看見衛兵們被仇恨扭曲的臉，還看到大哥就站在衛兵們的旁邊。華偉跑過去，拽住大哥的袖子，大哥卻動也沒動。華偉的大哥李華星是民族主義者，他痛恨日本人，像中國眾多年輕人一樣，他具有強烈的報國情懷，很早就執意要從軍打鬼子，雖然他不會選擇用吃鬼子肉的方式宣洩自己的仇恨。

桂林是抗戰時期的中美空軍西南大本營。陳納德將軍一九四〇年初得到美國羅斯福總統的特許令和華盛頓政府的支持。在美國召集了一百多位年輕的飛行員，以及三百多位機械人員和文職人員，組成美國空軍志願隊，也就是後來赫赫大名的飛虎隊。飛虎隊總部設在雲南昆明，在緬甸接受訓練，昆明有地理上的便利。到一九四一年初，飛虎隊正式參加了中國對日本的空中作戰[1]。

---

1 陳香梅，《春秋歲月：陳香梅自傳》。中國婦女出版社，一九九七年，第四〇頁。

飛虎隊與國民黨軍空軍並肩作戰，擊落無數日軍飛機，協助中國軍隊搶回了制空權。經歷過戰爭的中國人，不會忘記飛虎隊，對他們的戰績充滿感激，飛虎隊改變了中國人戰時的生活，日本飛機在空中的絕對控制權不復存在。李華星就在那時候決定去空軍幼年學校學習。

一九三九年，時任國民政府軍事委員會副參謀總長的白崇禧將軍到成都視察空軍後，提出要建立空軍幼年學校（簡稱「空幼」）。挑選十二歲到十五歲的中、小學畢業生入學，在體質、學識各方面要接受嚴格測試。錄取者入空幼就讀，在中等教育之外，兼備飛行基礎所需要的各種訓練。同時重視營養，強化體育鍛鍊，然後直接升入航校學習飛行。一九四〇年初，決定將學校正式命名為空軍幼年學校[2]。

據樓世正先生在《我們是抗日空中後備軍》一書中記敘：一九四〇年底，空軍幼年學校先後在大後方成都、重慶、貴陽、昆明、桂林、芷江、衡陽、南鄭八個考區招生。經過嚴格的體檢、筆試、口試、取保（保人保證在學校出現問題時的賠償費用），一至六期篩選了近兩千名中學程度的學生入學。

空幼的學制和課程與普通中學相似，初、高中各三年，而課程安排、教學方式及學習目的則另有側重。初中三年階段，學生要接受全面的童子軍訓練，在高中三年階段，開始接受軍事訓練及滑翔和航空常識訓練。學生畢業前接受空勤考核，成績優良、體格強健者，升入空軍軍官學校接受飛行訓練，學科及格但身體不符合飛行要求者，轉空軍機械學校或通訊學校。空幼可以稱得上是空軍各校的預備學校。

空幼的伙食標準為「丙種空勤」。按當時的規定，「甲種空勤」是執行飛行任務的空勤人員享用；「乙種空勤」是有飛行人員資格，但不在空勤第一線工作的人員享用；「丙種空勤」是專門為空幼學生設立的。正餐標準為六菜一湯，六人一桌。在抗戰時期，

---

[2]　吳志維〈雛鷹分飛〉，《看歷史》，2010年第12期

這無疑是許多同齡人難以奢望的待遇[3]。

空幼人才輩出，目前散居在世界各地的空幼大約還有一千兩百多人，如國際電腦界人工智慧和模擬識別兩大領域的世界級大師、美國自動化研究所原所長傅良藻、國際著名材料學專家何焯彥、美國紐約圖書館中國館主任朱光復、國際著名水利學家何達明、國際著名原子能科學家涂劍穆、著名高能物理學家、蘭州大學校長段一士、彩色粉墨畫創始人周詩成、中國民主促進會中央委員會副主席楚莊等等。白崇禧將軍也將自己的一個兒子送進空幼五期就讀，他就是後來著名的文學家白先勇先生[4]。

二

空幼畢業後，李華星升入空軍軍官學校。他仿效父親，更名言志，將名字改為李瞽。「瞽」取義自書經，「瞽不畏死」，即不怕死的意思。他用特殊而決絕方式，表明自己作為一名純粹的軍人，與日本侵略軍血戰的決心。李家一直保存著李瞽在印度受訓的照片，他和戰友們青春風華，躊躇滿志，身後的大門上赫然是——「貪生怕死莫入此門，升官發財請走別道」，李瞽很早已經清楚自己作為職業軍人的命運。

李瞽先後在空軍軍官學校第二十三期轟炸科、空軍指揮參謀大學中隊軍官班第十六期畢業。空軍軍官學校的訓練開始在昆明，三個月後轉到印度的空軍訓練基地，後半期是在美國德州中西部聖安格魯（San Angelo）附近的古德費勒（Goodfellow）空軍基地完成的。一九四六年底，李瞽從美國學成歸來，可惜的是，此時第二次世界大戰已經結束，他痛恨的日本人已經無條件投降。李瞽被調往東北駐防，接著內戰爆發，他首次執行作戰任務是在一九四七年五月二十一日，而作戰的對象是共產黨的軍隊，這與李瞽從軍的理想背道而馳，而他個人的理想和命運，也從此被歷史送入無法控制的終結，「瞽」成了他最終無法解破的魔咒。

3　吳志維〈雛鷹分飛〉，《看歷史》，2010年第12期
4　吳志維〈雛鷹分飛〉，《看歷史》，2010年第12期

為了抗日戰爭，大哥（醫）參加空軍被派到印度和美國受訓

在美國受訓時的照片-1

在美國受訓時的照片-2

在美國受訓時的照片-3

1949年與孟笑波女士結婚

大哥與大嫂在台中合照

▍大哥所隸屬的台空軍34中隊
（別號：黑蝙蝠中隊）

總統昨晨召見
十七空軍健兒
垂詢先王戰及空王投經過
並對諸健兒訓勉有加

【中央社訊】蔣總統於十九日上午，召見於本月十四日在馬祖島附近上空擊落匪一架米格式噴射機的劉景泉少校等有功的四位空軍飛行員，和屢次飛往大陸執行任務有功的李拳等十三位空軍飛行員，由空軍總司令王叔銘將軍率領，上午十時到總統府晉謁總統。

劉景泉少校曾向總統報告擊落共匪那架米格式噴射機的經過，李拳少校曾向總統報告飛往大陸執行任務的經過，總統曾對這十七位空軍英雄表示嘉勉，並訓勉他們說：今後應更加努力，相信我們的空軍一定可以戰勝敵人的。

總統召見的擊落匪米格機的四位飛行員是：劉景泉少校、葉李榮中尉及許大木中尉（一見上圖）、周文淵中尉、李漈塵中尉、李築蕃中尉、上士冷永清。

前往大陸執行任務有功的十三位飛行員是：李拳少校、葉雨辭上尉、戴邦仁上尉、徐振源上尉、軍士長徐雅林、張朱震祕中尉、鮑康寧、祝文光。

▍因戰功蒙蔣總統召見

▍因戰功蒙空總頒獎

空總頒獎
立功健兒

【中央社訊】空軍總部宣佈：我空軍第×大隊少校作戰官李啟緯等十三員，曾於本年四月十二日駕機深入大陸，執行空投傳單任務，冒險犯難，著有功績，空軍總部已核授李啟緯翔豹獎章一座，周定珊翔豹獎章一座，朱震、羅文淵、李崇善、戴邦仁、徐振源各頒雄鷹獎章一座，士官長徐雅林頒翔豹獎章一座，張書秘、祝文光、鮑康寧各頒翔豹獎章一座，以資鼓勵。

四兄弟在台中合照（左起：華明，華偉，大哥與華俊）

大哥，大嫂，獨子昊笙與父母及弟妹們最後的合照（當時華偉已出國，姐姐已出嫁）

李瞖是出色的軍人，在二十九歲時已經晉升少校，三十一歲時特升為中校，他十三年的軍旅生涯中，經歷了諸多重大戰役，如東北四平之戰、平津戰役、一江山戰役，以及廈門戰役等，由於戰功卓著，成為官校二十三期中第一位晉升到中校軍銜的學員。

　　國民黨戰敗撤離大陸之後，美國對蔣介石的國民政府失去信心，有放棄臺灣之意。直到一九五〇年韓戰爆發，美國與中國志願軍在朝鮮半島開戰，美國當政者意識到對中國大陸的內情認識不足，於是與臺灣的「國民政府」改善關係。兩年後，「國民政府」空軍總部作戰署與美國中央情報局所屬的「西方公司」合作，成立了「特種任務小組」。雙方協定由美國提供B-17轟炸機及精準偵查儀器，而由國民黨軍隊飛行員駕駛進入大陸偵查軍事與通訊情報，所獲情報由雙方共用。西方公司的辦公地點就在臺灣新竹市東大路一〇二號，是一棟灰白色的洋房。

　　韓戰結束以後，美國把中國當成假想的敵人。一九五五年，美國太平洋空軍司令部與臺灣空軍情報署簽定「ECM (Electronic Countermeasure) 任務」，指派新竹空軍基地第八大隊負責電子偵測任務。因效果不錯，第二年美國情報局決定將任務交給西方公司，「特種任務小組」改屬空軍情報署，到了一九五七年，「特種任務小組」改名為「技術研究組」，對外則稱三十四中隊，隊徽上方為一隻展開翅膀的黑色蝙蝠，代表暗夜偵察，下方為北斗七星，因此也被稱為「黑蝙蝠中隊」。三十四中隊的番號和隊徽在後來很長的一段時間內一直被沿用。由於出色的飛行技術，李瞖在一九五八年初，成為三十四中隊的成員之一。這種任務在當時十分機密，家裏的人，包括父母及兄弟姐妹們，都完全不知情。

　　三十四中隊所使用的主力機種是美方提供的B-17轟炸機，航程長、載重量大。它裝置有四具螺旋槳發動機，安全性能高，是享譽二次世界大戰的「空中堡壘」。由於三十四中隊的主要任務是偵查，所以美方將飛機改裝，卸除了所有戰鬥軍械及炮彈等必要器材，轟炸機被改裝成偵察機，裝上最精密先進的偵察用通訊設施，

完全沒有戰鬥能力。機組成員設定為十四人[5]。黑蝙蝠中隊的任務是艱鉅的，出勤通常在下午四時左右，黃昏以後進入中國大陸空域，每趟偵察任務時間有長有短，超過十小時的飛行時，就設置三組替換人手。他們憑藉先進的電子設備和高超的飛行技術，利用黑暗夜色的掩護，按照「最低安全高度」準則，沿著一百米至兩百米低空飛行，有時為了躲避雷達，飛行高度甚至降低到三十米左右，超低空飛行在夜幕中。

毛澤東給空軍下達反偵察的命令，誰能打下國民黨的飛機，一律得到特別的獎賞。中國共產黨的空軍部署了高射炮陣，等待飛機在射擊範圍內時，重炮齊發，由於是低空飛行，黑蝙蝠中隊的偵查任務風險極高，每次執行任務真如同是跟死神開戰一般，沒有任何保證可以安全返航。

李曆每次都能夠憑藉高超的飛行技術倖免於難，在兩年的時間之內，他一直執行「黑蝙蝠中隊」的偵察任務，直到最後一次，一九五九年五月二十九日，他剛剛完成飛行任務，進門不到兩小時，隊上又來催促，因為執行下一班任務的飛行員生病了。據華偉的大嫂孟笑波回憶，當日陰霾漫天，她很是擔心，李曆還安慰她說，「這種天氣出任務反而安全，而且這是本月份最後一次任務，明天回來，就可以好好休息了。」在此之前，李曆已經把掛滿勳章的軍服從皮箱裏取出來，皮鞋也擦得格外亮，因為蔣經國先生計畫於五月三十一日親臨新竹空軍基地，會見並嘉勉三十四中隊的成員。這是一件大事，也是一個職業軍人的至高榮譽。

一九五九年五月二十九日，空軍情報署先後派出兩架B-17「八三五」、「八一五」號飛機，同時對華南進行偵察。李曆駕駛「八一五」號機，飛機由他和徐銀桂、韓彥共三位飛行官輪流駕駛，另外還有電子官傅定昌、馬蘇、葉震環，領航官黃福洲、趙成就、伏惠湘，通信官陳駿聲、機械士黃士文、宋迪洲、空投士李德山及空投兵陳亞興，共有十四名成員。任務是從廣東南部進入大陸，向西

5　孟笑波，〈不思量，自難忘──紀念先夫李曆烈士〉，《赤空凝碧血》，一九九三年，一二六～一三六頁。

飛行。東區空防較強，從來就不是輕鬆安全的航道。到了深夜十一時十分，「八一五」飛機正從廣西返回廣東境內，準備出海返航，越過山區就到海上了，此時被廣州軍區的雷達站發現，中方空軍把握住了最後的機會。「八一五」飛機最終沒能越過那一片山區，被擊中後，墜落於恩平與陽江兩縣的交界山區，飛機起火撞山爆炸，十四位機員全部罹難。

據說在飛機中彈的那一刻，他們已經跟新竹的空軍基地取得聯繫，告知飛機被打中，全體機組人員將與飛機共陣亡。那時候，臺灣的空軍嚴格規定，絕對不能成為中國共產黨的俘虜，不成功便成仁，飛機被打中之後，失去控制，機上人員還有機會跳傘，但他們卻選擇成仁，飛機撞在山上。

五月的新竹開始有些悶熱，飛機出事的那夜，李曙年輕的妻子孟笑波一直煩悶，無法入睡，丈夫每次出任務，她都提心吊膽，夜不成寐，那晚格外心亂。好歹挨到天亮時分，打開窗戶，竟然看到家裏看門的混血狗幸運（Lucky），在窗戶前挖了一個一尺長的圓坑，或許狗已經通過人類無法瞭解的方式感受到主人的遇難，狗哭和狗挖坑據說是不祥的徵兆，是空軍家屬們最忌諱的，一時之間，孟笑波不知所措，不祥的預感令她透不過氣來。

很快，「八一五」號機出事的不幸消息，傳遍了新竹的空軍基地，李曙的同事、同學趕去安慰，從他們沉痛的表情，笑波已經推測出了大概。更有一位五月二十八日曾經與李曙同機執行任務的好友，他將在幾天後調職到其他崗位，行前向孟笑波辭別，一進門，剛坐下，就痛哭流涕，一位身經百戰的空軍勇士，心痛到無法克制，勿用多言，孟笑波已經知道大難臨頭[6]。

「八一五」號機失事，臺灣軍方的說辭是飛機在執行空投任務中，於廣東上空失蹤，機組人員生死不知。軍方始終沒有告知家屬，飛機墜落，機組人員陣亡的事實，一直聲稱是在大陸失蹤，他們還在全力搜救。家屬們寧願存著一絲希望，或許跳傘逃生、或受

6　孟笑波，〈不思量，自難忘——紀念先夫李曙烈士〉，《赤空凝碧血》，一九九三年，一二八頁。

傷被俘……

　　李鍔英俊威武，是弟弟妹妹們的偶像，也是家裏的頂樑柱，初
到臺灣之時，父親李幹軍在大學執教，薪水微薄，李鍔擔任飛行員
的收入較之一般軍人優厚，他經常貼補家用。他同時是一位好的丈
夫和父親，他們一家三口住在臺灣新竹的空軍基地的空軍眷村，由
於國民政府遷台不久，物資匱乏，李鍔又需要貼補家用，生活很清
苦，即便如此，每逢週末，他還是要陪妻子去軍官俱樂部跳舞，或
去城裏的戲院看電影，帶兒子一起逛城隍廟吃小吃，去美乃斯買些
小點心。家中的桌子、籐椅、小書櫃、小板凳等都是李鍔自己動手
製作的。李鍔甚至還曾經利用飛機廢料，拼裝出一台摩托車，讓兒
子李昊笙敬佩不已[7]。

　　得知「八一五」號機失事的消息時，華偉剛剛在匹茲堡大學完
成教育碩士的學業，畢業典禮定在六月份，聞訊沉痛不已。他從
小跟大哥在一起的時間並不多，但兄弟之情素來深厚。他絕望地查
找各種能夠找到的資訊，希望從海外的報導中找到與大哥相關的訊
息。在匹茲堡大學圖書館，他終於查到香港一家報紙的報導，臺灣
的一架飛機被中國軍方擊中，機上全體人員遇難，毛澤東要親自獎
勵打下飛機立戰功的將士。報紙刊登出一張照片，從飛機殘骸上可
以清楚地看到飛機的編號是「八一五」，那是大哥的飛機，可以確
定他和他的機組已經遇難了。「八一五」戰機前後被攻擊兩次，第
一次米格-17攻擊起火，沒有擊中要害，機上人員一面救火，一面
超低空飛行，朝南逃離。但由於飛機上的武器裝備已經卸除，完全
沒有還擊能力，很快，米格-17尋著火光追上來，再度開炮射擊，
飛機在廣東恩平上空八百米處爆炸解體。

　　華偉知道大哥已經遇難，他小心地收藏好報紙，上面有飛機
墜毀的地點，以後一定會用得上。華偉一直沒有忍心告知父母親真
相，而實際上，父親母親已經通過他們在黨部的朋友幫忙，找到了
五月底中共人民日報的報導。失去長子的錐心傷慟，無異於滅頂之

7　李昊笙，〈點點滴滴，永遠親愛的父親〉，《赤空凝碧血》，一九九三年。一三八～
　一四一頁。

災，華偉母親的頭髮在幾日內完全白了，並患上了嚴重的心臟病，他們此後的晚年日月，被永遠剝奪了歡樂的感受。

李闓遇難時僅三十三歲，留下妻子孟笑波和兒子李昊笙。他為蔣經國先生來訪特地準備好的軍裝與皮鞋，在五月三十一日那天，整齊地掛在衣櫥裏，等待再不可能回來的人。海峽另一邊的中南海，打落臺灣偵察機的米格-17飛行員蔣哲倫接受毛澤東的英雄禮遇。李闓志在痛殺日本侵略軍，而最終機毀人亡於在中國大陸搜集情報的情報工作之中。

三

時間到了一九八二年，華偉開始與中國大陸圖書館界交流和往來，幾乎每年都有機會回到大陸。老父親囑咐他，打聽大哥的下落，父親唯一的希望是找到兒子的遺骨。華偉取出保留了二十多年的香港報紙，確定飛機遇難的地點在廣東省恩平縣金雞村附近的大旺山。他趕到廣東恩平縣，望著大旺山，卻根本沒辦法確定飛機墜落的位置，問尋當地的政府和村民，一問三不知，實際上，即使知情，他們也不敢講。

華偉往返奔波數次，他在大陸能夠接觸到的多半是圖書館界和學術界的朋友，雖然多方查詢，卻仍然沒有結果。直到一九八七年底，大嫂孟笑波在李闓已退休的同事梁德廣先生的幫助下，通過他在大陸的聯繫，請北京市政協祖國統一工作組張一純副主任出面，張一純是前國民黨將領張治中將軍的二公子，在張先生關照下，廣東省政協委員會「三胞」聯絡辦公室特地頒發「粵協（八七）聯字三八號公函」請政協恩平委員會「協助查詢國民黨空軍駕駛員李闓下落」[8]。恩平縣政協主席鄭疊初專程責令秘書科司徒翰科長負責此事。

上世紀八十年末，中國大陸跟臺灣的關係處於解凍狀態，查詢的事情很快有了進展。一九八七年六月二十日，司徒科長帶人到

8　李華偉，〈悼英靈，念亡兄——記赴大陸尋找李闓等烈士遺骨歸葬經過〉，《赤空凝碧血》，一九九三年，四八～五四頁。

出事地點附近的橫陂鎮調查。湊巧的是，該鎮派出所所長劉金榮先生，曾經是當年看守飛機墜落現場的民兵。據他回憶，當年飛機被擊中後，墜毀在山腰上，機身殘缺不全，飛機殘骸上的儀器設備被軍方帶走，而已經被燒焦的遇難人員的屍體，被埋葬在一個荒廢的灰窯坑內，並沒有留下任何標記。司徒科長遞呈了劉金榮提供的實況：

> 據劉金榮所長回憶：該事件發生於一九五九年五月三十一日（筆者注：此日期應為五月二十九日）深夜十一時左右，飛機墜毀於廣東省陽江縣合山鎮金雞村附近大山裏（屬恩平縣與陽江縣交界處），機上人員全部身亡。當晚我縣立即組織民兵保護現場。翌日早上廣州軍區在橫陂設立善後處理指揮部。當時指揮部作出如下處理：
>
> 六月一日（筆者注：此日期應為五月三十日）十二時前由恩平縣負責保護現場。
>
> 十二時以後由陽江縣負責收屍埋葬和飛機殘骸的處理。

據說，飛機墜毀爆炸後，僅有兩具屍體較完整外，其餘都是大小不一的碎屍塊，估計有十二人左右，當時陽江方面是雇請當地老農（現已去世）將所有屍體、屍塊集中在該山山腰的一個舊炭窯坑埋葬。

司徒科長調查過後，也有過書面報告：

> 根據劉金榮同志所提供的線索，我們到出事地點進行了進一步的察看核對，埋葬李啟等屍體的地方現在荊棘叢生，但舊灰窯的大體輪廓仍很清楚。估計屍體的殘骨仍埋在窯內。據查詢當地群眾，埋葬李啟屍體的所在山是：陽江縣合山鎮金雞村的大旺山，位於金雞村的東北側，具體位置是：該山第三條山背，海拔約一百五十米高處，有老寬葉樹頭作

標記[9]。

　　三十多年過去，掩埋屍體的坑可能早已經被野樹荒草覆蓋，找不找得到要看運氣。但終於有了大哥和他的機組人員的消息，就是有了希望。華偉立即趕赴恩平縣，見到了劉金榮先生，劉先生說，大旺山山勢陡峭。當地人迷信，據說晚上經常有人在半山腰見到鬼，傳得越玄奇越沒有人敢上去，後來連上山的小路也因為沒人走而荒蕪了。他建議華偉出錢雇幾個當地人，然後一邊開出一條道路一邊爬上去。劉先生隨後幫忙從村子裏雇了幾位農民，帶上工具，大清早出發，果然如他所說，一路野草叢生，農民一步一步開出一條上山的路來，終於在半山上找到了那個灰窯坑，從位置看，此處相當乾燥，風水不錯，加上當地人迷信，李晵和全機人員的遺骨僥倖得以保留。劉先生問要不要挖，華偉覺得事關重大，需待找到遇難人員的眷屬們，看他們希望如何處理。的確，此事關係到十四位遇難軍人的生命，而這背後更有十四個為此付出三十年期盼和煎熬的家庭。

　　華偉將恩平一行詳細情況告訴大嫂笑波，大嫂因為健康及其他原因無法立刻前往恩平憑弔，希望先行修墳立碑，得到的答覆是：同意按當地風俗，重新安葬，可立山墳，不立碑，費用自理。

　　一九九二年大嫂笑波決定在十二月專程前往恩平，祭奠亡夫。她在電話中告訴華偉，希望將亡夫及其他機組遇難人員挖出來火化，以便將骨灰奉回臺灣安葬。為協助大嫂完成心願，華偉當即決定陪她同行，並約好十二月九號在廣州會面，一同前往恩平。

　　也許是冥冥中的安排，就在華偉和大嫂安排前往大陸的行程之時，在臺灣的一位軍事歷史學家劉文孝先生剛好在八月下旬應邀去恩平參加紀念「中國創始飛行家馮如先生逝世八十周年的研討會」，他順便打聽了一下一九五九年五月二十九日在恩平附近被擊落的臺灣偵察機的下落，知道李晵遺孀和弟弟正計畫前往恩平。劉

---

[9]　李華偉，〈悼英靈，念亡兄──記赴大陸尋找李晵等烈士遺骨歸葬經過〉，《赤空凝碧血》，一九九三年，四八～五四頁。

先生回台後，在他所發表的〈馮如紀念館〉一文中有如下報導：

> 筆者有意借這次行程之便，進一步探尋那架「空中堡壘」及機員的下落，此事得到會議主辦者關中人先生的大力協助，經過他向當地政協委員會查詢的結果，才得知該機機長李暋的旅美家屬，已早於一九八七年開始探詢此事，所以該會正巧備有全套調查檔案。
>
> 由於當年三十四中隊的任務絕對機密，而飛機遭到攻擊又是瞬間發生，所以臺灣軍方是很難確切知道B-17的出事地點，也就更不可能讓那些機員的家屬得到進一步的詳情；根據軍方的傷亡紀錄，該項任務所損失的機員包括：李暋、徐銀桂、韓彥三位飛行員外，另有電子官傅定昌、馬蘇、葉震環，領航官黃福洲、趙成就、伏惠湘，通信官陳駿聲、機械士黃士文、宋迪洲、空投士李德山及空投兵陳亞興，總計有十四名之多。然而直到一九九一年初，仍然只有李暋的家屬從美國不斷探查此事，其餘十三戶不幸的家人恐怕仍處於迷惑之中。[10]

這一篇報導被機組另外一位電子官傅定昌的夫人和女兒看到了，傅定昌的女兒傅依萍女士是臺灣聯合報副總編兼國際新聞中心主任。她也一直在找父親的消息，聞訊悲喜交集，她與華偉取得聯繫，並立刻在聯合報發表專題報導，題為〈爸爸回來了〉，呼籲遇難人員家屬跟她聯繫，文章動情至深，讀之令人落淚。因她的努力和安排，劉文孝及翁台生兩位先生都分別撰文，在十一月二十三日聯合報繽紛版上佔據了半版的篇幅。《聯合報》在臺灣銷路廣，讀者眾多，加之文章之震撼力，僅僅過了二十個小時之後，所有遇難人員的家屬就紛紛從臺灣、美國、加拿大、東南亞發來了消息。十二月五日在傅依萍安排下，「八一五」遇難機組全體家屬在臺北首

---

[10] 劉文孝，〈馮如紀念館〉，《全球防衛雜誌》，一九九二年十月一日第九十八期，七〇～七五頁。

次集會，商量和籌備廣東恩平之行。大家推選華偉為領隊，並決定一個星期後，共赴廣州尋找親人遺骨。

一九九二年十二月九日，「八一五」機組人員的眷屬們分別從臺灣及美國兩地聚集廣州，一行有三十多人。十日早，包車前往恩平，在當地旅館住了一夜，次日上午九點多鐘，在中國政協恩平委員會原副主席關中人先生，司徒翰科長等官員的安排下，在當地雇請多位村民，雇一輛車，攜帶了刀鏟等工具，趕往恩平縣飛機墜落地點。天氣一路霧靄，陰沈的氣氛壓抑在每個人心上，至親的人，生無信，死無音，三十三年生死茫茫的煎熬，眷屬們已經麻木的期待，在顛簸的山路上，又漸漸醒過來。經過一個半小時的車程，抵達金雞村，再由村民引領，繞村而行，再經過了大約半小時，眾人抵達大旺山山腳下[11]。

大旺山杳無人煙，山上林木荊棘叢生，先前幾乎無路可行，他們走的還是幾周以前剛剛開出的一條簡單的徑道。沿陡峭的山路攀爬，到半山腰處，終於尋見了直徑約兩公尺半的灰窯，一片荒蕪。眾位家屬獻上十四束鮮花、香燭，祭灑十四杯水酒，先念悼文，再由家屬逐一呼喊親人的名字，焚燒紙錢。此時薄靄浮動，山風拂過，猶如靈魂有知，眾人觸景生情，痛哭失聲，在場的中共官員和村民也無不動容。

農民剷除野草，再一鍬一鍬地挖下去，開始時沒有任何痕跡，差不多有半人深時，陸續有藍色的碎塊，像有降落傘的碎片和夾克軍裝的碎片，又挖掘了將近一個小時，已經挖到快兩米深時，仍然沒有任何骨骸的痕跡，雇請來的村民們不想再挖下去，家屬們心情也越來越沉重，懇請村民繼續挖掘。又過了半個小時，突然掘出一條腿骨，隨後又是破碎頭骨、牙齒、手骨等[12]。從灰窯裏發掘出的十四個頭骨保存得很好，連牙齒也還清晰，其他骨頭的碎片都無法分清楚。十四個人的遺骨混埋在這裏三十年，已經不可能分辨清

---

[11] 〈攀赴金雞山 家屬掘骨移英靈〉，聯合報美加中心記者傅依傑/廣東恩平特別報導，一九九二年十二月十一日。

[12] 〈攀赴金雞山 家屬掘骨移英靈〉，聯合報美加中心記者傅依傑/廣東恩平特別報導，一九九二年十二月十一日

楚，倒也是圓他們戰友的情分。最痛心的是趕來尋親的人，活著的人和死去的人用這樣的方式相見了，隔了生死兩界，呼喚著親人的名字，深夜出沒的魂靈，終於可以回家。

骨骸在家屬們護擁之下回到恩平縣城，並在當晚火化。五月十三日家屬們帶著骨灰回到廣州。五月十四日中午，家屬們再將骨灰運送到香港，換乘華航的客機，回臺北。

四

華偉的大嫂孟笑波，緊緊地抱住先夫的遺骨，安靜地坐在飛機上，雖然李瞖是飛行員，但孟笑波從來沒有坐過丈夫駕駛的飛機。那是她第一次也是唯一一次和李瞖乘坐同一架飛機，而此時丈夫已經永遠地離開了，他們在同一架飛機上，卻是人隔生死兩界！孟笑波面無表情，眼淚沒有聲音地流下來，而她自己竟然完全沒有覺察。

孟笑波在東北與李瞖相戀，兩人感情至深。李瞖的逝去完全改變了她的生活。孟笑波於一九六二年移民美國，此後一直在加州生活，領取美國政府給她的撫恤金。他們的兒子李昊笙在父親遇難時只有九歲，昊笙在臺灣完成小學、中學和大學的教育，一九七八年赴美國讀研究生，畢業後隨母親在加州定居。

昊笙對父親的記憶永遠停留在一九五九年五月二十九日。

> 四十八年五月二十九日，下午，陰雨。
> 臺灣、新竹、武陵西一路，樹林頭空軍眷村，
> 高高的大樹，日式的房舍。
> 我就讀空軍子弟小學三年級；那天下午學校不上課，因為雨下不停，不能去院子裏玩，覺得十分無聊，只好枯坐於窗前的榻榻米上獨自一個人玩耍。臥室的門拉開了，穿著飛行衣的父親走往玄關，穿鞋戴帽就走了，和往常一樣，父親離開家去基地，我沒有分心，繼續地玩；可是這一天有點不一樣，不一會兒，父親又回來了，穿上一件深藍色的軍用雨衣又走了，這一次，他回頭看了我一眼，我也抬頭望了他一

眼，跟爸爸說聲再見。[13]

　　李啟選擇做職業軍人，他的死亡方式甚至如他理想中一樣完美，究竟是在什麼信念下，他和他的兄弟們義無反顧的跨上毫無自衛能力的飛機，在遍佈高射炮火的戰區執行任務？曾經胸懷「為國家而戰」的壯志青年，用生命來交換的究竟是什麼？戰爭是殘酷的，戰爭從來就沒有勝利者。

　　臺灣空軍的十五架飛機相繼在大陸被擊落後，臺灣政府也意識到為搜集情報付出的犧牲太大，加上美國衛星通訊技術的不斷發展，可以用衛星搜集情報，臺灣空軍不需要再用生命的代價去換取情報。據統計，黑蝙蝠中隊自一九五三年成立至一九六七年十二月停止偵察任務，共執行特種任務達八百三十八架次，先後有十五架飛機被擊落或意外墜毀，殉職人員達一百四十八人，占全隊的三分之二。黑蝙蝠中隊的這一段歷史，至今還鎖在空軍的「空軍特戰史」檔案裏，被視為最高機密。

墓誌銘

---

[13] 李昊笙，〈點點滴滴，永遠親愛的父親〉，《赤空凝碧血》，一九九三年。一三八～一四一頁。

▎空軍烈士公墓入口

▎兩本關於黑蝙蝠的書

第五章　留學美國

旅人叩過每個陌生人的門，

才找到自己的家。

人只有在外面四處漂泊，

才能到達內心最深的殿堂。

我遙望四處，然後閉上眼睛說：「原來你在這裏！」

〈吉檀迦利〉

（印度）羅賓德拉納德・泰戈爾（Rabindranath Tagore）

一

一九五七年，二十六歲的華偉到美國留學，西海岸的舊金山是他入境的第一站。獨自拎著半空的皮箱子，像那個年代所有到美國留學的臺灣年輕人一樣，他莫名地興奮和孤單，就像五百年前登上美洲大陸的探險家，尋找新生活的冒險。未來突然之間展開，而他無法預知自己將怎樣擁有它。

華偉是臺灣較早一批抵美的留學生。二十世紀五十年代的臺灣，民生艱困，「國民政府」宣傳「建設復興基地，收復大陸河山」，「反共抗俄，消滅共匪」，牆壁隨處刻有激勵民心的愛國口號，而海峽對岸的中國大陸同樣把「解放臺灣」當作口號。海峽兩岸劍拔弩張的軍事對立狀態，令很多臺灣居民缺乏安全感，而臺灣的經濟騰飛還尚需時日。李華偉那一代年輕人，雖然擔負「建設復興」的責任，但在臺灣島發展的機會並不多，很多學生都希望有機

會到美國闖天下。

赴美國之前，華偉在臺灣師範大學擔任助教，領一份微薄的薪資，工餘花大量的時間和精力學習英文，同時還必須省吃儉用，抽空兼職，擔任家教賺錢。晚上到學生家裏，做補習或者輔導，家教的收入是積蓄的主要來源。助教的薪資連同額外的家教所得，每月收入五百多塊台幣，相當於將近一百美金，在助教中算是高收入，但也湊不夠去美國的機票。

為了準備去美國的行裝，華偉用工作兩年所結餘的收入，裁剪了兩身西裝，奢侈的物件關乎體面。不曾料想的是，臨行美國的前幾天，有小偷光顧宿舍，箱子裏面為留學準備的必需用品，盡數成了竊賊的囊中物，臨出國之前發生這樣的事情，出師不利。華偉面對空蕩的箱子，不覺悵然。萬幸的是，出國的資費還沒來得及放進皮箱中，逃過一劫，否則他的旅美行程將愈加窘迫不堪。箱內的其他用品，如襯衫內衣等只好全數重新購買，都是必需用品，費用勉強可以承擔，而兩身西裝則太貴，無法再行添購。

父親從台中趕到臺北送行，見到華偉的狼狽相，脫下隨身穿的西裝給他穿上，窮在家，富在外，父親覺得出門衣冠不整有失尊嚴體面。父親比華偉高，華偉穿上他的西裝，並不合體，腰身寬大，袖子長出一塊，但這是華偉能夠得到的唯一一套西裝，是父親能夠做到的全部。為兒子赴美求學，父親拿出家裏全部的積蓄，又四處向朋友們籌借錢，湊夠了一千美金，當時已經是一筆不小的費用，買機票花費掉四百六十多美金，剩餘五百多美金留待到美國之後花銷。華偉還記得父親對他說：「華偉，這是我所有的，你好自為之吧。」

在舊金山機場下機後，華偉為了省錢，次日即轉乘火車前往美國東部的山城匹茲堡，路上費時四天，經過美國西部極為荒涼的沙漠峽谷，穿過橫貫南北的洛磯山脈，看到美國中西部一望無際的農田，再經過人口集中的芝加哥等大城市，才終於到了目的地。

匹茲堡城依傍著俄亥俄河（Ohio River）蜿蜒的河岸，遠處隱約是駝峰一般綿延的山廓，是美國東部古老的阿帕拉契山脈（Appalachians）。鋼鑄的弗特彼特橋（Fort Pitt Bridge）如同匹茲

堡淩空展開的巨大翅膀，固定出欲飛的姿態。河水蕩蕩，船舶載滿鐵礦砂和煤塊，猶如漂遊的山丘，時有汽笛之聲隨風鳴響，這座被稱為「鋼鐵之都」（Steel City）的城市與他從前見過的城市，有不同的風光。

匹茲堡是賓夕法尼亞州的西部大城，曾經是北美最繁忙的內河港口之一，阿勒格尼河（Allegheny River）、蒙隆梅海拉河（Monongahela River）彙入俄亥俄河（Ohio River），三河交彙，沿匹茲堡城向西，一直綿延兩千多公里，彙入到密西西比河（Mississippi River）星羅密織的水系之中。

密西西比河是美國最長最古老的父親河，向北連通了東北部的五大湖系，它血管一般的支系，在美洲大陸上織成線網，縱橫交錯。匹茲堡城正是俄亥俄河源頭，它也因此盡享地緣優越，五大湖區和俄亥俄河便利的航運，以及沿河修建的鐵路網，使得這座內陸城市生出四通八達的觸角，吸收城市生長需求的所有養料。早在十九世紀美國工業化之初，匹茲堡城就脫穎而出，膨脹崛起為鋼鐵重城。鋼鐵為匹茲堡帶來巨大的財富，世界上最為富有的人群曾經聚集於此。

鋼鐵帶來的財富同時惠及了匹茲堡的公共設施和教育體系，市民們始終感激一位企業家和慈善家——安德魯·卡內基（Andrew Carnegie），他十三歲隨父母定居匹茲堡，是蘇格蘭移民的後裔，出身寒微，不名一文，從送電報的郵差開始，熟悉了匹茲堡全城的街巷，也辨識了通往財富的道路。後來終於成為與「汽車大王」福特（Henry Ford）、「石油大王」洛克菲勒（John D. Rockefeller）齊名的大財閥，一手建造了鋼鐵帝國。這位野心勃勃的工業家，其實對財富有著不同凡響的理解，他堅信「金錢就是力量，什麼都比不上」，同時又認為「一個有錢人如果到死還是很有錢，那就是一件可恥的事情。」

卡內基異常慷慨地捐獻財富，與他攫取它們時的態度判若兩人。他認為送給社會最佳的禮品是免費圖書館。由於少年卡內基大部分的教育來源於匹茲堡市中心，詹姆斯·安德森上校創辦的免費

圖書館，那座「為了服務於無法進學校的學徒工」的圖書館，陪伴了卡內基工餘的時光，被稱為他的自修室。因此卡內基捐款的大部分用於建立公共圖書館，賦予貧困者改變命運的權力。

卡內基在《財富的福音》中這樣說：「毫無疑問，是我的個人經歷引導著我高度尊重免費圖書館，超過了所有其他的慈善形式。我還是個匹茲堡的小男孩時，阿列根尼的安德森上校——我每次提起他的名字都心懷感激——為孩子們開辦了一個只有四百冊書的小圖書館。每星期六的下午，他都親自照料圖書交換閱讀活動。只有他才懂得孩子們盼望星期六來到的迫切心情，那時又可以讀到一本新書了。」

一八九三年到一九一九年之間，卡內基從美國的東海岸到西海岸，在一千四百個社區資助建築了一千六百八十九所圖書館。卡內基是美國第一個大規模為圖書館捐贈的人，他可以對世人說「我使這個世界比從前略有改進。」[1]

卡內基的軼事甚至令匹茲堡也多了幾分傳奇，年輕的華偉到美國之後，也將立刻遇到他之前從來沒有遇到過的圖書館，並且開始他與圖書館的不解之緣。

二

匹茲堡大學（University of Pittsburgh）於匹茲堡城同名，它是這個城市最具代表的符號。早在一七八七年，匹茲堡市剛建成二十年，賓夕法尼亞州最高法院法官、美國著名作家休‧亨利‧布瑞肯里奇先生（Hugh Henry Brackenridge）創辦了匹茲堡學院（Pittsburgh Academy），此後的一個世紀，學院聲名鵲起，成為美國最古老的高等學府之一，到一九〇八年正式得名為匹茲堡大學。

匹茲堡大學校園在城市東南角的奧克蘭區（Oakland），校園面積大，沒有圍牆遮攔，甚至找不到學校的大門。匹茲堡的兩條主要街道——第五大街（Fifth Avenue）和福伯斯大街（Forbets

---

[1] 阿爾貝托‧曼古埃爾（Alberto Manguel），《夜晚的書齋》（The Library at Night）。楊傳緯譯，世紀出版集團，上海人民出版社，二〇〇八年，九十四頁。

Avenue）從學校建築樓群中經過，行人和車輛過往穿梭，學校和城市也就沒有了界限。

能夠申請到匹大教育系研究生院的獎學金，華偉得到了姨媽王肖珠女士的幫忙，當時她在匹茲堡大學的醫學圖書館作期刊館員，對匹大非常熟悉。王肖珠女士是極為出色的女性，早年就讀於福州華南文理學院，及北京的燕京大學研究所，攻讀教育。畢業後到廣州嶺南大學圖書館工作，從一九三五到一九四八年，歷任編目組主任、總務組主任、代理館長、及館長。一九四八年，得到中國基督教高等教育董事會的資助，到美國伊利諾大學留學，攻讀圖書館學碩士學位。當她在一九五〇年完成碩士學位時，中國已經由共產黨執政，嶺南大學原有的教育和管理體系完全改變，王肖珠女士只好改變回國的計畫，留居美國工作。

華偉的母親王曉輝女士和王肖珠女士都畢業於教會大學。上世紀初的中國，女性仍然被禁閉在家庭的範圍之內，受教育是特權，而能夠念教會學校的女子數量甚少，她們大多家境優裕，家中長輩思想開明。王家兩姐妹受教育程度高，思想遠比同時代的傳統女性開放，對自己的生活和命運也多出幾分選擇。王曉輝女士選擇了家庭，王肖珠女士則走了完全不同的道路，她更看重職業上的發展，追求獨立安排自己的生活。

王肖珠女士一直沒有結婚，言談之間多有男子氣概，感歎人生沒有什麼特別，就是要奮鬥，並且喜歡現身說法：「你看我一輩子，作為一個女子，獨身奮鬥，仍然可以自立，有很好的職業。」

由於申請到了匹茲堡大學教育學院的免學費（Tuition Waver）獎學金，相當於一半以上的費用都有著落，其他的費用比如住宿，吃飯等生活費則需要自己承擔。肖珠姨媽的生活並不寬裕，但還是幫華偉支付了住宿的費用，她囑咐華偉說，你帶的五百美金，就當成生活費好了，要懂得精打細算。

上世紀五十年代末六十年代初，在美國的華人留學生主要來自臺灣，與後來八十年代初到美國的大陸留學生的境遇有相似之處，經濟窘迫、英文糟糕是留學生面臨的兩大困境，來自經濟上和語言

1957年9月入匹茲堡大學教育學院攻讀教育　█華偉在匹大留影
　碩士學位

█華偉的阿姨王肖珠和Rev. Paul Offenhiser
　（匹大指導國際學生的教會牧師）是促成華
　偉留學美國的兩位恩人

上的雙重壓力，使得留學生不得不艱苦奮鬥。後來的留學生由於兩岸經濟的發展，境況已經大有改觀。

三

　　華偉就讀匹茲堡大學教育學院研究生院，其學習系統和方法與他在臺灣的體驗大不相同。他很快發現，教授們注重教會學生做學術研究的方法，而不是單純強調掌握和理解知識，華偉受益匪淺，他從教授那裏學習如何敏銳地觀察事物，如何做出邏輯判斷，如何理性地直接面對問題，並找到解決方案。

　　教授們與學生之間講求平等，課堂上，學生自由提問和發言，教授更鼓勵學生參與討論，發表獨立見解。口才好，大膽表現的學生，先行得了印象的加分，而來自東方的華偉，師道尊嚴，謹言慎行是他一直以來受到的教育，一時之間，難於適應。儘管如此，他仍然喜歡美國師生之間平等相處的方式，讚賞教授的授課風格，在輕鬆、開放的氛圍中學習，實屬難得的享受。

　　語言是另外一個難題，華偉在大陸和臺灣所受的英文教育有限，聽、說、讀、寫都有中文作為參照，習慣用中文的思考和思維方式來學習英文，用自己熟悉的中文語言系統對應著學習英文，實際上並不是有效的學習語言的方式，到了完全英文的語言環境當中，聽課、讀書、寫論文都障礙重重。　語言此時是捆綁手腳的枷鎖，準確地理解別人並讓別人理解自己，成為重要課題。他經常是想到了，卻表達不出來，煞是煩惱。思想、情感的表達失去語言的協助，就失去了細節和色彩，變得簡單僵硬，

　　課堂上，教授的講解華偉聽懂不到一半，回應教授提問乃至參與課堂討論，都比別人慢了幾個節奏，因而必須在課後花大量的功夫，用幾倍於別人的時間完成等量的功課。起初他抱著中英字典一行一頁，精研細讀。後來發覺時間不夠用，只得爭取最大程度地讀懂，放棄細節，囫圇吞棗地對付閱讀材料，事實證明這是不錯的學習方式，漸漸地感覺到閱讀原版書籍的速度大有提高。

　　研究生課程除去常規的考試，必須完成論文寫作。相較於英文

閱讀和口語表達，華偉更喜歡寫作，因為寫作需要沉靜下來，有充分的時間整理自己的創意和思想，語句和語法上也能夠字斟句酌。為了讓教授批閱自己的論文更方便，華偉還想出了特別的辦法，在每一篇論文首頁寫好簡介，再把論文的結構和關鍵內容作成簡單的目錄，如此做法，在開篇就明晰了論文的邏輯思路和整篇框架，一目了然，結果很得教授讚賞。

其實在臺灣，華偉的專業學習基礎很紮實，比如說教育史、教育心理學、教學法、教育哲學等等的專業課程是大學裏主修的課程，另外在畢業後，他教過兩年書，對書中理論已然有所踐行，相對於大多數的美國同學，他的教書經驗是難得的優勢，易於把握學習的要點。因為有了先前的基礎，再接觸到美國教育更為廣泛和前沿的研究，學習書本上的理論和知識不是障礙，難處還在語言。過語言關有待時日，沒有時間的積累萬萬行不通。明白了自己的長處和不足，華偉心裏反而少了多餘的焦慮。

華偉喜歡匹大的圖書館，圖書館有他需要的所有書籍，有和他一樣喜歡閱讀和學習的人，寬敞的大開間，硬木的桌椅和書架，讓圖書館看起來就像是一個巨大而神聖的宮殿，人類不同時代的智慧都神秘地潛藏在高大的書架之中，時間的界限完全不存在了。他享受宮殿裏的寂靜，也享受不經意間翻書，寫筆記的細碎聲響，他欣喜地發覺自己對書籍有著與生俱來的熱愛。

保持出類拔萃的學習成績成為鼓勵自己和贏得別人尊重的特殊方式，在遠離中國的時刻，他體會到作為中國人應當保有的尊嚴。從前用在讀書上的時間不多，到匹茲堡大學之後，為了功課，刻苦攻讀，之前的虧空踏踏實實地都要補回來，以書為友，逐漸成為華偉在美國生活的主要內容。

四

不同的價值體系時常影響到李華偉的行為方式，一個外國人在迥然不同的環境中，舉手投足都顯得格格不入，雖然積極嘗試融入新的環境，卻本能地拒絕自己變得完全美國化。後來有學者提出

「文化衝擊」（Culture Shock）的理論，他完全認同，而且Shock（震驚）一詞用得極其形象、準確，初臨新的文化環境，內心的興奮、困惑、掙扎、猶豫、不安、焦慮，五味雜陳，一時間頭緒紛呈，不知如何面對。仿佛突然之間被雷電擊中，無限震驚，方寸大亂，全力掙扎只為本能求生。

在匹茲堡大學的第一年，華偉住在學校的一棟研究生宿舍，當時只有少數外國學生住在那裏。他的同房室友是一位從非洲衣索比亞（Ethiopia）來的研究生，攻讀公共衛生。這位室友與華偉處得很好，雖然兩人的生活習慣與文化背景大不相同。這位房友畢業後回國服務，曾擔任衛生部長，可惜在一次政變中喪生。

按學校的規定，住宿的學生在自助餐廳吃飯，用餐卷很貴，華偉選擇每天在餐廳吃一餐，因為西式自助餐廳的食物豐富多樣，一頓餐可以用來支撐一天。另外，他還有其他的妙法對付饑餓，比如在兩片麵包中間多擦一點奶油和白糖，奶油不容易消化，可以支撐長一點兒的時間。第一年的餐費是肖珠姨媽幫忙付的，華偉儘量節省，少給姨媽增加負擔。生活零用的其他部分來自從臺灣帶來的剩餘的美金。

美國的教會活動很普遍，因為美國是基督教國家，國家的政治理念建立在基督信仰的基礎之上，八成以上的美國人都信仰宗教，大部分是基督教徒。教會活動有固定的活動時間，類似於日常的社區聚會和社交活動。經姨媽介紹，華偉去學校附近的一個教堂，參加週末教會活動，同去的也有其他臺灣和亞裔的學生，教堂裏氣氛溫暖，無論是否認識，大家都互打招呼問候。人其實需要讓自己隸屬於某個群體，置身群體當中，有安全感，也使得彼此的信任有了基礎。

主持教會學生活動的一位牧師保羅・歐芬海瑟（Paul Offenhiser），在國際學生中廣受歡迎。他同時是匹大校園裏的兼職牧師之一，他的善良熱忱來自天性而不僅僅是信仰。保羅・歐芬海瑟牧師是王肖珠女士的朋友，對華偉格外關照，在第一年暑假時，還特別安排華偉去威斯康辛州（Wisconsin）綠湖（Green Lake）的

華偉在課餘參加匹大的學生活動

教會夏令營工作。參加夏令營的信徒來自美國各地，不分年齡和種族，每個星期都有數百人彙聚在一起，參加為期一周的靈修和基督教的活動。

實際上，包括華偉在內，教會夏令營還雇傭了大概有三、四十個學生，擔任兼職，相當於假期裏找到一份工作，他們的工作內容很簡單，主要是在餐廳裏服務。他們還參與話劇和其他節目的表演，前臺的演員由美國孩子們來，華偉的職責仍然是在後臺，把一切安排得秩序井然。當然除去瑣碎事務，比較有趣的部分，就是參加合唱團。教徒們舉行活動的時候由他們來合唱聖歌。華偉喜歡聖歌的音律，簡單易唱，而且感染力強，猶如來自另一世界的純淨之音，蕩滌俗塵中的萬眾凡心。

教會夏令營的工作一般持續整個暑假，賺錢不多，大多數中國同學喜歡在暑假到匹茲堡，或是到更遠些的紐約城去打工，選擇中國餐館，做服務生、外賣店送貨員，或者在廚房打雜，算計著在有

限的假期當中，多賺一些錢，為了生存，積蓄信心和實力。但華偉覺得，初到美國，擴大社會交往，瞭解環境，融入美國文化尤其重要，較之賺錢更有意義。賺錢固然可以增加安全感，但一時的安全感並不是長久的解決之道。加上他熱衷搞活動，喜歡與人打交道，參加基督教夏令營能打開交際範圍，把觸角深入到人群中去，瞭解美國文化，擴大朋友圈子。人與人相遇的時機其實很重要，決定了其後交往的模式，素不相識的人，在夏令營裏成為好朋友，是美好的事情。越到後來大家越是親近。

華偉的父親早年信仰基督教，母親也畢業於教會學校，在晚年，他們都是虔誠的基督教徒，但父母親對宗教的態度一向開放，並沒有過多影響到孩子。雖然一直沒有機緣成為基督教徒，但華偉始終相信人類世界之上的冥冥宇宙當中，一定存在具有超自然的主宰，人類眾生的命運盡在其掌握之中，這個超自然的力量可能就是眾生仰慕敬愛的神，他可能以不同的形式出現，可以是佛教的，也可以是基督教、伊斯蘭教，或者其他的宗教。人類太渺小，把自己交付給神，交出了自己的困惑、糾結和煩惱，同時也為自己的靈魂找到了約束，人有了信仰就有了敬畏之心，有了虔誠之心。

華偉一直沒有成為基督徒還有另外的原因，保羅牧師一直是他尊敬的人，他的善意和友好，華偉一直感激，而教會對他並不公正，甚至是有意排斥他，因為他花太多的時間和精力照顧外國學生。這使得華偉看到了人的世界永遠不會成為神的世界，教會在他的心目中的地位也因此大打折扣，他寧願仰慕並不以某種具體的形式出現的宇宙之神，讓那裏成為自己心靈的歸處。

暑假結束，校園裏的生活回復如常，讀書的日子令人愉悅而踏實，因為每一天都充滿希望。第二學年開始，華偉在圖書館中找到一個學生助理的工作，半工全讀。他以一年半的時間，讀完教育碩士學位。一九五九年，就在他準備繼續攻讀博士學位時，匹茲堡大學圖書館因為要培養新的圖書館員，設立了一個館員培訓專案，每年招收兩位培訓館員。當時的館長對華偉很賞識，特別把華偉選上。條件是要華偉在三年受訓期間，去全工半讀，讀一個圖書館學

的碩士學位。除了有薪水外，圖書館還要為他支付了學費。當時匹茲堡大學還沒有圖書館學院，因此華偉選擇到附近的卡內基‧梅隆大學就讀。匹大圖書館承諾，只要華偉念完學位，立即就可以被聘用為正式館員。結果華偉只用了兩年的時間，就完成了圖書館的碩士學位。一九六二年，華偉就被聘為圖書館採訪部第一助理，並在工作之餘，回到教育學院繼續攻修博士學位。

匹茲堡大學是華偉在美國的生活開始的地方，他初到美國，辛苦求生，同時忘我苦讀，那是一段特殊的人生經歷。從中國大陸到臺灣，再從臺灣到美國，華偉感受到的變化和差異是如此之巨大，甚至聯想起在臺灣師大演話劇時，不斷變換的舞臺佈景，人世變遷，滄海桑田，有時正與臺上的佈景相似。

剛到匹茲堡大學時，校內有一些華人教職員，但沒有學生會的組織，大家都是各自奮鬥，經常自顧不暇。在華偉拿到碩士學位並在圖書館工作以後，大約是一九六一年一九六二年的時候，他發動組建了跨校的華人學生會，包括在匹茲堡幾個大學的留學生，當時學生會成員大概有七、八十人。華偉的夫人Mary曾義務準備簡單的食物，擺座椅，收拾東西等等，她很喜歡和中國學生在一起，大家也都喜歡她。

後來，華偉還參加了一個華人的學術社團，Rho Shi Fraternity，是一個全國性美國華人學者專家的組織，成員都是已經離開學校，在美國工作的華人。在匹茲堡的成員中，有的已經做了教授、醫生、研究人員，有的在西屋（Westing House）電器公司做工程師，大家定期舉辦各種活動，促進交流。華偉也因此交到了幾個非常不錯的朋友，而且幾十年都保持著聯繫。

第六章　異國情緣

願村子樹林裏有座教堂，
那是我們立婚誓的地方；
它歡樂的鐘聲隨風悠揚，
它錐形的尖頂直指天堂。

〈心願〉
英國詩人薩謬・羅傑斯（Samuel Rogers）

一

　　匹大校園中最著名的建築當屬三十六層高的「學習的殿堂」（Cathedral of Learning），巨大的哥德式建築，挺拔峻立，狹長的彩色玻璃排窗，精工雕琢的拱柱，層層托起尖狀塔頂，直指向天空，遠望猶如古老的歐洲教堂。命名為「學習的殿堂」，大概也是取義於對待學習，如同對待宗教一般虔誠。殿堂的大樓從一九二六年開始築造，歷時十一年才告完成。一九三三年，美國經濟大蕭條時期，學習殿堂建築曾因資金斷絕而停建，要依靠匹茲堡市民的捐贈，包括很多孩子的「零用錢」，一磚一瓦，恢弘的建築才得以圓滿落成。

　　學習殿堂前，草地如氈，每逢草地修割過，草香濃鬱四散，幾株老樹枝盛葉密，看盡斗轉星移，在幾十年緩慢的時光中矗立。華偉喜歡學習殿堂，教育學院的有些課程設置在學習殿堂的教室裏，每個教室都有它的特色，有些教室是按照各國文化的特色來陳設，

其中有一個中國式的教室，是早年由中國政府捐贈的。華偉和Mary的相識就開始在學習殿堂。

那一天，是影像視覺教育課的第一堂課，教室在學習殿堂第二十七層。因為英文不好，華偉總是故意坐在教室的最後一排，儘量遠離教授的視線。教授已經開始上課了，一個面頰瘦削的金髮女孩，匆忙地推門進來，緊挨著華偉旁邊的位子坐下，大概因為上課遲到，不願意引起教授注意，也選擇了後排座位。

授課教授艾文・何塞（Ivan Hosack）先生，是一位性情溫和、彬彬有禮的紳士，對學生嚴格盡責。他知道華偉是從臺灣來的研究生，課間休息時，就特意走到華偉的座位旁邊，問他能不能夠聽懂，華偉據實告訴教授說不完全聽得懂，但記了筆記，課後可以對照書本，重新整理筆記。教授要了華偉的筆記看，其實教授課上的講解，華偉只能選擇關鍵字記下來，多數時候來不及寫英文，就寫中文，所以筆記是中英文混雜，密密麻麻的，以中文為主。教授翻看筆記，搖搖頭，微笑著轉向旁邊座位的金髮女孩說，「看來這位年輕的紳士需要一點幫忙，也許你可以把筆記借給他？」

蹩腳的英文令人顏面盡失，儘管英文不是他的母語，但華偉仍為自己感到難堪，金髮女孩大方地看了看他，慷慨允諾說，「哦，沒問題，我可以把筆記借給他。」

華偉借了金髮女孩的筆記，也許就在那一刻，命運為他們準備了新的開始。

後來，華偉知道她的名字叫Mary，一個普通而且多見的美國女孩的名字，而這個美麗的金髮女孩註定成為他生命中特殊的女人。隨後的課上，華偉定期向Mary借筆記，課後抓緊時間抄好，約了時間再還給她。Mary的筆記乾淨清晰，滿頁整齊清秀的字，時常讓他聯想到Mary清秀安靜的模樣。

Mary的筆記幫助很大，影像視覺教育課因此進行得異常順利，每每臨到測試，華偉即採用最直接而且奏效的方式，把筆記上的內容全部背下來，教授的考題內容基本不超出筆記的範圍，加上他在臺灣和大陸練就的考試技巧，考試成績竟然每次都好過Mary，她也

覺得驚奇，幾次半開玩笑地說，「你讀書這麼好，以後不需要向我借筆記了。」

華偉仍舊喜歡坐在教室裏的最後一排座位，在下意識當中，似乎總要與熱鬧的課堂保持一段距離，但在考試成績上，他毫不遜色，甚至遠勝過班裏的其他學生。達成目標的方式有多種，認識並且避開自己的弱項，全面發揮長處，勤能補拙的智慧正在於此。Mary比班上的美國同學和教授們都更加讚賞華偉的才華，她遇到的第一個中國人竟然如此超越她的想像，英文不行，卻有本事取得好成績，比美國人好，也正因為如此，華偉給Mary留下深刻印象，她大概感覺到他是比較特別的人，一個了不起的中國人。

Mary就讀匹茲堡大學的教育系，他們相識的時候，Mary已經是本科學習的最後一年，馬上要畢業了，因為Mary希望繼續讀研究生，選修幾門研究生的課。除了影像視覺教育課，Mary還同時選修比較教育，該課的授課教授威廉·強生（Dr. William Johnson）博士，是華偉的指導教授，Mary的論文研究課題剛好是臺灣教育的比較和研究，強生博士建議說，「我們有一位臺灣來的留學生，你可以向他諮詢和瞭解一下，他知道得很多。」

Mary說，「是的，我想我應該認識他。」就這樣，華偉的兩位教授在無意中成就了Mary和華偉的跨國姻緣[1]。

二

Mary 愛讀書，他們有時會在圖書館閱覽室不期而遇。Mary總是一副簡單樸素的學生打扮，大方、漂亮、雅致，尤其一頭密密長長的褐金色的頭髮，遠遠的猶如一團紅色火焰，非常吸引人。有一段時間的週末，華偉經常在圖書館的咖啡廳與Mary相遇，她安安靜靜地坐在沙發裏，一個人讀書。其實美國人對愛讀書的好學生並不十分認同，至少不像東方學校那麼推崇，Mary 專心一意讀書的樣子，讓華偉想到美國學生喜歡用的一個詞「書蟲」（bookworm）。

---

[1]　Mary writes about Hwa-wei，Mary採訪

當時匹大的圖書館是設在學習殿堂的第五，六，七層，及地下一層。學習殿堂的咖啡廳也是設在地下一層。平常時候，咖啡廳裏瀰散著咖啡香味，又混雜了煙草、香水和青春荷爾蒙的味道，美國同學喜歡聚在一起，或者討論功課或者高談闊論，課本、書包堆放旁邊，有說有笑，一派忙裏偷閒的自在舒暢。到了週末，咖啡廳難得有人光顧，尤其入夜時分，格外安靜，咖啡味兒被撕扯得絲絲縷縷的，若有若無地散在空氣當中，為喧鬧和冷清劃出一道涇渭分明的界限。 週末經常是美國學生放鬆自己、享受青春的好時間，談戀愛、會朋友、泡酒吧、參加聚會，很少有人願意把自己留在圖書館裏。華偉週末在圖書館打工，閒時喜歡在咖啡廳坐上一會兒，吃點東西，給自己的孤單找一個寂靜的去處。

　　週末在咖啡廳遇到Mary，完全出乎他的意料，像Mary那麼漂亮出眾的女孩子，應該是眾多男生熱衷的約會女友，她的出現甚至與孤單的咖啡廳格格不入。Mary說起過她有個男朋友，而他們相處得好像並不好，戀人們盼上一周，才等來週末的約會時間，Mary的男朋友卻把她冷落在咖啡廳裏讀書，顯然夠不上紳士。

　　看到Mary落落寡歡的樣子，華偉嘗試安慰她，卻也找不出合適的方式，有時候會端一杯咖啡給她，陪她閒聊幾句，有時候他只是安靜地陪她坐著，一起讀一會兒書，語言的障礙，並不能夠遮罩華偉的憐惜之情，Mary應該感覺到了。

　　此後，Mary幾乎成了咖啡廳裏的常客，他們倆人經常在咖啡廳遇見，華偉因此格外喜歡去咖啡廳，有時候似乎專門是為了和Mary遇到，見不到Mary的時候，孤單就成了找不到河道的水流，愈漫愈高，直至氾濫得不堪收拾。

　　華偉曾經開她玩笑說，「怎麼搞的，美國人不是週末都跑出去嗎？」

　　Mary說：「我男朋友不知道到哪裏去了，他不來找我。」

　　華偉說：「這個男朋友沒有意思，別要他了。」

　　Mary說：「是的，我的確不想要他了。」

　　沒想到Mary是認真的，沒多久她告訴華偉說，跟男朋友分手了。

華偉實際上並沒有足夠的自信約會Mary。即使一個美國人很友好，中國學生的謙虛和沈默寡言也會阻礙他與美國人更深地交往下去。尤其美國女孩子與外國學生的交往，可以是出於幫助甚或是同情，如若是談婚論嫁則要另當別論了。這樣的境況令華偉在與Mary的交往中，無法主動追求她。好在Mary沒有諸多顧忌，她越來越多地與華偉在一起讀書，一起在咖啡廳裏喝咖啡、吃東西，時間太晚的時候，華偉會送Mary回宿舍，Mary從來沒有拒絕過，雖然華偉的話並不多，但他們走在一起，Mary很有安全感。

　　有一次，Mary約華偉一起看足球比賽，這有些出乎華偉的意料，他很高興就答應了。美國足球實際上是美式橄欖球，比賽由匹茲堡獵豹（Pittsburgh Panther）[2]對戰另一支著名的球隊。匹茲堡大學有悠久的體育傳統，籃球與美式橄欖球校隊都聞名全美，匹大的吉祥物是獵豹（Panther），因此運動隊被稱為匹茲堡獵豹隊（Pittsburgh Panther）。美國大學歷來注重體育，一支出色的球隊代表了學校的形象，是提升學校名譽的有效戰略，六十年代，匹茲堡大學還曾經出過像丹・馬裏諾（Dan Marino）這樣的橄欖球名星，蜚聲美國賽壇[3]。

　　比賽激烈刺激，隊員常常硬碰硬地肢體衝撞，需要戴上頭盔和護墊等作保護，很像中國冷兵器時代的戰場，拼體質和體力，規則簡單原始，優勝劣汰，殘酷而且直接。文明的人類終是無法超脫動物的本性，將任何可能的較量，都變為廝殺的戰場。生死勝負直接是實力的應證。Mary又是興奮又是激動，拍掌、呼叫，幾乎變成了另外一個人，而這個率性、熱情的Mary，也是華偉所喜歡的。

　　橄欖球運動在美國極為盛行，球的形狀長圓，兩頭稍尖，看起來如同成熟的橄欖。Mary給他講解，決勝雙方各有11名球員，最終以把球送入對方陣區底線為得分標準，一方將球推進，到達陣區，

2　筆者注：獵豹（Panther）是匹茲堡大學的標誌，匹茲堡獵豹（Pittsburgh Panther）因此成為了學校球隊的昵稱。

3　匹茲堡大學網址：http://www.pitt.edu

即達陣得分，或者直接將球踢進球門也可得分，得分多即為勝利。

　　Mary主動邀請約會，華偉感到了她的心意，Mary也不掩飾，她喜歡和華偉在一起。他們隨後又約會去匹茲堡的華盛頓山（Mt. Washington）。乘坐都肯斜面電纜車（Duquesne Incline Cable Car），沿著車道蜿蜒向上爬行，木製的紅色纜車以及沿著山體修成的平行軌道是匹茲堡的古跡，建於一八七七年，全長有四百多英尺，一直通到山頂。登上華盛頓山山頂，俯瞰整個匹茲堡城，三河相交，百橋縱橫，市區內的高樓，如同鋼鐵的叢林，高聳挺拔，遠處山巒疊嶂，林蔭深深。眼前的一切嶄新而美好，尤其有Mary在身邊，華偉是最幸福的人。

　　Mary和華偉來自不同的文化，童年時代的境遇差距極大，也經常會有小誤會。華偉住的學生公寓是個不太大的房間，從視窗望出去，總有成群的鴿子飛來飛去，時常令他想起在華僑二中時，和同學們一起打鳥充饑的經歷，那段時常挨餓的時間，令他把一切都跟食物聯繫在一起。有一次，華偉半是開玩笑地跟Mary說，「現在不用餓肚子了，要不然可以打幾隻鴿子來，烤一烤來吃。」Mary非常震驚，臉色大變，不安地告訴華偉：「千萬不要吃鴿子，別人會覺得你是野蠻人！」

　　Mary經常問起華偉在戰爭中的經歷，華偉零零散散的講述已經使得Mary 驚訝和痛心，對她而言，華偉的經歷是不可想像的。雖然她嘗試理解，但華偉餓了可以吃鴿子，她仍然感到震驚，從她的眼神中，華偉可以看到，自己戰爭時候挨餓的感受，Mary 是永遠無法瞭解和體會的。

三

　　轉眼已經到了感恩節，天氣轉寒，冬天如約而至，匹茲堡四季分明，季節轉化之際，可以感受到天地自然之間，按部就班的節奏，風雲雨雪，春華秋實，從容淡定，榮辱不驚。華偉內心的緊張和焦慮逐漸舒展開，慢慢熟悉和適應匹茲堡的節奏。 感恩節在每年十一月的第四個星期四，連同隨後的週末，一般可以有四天的長

假期，感恩節對美國人別有深意，是早期移民時代的留念，它的重要還在於全家人可以聚在一起，分享獨特而傳統的食物——「烤火雞」。

在家庭聚會的節日裏，Mary邀請華偉去她家裏，把他介紹給她的父母見面，華偉完全明白其中的特殊含義。

Mary的家在賓夕法尼亞州的傑尼特鎮（Jeannette），開車出了匹茲堡城，向東南大約30英里就是傑尼特鎮，像美國隨處可見的小型城鎮一樣，傑尼特鎮方圓只有6平方公里，人口不足一萬人，鎮上的居民多是英格蘭、德國、愛爾蘭、和捷克斯洛伐克移民的後裔，主要生計是玻璃生產，門窗用的玻璃、奶瓶、酒瓶、所有的玻璃製品鎮上都生產，傑尼特鎮也因此被稱為「玻璃之城」（The Glass City）。鼎盛時期，全世界百分之七十的玻璃產品都出自這裏，然而玻璃之城的輝煌只是曇花一現，很快，海外廉價的勞力給玻璃大亨們提供了更為豐厚的利潤，玻璃工廠紛紛改選新址，傑尼特鎮在玻璃行業殘酷的利潤競爭中敗下陣來，小鎮從此回復寂靜[4]。

Mary來自傑尼特鎮上的中產階級家庭，家境算不上富裕。她的母親是一位可敬可愛的女人，不愛說話，結婚之前曾經在學校裏做秘書，婚後在丈夫擔任經理的化學實驗室中做秘書工作，她大部分的生活內容集中在家庭裏，養育了兩兒一女，Mary和她的哥哥查理斯（Charles）及弟弟羅伯特（Robert）。查理斯是一位出色的化學工程師，羅伯特做的是會計工作。

Mary的父親傑克·科特維爾先生（Jack Kratochvil）喜歡自己動手製作東西，是一位心靈手巧的男人，家中諸多物件都是他的作品，每年耶誕節之前，他都會在家中的聖誕樹周邊，裝設電動火車及人造村莊、郊野、山川和隧道等，十分逼真。在匹茲堡北部約一百五十英里的鄉下，他們家還買了一個度假的地方，靠近河邊，科特維爾先生和家人親自動手蓋了幾間房子，請親友們去度週末。科特維爾先生的家庭觀念強，愛幫人，人緣極好，不大的鎮子上，幾

---

[4] http://en.wikipedia.org/wiki/Jeannette,_Pennsylvania

乎所有的人都認識他，見了面相互招呼問候，街坊鄰裏間親密熟稔，就如同在中國街頭巷尾經常能夠見到的情形。

　　與匹茲堡相比，傑尼特鎮看起來古風猶存，是美國的鄉下，全鎮的政府、公共服務、銀行以及商業，都集中在鎮中心的一條主要街道——陶土街（Clay Avenue）。居民的建築主要以家庭為單元，門庭獨立，風格迥異，庭前屋後有自家的草坪花園。房屋錯落的街區，整齊有序，家家窗明几淨，別有一番靜謐田園的小鎮景致。傑尼特鎮是Mary出生和長大的地方，小鎮在過去的十幾年中鮮有變化，猶如漸漸泛黃的照片，框住了時光裏面的記憶。Mary和家人一直住在她出生時的房子裏，華偉幾乎可以從小街上瘋跑笑鬧的孩子們當中，看到Mary童年和少年時候的影子，用這樣的方式感受和分享她的生活，瞭解她的過去，華偉感覺在心理上跟Mary是如此之親近。

　　Mary的父母友好而不善言辭，對華偉的到來也沒有表現出格外的熱絡，倒是他的亞裔背景讓他們有幾分好奇。他們與華偉之間還有一層語言上的距離，實際上，距離感讓雙方都很客氣，華偉在Mary家裏過得非常輕鬆和愉快。當然也有些小的遺憾，比如，他當時有嚴重的食物過敏症，很多食物不能吃，連美國人傳統的火雞晚宴也只能吃很少的一些。 Mary的家人不得不另外給他準備米飯，這樣一來，華偉每天的早、中、晚餐都只吃米飯，好在Mary和她的家人並不在意。

　　Mary給華偉看她小時候的照片，還告訴他，她從小就刻苦用功，是出了名的好學生，這一點華偉毫不驚奇，看她讀書時的樣子，華偉也完全可以想像。讀書讓Mary瞭解到美國之外的廣闊世界，她與其他的美國學生是如此不同，包括她愛上華偉。

　　因為家境並不寬裕，Mary從上中學起，就已經清楚地知道，父母親沒有足夠的能力負擔她接受大學教育，唯一的可能性就是爭取拿到大學的獎學金。剛好，匹茲堡大學在Mary所在的中學裏設有獎學金，每年都要挑選出兩位最優秀的高中畢業學生，頒發獎學金，資助他們在匹茲堡大學就讀。Mary在高中時，成績好得驚人，所有的科目包括數學、科學、語言、藝術、音樂都是A，而且是名列全

年級第一名的全A學生。高中畢業時，她以全校第一名的成績獲得匹茲堡大學的全額獎學金，如願以償地進入匹茲堡大學學習。

或許是冥冥中自有安排，Mary早在高中時代就關注過中國，尤其關注過「國民政府」和臺灣，她認為臺灣是需要美國的幫助，美國應該提供力所能及的幫助。Mary甚至在她高中畢業典禮的講演中表明自己的志向，要幫助那些需要幫助的貧困地區和國家，比如臺灣、菲律賓等。在畢業典禮上，Mary作為優秀畢業學生的代表講演，她演講的題目是：拴好自己的駱駝，其餘的交給上帝（Trust in God, but tie your camel），意思是指社會當中的每一個人，要相信命運自有安排，順其自然，另外，還必須盡力做好自己份內的事情[5]。Mary與眾不同的講演，博得了老師和同學們的讚賞，尤其是提到了臺灣，大多數的美國學生甚至還不知道，在地球的另一端，存在著臺灣這樣一個地方。華偉無法知道Mary當時對臺灣的瞭解有多少，她是不是曾經有過預感，未來她會在匹茲堡大學遇到一位來自臺灣的青年人，並成為他的妻子。

「拴好自己的駱駝，其餘的交給上帝」在一定程度上代表了Mary的價值觀，高中時代她熱衷於成為精通醫術的傳教士，幻想有朝一日能夠遠離美國，到像菲律賓那樣貧苦的國家去行醫和傳教，幫助那裏的人們。Mary最初進入匹茲堡大學選擇學習護士培訓，一年之後，她發覺護士和傳教士的工作不適合她，於是改變專業，開始學習教育，並把英語語言文學作為教育之外的第一專業，西班牙語和德語為第二專業[6]。

美麗而坦誠的Mary和她所代表的文化，直接闖入華偉的生活，令他始料不及，而他對美國以及美國人的認識又加深了一層。邂逅Mary之前，華偉在臺灣也有過女朋友，然而跟女孩子打交道和談戀愛的經驗不多，那個時代的年輕人，在男女情感上極為保守。加上臺灣師大以管理嚴格著稱，校園裏不流行談情說愛。

---

[5]　Mary writes about Hwa-wei, Mary 採訪
[6]　Mary writes about Hwa-wei, Mary 採訪

華偉曾經喜歡同班裏的一個女孩子，她長相算不得特別漂亮，但活潑熱情，很多男生暗暗愛慕她。華偉是其中之一，她彷彿知道也彷彿不知道，相約一起出去的時候，倆個人都心照不宣地約上一群朋友，她帶幾個女朋友，華偉帶幾個男朋友，男孩子和女孩子們在一起，更像是兩個不同性別的集體在談戀愛，容不了兩個人獨處的機會。後來華偉發覺班裏追她的男同學不少，而自己條件不夠好，自行慚愧，雖然心裏愛慕，也只是寫過幾封信而已，沒有勇氣直接表白。同學們有時候開開玩笑，知道華偉在追她，同時知道別人也在追她，她對華偉好像有好感，因為華偉是學生中的活躍分子，整天搞活動，人緣也好，但她也沒有更多表示。多年之後她也到了美國，而且也做了圖書館員，有一次，偶然在美國圖書館學會的年會上碰面，她還開玩笑說，她當時知道華偉的心思，怪華偉沒有大大方方地追求她。

華偉從臺灣師大畢業之前，認識了另一位女孩子，她那時正在師大讀大學二年級，比華偉低兩個年級，也喜歡搞活動。他們見面和接觸的機會多，互有好感。後來華偉去軍訓的時候，倆個人開始通信，華偉很愛她，她成了華偉真正的初戀女友，直到離台赴美，他們都保持著戀愛的關係。

認識Mary之初，華偉曾告訴她，自己在臺灣有女朋友，倆個人挺要好。Mary似乎並不太在意，華偉越是講，她反而對華偉越好，她的執著和大膽與中國女孩子完全不一樣。 後來，華偉的初戀女友也申請到美國留學，在另外一所大學就讀，並且和一位留學美國的中國學生結了婚。

四

六○年代的美國，遠沒有人們想像中的公平和開放。亞洲族裔仍然受到歧視，很多華裔移民，在美國社會處境艱困，受到排斥。

一八四九年美國加州的淘金熱，吸引華工大量進入美國西部，成為最早的華人移民，他們大多來自中國南部沿海的福建和廣東省。貧窮古老的晚清帝國，在經歷太平天國之亂和鴉片戰爭之後，

外憂內患，滿目瘡痍，天朝子民被迫漂洋過海，找尋新的生存慰藉。加州荒蕪富庶的土地，成為數萬「淘金」華工獲得財富的幻夢之地。

華工的勤勉克儉，並沒有給他們帶來渴望中的財富和應有的認可，加州的金子儲量減少，淘金競爭加劇，本土人對華人的憎惡與日俱增。華工被強行驅逐出金礦，遷入了舊金山，從事各類繁重低薪的勞動，甚至做僕役，在一切可能生存甚至別人認為不能生存的角落，都有華人掙扎求生的印跡[7]。

一八六二年美國南北戰爭，北軍急需一條軍備運輸的生命線，林肯總統批准通過了建設太平洋鐵路（Central Pacific Railroad）的法案，總統的遠見卓識在隨後的歷史中日益彰顯。太平洋鐵路全長三千多公里，穿越了整個北美大陸，工程極為艱鉅，鐵路動工之時，計畫至少需要十四年的時間，然而，僅僅在七年之後，太平洋鐵路即告竣工。美國至此成為真正意義上的完整國家，經濟發展進入快車道[8]。

一個被世人忽略的事實是，太平洋鐵路真正的建造者是「中國的苦力」，工程超過五分之四的工作是由他們完成的。一個曾經修建了萬里長城的東方民族，用古老的工具在美洲大陸建築了人類鐵路史上的奇跡。一九七〇年，人們從沙漠中挖出兩千磅（約合九〇七點二公斤）的華工屍骨，太平洋鐵路「每根枕木下面都有一具華工的屍骨」，絕非誇大其詞[9]。數萬華工萬萬想不到：鐵路竣工卻是他們噩夢的開始。

十九世紀七十年代初，美國發生經濟危機，失業率激增，民間排華活動日甚，奉行「白人至上」種族主義的政界人士，趁機抨擊華人以迎合選民，一八七九年加州一份日報的社論這樣描述華人——半人半魔，吃老鼠，衣著破爛，不懂法律，憎恨基督文化，吸鴉片，廉價勞工，吮吸內臟的亞洲人。華工被認為帶有不道德和

---

[7] http://blog.sina.com.cn/s/blog_5a53af350100bknt.html
[8] 莊國土，《從移民到選民:1965年以來美國華人社會的發展變化》
[9] http://blog.sina.com.cn/s/blog_5a53af350100bknt.html

不衛生的生活習慣，通過壓低工資進行不正當的商業競爭。美國群體暴力事件不斷，華工是暴力襲擊的目標。孱弱的晚清政府，沒有能力保護它的子民，渙散的華工群體，在暴力和歧視面前無能為力，直至釀成一八八二年美國政府的排華法案。

一八八二年五月六日美國總統正式簽署了美國國會通過的排華法案（The Chinese Exlusion Act），十年內停止接納華工，已經居住在美國的華人不允許買房子、定居，華人不可以與當地人結婚的，否則都要受到法律處罰。雖然美國沒有像加拿大一樣徵收人頭稅，但眾多歧視條款有過之而無不及。一九〇四年，美國國會又通過無限期延長排華法案的議案，華人竟然成為美國歷史上唯一曾被國會及聯邦政府立法排擠和禁止移民的民族[10]。

強烈的排華情緒延續到第二次世界大戰，由於中美結為反法西斯同盟國，在美的華人投入到反法西斯戰爭中，他們作戰英勇，不畏犧牲，動搖了美國政界和民間視華人為劣等民族的觀念，美國社會逐漸聽到廢除排華法案的呼聲，經羅斯福總統提議，一九四三年，美國國會通過廢除排華法案的《馬格納森法案》（Magnuson Act），允許在美華人加入美國籍，同時允許華人每年的移民配額為一百零五人[11]。形同虛設的移民配額對華人社會的影響微乎其微，直至一九六五年《入境移民與國籍服務法案》（Immigration and Nationality Services Act of 1965），調整東西方移民限額的比例，確立先來先辦理的原則，並規定給予西半球以外的每個國家，一年兩萬名的移民配額，無論其種族和國籍如何。至此，華人才在形式上得到與別國相同的待遇[12]。

李華偉到匹茲堡大學讀書時距離《入境移民與國籍服務法案》的頒佈還有八年，華人在美國毫無地位和保障可言，他是一個貧窮的中國留學生，一無所有，甚至連居留美國的身份都沒有，Mary的確是有膽有識、執著獨立的女性，她能夠愛上華偉，並將一生的幸

---

[10] 邢必昂，《1850—1990年的移民法律和亞裔的再整合》，第四十八頁。
[11] 麥禮謙，《從華僑到華人：二十世紀美國華人社會發展史》，第四二二頁。
[12] 莊國土，《從移民到選民：一九六五年以來美國華人社會的發展變化》

在匹大求學期間華偉認識了同班同學瑪麗
（Mary Frances Kratochvil）

Mary與華偉合照

Mary與華偉合照

華偉與Mary父母合照

▍1959年3月14日華偉與Mary在Mary家鄉的教堂結婚

▍華偉與Mary的結婚照

在獲知大哥為國捐軀之後，憂傷的華偉與Mary同時
獲得教育碩士學位（1959年6月）

1965年6月華偉在匹大完成了博士學位

畢業典禮後的合照

福交付於他，不是尋常女性可以做出的選擇。

　　一九五九年初，華偉與Mary訂婚，教會的朋友為他們組織了訂婚儀式，Mary的父母親並沒有參加，在美國當時的保守氛圍中，他們對女兒的選擇並不贊同。華偉的父母親很看得開，他們都受過西方教育，很喜歡未來的美國兒媳。華偉的父親特地從臺灣寫信給Mary，說他和母親都為華偉和Mary的結合感到高興，他們會在遙遠的臺灣祝福他們，華偉的父親忽然之間變得幽默起來，寄給Mary一些中國的筷子，囑咐Mary要好好練習使用[13]。

　　在那個奔向春天的冬天裏，華偉和Mary 一直在計畫著他們的婚禮，異鄉的漂泊之感被幸福緊緊包裹起來，變得不再沉重，走過學習殿堂前的草地，華偉仿佛總可以感覺到冰凍的土地正在一天天地變得滋潤，屏住呼吸，就可以聽到草在向上生長的聲音，細微，但是快樂。

　　婚禮原打算在匹茲堡大學的教堂裏舉行，但Mary父母知道以後，堅持要他們在傑尼特鎮的教堂裏舉辦，按照美國人的習慣，婚禮由新娘的家庭來安排的一切。Mary父母親的轉變令華偉感動，他們終於尊重和接受了女兒的選擇，也接納了來自中國的女婿。華偉的父母親聞知特別高興，華偉父親特意用英文寫信給Mary的父母親，表示支持和祝福倆個孩子的婚姻，只是遺憾不能夠親臨參加，懇請Mary的父母親多多費心。華偉的父親又在給Mary的信中抱歉說，在臺灣，家裏的經濟情況不佳，沒有辦法幫忙分擔婚禮的花費，只好偏勞Mary一家了，Mary給他回信說，新娘負擔所有的花費是情理之中，在美國結婚要按美國的規矩，只要華偉準時到場就行了，不要臨時退卻就好。

　　他們的婚禮如期舉行，來自十三個國家的國際學生們開著車趕了三十英里的路，到傑尼特鎮的教堂參加他們的婚禮，Mary 家的街坊四鄰，親朋好友也都趕過來。教堂裏彙聚了大約有六、七十人，Mary的伴娘是她的室友，來自泰國的姍松玲頌 Somsong

---

[13]　Mary writes about Hwa-wei, Mary 採訪

Limsong。他們的好朋友韓國的崔南睿和她同宿舍的室友用韓語唱起了主的祝福，那真是令人動容的難忘時刻，一切都發生得那麼快，而且是那麼完美[14]。

華偉和Mary結婚的時候，排華法案雖然已被取消，但在此之前還有另一個法案限制白種女人嫁給有色人種，這個法案在一九四七年才被廢除。他們當時都不知道有這樣的規定，直到一九六五年移民法被取消的時候他們才知道。

Mary做為母親，養育了六個孩子，經營一個大家庭，比一般的母親要辛苦得多。她是家庭的核心。兒女們感受來自西方和東方的不同文化，比普通的美國孩子更成熟和寬容。他們在和睦的家庭環境中長大成人，很少感覺到朋友和父母之間有什麼衝突。他們的青春期（Teenage）都沒有明顯的叛逆情緒，現代美國社會經常提到Teenage Subculture（青少年亞文化群），帶給家長們的諸多壓力和煩惱，在李華偉和Mary的家裏都沒有出現過。華偉一直認為這一切是Mary的功勞，她與每個孩子都相處得很好，孩子們之間的關係也非常融洽。華偉後來逐漸意識到，其實Mary的性情與自己的母親相似。他生命中兩位最重要的女人，雖然來自不同的國度，不同的文化，但她們都是善良而了不起的女性。

---

14 Mary writes about Hwa-wei, Mary 採訪

第七章　圖書館緣

訓曰：字乃天地間之至寶，大而傳古聖欲傳之心法，小而記人心難記之瑣事；能令古今人隔千百年觀而同語，能使天下士隔千萬里攜手談心；成人功名，佐人事業，開人見識，為人憑據，不思而得，不言而喻，豈非天地間之至寶？

——《康熙教子庭訓格言敬惜文字‧天地至寶篇》

一

匹茲堡大學的學年制是秋、夏、春三個學期，一般學生會選擇在秋季和春季兩個學期修課，夏季學期則出外打工。華偉的免學費獎學金最初為期一年。他利用第一個暑假去教會夏令營工作，賺了一點錢，雖然微薄，但勉強可以應付第二年秋季學期一部分的生活費。匹大也延長了他的學費獎學金，使他能完成完成碩士學位。

為了儘快把生活安定下來，華偉需要一份工作，他必須儘快找到生活來源。在匹大校園裏，最熟悉的地方莫過於圖書館，除去上課之外的所有時間，他幾乎都在圖書館裏，甚至有幾位經常見面的圖書館員，也開始與他熟悉起來。華偉看到圖書館裏有學生在工作，就問其中一位館員：「我需要一份工作，是不是可以在圖書館裏打工？」館員建議他到圖書館人事部去申請。

人事部門的負責人問華偉的第一問題是，「你能在圖書館做什麼事？」

「我想，我至少可以在書庫裏取書或上架，我跑步的速度很

快，同時可以在晚上和週末任何一個時間工作。」

負責人被他的回答逗樂了，華偉開始了他在校園裏的第一份打工。他每星期在圖書館工作二十個小時。靠勞力賺得生活花費，儘管工作單調，收入不多，華偉仍然為自己高興。

當時的美國圖書館是閉架式的，讀者在書庫外面，用編目卡查找需要的書籍，再把編號抄寫下來，遞交到書庫裏面。在書庫裏的工作人員，拿著紙條，按照編號找到書籍擺放的書架，然後把取到的書交給讀者。書庫很大，每次找幾本書差不多要花上半個小時，外面借書的人經常等得不耐煩，而書庫裏的工作人員也非常辛苦，跑進跑出，幾乎沒有閒暇。

來美國的第二個秋天，華偉終於開始感覺到匹大校園的美麗。百年老樹枝繁葉茂，如同不斷生長的記憶，枝枝葉葉掩住了古老的建築，歷史在這裏仿佛既有著凝固的部分，也有著生長的部分，別具一番韻致。沿福伯斯大街（Forbes Avenue），街頭過往的行人，衣著隨意簡樸，從從容容的態度，看得出他們生活得安定無憂。小雨過後，秋風微涼，樹葉悄悄改變顏色，到了一年中最成熟的季節。

華偉每天要花四個小時在圖書館書庫工作，他做事格外勤快，儘量能跑得更快點，讓外面等待的讀者節省些時間。在書庫裏奔跑的時候，他是服務者，而出了書庫，他就變成了圖書館的使用者，因為他同時還在研修研究生的課程。這樣的角色轉換，讓他更多了一個角度來理解讀者的需要。

華偉在圖書館借書時，經常會碰到這樣的事情：花大量時間查閱編目卡，根據卡片上有限的介紹，選定需要的書，寫好紙條遞給服務台後的圖書館員，但等上大半天，把書拿出來一看，並不是自己真正想要的；然後重新查，再等上半天……運氣糟糕的話，這樣的過程甚至要重複幾次。大多數借書的讀者都會有類似的經歷，華偉琢磨著怎樣能夠真正方便讀者，當對書庫越來越熟悉之後，華偉想出一個辦法，他按照借書的條子，在找到指定的書籍的同時，盡可能在書架上找到相關內容的三、五本書，一起拿出來給讀者參考。有好多次，借書人都選了他拿出來的書，並滿意地謝他。方便

了讀者，華偉滿心歡喜，倒也沒覺得有什麼特別。

一天，華偉正忙著找書，忽然，擴音器傳來璐蕾娜‧卡洛克（Lorena Garloch）館長的聲音：「李華偉，我是卡洛克館長，我要跟你談談，請到我辦公室來。」卡洛克館長在大家眼裏是一位威嚴的館長，她對別人要求高，不苟言笑，館員們對她都有幾分懼怕。

華偉停下手裏的工作，有些緊張，不會是作錯了什麼事情，館長要炒我的魷魚吧？一起工作的學生們都知道館長的厲害，有人走上來，拍拍華偉的肩膀「嘿，華偉，小心呵，祝你好運！」圖書館的這份工作對華偉非常重要，是他的麵包和食物，他實在不希望發生什麼意外。不過他也暗自疑惑，炒魷魚也用不著館長親自動手吧！

事情出乎華偉意料，卡洛克館長和藹可親，她請華偉坐下來，放慢語速說：「我得到很多報告，說你不僅做事勤快，認真，而且還想出好的方法配合讀者的需要，我希望所有的館員都像你這麼做。」原來是華偉每次給讀者多取幾本書的事，他自己沒有在意，但已經有學生和教授在圖書館的意見箱裏，投入了他們對華偉的感謝，並建議圖書館採用類似的方法，為讀者節省借書時間。華偉心裏的石頭落了地。

館長繼續詢問，華偉說自己是研究生，平常使用圖書館比較多，遇到過類似的煩惱，每次多選幾本參考書給讀者，對他們一定會有幫助，順手而為，其實沒什麼。

卡洛克館長的目光變得柔和起來，「你是非常好的圖書館館員的材料，要不要作一個圖書館員？」

華偉更加意外：「館長，這個問題我沒想過，您覺得我能夠勝任館員的工作嗎？」

「圖書館最近得到聯邦政府的資助，要成立亞洲研究項目和收藏，現在還沒有合適的人來做，我想，你的中文特長正是我們需要的。我們剛剛開始了一個訓練館員的計畫，培訓優秀的館員，我認為你是非常合適的人選。」卡洛克館長很認真。

得知華偉正在讀教育系，已經是第三個學期，卡洛克館長好像

根本不介意他的學生身份，「好吧，如果你願意的話，我們會很快地雇用你為全職（full-time）的訓練館員，在圖書館工作，你當然可以完成教育系研究生的學位，完成之後，還可以繼續讀圖書館專業的碩士學位，我們來支付你的學費。」

館長的決定如此突然和快速，完全是華偉意料之外，他只是自然而然地做了一件小事，在華偉，是出自天性，他願意替別人著想，做事不惜力，多做一些，做好一些，做徹底一些。但正是這些，讓卡洛克館長看到了一個優秀圖書館員的潛質。命運對人的安排實在奇妙，一連串美好的結果，可能都來自最初的一個微小而善良的動因。

二

華偉的第一份全職工作是在匹茲堡大學圖書館編目部做學習館員，負責中文書籍的採購和編目。他的上司是一位在編目部工作了幾十年的老館員。老太太對華偉很耐心，但也保守固執，幾乎沒有任何創新的觀念，即使對自己並不瞭解的中文書籍，她也執意堅持自己的做法。開始的一段時間，華偉有些不適應，有時候甚至心裏不太服氣，但華偉對老館員非常尊敬。她訓練華偉做中國書籍方面的編目和採購，一板一眼，循規蹈矩，華偉也一直感激這位有點固執的老太太，正是她的刻板嚴格，給華偉打下了紮實基礎。

華偉在匹茲堡大學圖書館受到了專業而嚴格的訓練。卡洛克館長安排他每三個月換一個工作崗位。在圖書館所有部門的不同崗位上輪職，儘快熟悉圖書館的整體工作流程。

此時，華偉已經完成匹茲堡大學教育系的碩士學位，又開始在同一城市的卡內基・梅隆大學的圖書館學院，攻讀圖書館學碩士學位。卡內基圖書館學院的圖書館學系規模不大，但課程的設置以實用為主。他的教授莎娜・雯博士（Dr. Sarah Vann）對華偉的影響尤其深，她開了幾門實用的圖書館專業課，包括圖書館管理、圖書採購、編目、期刊、政府出版物管理等。課講得精彩，人也易於親近。得益於雯教授的傳授，以及匹茲堡大學圖書館的那位編目部

老館員的嚴格訓練，華偉的編目課成績一直是系裏最優秀的。甚至給圖書館系的主任都留下了深刻印象，以至於華偉畢業一段時間之後，系裏編目課程的教授臨時缺席，主任親自打電話邀請華偉回到學校代課。

雯教授是一位特別的教授，她同時還充當了學生們的職業規劃導師，她倡導的價值觀甚至比她教授的課程更加實用。畢業之際，她對學生們說，一定不要在同一個工作位置上停留過長時間，每過兩、三年最好換一個工作。換工作的標準，首先必須要升職，第二要加薪。雖然華偉起初並沒有完全領會她的畢業贈言，但有趣的是，在最初的圖書館生涯中，華偉的每一份工作都沒有超過三年，每次換工作都是升職和加薪，而且每次薪水都增長很多。他真正運用和實踐了雯教授的智慧，雯教授也似乎在無意中預言了華偉的職業發展。師生二人一直保持著聯繫，直到現在。老人家已經九十歲高齡，居住在夏威夷。

華偉和Mary結婚之後，搬到在小丘區（Hill District）的政府廉租公寓，在圖書館的一份全職工作，外加研究生必修的功課，生活變得忙碌不堪，每天要工作十六、七個小時。華偉開始嚴格地計畫自己的時間，調整自己，適應快速的節奏，像是一個集中進行密集訓練的運動員，他的身體和體能都不斷適應，承受力越來越強。這樣的節奏在後來一直持續，逐漸形成了華偉的生活方式。

與其他學生不同的是，華偉同時在圖書館工作，書本上的理論可以在實際工作中找到對應，他清楚自己所需要的，學以致用，目標明確。在工作中學習，在學習中兼顧實踐，特殊的學習方式，讓華偉對圖書館的瞭解深入而且靈活，在兩年的時間內，他完成了三年學制的圖書館專業課程。一九六一年夏天，華偉順利拿到圖書管理專業的研究生學位，受聘為匹茲堡大學圖書館正式館員，並升任圖書採購部第一助理。在美國圖書館系統中，採購部負責選書、買書，編目部負責把書籍進行編目整理，因而採購部和編目部是整個圖書館最核心的技術服務部門。華偉總是盡己所能地多做事，一如既往地謙和勤懇，同事們都願意與他共事。卡洛克館長不僅給了華

偉一個正式工作的機會，她還發掘出這位來自東方的年輕人，作為優秀圖書館員的潛質。

　　華偉是幸運的。上世紀六〇年代，美國大學快速膨脹，給大學圖書館提供了前所未有的發展機遇，到華偉完成圖書館研究生學位時，畢業生供不應求，班上每位同輩同學都接到至少兩、三個工作邀請。美國各地的東亞圖書館也紛紛建立，並得到政府的專項撥款，擴充藏書數量，擴大圖書館的規模，大量需求中、日、韓語言和文化背景的專業人才[1]。早年臺灣赴美的留學生中，不少人都借機轉學圖書館，開始在美國圖書館界尋找立足和奮鬥的機會，而華偉是他們中較早進入圖書館行業的。一個真正屬於他的未來已經悄然展開，而他也在不間斷地學習，為未來做好了準備。

　　不久，卡內基圖書館學院劃歸了匹茲堡大學，成為匹大圖書館學院，華偉決定繼續在匹大攻讀教育博士學位，並把教育管理和圖書館管理作為自己博士主修和副修的專業。

三

　　一年之後的一天，華偉意外地接到都肯大學（Duquesne University）圖書館梅肯（Eleanor McCann）館長的電話。他在電話裏說：「李華偉先生，您不認識我，我是都肯大學圖書館館長，聽說您在匹茲堡大學圖書館作得很好，是採購部的第一助理，我們現在有一個技術服務部主任的空缺，您願意到我們學校工作嗎？我們希望聘請您做技術服務部主任，兼管採購及編目的工作，薪水可以加百分之五十。」館長直接坦率，之前已經多方瞭解了華偉的情況。華偉放下電話，不自覺地想起了雯教授的話，在匹茲堡大學圖書館已經三年多的時間，也許應該換一份工作，嘗試新的機會。只是想到卡洛克館長對他的關照，一時之間難於開口。

　　過了數日，華偉還是決定找卡洛克館長談談，聽聽她的想法。敲開卡洛克館長辦公室的門，華偉坦率地講了自己的情況：「您一

---

[1]　錢存訓，《留美雜憶——六十年美國生活的回顧》。黃山書社，二〇〇八年。

直栽培我，我也做得不錯，現在我們鄰居大學圖書館的館長給我一個職位，聽起來是個不錯的機會，可是我不知道該不該去，想聽您的建議，您不同意的話，我就謝絕他們。」

卡洛克館長猶豫了一下，但她接下來的回答讓華偉吃驚，「華偉，作為你的館長，我非常不願意讓你離開現在的工作，但從你的角度考慮，還是應該去，這是難得的職業升遷機會。坦率地說，你在匹茲堡大學圖書館作採購部的第一助理，至少要等三年到五年，才有可能升成主任，再工作三年到五年，才有機會做到採購部和編目部主管的位置。對你來說，這並不是最快的路徑，你需要等待七、八年，甚至十年的時間。都肯大學圖書館雖然比較小，但可以有機會訓練自己，擔當更大的責任。」卡洛克館長還說，都肯大學圖書館館長是她的好朋友，她會再給他打電話，讓他知道，華偉是非常優秀的圖書館員。

卡洛克館長通情達理，面冷心熱，她的一番話讓華偉格外溫暖和感激。她是第一個認同華偉的才華的人，匹大圖書館給華偉提供了工作、培訓和發展的機會，而且給華偉完全自由的選擇。美國人尊重他人的機會，開放而且自由，卡洛克館長的理性和豁達就是很好的例子，她不僅沒有阻止華偉，反而鼓勵有加，令華偉一直心懷感激。

都肯大學在靠近匹茲堡市中心的地方，建立於一八七八年，是一所有近百年歷史的天主教私立大學。都肯大學圖書館規模不算大，華偉擔任圖書採購及編目部的總管，並兼任該館非洲特藏部主任，工作異常忙碌。都肯大學圖書館在當時只有不到四十位全職館員，華偉下屬的館員有十二、三位。

都肯大學圖書館非洲特藏在美國赫赫有名。最初的非洲收藏源於都肯大學的創始者——聖徒教父們（Holy Ghost Fathers），他們傳教的足跡曾經遍及非洲大陸，教父們對非洲文明和歷史的特殊興趣一直在都肯大學延續。一九五六年設立的非洲事務研究學院在天主教的大學中首屈一指，在全美大學中也是最早的五個非洲研究學院之一。

從一九六〇年起，美國聯邦政府的教育局（The United States Office of Education）每年都調撥專門款項，支援成立了「非洲語言及區域中心」（African Language and Area Center）。學院院長格勞斯米德博士（Dr. Geza Grosschmid）借助聯邦政府的資助，迅速擴大非洲事務研究學院規模，圖書館也因此得到大筆資金，專門用於搜集相關收藏，華偉到都肯大學一年之後，也就是一九六三年，都肯大學非洲收藏的書籍和期刊總量比一九六〇年增加了三倍，藏書達到四千五百卷，其他文獻資料一千多件，期刊二一七種[2]。特藏從原來重點的東非區域擴大到整個非洲大陸，內容也從語言、歷史、人類學、社會學、經濟學和傳教士的工作等擴大到方方面面，無所不包。

正如卡洛克館長說的，從匹茲堡大學圖書館採購部的第一助理到都肯大學圖書館技術服務部主任，華偉擔當的責任大不相同，他在一個小型但全面的環境當中，熟悉了所有的管理流程，從圖書採購、編目、上架，到培訓圖書館員，事無巨細，他經歷了自己職業生涯中重要的成長期。一切都開始得自然而然，進行得順風順水，他是館長親自從匹大「挖」過來的人，受到格外重視。館長全力支持華偉，而華偉的工作態度和能力也令她極為滿意。

在都肯大學圖書館工作的三年，華偉得到紮實而全面的礪練，為後來的職業生涯打下了深厚的基礎。其實就個性而言，華偉偏於內向。他在公共場合話不多，別人講話，他多半是傾聽的姿態，把講話的機會留給別人。但作為領導者，需要在各種場合講話，而且是用英文表達。華偉時常感到困難。他總是提前把要點寫下來，力求言之有理，言之有物，並預先在心裏復述幾遍，像讀書時在課堂上做彙報和演示一樣，提前做好充分準備，心裏才踏實。直到後來，已經習慣了在公共場合講演，華偉仍然保持著這樣的習慣，如此難得的礪練，強迫性地改變了他內向的性格。在華偉看來，性格內向也有難得的優勢，做事不能只靠講話，話講得太多，難免給人

2　Hwa-wei Lee, "Africana—A Special Collection at Duquesne University." *The Catholic Library World*, V.35, No. 4 (December 1963), pp. 209-211.

誇誇其談的印象，言多必失。當然應該講話的時候，一定不可以錯過，分寸得體是關鍵。

對行政管理工作，華偉慢慢領悟到：領導者之與一個機構，其行為方式，見識水平關乎整個機構的發展，出色的領導者必須首先具有強大的實力，中國文化中的「修身、齊家、治國、平天下」講的就是這個道理。他不放過任何一個學習和成長的機會，如同一棵大樹，枝葉伸展向上，吸收陽光、空氣、雨水的精華，根系錯綜向下，汲取土壤的養分。

第八章　初試鋒芒

在一定程度上，每個圖書館館長都是建築師。他要創造一種
整體效果，使讀者找到一條路，發現自己，生活下去。

——法國巴黎蓬皮杜中心圖書館館長
蜜雪兒‧梅洛（Michel Melot）

一

　　華偉和Mary的生活日漸忙碌，他們的三個孩子雪麗（Shirley）、
詹姆斯（James）和潘穆拉（Pamela）相繼出生。Mary喜歡孩子，
她甚至希望有十二個孩子，擁有一個真正的大家庭。華偉也喜歡孩
子，他是一個溫和而耐心的父親。孩子們都喜歡纏著他。晚上，華
偉經常把孩子抱在懷裏，一邊走著，一邊拍著、晃著、搖著，直到
孩子睡熟了，再把他們放到床上去。但對華偉而言，一天並沒有結
束，工作和功課忙起來，他甚至會熬上一個通宵，凌晨時分打個盹
兒，精神又來了。

　　都肯大學圖書館的工作越來越熟悉，每天要忙的事情具體
而瑣碎，但華偉已經遊刃有餘。他可以管理好自己的時間，應對
博士生的學習。他的教育博士的學位主修課程包括教育基礎學
（foundations of education），涉及面廣，主要有教育史、教育行
政、教材與教法、教育心理學、比較教育、教育統計、和教育研究
等，而這幾個方面的研究都對圖書館管理極有幫助。圖書館是大學
的心臟，大學圖書館重要的功能是為教學提供必要的輔助和服務。

學生要讀書、寫論文，教授要教學和做研究，他們無一例外地都要從圖書館找到需要的資訊和知識。圖書館的管理人員對教育理論和實踐的瞭解顯然格外重要。

潛意識當中，華偉一直覺得自己要比美國人付出多倍的努力，才有可能在完全不同的文化中紮根立足。美國雖然沒有擺脫種族歧視的陰影，但只要自己具備足夠的實力，有能力把事情做得漂亮，美國人最終會服氣。美國的移民文化具有強大的包容性，尊重有夢想，肯於奮鬥的人。華偉不知疲倦地學習和工作，他不失時機地積累能量，等待機會。

從上世紀五十年代末起，美國的大學開始了前所未有的變化和擴展。一九五七年，前蘇聯成功發射第一顆人造衛星，這顆飛向宇宙的衛星引發了美國人的擔憂，聯邦政府開始以「教育與國家安全密切相關」的思想引導高等教育，美國國會通過了《一九五八年國防教育法》，它可以稱得上是「美國教育史上劃時代的文獻」，對刺激自然科學的發展產生了巨大而深遠的影響。聯邦政府設立基金為研究生及其研究項目提供資助，為學生提供聯邦擔保貸款。隨後的《經濟機會法》（一九六四年），聯邦政府設立聯邦基金，撥款給州政府，再經由州政府向大學撥款，實行勤工儉學計畫，保證困難的學生及時得到經濟資助。該項法案的直接結果是美國大學入學率激增，更多的人因此獲得了受教育的權利，高等教育成為大眾教育而不僅僅是精英教育[1]。

一九六五年國會通過的《高等教育法》把林登・貝恩斯・詹森（Lyndon Johnson）總統的「偉大社會綱領」推向極致，法案的第二章批准，向全國的大學注入聯邦經費，此後十七年間，數以億計的美元用於興建圖書館，購置新書籍，實現新計畫，這樣的局面一直持續到羅奈爾德・威爾遜・雷根（Ronald Wilson Reagan）總統當政為止[2]。

[1] 尼古拉斯・A. 巴斯貝恩 （Nicholas A. Basbanes）《永恆的圖書館─堅韌與剛毅之二》（Patience & Fortitude: A Roving Chronicle of Book People, Book Places, and Book Culture）。楊傳緯譯，世紀出版集團，上海人民出版社，二〇一一年，第八十二頁。

[2] 尼古拉斯・A. 巴斯貝恩 （Nicholas A. Basbanes）《永恆的圖書館─堅韌與剛毅之二》（Patience & Fortitude: A Roving Chronicle of Book People, Book Places, and Book Culture）。楊傳緯譯，世紀出版集團，上海人民出版社，二〇一一年，第八十二頁。

華偉正是在一九六五年完成了匹茲堡大學教育和圖書館專業的博士學位。這一年，賓夕法尼亞州愛丁堡州立學院的湯瑪斯・米勒（Thomas Miller）校長打電話到匹茲堡大學教育系，他要為圖書館招聘一位副館長，具有博士學位是首要標準。華偉的博士導師當即推薦了自己最器重的學生，並對米勒校長說，「我的學生非常好，他在都肯大學做採編部主任，經驗和學歷都合適，他是我教過的最出色的學生之一，我相信他可以走得很遠。」

　　當時的愛丁堡州立學院（Edinboro State College），正在規劃升級為賓州愛丁堡大學（Edinboro University of Pennsylvania），校長和州政府教育機構都急於將其提升為夠水平的大學。根據當時的統計數位，全校教職員中擁有博士學位的比例不足百分之二十，要提升學校品質，這個比例至少應該達到百分之五十以上，因此有任何的職務空缺出來，招聘都優先考慮有博士學位的候選人。而華偉此時剛好獲得了匹茲堡大學教育系的博士學位，只是他在圖書館方面的資歷尚淺，但有了導師的舉薦，華偉決定大膽嘗試一下。

　　他撥通了米勒校長的電話，開車趕到愛丁堡，與學校人事部門的負責人、圖書館館長和米勒校長面談。幾乎是一見面，校長就喜歡上這位穩重自信的年輕人，尤其是他一直掛在嘴邊的謙和的微笑，平靜而且堅定。米勒校長親自帶華偉去看圖書館，他坦率地說，愛丁堡州立學院圖書館現有的空缺是副館長，現任圖書館館長將在第二年退休，他希望華偉到時候能夠擔當起館長的責任。華偉當然明白，愛丁堡州立學院正值用人之際，他在圖書館的行政管理上的經歷並不深厚，博士學位給他加了分，他必須抓住這個機會。

　　開車趕回匹茲堡的路上，兩旁的樹木飛快地閃進車後的暮色裏，夜色已深，華偉毫無倦意，他要儘快回到自己的家，把好消息告訴Mary。在華偉到美國後的第八年，在他三十四歲的時候，已經完成了兩個碩士學位和一個博士學位，而他在圖書館行業中也已經嶄露頭角，初試鋒芒，快速成為高層行政管理人員，對一位華人圖書館館員而言，實屬難得。

一切都仿佛在意料之外，又都在情理之中，因為沒有任何一個人像華偉那麼勤奮努力。天道酬勤，機遇會在人生特定的時刻光顧，而它只青睞做好了準備的人。華偉在清冷的夜色裏笑著，笑得情不自禁。不知道是巧合還是命運，華偉再次想起雯教授的話，他在都肯大學圖書館又是剛剛做滿了三年時間。從匹茲堡大學到都肯大學，再到愛丁堡大學，六年的時間，他快速完成了兩次升級，兩個跳躍，跳得穩健而且完美。

　　像是對過去所有苦難的補償，命運此時顯得格外慷慨，它為華偉設定了異常快捷的軌跡，華偉最初的人生宏願是做一位中學校長，但他使命要遠不止於此。實際上，他的潛力是無限的，他漸漸感受到自己將成為更大的格局中的一部分。他的博士導師已經看到了他的潛力，導師是對的，華偉可以走得很遠。

二

　　愛丁堡州立學院坐落於賓州西北部的愛丁堡鎮（Edinboro, Pennsylvania）。早年鎮上的居民多是蘇格蘭移民，很多街道、建築和學校的名字都來源於他們的家鄉——愛丁堡古城。居民們至今保持了蘇格蘭的傳統，每年一度的「蘇格蘭高地節」（Highland Games）是鎮上最狂熱的節日，蘇格蘭民族自由奔放，能歌善舞，節日裏有各種傳統的高地運動比賽，蘇格蘭歌舞和風笛表演，一直要持續三天。愛丁堡大學的蘇格蘭風笛樂隊在鎮上頗有名氣，樂隊的風笛手、鼓手身著蘇格蘭傳統裙裝，風笛奏出自由無畏的蘇格蘭風情，令人回歸到遙遠的牧人小屋，野草無垠的大地，回歸到人類自由的精神家園。

　　紅磚建築，綠地茵茵，愛丁堡州立學院的校園美麗而寧靜。校園距離北美洲五大湖的伊利湖只有十幾公里，伊利湖湖面寬闊，一望無際，與其說是湖，不如說它更像是一片無邊的海，夏日是最快樂的時光，鎮上的人們聚到湖畔享受陽光和湖水[3]。

---

[3]　愛丁堡大學網址：http://en.wikipedia.org/wiki/Edinboro_University

李華偉博士從一九六五年秋季起，開始擔任愛丁堡州立學院圖書館的副館長。學校圖書館建築已然老舊，所有空間都擠滿書籍。為使學校順利升級，州政府承諾出資興建新的圖書館，這成為華偉博士上任後的第一件大事。他以副館長的身份，組織成立一個四人設計小組。其實包括他本人在內，大家都沒有搞圖書館工程建築的經驗，無論是在圖書館學的研究上或者在以往的工作當中，華偉還從來沒有機會從建築的角度來理解一座圖書館，而這樣獨特的經歷，對華偉來說，無疑是一份得天獨厚的禮物。經過了仔細調研，及參考了大量有關的書刊資料，還參觀了當時幾所比較有名的圖書館，李華偉博士領導的設計小組很快地提出了一個詳細的計畫書。

實際上，圖書館在空間上的設計格外重要。保存圖書的空間改變著讀者與書籍的關係。讀者坐在一間圓形還是方形的閱覽室裏，它的天花板是低還是高，讀書的感覺是不同的。當讀者埋頭於書堆中的時候，閱讀的氣氛受到閱覽室內環境的肯定和否定。書架的遠近，架上書本擁擠或稀少，光線的強弱，甚至不同的觸覺和氣味都會產生各種影響[4]。諸多因素對讀者是隱形的，但不同的組合產生的效果完全不同。

圖書館建築具有很強的專業性和特殊功能。所有的設計都必須圍繞著書籍，讀者要利用書籍，工作人員要管理書籍。因而，在建築計畫中，圖書館藏書量的預期增長率成為一個重要的考量元素，它決定了圖書館大樓的面積，書庫空間、讀者閱讀空間、館員工作空間是按照什麼樣的比例進行分配。同時，圖書館的流程也必須合理地融入其中，通過設計上的佈局體現出來，比如，一本書，從買進來，在什麼地方下車，進入圖書館之後，經過什麼樣的流程進入編目部，流程怎樣才是最合理和有效率的？不同類型的書庫佔有多大的面積？讀者閱讀空間設計多少個座位是最合適的？館員根據不

---

[4] 尼古拉斯・A. 巴斯貝恩 （Nicholas A. Basbanes）《永恆的圖書館—堅韌與剛毅之二》（Patience & Fortitude: A Roving Chronicle of Book People, Book Places, and Book Culture）。楊傳緯譯，世紀出版集團，上海人民出版社，二○一一年，第八十二頁。

同的工作職責和職位，需要各自分配多大的空間？館員需要和哪些部門的人員發生聯繫和交流，分別安置在圖書館的那個位置上最為方便？等等。每個具體的設計都要合理，除了基本的技術特性和合理性以外，每個設計的背後都蘊含了圖書館獨特的運營流程和理念，同時也要前瞻性地相容圖書館未來幾十年的發展。讓每位讀者和圖書館工作人員感覺到方便和舒適，對設計者既是專業經驗的挑戰又是智慧的挑戰。

李華偉博士出色的學習能力，以及他性格當中的認真和務實，使得他能夠在設計和管理過程中，不放過任何細節，而且把足夠多的關注放在讀者和館員身上。讀者服務區是圖書館的核心，除去圖書館一層設有一個大型的讀者服務區外，面積不同的此類服務區還需要分散在建築的各個樓層，以方便讀者借書和還書。藏書區需要合理佈局，使用頻次多的書要安排在較低樓層，使用頻次少的多是安排在高的樓層。館員的工作空間必須與其他兩個空間有效配比。三個區域相互交錯，在空間佈局上根據特定的功能區劃，來實現圖書館的要求。

毫無意外，小組的設計得到學校高度認可。除去例行的會議，召集各方面的人員控制工程進度和預算，李華偉博士經常在上班或下班的途中繞道工地，看著新的圖書館大樓地基動工，如同一個農人面對著自家的莊稼，心裏滿是期待。他享受把頭腦中或圖紙上的想法創造出來的過程。從無到有地建造和完成一幢建築，令人著迷，他曾經的理想是讀臺灣大學的土木工程系，大概他的確有做建築師的潛能，只是當年臺灣大學工學院與他無緣。

可惜的是，李博士在愛丁堡州立學院只工作了三年的時間，新圖書館落成之際，他已經遠在泰國。但在愛丁堡州立學院圖書館的經驗幾乎把他變成了專家，後來設計和建築泰國曼谷亞洲理工學院圖書館時，華偉博士已經是信心十足的行家熟手，亞洲理工學院的圖書館新址成為令他驕傲的作品。

一九六六年，老館長退休，華偉順利晉升為愛丁堡州立學院圖書館館長。在當時的美國圖書館界，已經有幾位華裔前輩擔任大學

裏的東亞圖書館館長，主要偏重在亞洲語言和文化方面的優勢。而擔任大學圖書館總館館長的，李華偉博士是華裔第一人。他的教育背景、知識結構和管理風格，已經超越了他作為華裔所具備的優勢和弱勢，被美國圖書館界的同仁所認同。

三

李華偉博士一直認為，他在愛丁堡州立學院圖書館擔任副館長和館長，對他的職業生涯而言是一段重要的經歷。他雖然晉升到圖書館高層行政管理人員，但資歷尚淺，自信心不足。如何管理圖書館，如何管理人，如何做事情，都是他學習和體驗的範疇。他必須快速增加行業經驗和行政管理經驗。很現實的考慮是，他必須在一個現成的體系當中，循規蹈矩，謹慎行事，旁人對他的期待在於，要看看這個外國人有什麼本事把一切做好，而不是做創新的事情。對於三十幾歲的年輕人來說，華偉博士更願意嘗試新的做法，這樣的機會很快就到來了，甚至比他想像得還要快。

一九六八年初夏，愛丁堡州立學院舉辦一年一度的學生畢業典禮，來校演講的嘉賓包括一位來自美國國務院的高級官員，他講演的題目是國際教育（International Education）。典禮結束後，校方宴請答謝，作為學校唯一的國際行政人員，李華偉博士被邀請出席作陪。席間談到國際教育的經驗和實踐，正是李博士的專長，他的見解新鮮獨道，令嘉賓印象深刻，賓主談興漸高。這位國務院官員得知李博士是圖書館館長，顯得格外有興趣，很直接地問：「我們在泰國有一個援外項目正要啟動，現在就缺一位圖書館館長，你願不願意去？」華偉覺得意外，旁邊的米勒校長也是一副吃驚的表情。華偉想了一下，回答說：「我想如果校長允許我請假一年的話，我很願意去泰國，這的確是一個非常好的機會。」

礙著國務院官員的面子，校長不好反對。更何況李博士並沒有說要離開愛丁堡州立學院，校長笑笑說，「好吧，華偉，你去吧，圖書館館長的職位給你留著，我想我會去泰國看你，到時候你要好好接待我。」

又是一次機緣巧合，此時，李華偉博士在愛丁堡州立學院正好工作了三年，他的幸運似乎都與「三年」相關，那是雯教授當年給學生們的人生贈言。

華偉和Mary到愛丁堡鎮之後，生活有了不小的改觀，華偉的薪水差不多又翻了一番。他們在郊外買了房子，愛德華（Edward）和查理斯（Charles）相繼出生，孩子們年齡相差不大，五個孩子的家，熱鬧得如同一個幼稚園，Mary一個人照顧七口之家，忙得不亦樂乎，再也不提要十二個孩子的事情了。郊外的景色真美，週末和假期，華偉經常開車帶著全家人到伊利湖（Lake Erie）邊玩。

美中不足是Mary不喜歡愛丁堡的氣候，愛丁堡靠近北美五大湖之一的伊利湖（Lake Erie），剛好在北美的下雪帶上，冬天非常冷，加拿大的寒流從北面來，掠過伊利湖把潮濕的空氣變成雪，下在了湖的南面，每年的十一月開始直到第二年的四月，差不多六個月的時間都在下雪，有時候雪甚至下得跟屋頂一樣高，平常日子，積雪經常有靴子那麼厚。度過冬天成了棘手的難題，Mary和五個孩子整個冬天都待在家裏。因為不能到戶外活動，孩子們不停地生病，先是五個孩子同時得了麻疹，因為他們接種的麻疹疫苗的主要成分是伽馬球蛋白，疫苗是過時的，起不到預防的作用。而後他們又一起出水痘，然後是病毒性氣管炎，情況很糟糕，冬天成了Mary最焦頭爛額的季節。

華偉擔心Mary對泰國不感興趣，他想跟Mary商量一下，沒想到Mary聽了華偉的想法，只問了一個的問題，泰國的氣候怎樣？華偉說：「很熱，但肯定比愛丁堡好得多！」她馬上回答道：「那好吧，我們什麼時候可以去？」

在正式拿到泰國亞洲理工學院的職位之前，李華偉博士還必須接受科羅拉多州立大學（Colorado State University）國際外援項目主管的面試。因為項目主管正要出國，可以途經伊利國際機場（Erie International Airport），面試地點戲劇性地確定在機場。專案主管還特意邀請李華偉博士的家人一起見面。

李博士和Mary帶著五個孩子到了機場，他們明顯有點狼狽，因

為孩子們好奇地到處跑，華偉囑咐Mary看好孩子們。專案主管只是簡單地跟華偉博士談了幾句，就與Mary聊起來，他告訴Mary泰國的情況，說泰國的氣候非常炎熱，而且到處都可能有難聞的味道。他強調說，有些外援人員的妻子無法適應泰國，尤其不能忍受難聞的味道，後來選擇離開。Mary開玩笑地回答說，「給五個孩子換過尿布的媽媽，還有什麼味道是受不了的！」

專案主管忍不住笑起來，他對Mary的回答非常滿意。一個月之後，華偉博士全家的簽證、護照一切就緒，等待即將開始的泰國之行。李華偉博士在一九六八年六月接到正式的工作邀請，到八月份的時候，他們全家就已經在泰國了。

有機會離開愛丁堡鎮，Mary真是求之不得。Mary是第一次到美國以外的國家，這之前她幾乎沒有離開過賓州。而現在，他們全家人直接到了地球另一面，一個陌生的國家，與愛丁堡相比，泰國的熱帶風光等於是天堂。孩子四季都有新鮮的水果吃，整天都在戶外玩鬧，Mary再不用擔心他們會生病。

四

李華偉博士是早期留美學生中的幸運者，他慶幸自己在誤打誤撞進入圖書館行業之後，及時確立了目標，從此心無旁騖，堅韌執著。實際上，上世紀五十到六十年代，臺灣有一批非常優秀的學生到美國留學，與後來八十年代大陸出現的留學潮相似。由於經濟、政治的原因，再加上中西文化的巨大差異，絕大多數留學生們都經歷了心志和體膚的雙重磨礪，其中有人挺過來了，也有的人從此沉淪下去。

陳慧是李博士讀大學時最要好的朋友之一，曾經就讀師大中文系，才華橫溢，是師大出名的才子，當年在學校辦報刊頗有名氣。雖然他們倆人學習不同的專業，脾氣性情大相徑庭，但他們彼此欣賞、相互信賴，情同手足。

李博士赴美國留學時，陳慧到新加坡教書，後又轉到美國求學。李華偉博士曾幫忙介紹他讀圖書館專業，但陳慧的興趣不在圖

書館，沒有完成學位就中途放棄了。由於生活壓力大，才華又找不到用武之地，陳慧後來不得不到紐約中餐館去做服務生，賺錢求生。時間長了，在紐約那樣一個冷漠勢利的都市，整天待在餐館那樣的環境裏，一個心高氣傲的才子，根本無法跟周圍的人相處。陳慧後來得了精神分裂症，出現幻聽的症狀，總覺得所有的人都要害他，還染上了毒癮。

華偉博士勸他回臺灣發展，但陳慧覺得沒臉面回去。美國曾經是那一代臺灣青年人奮鬥的夢想，陳慧不會選擇放棄美國，他選擇了一個光芒的夢想，就像一個選擇過河的卒子，沒有歸路。一天，華偉博士接到陳慧的電話：「華偉，你趕快到紐約來吧，我想自殺。我好幾次想自殺，可是每次想到你還在奮鬥，你一直在幫我的忙，我如果現在走掉，沒有在美國留下來奮鬥。就太對不起你了。」此時在愛丁堡州立學院圖書館做館長的華偉博士，正是最忙的時候。華偉只好請他在紐約念書的妹妹華宙趕去看望陳慧。華宙和她的丈夫趕到陳慧的住處，無人在家，等了三個小時後報警把門踹開，房間裏空無一人，淩亂不堪⋯⋯過了一會兒，陳慧終於回來了，華宙把他帶回自己家的公寓，並給他煮飯吃，看陳慧情緒平靜了，華宙打電話給華偉博士，讓他放心。

但沒有想到的是，陳慧還是選擇了自殺。第二天上午十時，紐約洛克菲勒中心的RCA大廈（後改名為GE大廈）第四十五層樓上，陳慧從一個敞開的視窗跳下去，像秋天當中的一片葉子⋯⋯陳慧的身體在墜落的過程中被空中的電線切割得一塊塊，四分五裂，他光著腳，據說後來在那個窗口找到了他的鞋子。繁華的紐約城一如既往，冷漠而且忙碌，一個來自異國的青年的幻滅很快被它的喧鬧吞沒，甚至不曾留下任何痕跡。

那是一九六七年十一月六日，陳慧的離去實在令李華偉博士痛心不已，一直難於接受和面對，就在一年前的秋天，陳慧還寫過兩首詩寄給他。

（一）無題

撒大好陽光滾滾塵沙，
人生能有幾回忍情的豪賭，
輸定年華，銼鈍多少棱骨？！

偶撿得，幾粒參悟，一葉悲壯，
敏感如含羞草，亦恒介乎，
堅忍與麻木。

匆匆，為趕路，也為和，
時間賽跑，
塵沙滾滾中，路路都如旋螺。
正午已過，陽光大好。

（二）寫在時間如漩之夜

過去未來，如風吹落葉，
在這沒有秋季的秋夜，
飄蕩的如雪，翻卷的飛沙走石。

臺北，新加坡，愈來愈遠了，
時間真像流水；
故鄉，童年，更是渺邈不可見，
極目望去，幾如神話。

　　陳慧辭世前的幾天還寄過一首詩給華偉，等華偉收到時，人已經走掉了。那是他給世界的道別，也是和友人的道別。

現在低陷，而復浮凸起來，在汪洋的時空大海，

我，赤足的魯賓遜，奔逐於這汪洋的孤島。

浩浩乎時空無涯，縱橫聚散，

此古戰場也，自有人類以來，

孤獨如生，寂寞如死，

風從古老處吹來，往渺茫處吹去。

今夜，

記憶不寐，感情哭泣，意志憤怒，

我但仰臥風潮，不數蕭瑟！

　　孤獨如生，寂寞如死，記憶不寐，感情哭泣，華偉整理著多年來和陳慧相處的記憶，心痛如割。他寫悼文送別好友，此文發表在留美中國同學聯合會主辦的季刊《聯合》雜誌上。當時在臺灣的很多同學並不瞭解陳慧的遭遇。

　　「與陳慧曾在臺灣師大同學四年，雖非同系，但彼此過往甚密，對其卓越才華與詩人稟賦，素表欽佩。在同學中，他以思想敏銳與情感豐富見稱，是一位易受感情支配的人……」

　　「從詩裏我們可以看出他年來的處境與心情是相當苦澀的。但這並不僅是他一人的不幸遭遇；在留學生中，除了少數幸運兒之外，都多多少少嘗過若干折磨的滋味，能夠艱苦奮鬥有所成就者，究竟不多。」

　　「課業加打工，精疲力竭；卒子過河，有進無退；政府機構，請多照顧。」

第九章　泰國七年

無論你在哪裏挖掘，都能找到寶藏，但你必須帶著農民的虔
誠去挖掘。

——《沙與沫》
（黎巴嫩）卡里·紀伯倫 （Kahlil Gibran）

一

　　泰國在東南亞是一個舉足輕重的國家。第二次世界大戰以後，
泰國成為美國在東南亞中南半島（舊稱印度支那半島）上的主要軍
事盟國。一九六八年盛夏時節，李華偉博士全家來到泰國的首都和
最大的城市——曼谷。而此時，位於中南半島最東部的國家——北
越，正與美國交戰，戰爭不斷升級之後，進入膠著狀態。

　　上世紀六十年代，在美國和前蘇聯的冷戰對峙格局中，美國艾
森豪（Dwight David Eisenhower）總統將東南亞看成冷戰中潛在的
關鍵戰場。美國對遠在九千多公里之外的北越開戰，援助南越吳廷
琰政府，爭奪越南全境的控制權。以美國為首的資本主義陣營，寄
期望於行諸武力，遏制亞洲不斷擴張的共產主義勢力[1]。但越南戰爭
並不如美國人預想得那般順利，在那片到處是稻田和茂密叢林的原
始土地上，美國士兵付出了慘重的代價。美國政府面臨的局面也越
來越困難和複雜，越戰已經拖得太久了，從一九六四年開始，美國

---

[1] http://zh.wikipedia.org/wiki

民眾對越戰的失望情緒不斷蔓延。小規模的反戰運動從大學校園發起，愈演愈烈，到六十年代末期，已經發展到全美國範圍內的反越戰運動，左派、右派均對當時的林登‧詹森（Lyndon Johnson）總統展開攻擊，美國報紙也多數不支持越戰。

為了爭取有利地位，使越南戰局有轉機，詹森總統提出要保護越南的米倉——湄公河三角洲。湄公河是東南亞最大的河流，發源於中國唐古喇山的東北坡，河流的下游流經老撾、泰國、柬埔寨與越南。事實上，此前為培養大批的專業人才，聯合國發展項目曾經將當地年輕人派往美國和歐洲學習工程，但學成之後，多數人留在了西方；即使學成歸來，所學知識大多與本地的實際脫節，不能很快學以致用。泰國亞洲理工學院（Asian Institute of Technology，簡稱AIT）的創建正是基於培養和儲備本地工程技術人才，是開放湄公河的戰略需要之一。

美國把建立亞洲理工學院（AIT）作為國際援外專案，聯合英國、德國、法國、加拿大，澳大利亞，日本等國家共同參加。美國援外總署在美國選了十三位學者和專家，其中不乏麻省理工學院、耶魯大學、康奈爾大學等一流名校的知名教授。李華偉博士正是其中之一，主要負責圖書館。英國也選送了十三位，另外還有日本東京理工大學、澳大利亞的著名教授。英國曾經在東南亞多國建立過殖民地，比如緬甸、高棉、馬來西亞過去都是英殖民地，越南是法國的殖民地，菲律賓是美國殖民地。雖然二戰之後，東南亞國家贏得了獨立，但曾經的殖民者仍然希望持續其影響力，或者在日後新的世界市場上先行佈局。創建AIT，他們都樂於加入，出錢出力。拋開種種複雜的政治和軍事因素，AIT其實是最大的受益者，從AIT畢業的眾多學生日後都成了亞洲國家的中樑砥柱。

亞洲理工學院（AIT）始創於一九五九年。它的前身是東南亞公約組織工程研究所。李博士剛到泰國時，學校還在改制，規模相當有限，校舍和教學樓暫時借用泰國國立朱拉隆功大學（Chulalongkorn University），是建在學校中的學校。國立朱拉隆功大學是泰國第一所大學，一九一七年由泰國曼谷王朝第五代國王

朱拉隆功創建。他是泰國歷史上一位偉大的君王，學校以他的名字命名。從一八六八年到一九一九年，他在位的將近半個世紀中，亞洲一直是歐洲強國征服和掠奪的目標，朱拉隆功國王發動了自強求富的現代化改革，其影響僅次於日本的明治維新，堪稱亞太諸國中的典範。泰國一直是西方國家眼中的肥肉，但朱拉隆功國王以高超的外交手段，一直維護國家獨立，使得泰國成為東南亞唯一的主權國家，沒有淪為任何一個西方國家的殖民地。

AIT是研究生院，只招收碩士研究生和博士生。建校初期，資金充裕，美國、英國、加拿大、德國、澳大利亞、日本等二十三個國家分別提供資金援助。援助的形式多種多樣，首先是派遣教職員，他們的工資和福利由派遣國的政府承擔。比如，李博士受僱於美國政府，薪水福利全部由美國政府支付。第二是提供獎學金，每份獎學金數額八千五百美金，其中七千美金是學雜費，其餘為學生生活費。實際上，學費部分直接投入到學校經費的使用中，學生在AIT求學不用自己花錢，確保可以吸收到亞洲所有國家的優秀學生資源，優中選優。第三是捐贈教學樓、教學儀器和設備。在AIT校園中，到處可以看到不同國家捐贈的建築物。比如，紐西蘭政府出錢給教授們建了十棟房子作為專用公寓。

李博士到任之時，AIT有大概有五百名左右的學生，學校也只是臨時的一棟教學樓。這時的圖書館，面積比不上愛丁堡州立學院圖書館，它甚至不是一幢獨立的建築，而只是建在朱拉隆功大學一幢教學樓的一層和二層。當時AIT雖然已經得到泰國政府特批的土地，但新校園還在設計及建造之中。三年之後，AIT才從朱拉隆功大學校園區搬到屬於自己的新校園。

新校園建在曼谷北郊，距離曼谷城大約二十公里的公路旁邊。這裏原來是一片農田，泰國政府徵用了這片地區，建造成大學區。泰國氣候潮濕，溪流、河道密佈，主要交通都是在水上。按照校園的設計，當地人先行改變河道，疏竣水流後再填土，用人力造出結實的地面來，再植草種樹。熱帶地方植物生長快速，沒過多少時候，已經滿眼鬱鬱蔥蔥了。校園遍地鮮花，可以接二連三地開滿一

整年。校園順著河道、湖泊的自然走勢而建，保留了部分原有的水系，蜿蜒澄澈的溪流河道遍佈校園。學校的建築風格不同與泰國，很像美國的校園。

新校區的圖書館發展極為迅速，此時AIT已經開始招收博士學生，配合學術和科學研究的升級，對圖書館的收藏有更專業的要求。得益於各國家的捐贈，AIT圖書館收集了不同國家，門類眾多的工程資料和文件，工程方面的收藏在亞太地區名聲顯赫，雖然規模不大，但專業性強，所謂小而精，特色收藏堪稱一流。

二

李博士算是美國「捐贈」的館長，副館長由英國派出，其他圖書館人員都是泰國本土人。李博士還記得第一次與圖書館本地同事見面的情形。那天，副校長帶他來到館長辦公室，請每一位同事進來，給他做介紹。讓李博士大吃一驚的是：他們每個人都是跪在地上，爬著進來的！這樣的見面禮儀令李博士大為不安，他馬上去扶他們起來，請在對面坐下。他們在和李博士講話的時候，頭一直低著。李博士後來知道，泰國人在對人表示尊敬時，頭不可以超過對方的肩膀，李博士當時坐在座位上，他們就只好跪著，而當他站起來時，他們也必須低著頭表示恭敬。

泰國當地人對華人很友好，館員們得知李博士是來自美國的華裔，都非常高興。圖書館最初有七、八位員工，到新的校園建成之後，圖書館規模擴充了幾倍，工作人員也發展到二十幾位。

泰國是個福地，整年陽光普照，氣溫都差不多在華氏九十度左右，李家的孩子們根本不會著涼或是得流感。李博士和其他AIT援外專家都住在專用的公寓裏，每家都有花園，有傭人和廚師！孩子們上國際學校，那時候，在泰國居住著十幾萬美國人，有多個設施完備的美國社區，國際學校全盛時期達到六千人，應該算得上當時全球最大的國際學校了。

整天開放的露天游泳池，簡直是李家孩子們的天堂。他們整天泡在游泳池裏，或者穿著游泳衣，跑進跑出，全身曬得棕黑，快

樂得如同叢林裏的一群小動物。家裏有傭人照顧孩子，煮飯、做家務，Mary成了幸福的女主人。在一個陌生又嶄新的國度裏，她的生活與美國天差地別。泰國的生活節奏慢，男人們每天晚上五點鐘下班，可以準時回家而用不著加班，也從來不必把多餘的工作帶回到家裏。華偉回家之後的時間完全屬於Mary和孩子們，全家一起出去吃飯，看電影，或者去旅遊。Mary很開心，她甚至對華偉博士說，「我們不回美國，就在這裏住下來好了！」

Mary無意中一句話，預言了李家此後七年在泰國的生活。李博士最初只是與亞洲理工學院簽約一年，他甚至承諾過一年之後回到美國，繼續做愛丁堡州立學院圖書館館長，但亞洲理工學院最終還是留住了他，亦或是泰國留住了他。此後他每兩年續簽一次合同，直到一九七五年越戰終結，援外的項目結束，全家人才返回美國。

大概是受到了泰國政府的特別關照，AIT的國際專家和學者們都成為泰國皇家運動俱樂部（Royal Sports Club）的會員。皇家運動俱樂部經營賽馬生意，大受歡迎，要成為俱樂部會員據說還必須經過考察，需要等待差不多兩年的時間。俱樂部裏的餐廳、游泳池、高爾夫球場堪稱一流，週末時光，孩子們游泳，大人們聚餐，舒適愜意。曼谷還有美國軍官俱樂部，會員享有特權，可以在美軍基地美國政府辦的P.S.免稅商場購物，那裏滿是從美國本土批發來的商品，走進P.S.商場就如同回到美國一般，生活所需應有盡有，漢堡、香煙、紅酒，琳琅滿目，甚至美國出產的汽車都可以買到。更難得是，軍官俱樂部時常會有來自美國的明星表演，在美國見不到的明星，竟可以在泰國的美軍基地見到。

每逢長假期，李博士就帶著全家人，從曼谷開車一、兩個小時，到芭堤雅（Pattaya）海灘度假。七十年代，泰國公路不好，但絲毫不會影響人們度假的熱情。芭堤雅的夜晚最美，涼爽的海風與佛羅里達海灘有幾分相似。與芭堤雅的美景同樣著名的是性市場。美軍在越南打仗，泰國是美軍度假區，另外還有來自歐洲國家的遊客，泰國被稱為R&R，休息和娛樂（Rest and Recreation）的場所。 泰式按摩是泰國又一特色，很多按摩店同時也是性交易的

場所，繁華區域走幾步便是一家按摩店，密集的程度不亞於香港的餐廳。

　　在泰國，李博士一家也同時享受到美國派往海外人員的所有特權。每隔兩年，李博士就可以享受一次三個月的探親假（home leave），可以帶著全家回美國度假。從泰國返回匹茲堡，剛好環繞地球一半，他們可以選擇走東半球或者西半球，李博士和Mary每次都提前做好周密計畫，乘坐泛美（Pan-American）航空公司的環球班機，每一站都下來，在當地停留遊玩一個星期。七年當中，李博士有三個這樣的假期，他和Mary帶著孩子們，幾乎走遍了世界所有著名的城市，像倫敦、新德里、伊斯蘭堡、羅馬、雅典、佛蘭克福、巴黎、孟買、東京，夏威夷等等。每次假期，華偉博士還繞道臺灣，看望父母親，並順道與老朋友相聚。一九七〇年在日本舉辦的世博會，李博士全家也前往參觀，還順道遊覽了奈良、京都等地。

　　帶著六個孩子周遊世界，是一件不容易的事情。為了照顧好孩子們，Mary想出一個好辦法，每次旅行前，Mary都給他們穿上同樣的衣服，像統一的制服一般。走在人群中一眼就能看得到，丟了好找。一家人周遊世界，享受美好的假期，孩子們在旅途中長大，這樣特殊的經歷成為他們人生的巨大財富。

三

　　AIT是名副其實的國際性的學校，如同一個小型的聯合國。來自不同國家的人都有各自的傳統節日，美國的、泰國的、中國的、印度的和日本的等等。AIT重視所有的節日，國際專家們因此可以享受到更多假期。節日來臨，不同國家的大使館舉辦慶祝聚會，邀請專家學者以及聯合國機構成員參加。駐泰國的臺灣大使館，每年農曆春節都有盛大的娛樂活動，十二道菜的傳統中式宴會，隆重邀請住在泰國的華人華僑，臺灣學生等。華偉博士全家每年都是臺灣大使館的客人，孩子們和Mary穿上中式服裝，宴會上總會吸引大家羨慕的目光。

■Mary和孩子們十分喜歡泰國的氣候

■他們也十分喜歡遊覽泰國的寺廟

曼谷附近還有很多遊覽的地方

曼谷附近還有很多遊覽的地方

#10 DOWNING STREET
LONDON

每兩年度假時還可以到世界各地去旅遊
-London唐寧街10號英國首相的官邸

英國倫敦的塔橋

雅典的圍城遺址

台灣的歷史博物館

印度孟買的街頭

台灣的日月潭

香港海邊的寺廟

全家在曼谷的合照

最小的Robert是在曼谷出生的

全家遊覽夏威夷

全家在曼谷合照　　　　　在曼谷的最後一個聖誕節

Christmas
Greetings
from
Thailand

孩子們最熱衷的節日還是泰國傳統的水燈節，泰曆每年的十二月十五，一般是十一月份，剛過了雨季，是泰國一年中最好的季節，夜晚，人們將小小的燈船放入水中，載著鮮花和點燃的蠟燭，向佛祖和河神表達虔誠恭敬之心，也祈求新一年得到護佑。清涼的月色之中，河流和湖面上飄滿成片的水燈，燭光忽閃，星星點點，載滿塵世萬眾的虔誠之心，緩慢地順著水波的方向漂遠，那是泰國獨有的浪漫風情。華偉博士全家喜歡一起到公園裏去，把自家製作的燈船放在河面上，有時候，他們也在水燈節舉行小型的家庭聚會，邀請印度的、日本的鄰居，在院子裏觀看水燈節的焰火，孩子們比在美國過耶誕節還開心。

　　初到泰國時，李博士一家住在國際專家公寓，鄰居是日本、義大利、黎巴嫩還有印度的家庭。孩子們比大人們更容易混熟，很快就開始聚一起玩，遊戲和競賽甚至不需要語言的溝通。公寓大院的中央有一片寬敞的草地，做孩子們的足球場最好不過了。李家的五個孩子都喜歡運動，他們很快組織起李家足球隊，跟夥伴們比賽。李博士喜歡和孩子們一起踢球，甚至參加比賽。他是足球場上唯一的一位父親，幾位日本媽媽告訴Mary說，她們私下裏稱華偉是最稱職的父親。日本的父親們雖然也想加入孩子們，但都不好意思，所以他們一般會躲在家裏的窗簾背後，遠遠地看著自家的孩子們。

　　泰國更像是李博士和Mary的第二個家，他們最小的兒子羅伯特（Robert）就出生在泰國曼谷的美軍第五軍區醫院，那是他們在泰國的美好記憶之一，雖然醫院的服務的確有些糟糕。羅伯特是午夜出生的，李博士陪著Mary在病房裏休息，但第二天一早，才六點多鐘，護士就進來把他們叫醒，「快去抱你們的孩子吧！是餵孩子的時間了！」由於是軍醫院，婦產科的服務較差，Mary和李博士抱回羅伯特，還要自己去拿藥和買早餐。華偉後來跟Mary開玩笑，「我們其實應該選擇去泰國的醫院裏生孩子，那邊的服務好得多，不會像在美國軍區醫院裏那麼辛苦。」

　　李博士一直擔心Mary和孩子們不能適應泰國，但實際上，他們

的適應能力完全超過李博士的想像。提起泰國那段日子，他們的二兒子詹姆斯在給父親的一封信中寫道：

> 我最珍貴的記憶就是在亞洲理工學院那些週末的早晨，我們都爬到您和媽媽床上，您用腿把我們夾住，搔癢搔得我們大笑不止，一家人又說又笑，我們還向您和媽媽問各種各樣的問題。我永遠珍惜在泰國過的七年以及我們全家在海外的旅行，一個身處異國他鄉的外國人的經歷，教會我對不同的信仰和價值具有開放和寬容之心。我一直覺得擁有一半的中國血統很特別，可以時時感受到與一個古老豐富的文化的情結。[2]

四

李博士和Mary所接觸到的泰國人，多數受過良好教育，禮貌周到，待人和善，循規蹈矩。他們到過泰國偏遠的鄉村，那裏沒有電視，沒有現代的娛樂，生活簡單，像是與世隔絕一般。泰國氣候好，土地肥，是聞名東南亞的糧倉，農民一年播種一次，收穫的糧食已經足夠生活所需，甚至不需要辛苦勞作，日子都過得穩定富足。那裏民風淳樸，村民與居住在曼谷、芭提雅等城市的人反差巨大。

有一次，他們在一間鄉野小店吃飯，店老闆殷勤周到，擺了滿桌子的美味食物，他們特別滿意，結帳時按照美國的習慣，在桌子上留了小費。當發動車子，準備離開的時候，店老闆匆忙地追出來，舉著錢喊：「喂，你們的錢忘記帶了。」Mary解釋說是留給他的，他非常感激，說了很多次謝謝，直到他們的車子開遠了，店老闆還朝他們招手告別。

當然，也有很特殊的泰國人。一個偶然的機會，李博士結識了泰國警察總署的署長，一位有華裔血統的泰國人。署長特別熱情，週末經常邀請李博士一家人到他郊區的農場度假。署長家有大

---

[2] 作者注：Mary 採訪

片的果園,荔枝成熟時,客人們可以拿一個袋子,在果園裏直接摘新鮮的荔枝吃。他家的廚師更是一流的,孩子們都喜歡吃他烤的土包雞。單是燒烤的方式已經令客人們驚歎不已,廚師用石頭在地上搭建專門的爐灶,再用特殊的泥土將整隻雞連帶毛一起糊住,燒熱石頭,再把包好的雞丟進去。石頭被不斷加熱,石頭的熱量把雞燙熟,剝開外面包裹的泥土,雞毛自然從熟透的雞身上落下來,雞肉鮮美至極。

署長還送給李博士一張名片,在上面寫了幾句話,大意是遇到麻煩時請警察保護他,李博士一直也沒嘗試用過,只有一次例外。在泰國開車最麻煩,車輛雖然不多,但秩序混亂,甚至沒有統一的公路標識,有時單行線沒有及時標注,車子往往進入之後才會發現。李博士有一次誤開到單行線上,正慌亂時,遇到了警察,他突然想起了警察署長的名片,決定遞過去試試運氣,警察看後,臉上的表情快速由嚴厲變成恭敬,馬上敬禮,並親自為李博士開道離開單行線。李博士這才真正領教了署長的「權威」,也享受到了在美國沒有的「特權」。

特殊的不只是泰國人,李博士還遇到過一位特殊的美國人。他是兒子詹姆斯的棒球教練,身材挺拔,人也隨和。當時棒球隊的孩子們都是駐泰國美軍的眷屬,教練與孩子們的父母也混得很熟。因為教練是美國陸軍的上校,家長們都親昵地喊他「上校」(Colonel)。

在離開泰國十年之後,「上校」突然從華盛頓打長途電話給李博士,「你還記得我嗎?我是你兒子詹姆斯的棒球教練」。簡單的寒暄過後,上校說:「現在,聯合國總部圖書館館長的職位空缺。之前的館長是蘇聯人,中央情報局一直懷疑他為蘇聯人搞情報,現在他終於要離開了,我們希望這個職位由美國人來擔任。我覺得你是最合適的人選。」一番話讓李博士大為吃驚。上校也不隱瞞,告訴李博士,「你在泰國時的安全調查就是由我做的,我對你的情況非常清楚,現在手上這個檔案裏面都是你的資料。我們對你的所有情況,包括工作方式和態度都印象深刻,你是聯合國總部圖書館館

長的最好人選。」

原來，AIT雇傭的美國人員都要經過美國政府的安全調查，到泰國工作的美國專家學者每兩年續約時都需要接受安全調查，聽起來像是走程序，並沒有引起李博士的注意。接到「上校」的電話，李博士才明白了其中的含義。他也回想起來，有一天，專家公寓門口守門的印度人神秘地叫住他：「李先生，有件事情我得告訴您，剛才有一個美國軍人來調查你，還特別詢問我，你和家人在這裏生活得怎麼樣？」十年之後，李博士終於解開謎團，原來自己身後一直都有著這樣的一雙眼睛，而他們身邊的棒球教練就是中央情報局曼谷地區的負責人。

李博士並沒有接受聯合國總部圖書館館長的職位，與政治保持距離是他的原則，應該是受了父親的深刻影響，他一直認為遠離政治，過清高獨立的生活，才是正直體面的人生。當時他也十分珍惜在俄亥俄大學的工作，不願離開。

其實，在多年以後，李博士到美國國會圖書館任職時，又一次經歷了安全調查，而且更為嚴格。通常情況下，像亞洲部主任那樣的職位，安全調查至少需要六個月才能完成，但李博士的申請提交之後，僅僅六個星期就被通過了，時間之短令國會圖書館人事部門很是吃驚。李博士隱約覺得，也許自己過去的安全記錄，使他能迅速過關。他甚至有些好奇自己在中央情報局的檔案，希望有機會把自己的檔案根據美國「資訊自由法案」調出來，看看究竟記錄了什麼。

在泰國的華人僑團十分活躍。為了推廣華文教育，辦了幾所僑校。其中最有規模的是黃魂中學。李博士跟僑社的關係很好，因此被黃魂中學聘為顧問。他也借此機會請了一位華文老師到家裏教孩子們中文。

第十章　創新之舉

　　圖書館是思想的公共餐桌，應邀者圍桌而坐，各自尋覓所需
的食品。圖書館是貯藏庫，一些人把自己的思想和發明創造
存進去，另一些人則按各自的需要把他們取出來。

——（俄羅斯）赫爾岑

一

　　一九六八年選擇去泰國工作，李華偉博士把握了最合適的時
機。他在美國圖書館界晉升到高層行政管理職位，但在美國大學的
環境中，做事卻必須講究循規蹈矩，作為一個新進的美籍華人，創
新和突破的機會極少。泰國卻是完全不同的天下。

　　泰國的城市，普遍規模小，首都曼谷是當時唯一的大城市。
曼谷擁有十幾所大學，幾乎集中了泰國全部的教育資源。其中兩所
最著名的大學，一個是朱拉隆功大學（Chulalongkorn University，
簡稱CU），是一所綜合性大學，工程技術和科技方面尤其著名；
一個是法政大學（Thammasat University簡稱TU），以社會科學、
人文學科見長。亞洲理工學院（Asian Institute of Technology，簡稱
AIT）則完全是一所特殊的學校，它由歐、美、澳、日等國家的援
外機構組織籌建，更像是一個空降部隊，聚集了一批歐美一流的國
際專家和學者。成立之初，AIT就只設立研究生院，招收研究生和
博士生，氣勢奪人，而且野心勃勃地確立目標，要成為「亞洲第一
流的高級工程學院」、「亞洲的麻省理工學院」。無疑，要在眾多

的學校中脫穎而出，捷徑就是「創新」。無形中，學校對來自歐美強國的專家們期望甚高，希望他們儘快做出新東西來，在亞洲乃至世界範圍內引起關注。

一個嶄新的學校如同一張白紙，有無限的可能性。既不存在體制的框約，也沒有任何歷史包袱和種族歧視的壓力，李博士的確有機會放開手腳，做自己想做的事情。他年紀尚輕，身體好，精力旺盛，又在美國圖書館界歷練了九年，諸多因素達到最佳結合點，AIT圖書館註定會成為李博士職業上新的起點，容他大展身手。實際上，來自不同國家的專家和學者們都有類似的感受，全新的天地吸引著躍躍欲試的學界精英，他們目標一致，極力把自己所處學科中最先進的東西拿出來，在一個遙遠的東方國度，建造出一座國際一流的學校。

從美國來的專家中有一位莫若楫博士（Dr. Za-Chieh Moh），是一位非常傑出的工程教授和行政專家。他後來升任AIT的副校長。莫若楫博士與李博士都是華裔，十分要好，他一直非常支援李博士的工作。

作為美國團隊的一員，李博士首要的工作是在曼谷郊外的新校園區，設計一個現代化的新圖書館。這個館將設在新校園最核心的一棟教學樓中的第二層，場地寬敞，擁有全新的圖書館設施。與當時暫居在朱拉隆功大學教學樓狹小擁擠的圖書館截然不同。

有了之前在賓州愛丁堡州立學院設計圖書館大樓的經驗，李博士很快就拿出了設計方案。同時，他還陪同AIT的校長與美國IBM公司取得聯繫，請他們捐贈一套電腦系統。作為電腦行業的先行者，當時的IBM幾乎獨霸了全球的市場佔有率，他們在香港設有亞洲辦事處，正著力打開亞洲市場。李博士和他的校長在香港與IBM亞洲的首席代表見面後，很順利地得到他們的同意，AIT得到了IBM捐贈的一整套最新電腦設備，IBM還派出專業技術人員協助調試和安裝。此外，IBM每年捐贈五十份獎學金，專門用於培訓電腦專業的學生。美國政府也慷慨捐贈了新的電腦中心大樓。

二

　　AIT圖書館設計之初，李華偉博士即提出一個創新的建議：
將圖書館改稱為「圖書館及資訊中心（Library and Information
Center）」。傳統意義上的圖書館強調收藏，將圖書、期刊資料分
類、整理、編目上架，就類似於搭建一個書庫，把有價值的東西有
序地儲存起來，以供讀者使用。整個過程不涉及任何資訊的加工和
增值服務。李博士的資訊中心概念，不僅要收藏，還強調對資訊進
行再度加工，實際上是擴大和延伸了傳統圖書館的服務功能，更方
便讀者使用。AIT圖書館及資訊中心，根據收藏的所有亞洲國家的
資料，建立亞洲工程方面的專業資料庫，比如土木，水利、環境、
機械、結構工程等，不僅如此，還建立了檢索系統，並定期整理和
出版資料庫的文摘（Abstract），以方便本地及遠端的讀者。

　　李博士統領的圖書館及資訊中心，資料不再以原生態存在，而
是經過整理加工，轉化為資訊。圖書館館員們為原生態的資料建立
了內在的邏輯聯繫，使得其使用效率和準確性大大提高。這樣的嘗
試，在亞洲甚或是全球圖書館，都是一種創新，一時之間，廣受歡
迎。學者、研究人員、學生們紛紛通過各種方式訂購編成的目錄與
文摘。當時，亞洲國家正處在快速發展階段，各地新興建築專案層
出不窮，亞洲像是個熱鬧繁忙的大工地。眾多工程公司修機場、造
公路，開隧道，建橋樑、築水庫，蓋大樓，都需要到AIT圖書館及
資訊中心搜集相關工程資料。這樣，他們可以在投標之前或者在工
程設計之初，就利用AIT的資料，從中得到第一手資訊。

　　李博士的圖書館新舉措收到意想不到的效果，使他在亞洲圖書
館界名氣大振。與平和穩重的外表不同的是，他的內心中潛藏了創
新的激情。他其實一直不喜歡遵循舊的框架和方法行事。此舉的另
一個含義在於，圖書館的資料從書架上活起來，超越了傳統意義上
被收藏的宿命，主動吸引讀者的注意力，滿足他們的需求，從而提
高其使用的價值。這一理念日後經過不斷完善，成為李博士的圖書
館知識管理理念之基礎與核心。

亞洲發展中國家面臨的主要問題之一，就是「資訊鴻溝（Information Gap）」。世界最前沿的科技不斷湧現，而亞洲發展中國家無法通過有效的渠道及時得到和瞭解它們；另外也缺乏有效的機制來發掘和收集本區域內的有效資訊，無法實現區域內部資訊的及時交流和傳播。「資訊鴻溝」影響了亞洲區域的科學家、工程師和專業科技人員的工作效率，無形中造成了亞洲發展中國家巨大的人力和財力浪費[1]。

　　實際上，亞洲眾多國家已經意識到問題的存在，並嘗試經過各種努力，尋求解決方案，他們關注的核心問題都在於建立科學技術資訊網路和中心，以促進資訊交流和使用。聯合國教科文組織在一九七二年的報告中曾經有所記錄：

　　　　所調查的國家，對發展科學技術資訊都有強烈的興趣，都在計畫提高他們現存的系統。在印尼，福特基金會主張由國家科學技術文獻中心統籌建立全國性的科技資訊網路，印尼政府也要求聯合國發展計畫署（United Nations Development Programme）諮詢服務顧問，協助該計畫的實施；在馬來西亞，一九七一年末，由英國文化協會資助建立了「馬來西亞圖書館科學技術資訊服務」；在新加坡，一九六九年聯合國教科文組織倡議建立科學技術資訊中心，在菲律賓，國家科技發展委員會（National Science Development Board）建立了一個新的國家科技資訊中心，統籌國際和全國的科技資訊網路，要求聯合國發展計畫署（United Nations Development Programme）為此做成相應的可實施計畫；在香港，科學統籌委員會設立科學技術中心；在泰國，已經建立的國家文獻中心計畫推出更多服務，委託亞洲理工學院建立該區域範圍內的資訊服務中心。[2]

---

1. Hwa-Wei Lee, "The Application of Information Technology to Close the Information Gap," paper presented at the First Conference on Asian Library cooperation, Tamsui, Taipei, August 19-22, 1974. 12 p.

2. Report of UNESCO Fact-Finding Mission on the Regional Information Network for

亞洲地區快速發展所產生的科技資訊需求，為新建的AIT圖書館及資訊中心確立了發展方向。一九七一年七月，亞洲岩土工程（Geotechnical Engineering）學會在曼谷召開年會。到會工程師和專家們都提到急需相關性強、及時高效的岩土工程資訊服務。會議通過決議，由加拿大國際發展研究中心（International Development Research Center, Canada）提供資金，委託AIT設立亞洲岩土工程資訊中心（Asian Information Center for Geotechnical Engineering，簡稱AGE）。大力搜集、甄選和採購出版的，或是未經出版的亞洲岩土工程資訊，只要是亞洲區域的，無論英文或是其他亞洲語言，都是AGE收藏的目標。這個中心就是由李博士首創，附屬於AIT 的圖書館和資訊中心[3]。

　　AGE正式建成於一九七三年一月，由AIT的岩土工程系和圖書資訊中心聯合組建。AGE建立了檢索目錄以及電腦檢索系統，還將收藏的資料分門別類，編輯並出版了《AGE最新資訊通報服務》（AGE Current Awareness Service），《亞洲岩土工程資訊摘要》（Asian Geotechnical Engineering Abstracts），《AGE會議論文集目錄》（AGE Conference Proceedings List）和《AGE收藏期刊目錄》（AGE Journal Holdings List）。所提供的岩土工程資訊涉及到：土壤力學（Soil mechanics）；基礎工程（Foundation engineering）；岩石力學（Rock mechanics）；工程地質（Engineering geology）；地震工程（Earthquake engineering）等。

　　AGE首先得到諸多亞洲國家的支援，相關的工程機構和單位提供了大量的工程文件和資料。這些資料非常珍貴，比如，對於土木工程建築而言，蓋大樓打地基之前需要收集土壤、岩石結構，地質成分等一系列的數據資料，再經過嚴密論證，以確定蓋大樓是否可行，地基打到什麼深度合適，有沒有其它的問題等等。而一旦工程

　　Science and Technology in Southeast Asia. 1972. 20p.(SCP/4252-25)

[3]　Hwa-Wei Lee, "The Experience of a Specialized Information Service in Asia--AGE," paper presented at the Round Table Conference on Documentation Problems in Developing Countries, Khartoum, Sudan, April 10-11, 1975.

結束，這些寶貴的資料就失去價值，甚至被遺棄掉。AGE正是把這些資料搜集起來，這樣，其他的工程師在設計和建築新的工程時，可以直接利用AGE收集的資訊，免去了前期耗時耗力地重新搜集。

三

　　日常的圖書館行政管理的之外，李博士的工作還包括搜集工程檔資料。他與泰國周邊的國家，以及東南亞諸多國家的科技資訊中心或者政府機構建立了友好的關係，定期聯絡，獲得他們的工程文獻資料。李博士也經常要去拜訪，並親自把資料帶回來。

　　一九七〇年，李博士有過一次極為冒險的經歷。通常情況，他出行去東南亞其他國家搜集資料都乘坐飛機，但那一次，與他同行的AIT岩土工程系的英國教授特・博任（Ted Brand）剛剛買了一部新車，要試試身手，堅持要開車前往馬來西亞吉隆坡。他們開車出行的計畫有一定的危險，泰國是佛教國家，而泰國南部有不少馬來教徒，也就是回教徒，他們經常與政府發生衝突。因為靠近邊界，也經常有叛軍出沒。另外，泰國南方的公路有些還沒有完工，路況不好。

　　也許是年輕人膽量大，李博士與博任教授對路途中可能出現的危險並沒有恐懼。只是聽了幾位朋友的提醒：清晨不要太早上路，下午四點鐘左右就必須停下來，找到旅館休息，不可以夜間趕路等等，他們一路上小心謹慎地開車，防範靠近邊界時有叛軍騷擾。

　　即便如此，還是發生了意想不到的事情。那天中午時分，他們開車到了泰國和馬來西亞邊境。前面有大片的橡膠樹林，樹身上面綁著管子，白色乳汁狀的樹液沿管子慢慢滴出來，那是加工天然橡膠的原料。橡膠樹枝葉交錯，蔥郁茂密，遮住了熱帶的陽光。他們打算在林子裏休息一下。剛下車，李博士就看到遠處樹叢中，隱隱約約，有身影晃動。身影飛快地向他們靠近，李博士一看不妙，大喊「特，快跑！」兩個人慌忙逃出樹林，飛快地發動了車子。這時候，叢林中的軍人已經開始大聲叫喊，並朝他們開槍。呼嘯的子彈在車身旁邊穿過，特立刻把車速提到最快，瘋狂地往前衝去。聽

著後面越來越遠的槍聲和喊叫聲，他們知道終於幸運地逃離了一次災難。

特與李博士年齡相仿，馬來西亞之行，他們倆成了生死之交。後來李博士在AIT做的很多項目都得到了特的鼎力相助。工程方面資料是否有價值收藏，特是最權威的專家。後來，特和李博士又一起去過老撾和柬埔寨，雖然沒有再遇到什麼危險，但也經常有各種滑稽的事情發生。

有一次，他們一起去柬埔寨。泰柬兩國邊境有一河相隔，因出入境的人不多，兩岸海關的辦公室陳設簡陋，也只有一、兩位管事的官員。在此之前已經聽說過，進出海關賄賂官員，可以避免麻煩。他們從泰國出境時給官員塞了五美金，一切順利，到了柬埔寨如法炮製，也很順利。因為兩天後，他們將原路返回泰國，李博士詢問柬埔寨海關的官員，每天最晚的通關時間，並跟他約好兩天之後在四點鐘左右過關回泰國。彼此聊得不錯，海關官員看起來是個爽快之人，攀談之間與李博士和特熟絡起來，像朋友一般，答應兩天之後等他們。

兩天後，當李博士和特四點鐘趕到時，柬埔寨海關卻已經是房門緊鎖。特和李博士焦急起來，柬埔寨邊境人煙荒蕪，很難找到旅館住宿。他們左右張望，發現海關辦公室的門旁邊有個小男孩。

「海關的人都下班了嗎？知不知道他們去了哪裏？」

「我知道，我知道，給我十個美金就帶你們過去。」

孩子非常有經驗地討價還價，先付五美金，等找到人再付剩下的五美金。很快，孩子帶他們穿過兩、三棟房子，找到那位海關官員，屋子裏煙霧彌漫，幾個人正熱熱鬧鬧地打牌。官員此時好像已經完全忘記了兩天前的約定，滿臉為難的樣子說：「牌正打在興頭上，你們還是等明天再過境吧！」李博士和特只好再給他多塞一點錢，他這才一副不耐煩的樣子，回到海關辦公室。

多年以後，特和李博士還饒有興趣地想起那位令他們印象深刻的海關官員。他們幾乎被他最初的爽快迷惑了，沒想到他會設計這樣一個圈套：從海關鎖門，到門口的孩子，到牌局，都像是在知道

了李博士他們的歸程時間後而精心設計的，這樣一來，他拿到了二十美金而不是五美金。這在當時的柬埔寨不是一個小的數字。特和李博士很佩服那位柬埔寨官員的精明，也感慨東南亞國家無孔不入的賄賂現象。

一九七五年援外專案結束，特和李華偉博士一起離開AIT。此後。特去了香港，擔任香港工程處的處長，做了十年時間，香港的很多橋樑、隧道，和工程項目都是在他任職期間修建的。

四

AIT圖書館及資訊中心，除了擁有亞洲地區極為全面的工程資料收藏，還建立了電腦檢索系統，是早期的圖書館的自動化系統。這在當時是全新的領域，即使美國圖書館也少有類似的嘗試。李博士在愛丁堡州立學院時開始接觸電腦，當時學校提倡普及電腦的使用，要求每個部門派人員學習，絕大多數的人恐怕還沒有聽說過電腦，更不瞭解它能夠做什麼。李博士是少數興致勃勃的技術派，他甚至還學會了最早的電腦編程語言FORTRAN，並用FORTRAN編寫了圖書流通系統、採購系統、目錄系統等。程式很簡單，但當時是了不起的創新觀念。

當時的李博士已經敏銳地預感到，電腦技術將成為人類前行的動力引擎，而圖書館也將被重新定義。此後，李博士一直嘗試把電腦技術運用到圖書館的服務中。在常規的工作中，做非常規的嘗試，於己於人皆有益處。他從來不認為自己是個思想者，但他自信自己是行動者，擅長身體力行。泰國又一次給予李博士大膽創新的機遇。

李博士自己編寫電腦程式，整理編輯新採購的圖書和期刊的目錄。在今天的人們看來，當時的電腦相當簡陋和初級，體積大，功能有限，電腦的運行還必須借助於穿孔卡片（Punched card）。卡片上面每行只能容納七十幾個字元，用來登錄書名和作者名字還可以勉強應付，而錄入圖書和資料更多的資訊就明顯不夠用。但即使如此，利用電腦程式進行圖書和文獻資料的檢索，仍然是無法想像

的跨越。AIT圖書館及資訊中心所搜集的地區性的工程資料，包括泰國、馬來西亞、新加坡、印尼等不同國家的工程項目報告、計畫等，經過電腦系統的整理和編輯後，被迅速分門別類，歸入不同的檔案，再由李博士的同仁們編輯成資料目錄，方便有需要的人使用。

李博士和他的圖書館及資訊中心所做的一切，顯然超越了圖書館的基本職能，而且專業性極強，已不是普通的圖書館有能力完成的。他們與AIT各工程系科合作，由工程系科的部分教授和學生，擔當起整理圖書館文獻工作的職責。這樣，由工程方面的專業人員在圖書館員的指導下，將所搜集到的資料，按照工程研究人員所需要和接受的方式進行整理和編目。AIT圖書館及資訊中心，每月可以出版一本印刷的小冊子，那是亞洲地區最新的工程資料目錄，在當時可謂絕無僅有。其他亞洲的工程科系和機構紛紛找到AIT，踴躍訂購，其受歡迎的程度，顯而易見。

很快，AIT的電腦系統進一步升級為IBM的CDC3600，代替已經滿負荷運轉的IBM1130系統。AIT圖書館及資訊中心又邀請到英國伯明罕大學圖書館的斯蒂文‧馬斯爾先生（Stephen W. Massil）擔任AIT圖書館及資訊中心的副館長。此前，馬斯爾先生曾經參與建立了英國伯明罕大學圖書館、英國埃斯頓大學圖書館和伯明罕公共圖書館聯機的MARC系統，是一位出色的專家。他的到來，使得AIT圖書館及資訊中心進一步成為亞洲地區的圖書館自動化和資訊檢索系統的先行者[4]。

AIT圖書館和資訊中心的成功在泰國極為轟動。隨後在整個東南亞圖書館界，李博士的名氣不脛而走。朱拉隆功大學圖書館系專門聘請他做兼任教授，開設了「圖書館自動化」課程。聯合國機構邀請李博士做顧問，還有很多國家的圖書館也前來邀請，因為聯合國教科文組織正致力於在每個國家設立國家科技資訊中心

---

[4] Hwa-Wei Lee, "The Application of Information Technology to Close the Information Gap," paper presented at the First Conference on Asian Library cooperation, Tamsui, Taipei, August 19-22, 1974.12 p.

（National Science and Technology Information Center），而AIT圖書館及資訊中心無疑的提供了一個成功模式。

值得一提的是李博士在朱拉隆功大學圖書館系開設的「圖書館自動化」課程，是他自創的一門課程，即使在當時美國的圖書館學院也屬創新。李博士根據自己做的專案，教授學生們電腦編程語言和一些最實用的技能。年輕人對新鮮的事物有敏銳的嗅覺，課堂人滿為患，原本是一門選修課程，竟成了學生們註冊的熱門功課，還有學生把李博士課上的教學提綱翻譯成泰文，廣為傳播，影響頗大。早在上世紀七十年代，當大多數人還在使用打字機打字，用油墨印刷時，圖書館自動化無異於天方夜譚，而它的魅力和影響力卻不可阻擋。

事實上，李博士在AIT圖書館及資訊中心的工作，早已超出了普通圖書館館長的職責。他為圖書館管理和發展提供諮詢，而且結識了更多的圖書館同仁，與東南亞地區各國家圖書館建立起良好的關係。馬來西亞、印尼、菲律賓，很多國家都邀請他出席各種會議，交流資訊中心的管理經驗。一九八二年，他第一次應邀到中國講學，也與他在AIT的經歷有關。

李華偉博士作為優秀領導者的心理潛質，在泰國這樣一個自由的環境中揮發出來。他後來一直與泰國圖書館界保持了特殊的友好關係。甚至二十幾年後，李博士仍然不斷被邀請到泰國。二〇〇一年，美國遭到九一一恐怖攻擊期間，李博士剛好應邀在到泰國清邁大學圖書館學系，作為傅爾布萊特資深專家（Fulbright Senior Specialist）幫助該系籌畫和設計整個研究生的課程，行程為六個星期。

隨著泰國各大學設立圖書館系，在本科教育方面更為成熟，清邁大學要設立研究生院，旨在提升圖書館教育。李博士給他們的建議是，不要停留在傳統的圖書館教育課程和體系上，要突出圖書館的知識管理。籌備會有一位委員是清邁大學管理學院的教授，與李博士的見解相同，兩人一拍即合。過去圖書館管理的核心理念是資訊管理，現在要提升到知識管理的層次，因此在研究生課程設置中

要體現知識管理的理念。借助這位教授在學校的影響力,在六個星期裏,他們順利完成了整體課程的設計,同時還培訓了多位學校的教職員[5]。

圖書館的知識管理為清邁大學圖書館系打開了新的天地,李華偉博士很是欣慰,他同時對圖書館的知識化管理有了更多新的思考。後來,李博士繼續研究並搜集了知識管理方面的資料,經過系統地梳理整頓之後,與中國北京大學的學者董曉英,左美雲兩位博士合作,終於完成了在圖書館領域具有一定影響力的學術專著——《知識管理的理論與實踐》[6]。

五

上世紀六〇年代到七〇年代,亞洲是世界政治格局中最為敏感的地帶,一九七二年二月二十一日,美國總統尼克森訪華被認為是「二十世紀國際外交史上最重大的事件之一」,引起爆炸性轟動,其威力之巨大,遠遠超過了美國投向日本的原子彈。二月二十八日《中美聯合公報》發表,中國和美國打破了長久以來的隔絕狀態,正如尼克森總統在向毛澤東主席告辭時所說的:「我們在一起可以改變世界。」

毛澤東與尼克森的握手改變了世界格局,在很大程度上決定了世界歷史發展的軌跡,臺灣政府的外交陷入更加尷尬的境地。當時臺灣駐泰國的大使是沈昌煥,他曾經是宋美齡的首任秘書,早年畢業於美國密歇根大學,是政治學碩士。他精通五國文字和語言,辦事精明能幹,相貌堂堂,氣度不凡。沈昌煥先生深得蔣家兩代總統器重,曾經兩度出任外交部長,掌控臺灣外交系統將近三十年時間,可謂風光無限,被稱為「外交教父」。一九六五年越戰全面爆發,超過五十萬的美軍進駐越南,臺灣成為駐越南美軍的休假地之

---

[5]　Ratana Na-Lamphun & Hwa-Wei Lee, "Focusing on Information and Knowledge Management: Redesigning the Graduate Program of Library and Information Science at Chiang Mai University," «Information Development», V. 18 No.1 (March 2002), pp. 47-58.

[6]　李華偉,董小英,左美雲 《知識管理的理論與實踐》。北京:華藝出版社,2002.

一，一時之間，大批美國大兵不時出現在臺北、高雄等地的街頭，帶來可觀的消費，一定程度上也刺激了臺灣經濟的發展。

　　一九六九年，沈昌煥先生調任駐泰國大使，當時泰國對臺灣政策立場不定，沈昌煥先生上任後，即促成了蔣經國總統訪問泰國，呈請政府捐贈亞洲理工學院（AIT）研究基金，臺灣因此可以每年派出在職人員及學者，前往AIT攻讀碩士或博士學位。此案既穩定了臺灣和泰國的邦交，也造就了一批臺灣的經貿、科技人才，一舉兩得。

　　中美關係結束了冰河世紀，意味著泰國承認毛澤東的中華人民共和國政府，而臺灣在泰國的大使館將不得不關掉。沈昌煥先生的失望可以想像，在《中美聯合公報》發表的當天，沈昌煥先生作出的反應是，邀請泰國僑社有地位和影響的人在臺灣駐泰使館集會，包括李博士在內，有七、八十位華人華僑到會。他們多日以來，也格外關注尼克森總統訪華的消息。

　　下午三點，臺灣駐泰使館的會議廳，氣氛異常沉痛。每年春節，張燈結綵，喜氣歡慶的聚會將不會再有。會議開始即播放了大陸的電影，類似與新聞簡報，銀屏上林彪誇張地揮動小的紅本書，喊著「萬歲! 萬歲！」，傳達著紅色中國對毛澤東的忠誠，臺灣政府同樣使用這樣的政治宣傳形式，擴大人們的反感情緒。

　　沈先生口才非常好，他沉痛的情緒充滿了會議廳每個角落，到會的人無不被其深深感染，對臺灣未來的外交處境生發出同情和擔憂。他演講了一個多小時，講中國大陸與美國關係的進一步改善對臺灣的不利影響，也講到他個人覺得慶幸，他做外交部部長之時，中美關係也曾經有過幾次發展，但實質性的突破並沒有發生，而現在一切不可避免地發生了，他甚至自嘲地說，對他個人或許還是一件好事情，不必擔當失職之責，但臺灣的未來仍然是他最深重的憂慮。講了很久，沈先生突然想起來，「糟糕，你們還沒有吃飯吧！」從下午三點鐘開始開會，席間有些簡單的茶點，此時大家的確餓了。沈先生馬上叫來他的秘書，打電話到中國飯店去訂餐，大約半個小時之後，簡單的飯菜來了，那是李博士在泰國的臺灣大使

館的最後一次晚宴。

　　李博士的工作屬於美國政府，雖然他也同情臺灣遭遇的不利影響，但對中美關係的發展，他有不同的觀察。中國大陸一直對外封閉，李博士曾經認為他與家人，此生都沒有可能回到大陸的家鄉去，中國大陸和臺灣將被一道海峽分隔為咫尺天涯的兩個世界，而他一直認為自己是華人，全球的華人有共同的祖先，不應該以仇恨和分裂的方式相處。

　　在沉痛的氣氛中，李博士隱約有一種欣喜，如果中美在不遠的將來可以建交，或許是一件大好事，世界將因此而建立起新的格局和秩序，中國也許將用新的方式與世界對話和交流。他預感到中國正醞釀著更大的改變，也期待著改變給中國帶來新的機會，給全球的華人帶來新的機會。

第十一章　重返美國

那是一個他從未去過的地方，

他把昨天拋在身後，

你可以說他再次開始生活，

你可以說他找到了一把能打開每扇門的鑰匙。

〈高高的洛磯山〉

——約翰・丹佛（John Denver）

一

隨著亞洲理工學院（AIT）援外專案的結束，國際專家們開始陸續離開。此時，李華偉博士收到了香港理工大學發來的聘書，請他做圖書館的副館長。這是一份遲到的邀請，因為當時的美國科羅拉多州立大學圖書館有一個副館長職位的空缺，科羅拉多大學工學院院長極力推薦李博士。科羅拉多州立大學（Colorado State University，簡稱CSU）與亞洲理工學院（簡稱AIT）素有淵源。一直以來，美國國際發展總署對AIT的援助就是通過科羅拉多州立大學工學院執行的，李博士及其他美國專家學者的工作合同實際上都是與科羅拉多州立大學簽訂的。李博士在AIT圖書館及資訊中心所做的成果，他們早已目見耳聞，也極力希望李博士能夠到科羅拉多州立大學圖書館工作。

香港理工大學本來是一個很好的選擇。香港過去是英屬殖民地，經濟和金融發達，有人甚至把它比作亞洲的瑞士，足見其地位

之特殊。香港素有「東方之珠」的美譽，是西方人最嚮往和喜歡的東方城市。李博士在東南亞圖書館界已經作出名氣，加上他此前在美國圖書館界的資歷，如果去香港發展，他明顯具有獨特的優勢。只是香港居住環境他並不喜歡，鱗次櫛比的高樓幾乎把香港島擠得透不過氣來，尤其是每天在大廈的夾縫中穿梭的六百萬香港人，尋尋覓覓，忙忙碌碌，令整個城市更加焦躁不安。

作為世界圖書館領域的標竿，美國圖書館正經歷著前所未有的變化，李博士覺得是一個提高自己的機會。因此他還是決定接受科羅拉多州立大學的職位，回到美國去。Mary和孩子們都喜歡他的決定，離開美國時間已經很長，長得差不多要把美國忘記了。

科羅拉多州立大學位於科羅拉多州北部的科林斯堡（Fort Collins），創建於一八七〇年，已經有百年歷史。科州大一向以理論研究見長，是美國大型的研究型大學之一。在傳染病（Infectious Disease）、大氣科學、無污染能源技術、環境科學（Environmental Science）、及癌症研究方面聞名全美。與美國眾多的大學城相似，科林斯堡的興起得益於科州大，城中十四萬居民，學生和教職員已占了一部分，其餘大部分的居民也從事與學校相關的工作。

科林斯堡是海拔四千米的山城，在洛磯山脈（Rocky Mountain）東坡的山腳下。古老而巨大的洛磯山脈南北狹長，縱橫數千公里，穿越加拿大和美國的西部，是北美幾乎所有河流的發源地。由於植被貧乏，山石裸露，因而得名「石頭山」[1]，山頂終年覆蓋著積雪，斷崖刀削斧劈一般，嶙峋陡立，氣勢巍峨。

高原山區日照強，天空碧藍，空氣也格外清爽甘冽，與熱帶風情的泰國判若兩個世界。在經歷了泰國生活的七年，以及幾次環繞世界旅行之後，李家孩子們的適應能力令人難以置信，他們很快熟悉了周圍的鄰居，開始騎著自行車到處玩，科林斯堡街道寬闊，四排車道的街道旁邊建有自行車道。孩子們喜歡上了科林斯堡，山在

---

[1] 作者注：Rocky Mountain 的音譯是洛磯山，而Rocky 是「石頭」的意思。

那裏，每天出門就可以看到，即使偶爾從視窗望出去，也是時看時新的風景畫面，實在是美麗至極！

　　科林斯堡（Fort Collins）的第一場雪，飄飄灑灑地下了兩天，對於剛從泰國返回美國的李家來說，無疑是一個挑戰，在泰國，孩子們習慣了穿學校統一制服，或者是休閒的短衣短衫，甚至沒有任何禦寒的衣服。Mary立刻在科林斯堡的舊貨市場，找到很多看起來仍然很新的牛仔褲、大衣、帽子、還有手套和靴子。把六個孩子武裝起來，差不多跟武裝一支軍隊一般。對Mary來說，更可怕的是收拾孩子們脫下來的濕衣服和靴子，並把它們快速烤乾，她決定買一台烘乾機，而在此之前，他們還從來沒買過烘乾機。突然之間，沒有了傭人幫忙照料孩子們，Mary顯得有些忙亂，好在大女兒已經十四歲了，雪麗很懂事，俐落能幹，成了媽媽的好幫手。

　　科州大的亞裔學生不少，李博士剛到圖書館上任，就被邀請做了泰國學生會和臺灣學生會的指導教授。他們家裏成為學生們聚會的最好去處，一九七六年，他們到科林斯堡後的第一個中國春節，Mary在家裏準備了七十個人的晚餐。

　　李家全家人一如既往地熱衷旅遊，科林斯堡周圍有眾多的國家公園，美國著名的風景美城——丹佛（Denvor），就在它南面不遠。每到週末和長假期，李博士就開車帶著全家出遊，有時還帶著孩子們外出滑雪，他喜歡孩子們在雪地裏笑鬧成一團的樣子，儘管他自己一直沒有嘗試。後來詹姆斯在信裏回憶起那段日子，他寫道：

　　　　真不知道你們當時是怎麼帶我們這麼多孩子一起去了科羅拉多周圍的好多地方，比如大峽谷、洛磯山國家公園、黃石國家公園。我現在居住在丹佛的時間比我們當時在科林斯堡的時間還要長，而始終還沒抽出時間帶我們的孩子去這些地方。

二

李華偉博士在科州大圖書館是兩個副館長之一，主管技術服務部門，包括了圖書館書刊資料的採購，編目，藏書發展，技術服務等等。另外一位副館長則管理讀者服務部門。他們兩人配合得非常好。在藏書方面，李博士需要與各院系的教授緊密聯繫，瞭解他們在教學和研究的需要。

這是一段平緩的著陸期。在離開美國七年之後，李博士重新回到美國圖書館日常的行政管理中。同事們很快發現，這位溫和儒雅的東方人，做事總是充滿熱情，所有經手的工作都處理得井井有條，而且精力好得令人難以置信，他像蜜蜂一樣忙碌，很少會停下來。平靜的外表後面，似乎蘊藏著一種不同尋常的力量，而他又自始至終地面帶微笑，很難看出任何情緒的變化。

李博士的工作很順利。在第三年的時候，他已經拿到了終身職位（Tenure），就是說，如果願意，他可以一直穩定地工作下去，終身享受科林斯堡的碧藍天空和如畫山景。然而，著陸期註定短暫，李博士在科州大圖書館只工作了三年的時間。其實他一直希望能夠有機會做圖書館館長，為自己打開更大的空間。因為在十幾年的歷練之後，他早已沒有了當年初出茅廬的青澀，完全自信自己有能力獨自駕馭更大型的圖書館。但在當時的美國，雖然對華裔的種族歧視有所改善，但華裔能夠做大學圖書館館長的還絕無僅有，李博士心有不甘，他必須找機會嘗試一下。

當然，科州大圖書館給予了李華偉博士最有價值的經驗。他在短暫的三年當中，學習並瞭解了美國研究型大學圖書館的行政管理工作。科州大圖書館實力雄厚，是研究型圖書館協會（The Association of Research Libraries，簡稱 ARL）的會員之一。此時李華偉博士並不知道，這些寶貴的經驗，在不遠的將來，為他擔任俄亥俄大學圖書館館長的職位做好了準備，在命運的臺階上，他正穩健地攀援而上。

北美洲的研究圖書館學會（The Association of Research

Libraries, 簡稱 ARL）由美國及加拿大兩國一百二十六所大型的研究圖書館組成，其成員還包括了八所國家級圖書館和檔案館[2]、兩所著名的研究型公共圖書館[3]、以及排名在前一百一十六位的美加研究型綜合性大學圖書館。

該學會每年按照圖書收藏的數量以及一些專案的數字為會員排列名次。能夠成為學會的會員是圖書館的榮耀。因為只有藏書規模達到相當高水準的大學圖書館，才能被接納為會員，會員圖書館的藏書量極其可觀，據統計，研究型圖書館協會的一百二十六個圖書館擁有了北美洲將近百分之五十的資訊資源[4]。

除去圖書館日常的行政工作，李博士還保持了與東南亞圖書館同仁的友好關係。返回美國後，他幾乎每年都有一、兩次機會接受東南亞各國圖書館的邀請，擔任顧問。在一九七六年，聯合國教科文組織和泰國國家圖書館共同邀請李博士，在泰國規劃建立一個國際期刊資料系統的地區中心（Regional Centre for the International Serials Data System，簡稱ISDS）[5]。在一九七七年，加拿大的國際發展研究中心邀請李博士，在第四屆東南亞圖書館員大會上，講演《地區合作對建立國家資訊系統的影響》的專題報告[6]。美國科州大

---

[2] 作者注：八所國家級圖書館和檔案館包括：國會圖書館（The Library of Congress），加拿大國家圖書館和檔案館（the Library and Archives Canada），加拿大科技資訊中心（Canadian Institute of Scientific and Technical Information），美國國家檔案及文獻署（US National Archives and Records Administration），國家農業圖書館（National Agricultural Library），國家醫學圖書館（National Library of Medicine），史密森尼恩機構圖書館（Smithsonian Institution Libraries），和研究圖書館中心（ the Center for Research Libraries）。

[3] 作者注：兩所著名的研究型公共圖書館包括：波士頓公共圖書館（Boston Public Library）和紐約公共圖書館（New York Public Library）。

[4] 尼古拉斯・A. 巴斯貝恩（Nicholas A. Basbanes）《永恆的圖書館－堅忍與剛毅之二》（Patience & Fortitude: A Roving Chronicle of Book People, Book Places, and Book Culture），楊傳緯譯，世紀出版集團，上海人民出版社，二〇一一年，七八～八二頁。

[5] Hwa-Wei Lee, «The Possibility of Establishing a Regional Centre for the International Serials Data System in Thailand». (SC-76/WS/7), Paris: UNESCO, 1976. 43 p.

[6] Hwa-Wei Lee, "Impact of International Information System and Programs on NATIS", Paper presented at the 4th Congress of Southeast Asian Librarians on Regional Co-operation for the Development of National Information Services, June 5-9, 1978, Bangkok, Thailand. 15 p.

圖書館高層行政管理人員的身份，以及對東南亞國家圖書館的熟悉和瞭解，讓李華偉博士能夠在兩種文化之間自由跨越，交流和傳遞兩方圖書館界的資訊和發展。這樣的角色非常之特殊和重要，而且非他莫屬，李博士因此成為一位獨特的「國際」圖書館人。

當李博士在科州大圖書館的工作進行到第三年的時候，他似乎要再次踐行當年雯教授的畢業贈言，完成自己的又一次跳躍。一九七八年初，他開始申請其他大學圖書館館長職位。那一年，他的運氣很好，申請了三所大學的圖書館，兩所大學都請他去面試，其中一所是俄亥俄大學（Ohio University）。他最終被俄亥俄大學聘用。他喜歡結束和開始，正是在不斷的結束和開始中，他控制著自己獨特的人生節奏。

三

俄亥俄大學（Ohio University，簡稱OU）創立於一八〇四年，是俄亥俄州第一所州立大學及全美國第九所公立大學，它甚至比俄亥俄州立大學（Ohio State University，簡稱OSU）的歷史更為久遠。李博士到任時，該校已經頗具規模，是一所研究型的綜合大學，有十個學院，近六十二個學系，授予學士、碩士及博士學位，在俄州八十所公立和私立的高等院校中，俄亥俄大學排名第三位。

俄亥俄州位於伊利湖（Lake Erie）和俄亥俄河谷（Ohio River Valley）之間，因俄亥俄河而得名。俄亥俄大學在俄州東南部的雅典城（Athens），距離首府哥倫布斯市（Columbus）大約兩個小時的車程。雅典城是典型的大學城，全城將近六萬人口，一半以上是俄大的教職員和學生。城中最主要的街道Main Street 就在校園區內，行人大多是青春陽光的學生，背著鼓鼓囊囊的雙肩包，大步流星，目不斜視，他們是雅典城的過客，而雅典城一直忠實地陪伴著他們的青春歲月。

這座規模不大的美國小城，四季分明，與匹茲堡的氣候十分相似，據說美國很多鬼怪故事和靈異傳說都發生在雅典城，小城因此多了幾分神秘。每年十一月的萬聖節（Halloween）是雅典城最

華偉與來自北大與中科院武漢圖書館的貴賓合影

華偉與前來參觀的中山大學程煥文館長（中）和武大的燕京偉館長（右二）合影

海南大學圖書館徐國定館長贈送題字

李博士的家成了中國學生及訪問學者之家

留學生及訪問學者在李博士家包餃子，
本書作者楊陽（中）是包餃子的高手

風光的節日，漆黑的夜晚來臨時，從美國各地趕來的人把小城擠得水泄不通，他們絞盡腦汁，極盡美國人自由無忌的想像力，把自己打扮成精靈鬼怪、女巫惡魔、僵屍吸血鬼、天使、外星人，形色各異，組成浩蕩的萬聖節巡遊隊伍，一直狂歡到淩晨時分。

孩子們也湊熱鬧地提著南瓜燈，打扮成鬼精靈的模樣，挨門挨戶討糖吃，一邊敲門一邊高聲喊："Trick or Treat! Trick or Treat!"，意思是「不請客（吃糖）就搗蛋！」主人照規矩把糖果放進孩子們隨身攜帶的大口袋裏，絲毫不敢怠慢。

李華偉博士接受了俄大圖書館館長的職位後，把傢俱、家用交給搬運公司，他們全家人開著自家的旅行車，從科林斯堡一路開車到雅典城。超過一千五百公里的路程，沿途要經過奈伯拉斯卡州（Nebraska State）、愛荷華州（Iowa State）、伊利諾州（Illinois State）和印第安那州（Indiana State）。李華偉博士一直開車，Mary照顧七個孩子，除了李家的六個孩子外，還有李博士妹妹的小女兒——五歲的伊莉莎白（Elizabeth）。因為她的爸媽回臺灣，伊莉莎白整個夏天都跟李博士一家住在一起，當然也要跟隨他們一起搬家。

此前不久，李博士已經在雅典城西面的莫利甘路（Mulligan Road）上，買好了一棟兩層樓的房子，六個房間，客廳寬敞，出門不遠就是通往哥倫布斯的公路。那是他們在雅典城的新家，孩子們將會在那裏長大。只是現在他們的家顯得十分凌亂，到處堆放著剛運來的傢俱和書籍，還有從泰國辛苦帶回來的佛像和各種紀念品。

每一次搬家，孩子們都興奮不已，在經歷了一千五百多公里的行程之後，他們似乎絲毫不覺得疲憊。在到達雅典城的當天晚上，當疲憊不堪的李博士酣然入睡之後，Mary發現，孩子們已經躲在黑暗的臥室裏，開始跟鄰居艾利斯家的四個孩子們聯繫。他們透過窗戶，用手電筒互發信號，忽亮忽暗，長短交錯，像是兩艘古老的海盜船，在互發暗語。Mary很高興，孩子們的適應能力再次令她大吃一驚，他們用成人無法想像的速度，找到了新的夥伴。艾利斯家的

四個孩子跟李家的孩子年齡相仿，他們後來都成為李家孩子們一生的好朋友。

Mary實在覺得有些累了，她必須要好好睡一覺，明天會是忙碌的一天，因為李博士說過，俄大的校長查理斯·平博士（Dr. Charles J. Ping）明天會親自來看望他們。Mary決定要趕在平校長到來之前，整理好家中一切，至少要用最快的速度，把客廳收拾停當。作為李家的女主人，她要給平校長一個小小的驚喜。

四

一九七八年八月，李華偉博士應聘擔任俄亥俄大學圖書館館長，短暫的欣喜過後，他馬上意識到，一切絕不會像平校長為他舉辦的歡迎會一般輕鬆。其實他在與平校長的面談中已經感覺到，俄大圖書館之所以需要一位新館長，是因為它正面臨著非常困難的處境。

很快，李博士就明白，他是被請來救火的！就在他上任的前一月，因為圖書館大樓的冷氣機老舊，不能正常運轉，館內地下兩層沒有窗戶，盛夏季節，悶熱難當，日常的工作也無法進行。更有甚者，圖書館大樓因年久失修，屋頂漏雨，不僅影響到讀者閱讀，連儲藏的書刊也被雨水打濕，無法修復。學生們聯合抗議，圖書館的館員們集體罷工，聚集到校長辦公樓前抗議。

圖書館的前任館長前往OCLC擔任副總裁，館長的職位就此空缺了兩年之久。代理館長威廉·羅傑斯先生（Williom Rogers）原為圖書館的一位副館長，為人很好，但行政能力有限。館員們罷工之時，他居然是領頭人之一，令校方大為惱火。冷氣機出了問題，代理館長應該是為學校出面，妥善解決問題的，而他選擇與學校對立，顯然不夠稱職，圖書館與校方的關係也因此陷入僵局。負責管理圖書館的執行副校長甚至明確建議李華偉博士把這位副館長換掉。

平校長對圖書館的期望非常高。這位學者型的校長，極其重視教學和研究，他深信玉米地裏不會產生好的大學，他一直強調，

大學圖書館是學校一切學術研究的中心，必須強大起來。因此，他希望，李博士能夠迅速擴充圖書館的研究館藏，為學校各院系的教學與研究提供高水準的服務。不僅如此，平校長和執行副校長還希望李博士能帶領俄大圖書館，成為北美研究型圖書館學會（Association of Research Libraries）的成員。這其實也是提升俄亥俄大學在全美大學排名的一個重要評估指標，在美國，任何一所一流的大學都必須擁有一流的圖書館。

希望與現實存在著巨大的落差，當時的俄亥俄大學圖書館只是中等規模，在美加兩國大學圖書館中的排名遠在一百二十名之外，它與研究圖書館學會會員的標準相去甚遠，非一朝一夕可以改觀。研究圖書館學會為了保持它的權威地位，對接納新會員提出異常嚴格的審評標準，除非圖書館已經把自己的排名提升到美國和加拿大的前八十位，也就是說，它必須要超過現有一百一十六所會員圖書館館中三分之一的圖書館，才有資格被評估和審定，否則根本沒有機會。

老問題、新挑戰並存的嚴酷局面，使得俄大圖書館舉步維艱，不堪重負。李華偉博士深感任重而道遠，這是他進入圖書館行業以來，首次最為艱難的一戰，因為他此刻已經是圖書館的「統帥」，全部的責任都落在他身上，除了擔當之外，他無路可退。

根據李博士一直以來的體會，作為華裔，他的困難遠不止於此。到一個新的機構，必須在最短的時間內，證明自己，確實比別人做得好，而且一定要好到讓館員們服氣的程度。只有如此才能樹立權威，贏得支持。此時，李博士唯一能夠安慰自己的是：情況已經很糟糕了，樂觀地想，任何一個積極的改變都只能使一切變得更好，他首先需要的是行動起來。

第十二章　大展宏圖

> 偉大的大學的中心是偉大的圖書館。如果你想成為偉大的大
> 學，就要有偉大的圖書館，事情就這麼簡單。

——美國伊利諾伊・威斯里安大學校長
米諾・邁爾斯（Minor Myers）

一

　　上任後，李博士瞭解到，副館長威廉・羅傑斯先生（William
Rogers）在圖書館有一定聲望，下屬們一致認為他為人公正，關心
他人，參加館員的罷工抗議，實出無奈。自從俄大圖書館建成之
後，建築內部的空調系統就沒有徹底維護過。一樓和二樓的冷氣機
出問題之後，威廉幾次要求學校總務處解決，總務處經過核算後，
一時拿不出大約二十五萬美金的維修費用，致使問題一拖再拖，始
終沒有解決。那一天，天氣奇熱，圖書館像蒸籠一般，館員們實在
忍無可忍，威廉認為自己應該為館員們爭取權利。李博士找到威
廉，坦率地講到學校方面對「抗議事件」的看法。威廉表示雖然當
時處理欠妥，但自己別無選擇，只能站在自己同事一邊。事情不全
是他的錯。李博士找到學校執行副校長，替威廉說情，並表示今
後對此類事件，圖書館一定會更為妥善處理，不會採取任何激烈的
形式。

　　隨後，李博士多次找學校總務處溝通，催促徹底維修冷氣系
統，最終學校同意撥了一筆經費，整體更換圖書館的空調系統，同

時一併修補了漏雨的屋頂。繼續擔任副館長的威廉明白，是李華偉博士替他講了話，他同時也看到了李博士處理事情的能力，此後真心支援新任館長。

新館長到任的第一件事大得人心，館裏上下對李華偉博士讚譽有加。當然，更令大家誠服的是他的工作態度和激情。李博士幾乎天天加班，每天至少工作十二小時以上，甚至週末和假日也不例外。

在李華偉博士看來，將俄大圖書館建成一流的大學圖書館，需要全面的提升，而成為北美研究型圖書館學會（Association of Research Libraries）的成員，似乎是一個突破口。在逐一研究了北美研究型圖書館學會的會員圖書館，並詳細比照俄大圖書館的現狀之後，李博士正式向平校長提交了一份報告。根據他的調研，俄大圖書館至少需要經過二十年的努力，才能達到預期目標。主要是俄大圖書館的藏書量太少，缺乏特別的資源，僅有的東南亞特藏不夠份量，與研究型圖書館會員的差距相當大。重要的是，在報告裏，李博士詳細地論述了俄亥俄大學圖書館未來的戰略規劃和執行策略。

高大瀟灑、風度翩翩的查理斯・平（Dr. Charles J. Ping）校長是一位卓越的領導者，他欣賞李博士的務實和堅忍，當即在辦公室裏與李博士長談，平校長毫不掩飾自己的興奮，他鼓勵李博士：「華偉，你放手去做，我會給你最好的支持！」平校長善於用人，大學裏的高級主管個個努力盡責，通力合作，與李博士配合得非常默契。

要達到研究型圖書館會員的標準，自身的實力最關鍵。李博士首先開始自內而外的全面升級。除了在雅典城的校本部外，俄大還有五個分校，分佈在俄州東南部地區。最近的分校距離校本部五十英里，最遠的有一百英里。每個分校都設有圖書館。李博士決定把俄大下屬的五個分校圖書館歸併起來，統一管理。按照原來的機構設置，分館與總館是合作關係，行政管理上則直屬於各分校的院長。為此，李博士做了大量的協調工作，在專職負責分校管理的副校長詹姆斯・貝萊恩博士（James Bryant）的鼎力協助下，李華偉博士很快實現了五校合一的圖書館管理模式。

事實證明，這是一個審時度勢的智慧之選，圖書館規模和藏書量迅速擴大。分校圖書館收編到總校後，總體預算經費大幅提高，分館不僅獲得更多的經費，而且分享到總部圖書館的藏書資源，使得教授和學生們直接受益，一舉數得。

　　李華偉博士隨後又在研究型館藏和特色收藏上大動腦筋，因為這是研究型圖書館學會審核會員的重要標準之一。當時，俄大圖書館的東南亞收藏，比較突出的是馬來西亞收藏。過去相當長的時間內，得益於美國教育部專項基金的支持，俄大教育學院在馬來西亞吉隆玻的瑪雅科技學院（Mara Institute of Technology）設立了專門教育專案，培訓政府公務員。俄大還在該校建立了商學院，聯合頒發工商企業管理的碩士學位。俄大教職員被輪流派往馬來西亞授課。為拓寬合作，馬來西亞政府又專門出資在俄大圖書館建立了馬來西亞特藏，每年無償捐贈所有的政府出版物。

　　李博士上任之後，極其重視與馬來西亞政府培養好關係。馬來西亞政府中有近百位的中上級官員具有俄亥俄大學碩士生的教育背景，這是一筆無與倫比的政府資源，無疑為雙方的合作提供了更好的機會。在他的努力爭取下，馬來西亞政府同意每年撥給國家圖書館五萬馬幣的預算，專門用於購買圖書，捐贈給俄大圖書館。

　　非常湊巧的是，馬來西亞國家圖書館的館長是李博士在泰國工作時的舊相識，他得知李博士到俄大圖書館作館長，老朋友又有機會合作，倍加欣喜。此後，兩位館長聯繫更加密切，俄大的馬來西亞收藏無論是從數量上，還是品質上，都再上層樓。

　　鑒於馬來西亞收藏在數量和品質上的穩步上升，李華偉博士統領全局的戰略才華有了更大膽的釋放，他提出以俄大圖書館的特藏為基礎，建立馬來西亞的海外資訊資源中心（Malaysia Information Resource Center）。這意味著，在俄大圖書館設置宣傳和推介國家形象的視窗，其影響力可遍及北美洲及美國地區。俄大圖書館也可以借此機會，把相關收藏做得有聲有色。研究中心進一步將資訊整理、分類，為研究者和讀者提供諮詢服務，解答詢問，為讀者和研究人員豎起通往馬來西亞的路標。

馬來西亞資訊資源中心（Malaysia Information Resource Center）的成功在於李博士與眾不同的理念。他重視建立和發展與政府的關係，成為政府的代言，從而得到穩定而有力的人員，甚至是資金支持，無需花費圖書館的資金，就能夠擴大藏書，並且都是高品質的最新藏書。李博士創造的這種雙贏合作模式，為美國大學圖書館的國際合作開了先河。

實際上，李博士個人在東南亞方面的資源以及對東南亞收藏的興趣，是俄大圖書館最看重的，因為他的到來，俄大校方信心大增，加大了東南亞收藏的投入，並很快建立了其他國際合作研究項目，包括非洲研究（African Studies）、東南亞研究（Southeast Asia Studies）、拉丁美洲研究（Latin American Studies）等一系列的專案。

李博士並沒有止步於東南亞，他利用非洲國家政府官員到訪俄亥俄大學的機會，極力宣傳遊說，此後又成功複製馬來西亞模式，分別建立了非洲博茨瓦納（Botswana）、史瓦濟蘭王國（Kingdom of Swaziland）、以及在中南美洲的瓜地馬拉（Guatemala）的資訊資源中心。至此，俄大圖書館的國際藏書擴展到不同的領域和地區，在美國圖書館界迅速成名。

此後的十幾年間，俄亥俄大學在東南亞、非洲和拉丁美洲特藏方面都有長足進展，並在美國大學圖書館中獨領風騷。原本只占居了俄大圖書館地下第二層樓一角的東南亞特藏，不斷擴大藏書和閱覽空間，隨著其他三個特藏的建立，整個地下第二層樓整層空間，成了圖書館中最具異域風情的所在。在李博士從俄亥俄大學圖書館退休時，學校為表彰他的功績，特將這一區域正式命名為「李華偉國際收藏中心」（Hwa-Wei Lee Center for International Collections）。

俄大圖書館進入研究圖書館會員之列，先後經歷了兩任校長。查理斯·平（Dr. Charles J. Ping）博士和繼任校長羅伯特·格里登（Dr. Robert Glidden）博士。這兩位校長，都是執著於既定目標的領導者，他們把發展圖書館放在重要位置，為圖書館提供了充裕的資金，和寬鬆的發展環境，使得圖書館的藏書量穩步增長。

一九七八年，李博士剛上任時，俄亥俄大學圖書館的藏書只有七十多萬冊，縮微卷片六十多萬件，現訂期刊五千五百種，其他文件二十六萬件，全年採購書刊經費六十二萬美元。經過鍥而不捨的努力，到一九九九年李博士退休時，圖書館藏書達到了兩百二十三萬多冊，增長了三倍多；縮微卷片增加了五倍，達到兩百九十六萬多件；現訂期刊增長了四倍，達到近兩萬種；全年採購書刊經費三百九十八萬三千兩百二十一元，比原來多了六倍多。

一九九五年，俄亥俄大學圖書館如願以償，以第七十三名的優勢排名，成為北美研究圖書館學會的一員，比李博士最初對平校長的承諾提前了三年。這是一九九五年載入俄亥俄大學校史的大事件。

二

作為一位圖書館館長，李博士每天要跟學校各部門打交道，跟各學院的教授溝通，偶爾還會遇到棘手的事情。

有一天，採購部主任滿臉委屈，來到李博士辦公室抱怨。物理系的一位教授，因為訂購的一本書刊沒有及時拿到，就當眾辱罵她。那位教授資歷老，在李博士到任之前曾經連續作了兩屆圖書館教授委員會的主席，李博士到俄亥俄大學面試時，他還是在座的評審人員之一。李博士很尊重他，但也知道他為人有些霸道，平時說話就一副盛氣凌人的樣子。

李博士在採購部瞭解情況後，客氣地打電話請那位教授到辦公室談一談。教授對採購部主任的抱怨毫無歉意，反而又按捺不住火氣說：「其實我的確不該罵你的館員，我最應該罵的是你這位館長，這麼一點小事，你的人都辦不好，這是你的失職！」他的情緒激烈，不客氣地把怒火燒到李博士頭上。

李博士控制住自己，爭吵除了讓事情變得更糟糕之外，沒有任何作用。他很嚴肅也很平靜：「你當然可以罵我，但我希望是在我的辦公室裏，而不應該在眾人面前。我真正想說的是，你的確不應該當眾罵我的館員，你知道嗎？她當時完全可以與你對罵，但她沒有那麼做，因為即使在你情緒失控的時候，她也沒有喪失對你的尊

重。你的態度實在是過分了。如果換了你是她，你會怎麼想，你會作出什麼樣的反應？」

「這件事情我親自去調查過，採購部在你遞交訂購要求後已經給書商發了信，但書商方面一直沒給答覆。按照我們圖書館的程序，如果一個月收不到書商答復，採購部要寫信去催，他們的確這樣做了。你也許沒有及時收到所需要的書刊，但這不是採購部主任的錯，她每天的工作很多，必須按照規定的程序完成。書刊如果要得急，你可以在訂購要求上特別注明一下，我的館員才有可能加急聯繫書商，否則他們怎麼會知道你著急用哪？如果沒有那麼著急，採購部的館員按慣常程序執行是正常的，這不是他們的錯！」

與美國人相處，做人最重要，對人有禮貌，但絕對不可以軟弱，該堅持的時候一定堅持，該不客氣的時候就不能夠客氣，因為客氣很容易被當成軟弱。在種族歧視仍然存在的環境中，軟弱和退讓只能招致別人懷疑和否定你的能力，給別人欺負你的理由，反而讓人瞧不起。李博士的反擊適時適度，他的一番話壓住了教授的怒火。他繼續說：「採購部主任覺得你的行為是不尊重她，是對她的傷害，但她仍然在你發過脾氣之後，再次給書商發了加急信。」教授不說話了，他也是爽快之人，很快就主動向採購部主任道歉。這之後，李博士和那位教授一直都是好朋友，他的霸道再沒有發洩到圖書館。

李博士還遇到過一件麻煩的事，醫學院的院長找到副校長和李博士，強烈建議開除醫學圖書館館長，原因是這位女館長酗酒。週一早晨，醫學院的的院長例行召集高層管理人員開會，她多次來開會，都醉醺醺的一身的酒氣，有幾次居然正開著會就睡著了。醫學院院長忍無可忍，到副校長那裏告狀，因為醫學圖書館館長不直接歸他管理，他強烈要求李博士開除這位不稱職的館長。

李博士把這位館長找到辦公室來，給她一個警告，希望不要再發生這樣的事情。李博士開玩笑說：「你實在太過分了，如果週一的時候酒沒有醒，至少可以打電話到院裏去請假，而不是醉醺醺地參加例會。這樣的事情絕對不可以再有。」

除了酗酒，這位館長是一位不錯的醫學圖書館館長，她受過很好的醫學教育和圖書館管理的訓練，完全勝任她的工作，館員們都肯定她的才華，李博士不忍心開除她。但她一直不能擺脫喝酒，酒喝多了經常失控，講話語無倫次，對別人非常不客氣。李博士一邊應付學校方面的壓力，一邊到戒酒中心尋求幫助，送她去戒酒中心接受治療，但收效不大。後來李博士瞭解到，是她的丈夫經常喝酒，使得妻子也不斷地喝酒，屢戒無效。

　　李博士找到她的丈夫，告訴他這件事情很嚴重，繼續喝酒就要丟掉工作，請你為自己和你的太太著想。幾次深談之後，這對夫妻非常感動，她不再醉酒上班了。李博士知道，她其實一直都沒有完全停止過喝酒，只是變得比先前節制而已，李博士雖然沒能夠幫助她戒掉酒癮，但幫助她保住了工作。這位館長在醫學圖書館館長的位置上做到退休，對李博士非常感激。

　　管理者需要面對不同的人，而每個人都是有各自的長處和弱處，甚至有的人會有常人看來怪異和無法接受的行為。李華偉博士後來得知，他幫助過的副館長威廉‧羅傑斯，患有憂鬱症，每年有一、兩個月的週期，整個人都無精打采，臉色鐵灰坐在辦公室發呆。威廉私下裏跟李博士講，犯憂鬱症時，他不想上班不想做任何事情，而且經常會想到自殺。

　　作為館長，李博士完全有權利用其他的方式處理這些事情。無論是對副館長威廉，還是醫學圖書館館長，從學校規定的角度，請他們離開是完全合理的。但他覺得那樣的做法並不人道，因為人是不同的，人有權利與別人不同，李博士盡可能地幫助他的館員和同事，改善他們的處境。他一直認為，替別人著想，盡可能給予別人照顧和幫助，在大多數時候是解決問題的最好方式。

三

　　李博士在圖書館行政組織，人事安排，藏書發展，讀者服務，及自動化作業方面也進行多項改革，得到同事、教授及學生的支援，更得到校方的讚賞。俄大圖書館當初的糟糕局面，反而成就了

李華偉博士。他是一位出色的領導者，他的樂觀實幹讓俄大圖書館從此走出了困境。

就任的第四年，李博士被學校授予一九八二年俄亥俄大學最傑出行政人員獎（The Outstanding Administrator Award）。這是學校對行政人員的最高嘉獎，每年只授予一至三位最出色的人選。獲得這樣的榮譽，李博士當之無愧，而此項殊榮更有價值的部分還在於，它同時大大激發了俄大圖書館員的榮譽感和向心力，為李博士下一步的工作贏得全面支援。

李博士更加雄心勃勃的計畫是推進俄大圖書館的圖書管理自動化。早在一九六五年，美國國會圖書館研發出利用電腦技術進行圖書編目的模式，給圖書館界帶來了前所未有的發展，堪稱圖書館發展史上的里程碑。電腦編目的使用，實際上是創建了機器閱讀的圖書編目格式（Machine Readable Cataloguing，簡稱MARC），把此前的手工式作業，提升到工業化生產流程處理。

俄亥俄州是對國會圖書館創新模式最早做出反應的州之一，十三所州立大學的圖書館館長召開會議，決定採用國會圖書館新的編目標準模式，於一九六七年聯合成立了俄亥俄圖書館電腦中心（Ohio Computer Library Center 簡稱OCLC）。OCLC從耶魯大學請來懂得圖書館並熟悉電腦的專家——弗蘭克‧凱爾格先生（Frank Kilgore）做總裁，開發並建立起第一個全州圖書館合作編目的自動化系統，錄入國會圖書館磁片中的圖書編目資訊，供各館使用，以減少各館的重複編目；並在此基礎上，由其他各參與圖書館將自行編目的書目同時輸入到系統中，建立起合作編目和聯合目錄的資料庫。

OCLC的聯合目錄系統具有檢索圖書目錄的功能，像忠實無誤的偵探一般，可以根據每本書在系統中留下的特殊印記，追蹤到每本書在其他圖書館保存的情況，並在需要的時候及時發現它。這套聯合目錄系統改變了過去原始的館際互借形式，尤其是俄亥俄州各圖書館的藏書記錄都可以借助這個網路，大大推進了讀者查尋，館際互借的效果。

OCLC的圖書館合作編目、資源分享的網路系統獲得巨大成

功。這個圖書館界的重大創新，很快由俄亥俄州擴展到美國各州及世界各地。由大學圖書館擴展到其他高等院校圖書館、公共圖書館、國家圖書館、政府圖書館以及特殊圖書館等。短短10年時間，OCLC從一個州大學圖書館電腦聯網中心，迅速膨脹為全世界各類型圖書館的電腦聯網中心。

李華偉博士很早就開始關注OCLC，在OCLC發展最快的的六十年代末七十年代初，李博士在泰國亞洲理工學院，他每次回美國度假都會訪問OCLC。一九七九年，在就任館長的第二年，李博士就建議引進了一套圖書館自動化系統。這個建議得到校方的支持及撥款，經過公開招標，挑選，及安裝，於一九八一年正式運作。作為OCLC創始館之一，俄大圖書館累積了大量的電腦操作的書籍編目，在OCLC的兩億多個圖書編目記錄中，第一個編目記錄就是由俄大圖書館提供的。很快，俄大圖書館成為俄州各大學圖書館中使用圖書館自動化系統的先驅。

為了加強州內高等院校圖書館之間的合作和資源分享，彌補OCLC的不足，俄州各大學圖書館在 OCLC 之外又另外設立了一個的俄亥俄州高等院校圖書館聯網組織（OhioLINK）。 李博士是OhioLINK的主要發起人之一。

OhioLINK的用意是要以電腦聯網的方式，把全州八十所高等院校圖書館和俄亥俄州圖書館的藏書結合起來，成為一個各校師生都可以互借共用的資源。快速的郵件轉遞系統，確保讀者需要的書刊資料能在四十八小時之內從一個館送到另一個館。除此之外，在州政府的經費補助下，OhioLINK可以集中訂購電子資料庫、電子書、影像音響資料等，替個別圖書館，尤其是小型圖書館，節省了不少費用。OhioLINK 還利用州裏的超級電腦來集中儲存零散分佈在各校的研究資料庫，便於大家查詢使用。

OhioLINK建立後，美國其他州紛紛效仿，採用了OhioLINK的模式。值得一提的是，早年中國高校圖書文獻保障系統 （CALIS） 就是採取了OCLC及OhioLINK 的成功經驗作為藍圖，這其中就有李博士的功勞。

四

雅典城安靜平和，波瀾不興，學校中心區七層的圖書館樓不斷迎接和送走年輕的學生們，在它經年不變的紅磚牆內，一切正以一種人們不易察覺，但卻持續不斷的方式，悄然發生著改變，因為五樓館長辦公室的主人，一直在用他特有的春風化雨，潤物無聲的風格，管理和統領著他的圖書館。

在經歷了由內而外的全面升級之後，俄大圖書館後來者居上，無論是日常管理還是特色收藏都按照戰略者的設計，有條不紊地行進。李博士的職業生涯再度超越，這位打破了「玻璃天花板」（Glass Ceiling）的美國圖書館界第一位華人館長，一直勤勤懇懇，多年的工作習慣，令他不斷設立新的目標，一路不停地往前走。當年他的導師對他的瞭解最為準確，華偉是能夠走得很遠的人。

當然，平靜的日子裏面，也偶爾會有意外出現。在一九九一年八月，李博士得到亞洲基金會的邀請，前往巴布亞新幾內亞（Papua New Guinea），協助該國的高等教育委員會設計全國高等院校圖書館的合作計畫，目的在於實現政府指導之下的資訊資源分享。

巴布亞新幾內亞是遠在南太平洋西部的島國，由大大小小六百多個島嶼組成，人口不多，但人種相當複雜，美拉尼西亞人、巴布亞人、密克羅尼西亞人、波利尼西亞人、華人還有白種人，僅地方語言就有八百多種。這個在一九七五年才宣告獨立的年輕國家，到了十九世紀時還有獵人頭，吃人肉的習慣。

該國首都莫爾茲比港（Port Moresby）雖然倚山面海，美景怡人，但治安極差，李博士在行前被告知，當地的主辦單位已給他安排好一位保鏢，隨時保護他的安全。Mary和李博士都相當緊張，有保鏢保護其實說明當地異常危險。李博士下飛機之後，果然有一位男士在機場迎候，他身形高大，面孔黝黑，牙齒和眼睛顯得格外亮，見到李博士只是點頭微笑了一下，就重新把自己隱藏在冷峻和沈默裏，從他快速的動作和反應中，李博士判斷他應該是職業軍人出身。

在以後的日子裏，保鏢盡職地隨身陪伴，處處警覺，不敢稍有疏忽。巴布亞新幾內亞地勢特殊，火山地震及海嘯常有發生，公路很少，各主要城市和外島之間的交通主要靠小型的飛機往來，李博士簡直成了好萊塢大片中的角色，不斷變換交通工具，還有一位氣質冷酷的保鏢不離左右。李博士在三個星期之間去了七個城市，參觀了四十一所圖書館，掌握到大量的第一手資料，詳細調研之後，提供了報告及建議書，他的建議書在一九九一年十二月由巴布亞新幾內亞的高等教育委員會出版[1]。

更危險的一次經歷，還是一九八九年十一月的菲律賓之行。當時李博士接受加拿大國際發展研究中心的邀請，前往菲律賓評估再生能源資訊中心的工作。十一月三十一日晚，他抵達馬尼拉，住進尼可馬尼拉大酒店。第二天是周日休息，李博士在旅館附近吃午餐並順便散散步。尼可馬尼拉大酒店建在市中心的商業區，十分熱鬧。突然之間，槍聲大作，密集得如同雨聲一般，行人亂成一團，驚慌尖叫著，四面奔逃。李博士聽到有人喊：「發生政變了！」他無處可逃，慌忙跑回旅館，但沒料到的是，這下子是自投羅網，他到了最不該去的地方，因為尼可馬尼拉大酒店已被叛變的軍人佔領，並作為他們的臨時指揮部。

持槍的叛軍命令所有客人立刻回到各自的房間，李博士別無選擇，只能聽從。傍晚時分，槍聲越發密集，伴隨著巨大的爆炸聲，徹夜不停。旅館的擴音器傳來叛軍的通告，要大家留在各自的房間內，不得隨便行動，由旅館提供飲料及簡單食物。此時旅館客房對外的通訊已被全部切斷，所有的資訊來源就只有叛軍的廣播，以及來房間送飯的服務員。二十世紀後半葉，菲律賓經濟蕭條、政局動盪，政變頻發，李博士只是沒有料到，自己會陰差陽錯地成為叛軍的人質。

---

[1]　Hwa-Wei Lee, «Library Development, Resource Sharing, and Networking Among Higher Education Institutions in Papua New Guinea: Final Report and Recommendations». Port Moresby: Commission for Higher Education, December 1991. 48 p.

政變由忠於前總統馬科斯（Ferdinand Marcos）的三百多名軍人發起，從十二月一日凌晨起已經控制了菲律賓軍方的空軍司令部、陸軍司令部、還有兩家電視臺，叛軍攻勢淒厲，直逼總統府，志在推翻執政總統科・阿基諾（Corazon Aquino）的政府。

阿基諾總統向美國求救，美國駐菲律賓空軍立即出動F—4「鬼怪」式戰鬥機，在馬尼拉上空盤旋，雖然未發一槍一炮，但掌握了制空權，不利局勢得以扭轉。叛軍憎恨美國人的干預，在酒店廣播裏大喊大叫，要把所有的美國人質全部處死。李博士緊張了一陣，戰亂之中的恐懼，在被忘卻了多年之後，重新佔據了他的內心，他最擔心還是Mary和孩子們。在作為人質的五天時間裏，加拿大駐馬尼拉的大使館每天都與Mary保持聯繫，報告馬尼拉的情況，安慰心急如焚的Mary。幸運的是，在叛亂發生五天之後，叛軍最終向政府軍投降，十二月五日，所有人質被釋放，美國CNN直播了釋放人質的現場，Mary在電視上看到李博士與其他人質排隊步出旅館，喜極而泣。

當時，菲律賓政府專程安排了交通車，送所有外國人質前往馬尼拉機場，安排他們出境，但李博士因為任務還沒有完成，他又獨自搭車返回馬尼拉市區，住進另一家酒店。當他第二天出現在菲律賓國家再生能源資訊中心時，眾人都吃驚地叫出了聲，李博士連忙解釋說他沒事，仍然是一副平靜謙和的樣子，好像什麼都不曾發生過，他的敬業態度給每個人都留下了深刻的印象。

五

從就任俄大圖書館館長之日起，李華偉博士就有一個願望，要建立一個有關海外華人的特藏，這與他自己在海外的經歷和感受相關。當時在美國還沒有這樣一個專門的收藏。

早年到美國的中國華僑，除了做苦力之外，比較好的是開洗衣店和中餐館，辛辛苦苦，以求得在美國社會的立足之地，他們大多歷經磨難，地位低下，倍受歧視。到了下一代的子女，有的才得以進入美國知名大學，從事醫生、工程師、科學家和律師等職業，

躋身美國社會的中產階級之列。中國人在海外有成就的實在不少，尤其以學術和科技方面的貢獻最為顯著。但華人到處受排擠，實際上，有形與無形的種族歧視從來不曾遠離他們。因此，李博士感覺到應該讓美國公眾瞭解華人對美國發展的貢獻，這對消除偏見，提高華人形象意義深遠。

李華偉博士是行動者，在東南亞特藏的基礎上，他又建立了以香港名人邵友保先生命名的海外華人文獻研究中心（Dr. Shao You-Bao Overseas Chinese Documentation and Research Center）。資料搜集與研究的重點主要在東南亞地區，搜集、整理和保存記錄海外華人活動的原始文獻資料，包括政府檔案、私人手稿、家譜、碑銘、口述記錄以及重要書刊文獻等。研究中心通過膠片或電子媒體等儲存方式以及網路資訊系統，向世界各地的學者開放。

研究中心正式成立於一九九三年，邵友保先生慷慨捐贈的五十萬美金，成為研究中心啟動和運用的基金。在此之前，李博士通過俄大校友邵公權先生結識了他的父親邵友保先生。邵老先生年過七十，鶴髮童顏，精力過人，是香港知名的銀行家。早年獲政府獎學金遠渡東瀛，畢業於日本神戶大學。在香港回歸中國期間，他是香港基本法諮詢委員會委員和金融貨幣小組召集人，參加中英談判，並參與起草了「香港基本法」。香港政府籌建新機場，他還擔任了顧問委員會財經委員會副主席。

李博士欽佩老先生的愛國之心和公益善舉，熱心推薦俄大授予邵老先生榮譽博士學位，結果邵友保先生在一九九三年六月獲得了「俄亥俄大學榮譽博士」，邵老先生十分欣慰，攜夫人赴雅典城，他私下裏對李博士說：「我這一生做了很多事情，得了不少榮譽，而我最看重的還是這個榮譽博士學位，華偉，我真的要好好感謝你！」

邵氏海外華人研究中心的重要性可以從其二〇〇五年在新加坡召開的第三次海外華人研究與文獻收藏機構國際合作會議的宗旨上明確體現：

華人從中國大陸向海外移民已有數百年的歷史。在漫長的歷史歲月裏，華人足跡遍及亞太地區和印度洋沿岸，撰寫了世界航海史的一個重要篇章。西元二零零五年是偉大航海家鄭和七下西洋首航六百周年，本屆會議即以「海洋亞洲與海外華人（一四零五～二零零五）」為主題，以志隆重紀念。

　　十五世紀初，規模浩大的鄭和遠航促進了海洋亞洲的形成。在海洋亞洲的世界裏，海外華人扮演了重要的角色。隨後，歐人東來，以經商貿易，也加入了海洋亞洲。海洋亞洲的形成，對包括中華文明在內亞洲諸文明間的交流，以及東西方文明的交流，影響深遠，其結果，便是這一區域內各文明的相互適應和融合。

　　本屆會議的重點，即探討近現代海洋亞洲世界裏各文明互動的諸多側面，以及海外華人在其間扮演的角色。本屆會議涵蓋的地理區域包括東亞、東南亞、南亞、中東、和東非。

　　邵氏海外華人文獻研究中心每三年舉辦一次國際會議，二〇〇〇年，第一次會議在俄亥俄大學的雅典城召開；二〇〇三年，第二次會議與香港中文大學合辦，在香港召開；二〇〇五年，第三次會議與新加坡華裔館等十三個機構合辦，在新加坡召開；第四次是在二〇〇九年與暨南大學合作，在廣州市召開；第五次在二〇一二年與加拿大不列顛哥倫比亞大學（University of British Columbia）合作，在溫哥華市召開。即使在退休以後，李博士仍然親自參加每次會議的籌委會及大會。

第十三章　中美津梁

山一程，水一程，身向榆關那畔行，夜深千帳燈。

風一更，雪一更，聒碎鄉心夢不成，故園無此聲。

（清）納蘭性德《長相思》

一

一九七九年初夏，俄亥俄州的雅典城迎來了一批特殊的客人。在中國新一代領導人鄧小平年初正式訪美之後，他們是派往美國的中國知識界第一個高層次的代表團。中國著名的物理學家，時任北京大學校長的周培源先生是代表團團長，著名的植物學家湯佩松隨行。這兩位科學家都曾在二十世紀初留美讀書，又都在中國「文革」期間，被關在「牛棚」裏接受改造。美國人曾經問湯佩松先生：「一名處於休眠期的科學家能做什麼？」他回答說：「等待發芽！」[1]

代表團的任務，是與美國協商新時期的教育交流。他們在美國西部訪問了史丹佛大學（Stanford University）和加州大學柏克萊分校（University of California, Berkeley），在東部訪問的是紐約和波士頓的幾所著名大學，在中西部則是伊利諾伊大學（University of Illinois）和俄亥俄大學（Ohio University）。中國代表團到訪俄亥俄大學是當時的重大新聞。中國政府選擇像俄亥俄大學這樣地點比較

---

[1]　史黛西．比勒（Stacey Bieler）《中國留美學生史》（A History of American-Educated Chinese Students），張豔譯，生活．讀書．新知 三聯書店，二〇一〇年，四〇八～四〇九頁。

偏僻的學校，令美國人不解。事後人們瞭解到，中國駐美大使館對美國各大學做了認真研究，最後認為中國公派留美學生不宜到美國大的城市，像俄州雅典城這樣的「大學城」，學校環境比較單純，更適合學習和研究。

那是李華偉博士到俄大的第二年。當時俄大的中國教授有好幾位，李博士與藝術學院的亨利‧林（Henry Lin）院長是兩位行政職位最高的華人，被校方邀請參加中國代表團的接待工作。李博士十分興奮，再次證實了自己在泰國時的預感，中國將用新的方式與世界相處，這將帶給華人更多的機會。

很快，中國第一批公派留學生中就有二十幾位到俄大留學，他們選擇了工學院和文理學院。此後選擇到俄大的中國留學生一直很多，當時俄大的查理斯‧平（Dr. Charles Ping）校長對國際學生非常重視，可能也是其中重要的原因之一。實際上，自一九七九年中美建交以後，中國留美學生有了史無前例的增長。據美方統計，一九七九年至一九九○年間，赴美的中國公派留學生和訪問學者有六萬零九百六十七人，自費留學生四萬一千五百零一人，共計十萬多人。這十年間的中國留美學生，比一八六○～一九五○年一百年間的留美學生總和（大約三萬人）還多兩倍以上[2]。

一九八二年，中美建交三年之後，李博士終於第一次回到離開三十三年的大陸。加拿大國際發展研究中心（IDRC, International Development Research Centre of Canada） 與中國科技情報所合作，在昆明舉辦為期兩周的「情報中心管理培訓班」，培訓中國大陸各部級及省級科技情報中心的所長。李博士應加方之請，是兩位華裔專家之一。另一位則是伍斯特理工學院（Worcester Polytechnic Institute）電腦系系主任丁子錦（T. C. Ting）博士。

上世紀八十年代的昆明，看起來甚至不像是一個現代意義上的城市。街道上除了偶爾的軍用吉普車，幾乎沒有汽車，行人即使走

---

[2] 顧寧，〈一九七九年至一九九二年的中美文化交流——回顧與思考〉，《世界歷史》，一九九五年第三期。

在馬路中間也不用擔心影響交通。人們一律穿著藍色、黑色和灰色的服裝，生活勤簡樸素，外國遊客需要使用外匯券。

　　培訓班的學員級別很高，包括很多部級單位，比如水利部、電力部、紡織部情報所的主任。李博士也因此結識了很多情報所方面的朋友。福建省情報所的所長得知李博士的老家在福建福州，問起老家是否還有親戚，要不要回去探訪一下？當聽李博士講到他在福州的舅媽的名字和住處時，所長的表情忽然大變，重重地拍著桌子，有些激動地說：「這真是太巧了。您的舅媽我認識啊！我認識啊！」

　　說起來，這是一段悲慘往事。李博士的舅舅王調馨博士，是一位著名的物理學家。在華偉童年的印象中，他隨和而慈愛，是一位令人敬重的學者。王調馨先生畢業於福建協和大學——在民國時期是一所教會大學。後來赴美國加州理工學院（California Institute of Technology）留學並獲得博士學位。王調馨博士愛國情切，一九四九年中華人民共和國建立後，他因為看到了一個新的中國而振奮不已，放棄了在美國工作的機會，馬上回到中國大陸，屬於最早的歸國留學生。

　　王調馨博士回國後，擔任過福建協和大學的系主任、院長、副校長，以及福建政協委員的職務。但他的宗教信仰背景和海外留學經歷，註定他在後來的文化大革命中在劫難逃。據說，當年紅衛兵抄家，發現了一台收音機，立即認定那是他為海外組織收集情報的證據。王調馨博士成了海外間諜，遭到批鬥和毒打。他的身體受到極大傷害，不久後中風，半身癱瘓，兩年後離世。福建情報所所長的妻子是王調馨博士的研究生，看到自己導師的遭遇，憤憤不平，在公審大會上，她站出來幫王調馨博士說話，不諳世事的她，只是想告訴身邊的紅衛兵，自己的導師決不可能是他們所說的那種人。而她的聲音，甚至沒有完全被聽清楚，就激起了新一輪的憤怒，喪失理性的紅衛兵們，把她抬起來，從二樓的視窗直接扔下去，當場斃命。

　　歷史在那個時刻所呈現的瘋狂和憤怒，在今天看來甚至不可思議。人性所有的醜惡、偏執和殘酷都失去控制，像世界末日的洪

水，洶洶而來。任何個人的傷痛，無論如何慘烈和絕望，都被淹沒得無聲無息。所幸的是，這位所長熬過了所有的災難。

昆明培訓班結束後，李博士前往福州及北京參觀，開始與國家圖書館，北大，清華，及福建師大等圖書館建立聯繫。一九八四年，他再次回國之時，政治形勢已經大有改觀，學術交流的範圍也由情報所擴大到大專院校。中國的大學開始了新的發展階段，大學圖書館百廢待興，李博士應邀去北大、清華、北師大、郵電大學等學校講學和作報告。自此以後，他幾乎每年都回中國講學，擔任十幾所大學的客座教授，以及國家圖書館、科學院圖書館、深圳圖書館、浙江圖書館等館的顧問。

此後，李博士還參與了世界銀行對中國大專院校貸款的「師範教育發展」專案，為中國不同區域的大學和學院圖書館培訓圖書館員，世界銀行的合作對像是中國教育部，而李博士與中國大陸的合作也由學術界擴大到與政府部門的合作。第一次培訓專案在東北師範大學，中國教育部負責該專案的董哲潛處長與李博士一見如故，成了好朋友。第二次培訓在四川大學，此後，李博士又連續幾次接受邀請，他把圖書館自動化管理的理念帶到中國，帶給基層的師範學院圖書館，令所有參加培訓的官員和圖書館的館長們對現代化圖書館的管理有了具體的瞭解和認識，大開眼界。只是，李博士每次都是最忙碌和辛苦的一位，因為每期培訓都是二十天的時間。

世界銀行為中國國內師範院校提供貸款，根據需要調撥到學校，貸款利息低，可以先行使用三十年，然後開始還款，而且還款完全由地方財政出資。換句話說，學校完全是貸款的受益方，對一直以來資金緊張的師範院校，無異於一場及時雨，學校基本設施的建設因此有了資金保障，學校格外重視。據統計，該項貸款使得中國一百二十八所大學受益，其中有一百二十所是專科院校，值得欣慰的是，這些專科學院後來都快速完成了教學上的升級，除了極少數貧困地區師範院校以外，基本上都由專科學院轉成國家的本科院校。

二

　　早在一九七九年，李華偉博士在聯合國教科文組織、聯合國發展基金、美國國際發展總署、亞洲基金會、燕京教育基金會、嶺南教育基金會、北美布萊克威圖書出版發行公司等機構以及私人的資助下，在俄大圖書館設立了一個國際圖書館員培訓項目（International Librarian Internship），培訓發展中國家的圖書館員。培訓對象來自亞、非、中東各地。當時臺灣的國立中央圖書館、淡江大學圖書館、逢甲大學圖書館、省立台中圖書館等也都分批選派館員到俄大圖書館實習。泰國公主詩琳通親自主持的皇室圖書館也派了兩位館員接受培訓。二○○二年，當李博士以傅爾布萊特資深專家（Fulbright Senior Specialist）身份前往泰國清邁大學指導時，詩琳通公主還特地在皇宮隆重接見了李博士，以示感謝之意。

　　隨著李博士到中國大陸的機會不斷增多，他深刻感受到，中國圖書館極需借助國外圖書館先進經驗，培訓人才。此後，國際圖書館員培訓項目接受的中國圖書館館員逐年增多。

　　一九八二年，在加拿大蒙特利爾的國際圖書館聯合會（The International Federation of Library Associations and Institutions，簡稱IFLA）[3]的會議上，李華偉博士結識了北京大學圖書館的莊守經先生。一年前，李博士在一九八一年的菲律賓馬尼拉國際圖聯會議上結識了北大圖書館副館長梁思莊女士——中國啟蒙運動代表人物梁啟超先生的女兒。梁女士回北大後，多次與莊守經先生講起美國圖書館界的這位華裔館長。這樣一來，莊先生與李博士第一次見面就沒有陌生感，好像他們很早已經相互認識了。

3　國際圖書館協會聯合會（簡稱「國際圖聯」，International Federation of Library Associations and Institutions—IFLA）成立於一九二七年，是聯合各國圖書館協會、學會共同組成的一個機構，是世界圖書館界最具權威、最有影響的非政府的專業性國際組織，也是聯合國教科文組織「A級」顧問機構，國際科學聯合會理事會準會員，世界知識產權組織觀察員，協會總部設在荷蘭海牙。截至一九九五年，共有一百三十八個國家和地區的一千三百八十一個協會、機構和個人參加了國際圖聯。

莊守經先生後來擔任北大圖書館館長，他極力推進圖書館的自動化和現代化。當時俄大圖書館已開發使用第一代圖書館自動化系統，莊館長憑藉他的見識和決心，先後向俄大圖書館派出了十位搞自動化的技術人員，分兩次，每次五人，參加培訓和學習。經過多年努力，莊館長把北大圖書館辦成了中國大學圖書館中的典範，到了繼任的戴龍基、朱強館長，北大圖書館面向世界，邁進了世界館之列。

俄大圖書館隨後又迎來了清華大學圖書館、郵電大學圖書館等多家中國知名大學圖書館館長和專業館員。清華大學圖書館館長劉桂林教授和自動化部主任安樹蘭的來訪，促成了清華大學與俄大的校際合作。北京郵電大學圖書館館長馬自衛先生，在俄大進行圖書館自動化的研究，完成了他的《圖書情報自動化》一書。華東師範大學刁維漢教授在俄大訪學期間，編著了《OCLC聯機與光碟編目概論》。清華大學圖書館資深館員孫平也是訪問學者之一，她回國後編寫了一本極為重要的圖書館工具書——《英漢圖書館情報學辭彙》。

一九八七年，經過多次協調，李博士終於促成了中美大學圖書館館長的互訪活動。在他和南開大學圖書館來新夏館長的安排下，一批俄亥俄州各大學的圖書館館長與天津市各大學圖書館館長進行了為期兩周的集體互訪。這次互訪引起了美方館長對中國圖書館的興趣，進而促成了一系列的中美之間合作項目，在中國圖書館的發展歷程中留下了重要的一筆。

在二十世紀八〇年代，中國圖書館員出國進修很不容易。俄大的國際圖書館員培訓專案設計為每期三個月，每年兩次，由他們所在的院校提供往返旅費，俄大提供培訓期間的生活費用。當時，由於名額有限，有些館員為了能赴美學習，甚至情願自費，就當時中國的收入水平，不難想像，他們為這樣的一個機會，幾乎要用盡所有積蓄，甚至向親戚友人借債。有感於中國同仁的學習願望，李博士竭盡心力幫助他們出具訪問學者邀請函，並幫忙申請J-1簽證。

館員的培訓，除了需要巨額的經費之外，還要投入大量的人力

和時間。凡是經過俄大培訓的館員，對李博士細心及周到的安排，都留下了極其深刻的印象。中國館員初到俄大，李博士總要親自駕車兩個小時前往機場迎接，安排住處，借用傢俱器皿等，有的還要先住在李博士家裏，由Mary親自接待，直至找到合適的公寓租住。

　　為了給更多館員提供培訓機會，李博士向俄大香港的校友邵公權先生（香港名人邵友保博士的長子）募集二十五萬美金，作為國際館員的培訓基金。邵公權先生早年畢業於俄亥俄大學，後來回到香港，從事與中國、日本以及東南亞國家的貿易和投資業務，他熱心公益，此前曾經熱心地把李華偉博士引薦給他的父親邵友保先生，並促成了邵老先生對海外華人文獻研究中心的捐款。邵先生為國際館員培訓項目捐贈的二十五萬美金，使得每年都可以多資助五位國際館員到俄大圖書館受訓。

　　俄大的國際館員培訓計畫（International Librarian Internship）開始得最早，規模大，培訓內容自成體系，多數接受培訓的館員來自中國大陸圖書館。這在當時全美國的大學圖書館中首屈一指。李博士的研究生助理王嫻燕女士曾經做過一個統計：從一九八一年至一九九九年，俄大圖書館舉辦了十九期國際圖書館館員培訓班，接受培訓的國際館員共有一百七十五位，其中來自中國的有一百五十位，受訓館員中有二十餘位是由香港著名企業家邵公權博士直接贊助的，此項培訓計畫影響深遠，不少參加培訓的中國館員後來都成為中國國內各級圖書館的領軍人物[4]。

　　美國圖書館界中其他華人也嘗試做過相似的事情，但由於他們的職位有限，一般就只能邀請一、兩位中國館員來美進修，也很難有延續性。後來，隨著美國和中國圖書館界的交流不斷加深，各種館員培訓計畫逐漸多起來，直到後來伊利諾伊大學圖書館，新澤西州的喜藤郝大學（Seton Hall University）也建立了類似專案。另外哈佛大學的哈佛燕京圖書館，利用當年庚子賠款建立的研究專用基金，每年會邀請一、兩位中國圖書館員訪學。

---

[4]　俄亥俄大學網址：https://www.library.ohiou.edu

在中國大陸圖書館界，俄大圖書館的國際館員培訓項目非常著名。十幾年前，這個專案對中國圖書館早期的發展觸動巨大，參加培訓的館員們多為大陸圖書館界的骨幹力量，通過三個月的學習，他們對美國圖書館的工作程式和管理理念，尤其是管理系統有了第一手的瞭解，學習到的東西可以直接運用於自己的工作，非常實用。中國大陸的圖書館雖然起步時很落後，但二十幾年來發展非常之快，迅速接近甚至超過世界先進水平的圖書館，李博士是連接中美的紐帶和橋樑，功不可沒。

當時到俄大圖書館訪學的還有中國國家圖書館的同仁，其中包括圖書館自動化方面的負責人。後來經由國圖國際聯絡部的孫利平女士聯繫和安排，國家圖書館的常務副館長周和平先生（後任國家文化部的副部長）參觀訪問了俄大圖書館，周和平原來就職於國家人事部，後任職國家圖書館第一常務副館長。他是一位有見識、有眼光的領導人。他的參觀訪問持續了一個星期，非常仔細地考察瞭解俄大圖書館的管理，問了很多問題。周和平先生曾經說，到美國走一趟，尤其是在俄亥俄大學圖書館期間，啟發良多，得益匪淺。

北大圖書館的莊館長，是國際圖書館員培訓計畫的最初籌畫、設計的參與者，後來成為李博士的好朋友，他們的友誼持續幾十年，共同見證了中美圖書館之間的交流、合作和發展。

三

籌辦中美圖書館合作會議的想法，來源於日本和美國圖書館之間的合作模式。美日圖書館合作會議做了十年，非常成功。李博士認為，美國和中國圖書館界應該借鑒這樣的合作方式，中國圖書館正在快速發展，學習和合作的機會是最為需要的。

李博士具有主持和協辦國際會議的豐富經驗，其中包括一九八三年在美國舉辦的「亞太地區圖書館發展及合作途徑」年會；一九八八年由俄大圖書館與中國西安交大圖書館合辦的「圖書館新技術應用」的國際學術討論會；一九九四年在上海舉辦的「資訊技術與資訊服務」國際會議；一九九六年武大的「資訊資源與社會發展」

國際學術研討會。

　　但在中國舉辦兩國間高層圖書館合作會議，對李博士來說還是第一次。可以想像，中美雙方從語言交流、文化背景、工作方式等方面存在諸多不同，組織協調工作需要花費大量心思和精力。會議的規模、意義和國際影響也將大不相同。一九九六年，國際圖書館聯合會（IFLA）第六十二屆大會在中國北京舉辦。這是國際圖聯第一次在中國開會，美國圖書館界的很多重要人物將要出席。李博士決定抓住這個難得機會，搶在國際圖聯開幕的前幾天召開第一屆中美圖書館合作會議。

　　李博士找到當時國家圖書館的周和平館長，談了自己的想法。周和平先生是一位有見識，有魄力的官員，表示贊同和支持。在經過中國文化部認可之後，中方的籌備單位確定為中國國家圖書館和中國圖書館學會。中國圖書館學會的影響力遍及高校圖書館、公共圖書館和專業圖書館。在李博士的協調下，美單位確定籌備方為美國圖書館學會、美國研究圖書館學會以及美國華人圖書館協會[5]，都是美國圖書館界最權威的機構。因為李博士本人是美國圖書館學會的理事，也是美國華人圖書館學會的前任會長，而俄大圖書館是美國研究圖書館學會的會員，因此，美方三個機構的籌備工作實際上都由李博士親自協調和聯絡。

　　會議費用是關鍵的問題，所有到會人員的吃住，部分美籍人員的國際航班費用，會議場地租用等費用，都亟待落實。由於資金有限，李博士志願擔當了會議的募款工作。由於中美圖書館合作會議是首次，相應的籌款工作實際上非常困難。李博士花了大量時間，總共從美國企業、基金會和個人募集到了一萬五千美金。

　　這次會議之前，雙方籌備人員作了大量的研討和準備工作，會議的主題是：「全球的資訊存取——挑戰與機遇」。中美雙方各

---

[5]　筆者注：美國華人圖書館員協會（The Chinese American Librarians Association，簡稱 CALA）於一九七三年成立於芝加哥，是美國圖書館協會的會員組織，也是全國圖書館與資訊協會理事的成員。在美國，該協會屬下有七個分會，共有上千名會員，遍佈北美，也有來自中國、日本、新加坡等國以及臺灣的會員。該協會的主要目標，是推動跨國、跨地區圖書館專業人員的合作，並協助中美進行圖書館專業的交流。

選派一位主講。在這個主題下，又分有幾個子題。每個子題都由中美雙方各安排一位專家主講，其他出席人員參加討論。這次會議，中美雙方各挑選了四十位代表出席會議。中方人員來自於國家圖書館、高校圖書館、公共圖書館等，都是國內圖書館界領軍人物。美方出席人員中大多數都是美國圖書館界的權威人士，華美圖書館學會的幾位會員還擔任了會議的翻譯。

會議在中國國家圖書館內如期舉辦。一九八七年建成的中國國家圖書館大樓坐落在北京西郊白石橋，旁邊是紫竹院公園。十九層的雙塔形高樓，在當時的北京是引人入勝的高度。白牆藍瓦，融入了中國漢唐建築中門闕的元素，頗具古風。剛剛落成時被認為是「八十年代北京十大建築」榜首。

由於籌備工作落實了所有細節，合作會議進行得相當順利，近百位圖書館館長和專家學者就會議主題展開熱烈討論，好像是一次等待已久的會議，自然而然，水到渠成，這一幕載入了中美文化交流的歷史，是中美圖書館合作的里程碑。海外媒體報導：

> 自從中國一八六九年向美國國會圖書館捐贈一千冊圖書後，相隔一百多年，中美兩國近百位館長和專家學者站在中國國家圖書館的臺階上。

時任美國國會圖書館副館長的雯斯登・泰伯（Winston Tabbs）先生評價道：「這不僅是行業合作，也加強了兩國人民彼此的瞭解。」

國家圖書館主要負責人之一的孫蓓欣副館長，是一位風采翩翩的女士，在中國國家圖書館度過了四十幾年的時光，第一次中美圖書館合作會議給她最深的印象是：來自美國的圖書館管理理念，令人耳目一新。孫蓓欣副館長對李華偉博士所做出的努力深感欽佩，她感歎李博士可以稱得上：

正其義，不謀其利。明其道，不計其功。[6]

　　第一次中美圖書館合作會議之後不久，李博士又開始籌備第二次的中美圖書館合作會議。利用二○○一年國際圖聯（IFLA）大會在美國波士頓舉辦之前，在美國紐約市的皇后區圖書館和在華府的美國國會圖書館舉行。自此之後，每三、四年，中美圖書館的同仁們就聚在一起開會，地點或在中國或在美國。二○一○年九月份，第五屆中美圖書館合作會議在北京中國國家圖書館召開。合作會議的確增加了兩國圖書館間的交流，隨著美國圖書館界與中國同行建立起了聯繫，更多交流活動發生在會議之外。匹茲堡大學圖書館館長茹斯‧米勒博士（Dr. Rush Miller），加州大洛杉磯圖書館格林‧石（Gary E. Strong）館長分別與中國的大學圖書館和城市圖書館建立了館際交流和聯繫，成為中美圖書館合作會議成果和成功案例。

　　中美圖書館第四次合作會議促成了中美圖書館間的官方合作，由美國政府和中國文化部牽頭組織中美圖書館員專業交流項目。其中一項是由美方選派圖書館專家前往中國各省舉辦圖書館研討班。此前，中國邊遠地區的圖書館沒有機會接受類似的培訓，這個合作培訓專案，使中國最為需要的群體——公共圖書館基層工作的館員成為培訓的受惠者，找到了他們與世界圖書館行業的連接點。

　　美國伊利諾伊大學圖書館受美國政府之託，成為該專業交流專案的美方執行單位，並與CALA（華美圖書館學會）合作。除了每年選派兩批到三批圖書館專家前往中國各省舉辦圖書館研討班之外，同時也接待由中國派到美國學習交流的省級和直轄市圖書館的館長，每次為期三週。根據二○一一年八月的統計，從二○○九年開始，這個項目已在中國十五個省市各辦了為期三天的研討班，先後共有兩千五百六十五人參加了高水準的培訓。此外，有四十三位中國的省級圖書館館長和專家們赴美學習交流。

---

[6]　呂紅，〈廿一世紀知識管理者所扮演的角色——專訪美國國會圖書館亞洲部主任李華偉博士〉，《矽谷時報》，二○○三年七月二十日。

四

一九九四年，全球互聯網技術進入迅猛的發展期，而當時，中國能夠加入國際網路只有北大、清華、和科學院等為數不多的研究機構，他們通過史丹佛大學（Stanford University）特殊的通訊網絡，連接到局域研究網路，但並不是全球互聯網，學術界首先發出了不滿足的聲音，在日益全球化的世界中，與世界同步擁有資訊，至關重要。

一九九四年註定是一個關鍵的歷史時刻，中國政府意識到全球互聯網的重要性，但仍然猶豫是否加入全球互聯網（Internet）系統，因為加入全球互聯網，意味著國家政府無法保障對網路資訊的控制。國家副總理李嵐清在做出決定之前，特別徵求學術界的意見。當時李博士正在清華大學參加會議，也表達了他的意見。李博士的態度非常明確：中國一定要加入到全球的互聯網系統中，否則意味著現代意義上的自我封閉。同一年，中國政府指定清華大學帶頭，中國的教育研究互聯網（CERNET）由清華大學連接到全球網路。

借此機會，李博士把OCLC和OhioLINK的理念介紹到中國來。OCLC是成功的圖書館館際合作、資源分享的模式，也一直希望進入中國圖書館市場。中國圖書館界認同OCLC的理念和構想，也希望參與到OCLC的全球性網路中。OCLC最終選擇與清華大學圖書館合作，在清華大學掛牌，成立OCLC中國辦事處。

雖然由於圖書編目的成本以及中文處理系統等問題，OCLC並沒有像最初預期的那樣，引起轟動。但OCLC的成功理念還是震動和啟發了中國圖書館人，與之相類似的合作編目，聯合目錄，館際互借、資源分享模式相繼出現。

與OCLC相比，OhioLINK更有實用性，李博士把OhioLINK的模式和概念介紹給北京大學圖書館，北大在當時朱強副館長的組織下，建立了中國學術圖書館資訊系統（Chinese Academic Library Information System，簡稱CALIS）。李博士帶著北大代表團，實地考察OhioLINK，他們根據中國大學圖書館的具體情況，引入了

1978年12月華偉應邀前往中國昆明講學，這是他在1949年離開中國大陸後首次回中國
（右三）

1988年南開大學聘請李博士擔任客座教授（右三）

1991年華偉參加美國圖書館與資訊服務的白宮會議（後排左一）

1991年在華偉安排下天津市高校圖書館館長來美參觀訪問-在國會圖書館前合照（左一）

天津市高校圖書館館長來美參觀訪問-在華偉家與Mary合照

1993年與深圳圖書館簽署合作協議

1996年8月在北京舉辦第一屆中美圖書館合作會議

1996年3月在曼谷參加俄亥俄大學泰國校友會聚會

▌1996年在四川大學舉辦世行貸款師範教育圖書館館長研討班

▌2007年李博士應邀參加在上海舉辦的中華文化與出版上海論壇並擔任主講人之一

▋2009年9月在合肥國際圖書館計算機管理系統發展趨勢報告會上發言

▋2010年5月李博士參加中美圖書館員專業交流項目天津市高級研修班

2010年6月李博士參加由上海財經大學圖書館主辦的大學圖書館館長論壇

2010年9月李博士與華美圖書館員協會代表向中國國家圖書館周和平館長（左二）贈送感謝狀

OhioLINK成功的服務理念，在CALIS系統中建立了不同層次的資源分享，效果很好，從此圖書館資源分享模式以中國的方式生根。

八十年代李博士剛到中國的時候，圖書館的狀況比較落後，他當時的判斷是，中國與世界的差距至少也有二十年，他希望利用自己的力量和資源，為中國圖書館做些事情。今天，中國的圖書館發展非常之快，國家加大投入，有些方面達到甚至是超過了世界的先進水準。

許多中國的大學圖書館成為了俄大圖書館的合作夥伴，後來俄大圖書館進一步擴大了合作範圍，與深圳圖書館、武漢中科院圖書館、蘭州中科院圖書館等建立起合作關係，進行館員交換。每年，深圳圖書館派遣一到兩位圖書館員，到俄大圖書館受訓三個月。俄大圖書館也派一位館員到中國大陸一個月，由深圳圖書館負責接待一個星期，然後去武漢中科院圖書館一個星期，再到北京的圖書館。俄大圖書館的副館長格林・漢博士（Dr. Gary Hunt），以及其他技術部和特藏部的主任都先後到過中國大陸，並受到國內圖書館界的熱情款待，他們有機會瞭解中國圖書館，對圖書館間合作更加熱心。

深圳圖書館的自動化管理系統起步早，他們的專業人員在俄大圖書館學習期間，借鑒了俄大學圖書館的自動化系統。由於價格貴，也不適合中國的情況，他們放棄了購買美國大學圖書館自動化系統的計畫，轉而認真研究，吸取美國圖書館自動化的優勢，自己設計和開發了ILAS圖書館自動化集成系統。目前中國及全球範圍內有四千多家圖書館都在使用這個系統。深圳圖書館的ILAS自動化系統在真正意義上推進了中國圖書館的自動化和現代化進程，中國文化部把深圳圖書館自動化系統列為國家支援專案。

在二〇〇九年ILAS二十周年技術研討會上，中國文化部文化科技司于平司長先生感歎說：「ILAS二十年，是我國圖書館自動化取得長足進步的二十年。在這二十年中，ILAS伴隨著我國圖書館自動化事業的發展而不斷成長，從文化部的一個重點科技項目成為全球擁有四千多用戶的圖書館自動化產品。」這是令李博士感到欣慰的成果。

在美國，正規的圖書館教育早在一百多年前就有了，而這樣的正規教育，歐洲直到二十世紀七、八十年代才出現。像資源分享、館際互借、圖書館自動化這些概念都是發源於美國。應該說，美國圖書館的發展代表了世界圖書館的發展水平。而中國的圖書館界能夠從美國圖書館自動化系統中直接吸取經驗，使得中國圖書館自動化從一開始，就站在了世界先進水平的起點，少走了彎路，節省了成本和時間。

五

中國大陸派到俄大接受培養的館員，都是優中選優的業務骨幹或者具有可觀的專業前景的人才。他們來到俄大圖書館之後，非常勤奮努力，如饑似渴，幾乎要把新接觸到的圖書館服務理念和系統全部看懂吃透。同時，美國社會和文化也給他們帶來巨大的衝擊，有些人在三個月的培訓結束之後，利用其他的方法在美國居留下來。到俄大圖書館參加國際館員培訓計畫的一百五十位中國館員中，大概有一百二十多位回到原來的圖書館，並成為中國圖書館界的中流砥柱。

也有的館員在回到中國大陸之後，再次自費出國留學。清華大學自動化部的主任，非常受學校器重，來到俄大培訓了三個月，特別努力。她是一個有心人，在培訓期間著手聯繫了美國大學電腦系的研究生，回到清華大學不久，就收到了美國耶魯大學的錄取通知書。她後來在耶魯大學畢業後，留在耶魯大學圖書館工作，是一位出色的圖書館員。李博士理解和尊重每個人的選擇，他相信自由選擇的權力正是圖書館精神之所在。

九〇年代初，中國赴美的訪問學者和留學生，跟五、六〇年代到美國的臺灣留學生有著相似的境遇，生活之艱苦和窘迫，工作、學習壓力之巨大，語言、文化方面遭遇的差異，對每個人的生活和命運軌跡都產生了不可逆轉的影響。

李博士記得有一位來自中國農科院的官員，由中國政府公派留美學習經濟，不屬於圖書館的培訓人員。訪學結束後，他轉成了俄

亥俄大學經濟系的研究生。讀學位和做訪問學者完全不同，學習壓力大，加上他的英文水平有限，讀書格外吃力，精神壓力讓他逐漸難以承受。

有一次，從電視上看到廣州白雲機場飛機失事的報導。他那時產生了一個可怕的想法，覺得妻子和女兒一定在那班飛機上，而且是遇難了。這樣的刺激讓他精神徹底崩潰，他把自己反鎖在公寓的洗手間裏，在自己身上砍了十幾刀……

這位中國留學生在美國沒有一個親人，擔任俄大中國學生會顧問的李博士，由素不相識變成了他唯一的依靠。搶救後，他被轉到雅典鎮的病院，進行治療。當時他已精神錯亂。李博士查到他妻子在中國的電話，趕緊給她打電話，查明她和女兒都平安無事，根本沒有出門，特此在病房中讓這位學生與他的妻子通話，證明她們安然無恙。這位學生的病情很快復原，但他的精神病還需要繼續治療，因此被轉送到當地的精神病院。經過兩個月的治療，病情逐漸好起來。

建於一八七四的精神病院是俄亥俄州最為古老的公共服務設施，很多在戰爭中受到心理創傷的軍人就這裏接受精神治療。因為接治的病人大多病情比較嚴重，病人一般被限制行動，住在一個單獨的房間裏，不適於長久居住。最終的決定還是讓這位學生回國休養。由李博士做監護人，簽字擔保他出院，除了向俄大申請到買機票的費用，李博士還向政府的社會福利機構提出申請，把將近三萬美金的醫療費用免除掉。

李博士開車送他離開雅典城的那天是耶誕節，天上飄著幾點細碎的雪花，打在擋風玻璃上融化成晶亮的水珠，公路上車子很少，偶爾經過房屋密集一些的小鎮，到處是聖誕的裝飾，燈光在黑暗裏顯得尤其溫暖。他一路無話，李博士也想不出更好的話安慰他。開車差不多兩小時，到了哥倫布斯國際機場，李博士將他安排在機場附近的酒店，等待第二天清晨的航班。他變得很緊張，希望李博士留下來陪他。

那個耶誕節，只有Mary和孩子們在一起，當他們在聖誕歌裏打開各自的禮物時，李博士正和歷盡痛苦的大陸留學生住在酒店裏，

等候著送他回國與家人相聚的飛機。李博士的情緒也變得有些複雜，一夜沒有睡安穩。值得慶幸的是，這位先生回國後，在家人的照顧下，病情痊癒，他和太太一直非常感激李博士，後來他的兩個女兒分別赴美留學，並取得了博士學位。

六

在把自己的經驗帶到中國大陸的同時，李華偉博士也一直同臺灣和香港保持了密切的聯繫。李博士多次參加了臺灣早年的臺灣國家建設研究會，他所在的文教組，人才濟濟，小組成員的構成一半來自臺灣，一半是海外有成就的華人。他們相互交流，瞭解臺灣的情況，為臺灣的建設和發展諫言，回到美國後，李博士還搜集相關的資料，把先進的理念介紹到臺灣。

值得一提的是，李博士建立和發展了俄亥俄大學和臺灣逢甲大學的合作。參加國建會時，逢甲大學校長廖英鳴先生與李博士同在文教組，一見如故，他邀請李博士作為嘉賓，到逢甲大學參加校慶。逢甲大學在台中，設有大學部、研究生部、繼續教育部等，大概有三萬多位學生，雖然建校的歷史不長，但辦學嚴謹。逢甲大學在臺灣聲名遠播，雖然招收的學生並不是最優秀的，但畢業的學生大多留在了臺灣本土，給臺灣社會做的貢獻最實際。很多逢甲大學的畢業生，後來成長為臺灣社會的中堅力量，形成了良好的口碑。相比之下，公立大學的學生畢業後出國留學的居多，留在臺灣本土的反而有限。

在李博士的協調和安排下，臺灣逢甲大學與美國俄亥俄大學建立了校際合作，互派學生。逢甲大學每年派出五、六位學生讀研究生或博士生，由俄大提供免學費獎學金，同樣，俄大派出五、六位學生，享受逢甲大學的獎學金，並在學校裏教授英文，學習漢語。逢甲大學的派出人員多半是本校的教職員，回去以後繼續在校工作，逢甲大學後來有幾位系主任都在俄亥俄大學訪問學習過。俄大派到逢甲大學的學生中也有幾位留在逢甲大學任教。

實際上，李博士與香港圖書館界和學術界的聯繫，開始得更

早，並且一直延續了很多年。香港浸會大學前校長謝志偉博士（Dr. Daniel C. W. Tse）和他的太太吳道潔女士（Kitty Tse），曾在匹茲堡大學攻讀，與李博士是同學。謝校長與李博士在同一年獲得博士學位。謝太太也在同一年獲得圖書館學碩士學位，她回香港後擔任浸會大學圖書館館長。後來每次李博士途經香港，都與老同學聚會敘談。浸會大學是香港最好的私立學校，後來成為公立學校，學校圖書館在最初的建設中，謝志偉博士夫婦邀請李博士做顧問。他們真是請到了非常專業的顧問，給圖書館大樓的設計出了不少好主意，因為李博士那時已經參與設計過愛丁堡州立學院圖書館和亞洲理工學院圖書館兩棟圖書館建築了，稱得上是一位資深「設計師」。

香港科技大學籌備時，也曾經邀請李華偉博士出任圖書館館長。當時科技大學的校長由香港最後一任總督彭定康兼任，副校長錢先生親自找到李博士，興致勃勃地說：「我們要辦亞洲第一流的大學，邀請最好的專家、學者。」為此，科技大學開出了優厚的待遇，薪水比俄亥俄大學的標準高出百分之二十，三年續約加送一年的薪水作為獎勵。香港的房子貴，科技大學給出的房租補貼比薪水還要高。看得出來他們是誠心誠意邀請李博士。不湊巧的是，一九八九年春夏之交，中國大陸發生了六四事件，Mary擔心香港會受到影響，她對華偉說：「也許我們應該好好想想，過一段時間再做決定吧。」另外，俄亥俄大學執意挽留，圖書館馬上面臨著成為美國研究圖書館的一員，李博士的作用至關重要。權衡之下，李博士只得放棄了去香港的決定，再次與香港擦肩而過。

前香港城市理工大學圖書館館長潘華棟博士是李博士的老相識，他也曾經多次聘請李博士擔任顧問。潘博士後來又做了澳門大學圖書館館長，他還曾經利用兩個暑假的時間，到俄大圖書館訪問和進修。

李博士在美國圖書館界的影響，和他的華裔身份，使得他能夠在中國大陸、臺灣、香港和澳門之間擔當聯繫和溝通的角色。二〇一〇年十一月，李博士到臺灣參加臺灣、中國大陸、香港和澳門圖書館界的聚會，並擔任講演嘉賓，美國圖書館界的幾位東亞圖書館

館長和著名華裔館員也應邀參加。主要議題是數位化圖書館，李博士在發言中，再次倡議兩岸三地圖書館界的合作，實現中文圖書的數位化合作與共享。

　　事實上，在李博士一直以來的倡導之下，美國大學中的東亞圖書館和美國國會圖書館都做過中文圖書數位化的工作。臺灣中央圖書館與美國國會圖書館曾經合作完成了中文古籍數位化的項目，中國國家圖書館與哈佛燕京圖書館合作完成了中文古籍的數位化專案，兩岸三地圖書館都積累了相當豐富的經驗。

第十四章　成功募款

這路始終都是盤旋的上坡道？

對，就這樣到盡頭。

長長的白天全得在路上花掉？

得從早到晚，朋友。

〈上坡〉

（英）克莉絲蒂娜・羅塞蒂（Christina Rossetti）

一

在李博士眾多的學術著作中，有一本《九〇年代圖書館募款面對的挑戰》（Fundraising for the 1990s: The Challenge Ahead: A Practical Guide for Library Fundraising: From Novice to Expert）。這本書在當時頗受圖書館界的歡迎，是一本有關募款的經驗之書，李博士與他的副館長——格林・漢 (Gary A. Hunt) 博士合作，花了六個月工作之餘的時間完成的。

一九九一年，李博士在俄亥俄大學善於募款的名氣，在圖書館界不脛而走，俄亥俄州的出版商得知後，嗅到商機，與李博士聯絡，請他把自己的成功募款經驗寫出來，與大家分享。

美國州立大學資金一般來源於州政府的撥款，但從上世紀八十年代初，政府補助逐年減少，大學運營的資金捉襟見肘，一直習慣了依靠州政府撥款的州立大學，不得不借鑒私立大學的模式，自謀財路。美國為數眾多的私立大學，資金主要來源於社會的捐款，比如，哈佛、耶魯大學都有幾十億甚至幾百億的基金，基金的利息

和投資收益用來維持學校的開銷，捐款人多是大學校友中的社會精英。看到私立大學的募捐做得風生水起，州立大學也決定要分一杯羹，在他們多年積累的校友資源中，不乏經濟實力雄厚的成功人士。各公立大學紛紛設立了一個副校長的職位，專門負責公關及募款，成立基金會，各學院院長及主要行政單位主管，都要訂定募款計畫及目標，並親自參與。

捐款的方式一般有兩種，一是一般性的捐款，每年經常性地發信、打電話、邀請校友、組織活動，請校友捐款。另外是每隔幾年，進行一次大規模的募款活動，負責捐款的部門全體動員，各學院的院長、教授、學校的校長全部親自出面，活動規模大，目標明確，收效更明顯。

學校募集來的基金由基金會負責管理及投資。基金是投資的本金，一般不得動用，學校可以使用基金每年的投資收益，每年大概相當於基金的百分之四至五。即使基金的投資收益超過百分之五，學校也只能取出百分之四至五，其餘的投資收益放回到基金中作為本金使用，繼續投資。因此，運作好的情況下，基金的本金也會有所增長。

李博士到俄大圖書館之前，圖書館募集的基金少得難以置信，還不到兩萬美金。包括圖書館在內，俄亥俄大學一共有十七個預算單位（Cost Center），每年向學校申報預算，並負責使用批准的經費，包括使用資金的收益。在所有預算單位中，圖書館募集的資金倒數第一。主要的原因在於圖書館沒有校友資源，大的捐款專案根本輪不到圖書館。

顯然，李博士要為圖書館募款的難度非常之大。俄大負責公關及募款的副校長——傑克·艾里斯（Jack Ellis），是李博士的鄰居，他剛好在組織一個全校大規模的募款活動，艾里斯副校長鼓勵李博士說，據他的觀察，有些校友願意為學校捐款，他們喜歡和熱愛俄亥俄大學，可是對自己當年就讀的系和學院不一定滿意，不願意捐款到系裏或者學院裏，圖書館爭取一下，也許有機會。

艾里斯副校長的建議不無道理，李博士必須另闢蹊徑。俄大工程與技術學院有一位傑出的校友——保羅·史鐸克（Paul Stocker）。

他曾經給工學院捐款兩千萬美元，是校友捐款人的典範，學校對他讚譽有嘉。史鐸克先生和夫人經常返校訪問，受到校方隆重接待。有一次，李博士特別邀請史鐸克夫人前往圖書館參觀，她欣然接受。

當時李華偉博士剛剛建立了專門的圖書維護部門，因為俄大圖書館很多藏書舊了，破損嚴重，除了基本的修復以外，有些書在借出時，書頁被撕掉了，圖書維護部利用館際互借，找到書的原本，複印丟失的書頁，再補到受損的書中。幾乎所有的圖書館都會遭遇到相同的問題，但多數情況下，它們只安排一兩位圖書館員負責維護，沒有足夠的重視。

圖書維護部主任帕翠莎‧史密斯女士（Patricia Smith），是一位傑出的黑人女性，來自太平洋靠近美國的一個島嶼，她是圖書館專業的碩士研究生，在哥倫比亞大學專門進修過圖書維護，畢業之後，耶魯大學、斯坦福大學都邀請她去工作，但她對於簡單基本的圖書維護並不滿意。俄大圖書館最終能夠吸引她，是因為李博士計畫要成立圖書維護部門，並請她擔任部門主任。帕翠莎上任後，圖書館為她配備了單獨的辦公室，一位全職的助理，還有幾位兼職的學生工作人員。

參觀過程中，史鐸克夫人對圖書維護部門的工作十分感興趣，看到該部門有很多義工在幫忙，十分感動。另外，帕翠莎‧史密斯主任對圖書維護激情十足，她一邊講，一邊還給史鐸克太太示範圖書維護的技藝，史鐸克太太看得入了迷，不斷詢問相關情況。李博士解釋說，專業的圖書維護在美國圖書館界是先進的觀念，該部門因工作需要，亟待擴充，需要購買器材及增加設備。史鐸克夫人當即表示願意捐款資助。

兩個月之後，耶誕節快到了，史鐸克太太寄來了十萬美金的支票，還附了一張卡片：

李華偉博士，我知道你的圖書館做得很好，圖書維護方面我也特別有興趣，先捐助十萬美金，以後每年我都會給圖書維護部捐助十萬美金。

　　那是俄大圖書館收到的一份特殊的耶誕節禮物，自此之後，每年耶誕節之前，史鐸克太太都如期捐款。到李博士從俄亥俄大學退休時，她已經捐贈了一百五十萬美元的基金。俄大圖書館的圖書維護部門越做越好，帕翠莎充分展現了她的才華，不僅如此，她後來還成為副館長格林・漢（Gary Hunt）的太太。

二

　　史鐸克太太資助的圖書維護專案是李博士募款所做的第一個專案，一個好的開端，令他更加躍躍欲試。

　　當時美國政府的國家人文基金會（National Endowment for the Humanities），鼓勵各大學進行募款，作為推廣人文教育的費用。基金會設立了挑戰贈款專案（Challenge Grant），根據圖書館自身能夠募集的款項，每三美元，就可以向人文基金會提出申請，贈予一美元的補助，比如募集到了四十五萬美元的捐款，那麼根據挑戰贈款計畫的規定，就可以向基金會申請額外的十五萬美元贈予基金，使捐款總數達到六十萬美元。挑戰贈款計畫的宗旨在於鼓勵圖書館及相關機構積極面向社會募款，募款期限是三年。

　　李博士第一次向美國人文基金提交申請計畫，並將他的募款目標設定在四十五萬美元，申請十五萬美元的贈予。當時沒有把握，李博士清楚，在三年內，史鐸克太太的捐款之外，他要找到新的捐款人。為此李博士再次請教鄰居艾里斯副校長，請他幫忙出主意並推薦有潛力的捐贈人。三年後，李博士實現並超過了他的目標，募集到了六十萬美元。

　　有了成功的經驗，李博士募款的信心和胃口大增。這一次，他向美國人文基金提出了七十五萬美元贈款的申請。根據基金會的規定，第二次申請，需要募到四美元才能獲得一美元的補助。這

意味著，為了得到七十五萬美元的贈予補助，他必須在三年內募到三百萬美元。為了達成目標，李博士設計出多種方法。其中，最重要的策略之一是成立了俄亥俄大學圖書館之友會（Friends of Libraries）。

圖書館之友會是募集捐款的專門組織。熱心圖書館的朋友們替李博士提供募款的機會，並把各類募款的資訊傳遞過來。俄大圖書館也組織各種活動，鼓勵那些並不願意捐款到院裏和系裏的校友關注圖書館，有的甚至不是俄亥俄大學的校友，但關注學校發展，比如校董事會中有一位黑人董事，看到圖書館做得非常成功，一次性地給圖書館捐贈了八萬美金，建立一個美國非洲裔特藏（African-American Collection）。

為了募款活動，李博士平均每天都要花上三小時的時間。除了圖書館之友會，他還成立了圖書館顧問委員會，頻繁出席校友會和社區的各種活動。在李博士看來，做好募款，首先要把圖書館辦好，建立良好的聲譽，才能使有心的人樂於解囊相助。艾里斯副校長特別派了一位有經驗的募款者，作為李博士的助手，推薦介紹有實力的校友。這些努力終於使得李博士在三年內募集到三百多萬美元的捐款。

一筆重要的捐款來自旅居日本的美國人弗萊德瑞克‧哈瑞斯先生（Frederick Harris）。他是猶太人，在日本居住和工作了四十年之久，很多著名建築的室內設計都是他的手筆，在日本，哈瑞斯先生是名列前十位的著名室內設計師之一。另外，他的畫作蜚聲日本，他做畫的方法獨特，用毛筆創作日本畫，同時又引入了西洋畫的風格。實際上，哈瑞斯先生本人跟俄亥俄大學並沒有關係。當時，圖書館之友會的一位俄大校友，擔任大通曼哈頓銀行（Chase Manhattan Bank）駐亞洲的總代表，辦公室設在日本東京。李博士通過這位校友，結識了哈瑞斯先生。得知老先生私人收藏了六千多本日本及東方文化和藝術方面的書籍，因為房子越來越擁擠，有意將收藏的書籍捐贈給圖書館，李博士立即去日本拜訪了哈瑞斯先生。

老先生熱情但很客氣，他帶李博士參觀他的家和豐富的藏書，李博士借此機會介紹俄大圖書館的藝術專項藏書，該收藏在美國大學圖書館界小有名氣，如果哈瑞斯能夠把藏書捐贈給俄大圖書館，藝術收藏會更有特色、更國際化。但哈瑞斯先生相當直率，他當即表示，他只考慮將藏書捐贈給美國的名校圖書館，比如，美國加州大學的伯克利分校，那是他曾經讀書的地方，還沒有想過像俄亥俄大學這樣的圖書館，他甚至很直接地說，「我一點兒都不瞭解俄亥俄大學，真的不知道為什麼要捐贈給俄亥俄大學圖書館。」

　　哈瑞斯先生的想法其實很正常，李博士覺得應該找機會讓老先生瞭解俄亥俄大學，於是誠懇邀請他，有機會回美國，一定到俄亥俄大學看一看。哈瑞斯先生有一位年長的哥哥，住在紐約，身體不太好，他每年都要回紐約看望哥哥。

　　日本的會面沒多久，李博士得知哈瑞斯先生回到紐約，他向學校提出特殊申請，安排俄大專機到紐約去接老先生。專機徐徐降落在俄大的歌頓・布希機場（Gordon K. Bush Airport），李博士在機場迎候。坐落在雅典校園西部九英里的歌頓・布希機場，是俄亥俄大學的專用機場，只有學校最為重要的客人才能享受乘坐專機和降落歌頓・布希機場的待遇。

　　哈瑞斯先生的俄亥俄之行非常愉快。俄亥俄大學圖書館藝術收藏部的主任安・布萊斯登（Ann Braston）為哈瑞斯先生詳細介紹了俄大圖書館的藝術收藏，安是一位藝術素養深厚的圖書館員，她與老先生相談甚歡，甚至像一見如故的老朋友。圖書館還特意與俄亥俄大學藝術學院合作，專程邀請哈瑞斯先生為師生們講演。哈瑞斯先生離開的時候，對李博士說：「華偉，我決定把藏書捐贈給你的圖書館。」

　　後來，李博士幾次到日本開會，都去拜望哈瑞斯先生，李博士進一步瞭解到哈瑞斯先生的藝術成就，他創作的日本畫融入獨特的美國元素，受到日本藝術界廣泛認可。更難得的是，他愛國心很強，由於在日本生活的時間久，德高望重，被推舉為日本的美國商會會長，很有影響力。上世紀八十年末九十年代初，美國在日本還

有駐軍，哈瑞斯先生曾經熱心替美國駐日本的海軍組織活動，安排美國海軍到日本家庭中去做客，增進雙方的瞭解和友誼。美國海軍部很認可他，還專門授予他美國海軍部的褒獎。

頻繁的交往中，李博士與哈瑞斯先生的私人關係更加親近，哈瑞斯先生對俄大圖書館的瞭解越來越多，他後來說：「華偉，你的圖書館非常成功，我沒有孩子，我願意把自己的財產更多地捐贈給你的圖書館。」哈瑞斯先生隨後為俄大圖書館的藝術收藏捐贈了五十萬美金。俄大圖書館二樓的藝術收藏部改成了以他的名字命名的弗萊德瑞克和卡祖可（Kazuko和子）・哈瑞斯藝術圖書館（The Frederick & Kazuko Harris Fine Arts Collection），並用哈瑞斯先生的專項捐款擴充藝術方面的收藏，包括藝術和建築歷史，理論、評論、技術、材料和實踐。收藏尤其側重亞洲區域的影像和影像方面的歷史。

<h2 style="text-align:center">三</h2>

李博士剛到俄大學圖書館的時候，就注意到圖書館被稱為溫仁・奧頓圖書館（Vernon R. Alden Library），他仔細問了一下來歷，得知是以俄亥俄大學過去的一位校長溫仁・奧頓博士命名的。溫仁・奧頓博士在一九六二～一九六九年期間擔任俄大第十五任校長。在此之前，他是哈佛大學商學院（Harvard University Business School）的副院長。擔任校長之際，奧頓博士很年輕，才只有三十八歲。他們一家人就住在圖書館後面的一棟專為校長居住的住宅裏。

奧頓博士才華橫溢、政績卓著，到俄大以後，利用他在學術界的聲望，大力提升俄大的學術地位。六十年代是俄亥俄大學擴充最迅速的階段。在奧頓博士任內，俄亥俄大學在讀學生和教職員工的數量都翻了一番，學校規模擴大了一倍，很多他在任期間興建的建築都明顯具有哈佛現代校舍的特色，樸素的紅磚外牆，牆面爬滿長青藤，潔白的窗櫺，青青草坪，蔽日樹木，一派超然世外的田園校舍。

這段時間，俄亥俄大學真正成為俄亥俄州第二大的學校，僅次於俄亥俄州立大學。奧頓博士還極力向州政府爭取經費，建築新的

圖書館大樓。歷時五年，圖書館大樓終於在一九六九年建成，那是他任內建成的最後一棟建築，新圖書館也以奧頓先生的名字命名。圖書館從此離開了擁擠的柴博堂（Chubb Hall），那座建於一九三〇年的建築早已無法滿足不斷增加的讀者和藏書。

可惜的是，六十年代末正是美國大學學生反越戰，鬧學潮的高潮期，俄大校園裏，學生運動異常激烈，據說在圖書館大樓落成舉行開幕式的當天，學校請了相關要人到會慶賀，在圖書館一樓準備好點心和飲品，等待開幕式結束後，客人們小憩閒談，但有一部分鬧學潮的學生，居然闖到圖書館一樓，吃了點心，把一切搞得骯髒不堪，可以想像，面對自己學生的粗魯行徑，面對淩亂骯髒的場面，奧頓博士顏面掃地，非常難堪。

更有甚者，有的學生組織起來，衝到奧頓博士家門口示威，高聲喊叫，並喪失理智地往院子裏投擲石頭和酒瓶，奧頓太太尤其是孩子們，完全不知道發生了什麼，受到驚嚇。奧頓博士看到自己學生的失控行為，他苦心經營和付出的俄亥俄大學讓他痛心不已，奧頓博士當即決定辭去了校長的職務。由於在美國企業界良好的關係，奧頓博士離開俄亥俄大學後進入商界，一九六九年到一九七八年期間，就職於美國波士頓公司（Boston Company），同時還兼任了其他十幾家大企業的董事會成員。

實際上，上世紀六〇年末，整個美國的大學校園內都上演著反越戰的風潮。越南戰爭是那一代人美國人的夢魘，它把「嬰兒潮」整整一代人拖入了戰爭。特別是對於那些出生在一九四六～一九五四年間的人，越戰和徵兵是他們的避之不及的噩運。在經歷了越戰的損失和失敗之後，公眾開始反思，為什麼要去越南那麼一個遙遠的，與我們毫不相干的國家開戰？我們的孩子究竟在為了什麼樣的目標在流血和付出生命？另外，六〇年代的美國，流行嬉皮文化，年輕人標榜反叛，追求自由、享樂，沒人情願去越南送死。諸多因素使得國內的反越戰抗議和示威越來越激烈。一九六九年，反戰運動達到高潮。反戰者認為，這是一場根本無法打贏的戰爭。

俄亥俄州各大學校園的學生反越戰運動非常活躍，以州立肯特

大學（Kent State University）和俄亥俄大學最為激烈。一九七〇年五月十八日，美國國民警衛隊員向俄亥俄州立肯特大學的抗議學生開槍，打死兩名女生和兩名男生，打傷八人。俄亥俄大學校園裏也進駐了美國國民警衛隊，雖然沒有釀成流血事件，但瘋狂的學生也燒毀了一幢教學樓。

可以肯定的是，奧頓博士不會希望學生們畢業走出校門，就去越南戰場赴死，但作為校長，對學生喪失理性的激進行為也深為惱火，他也許正是不願意將自己置於一個難堪的，不能左右形勢的位置，才離開俄亥俄大學的。離開以後，一直沒有再回過學校。

李博士理解奧頓博士曾經遭遇到的困境，也相信奧頓博士對俄亥俄大學的感情其實很深，傷之痛是皆因愛之切。李博士上任的第二年，剛好是俄亥俄大學建校一百七十五周年校慶，同一年，俄大圖書館的收藏達到一百萬冊，校慶期間也計畫組織慶典。於是李博士想到了奧頓博士，也許這是一個很好的機會，邀請奧頓博士回訪俄亥俄大學。

那是一個溫暖的下午，慶典安排在圖書館，在查理斯・平校長的大力斡旋之下，奧頓夫婦回到俄亥俄大學。慶典之上，李博士真誠地回顧和讚賞奧頓博士任校長期間，為俄亥俄大學所做的諸多有意義有影響的事。尤其提到圖書館，是奧頓博士遠見卓識，當時就預見到學校未來幾年的大幅增長，在圖書館整體建築設計上，大膽預留了空間，建築面積比俄亥俄州立大學的圖書館還要大，給此後不斷發展的藏書預留出足夠的空間。事實證明，奧頓博士當時的預見，至少是向前看到了二十年！

奧頓博士和太太故地重遊，感慨良多。俄亥俄大學沒有忘記他們。來自學校和圖書館的真誠讚美和感激，多少撫慰了他們當年離開時的痛心。美麗的奧頓夫人，當即慷慨地捐贈二十萬美金，用於購買東南亞藝術方面的圖書，東南亞特藏和藝術圖書館都成了受益者。奧頓博士的態度也明顯有了轉變，並接受李博士的邀請，擔任圖書館之友會的榮譽會長。此後每年俄亥俄大學組織活動，奧頓博士和夫人都親臨參加，將近二十年的心結似乎漸漸解開了。

李博士一直與奧頓博士保持了親近的私人交往，奧頓博士很欣賞他平靜謙和的個性，和穩重踏實的做事風格。有一次，他私下裏跟李博士說，他對俄亥俄大學圖書館的發展很滿意，已經在遺囑中聲明將把遺產中的五百萬美金捐贈給圖書館。二〇〇〇年，奧頓博士正式宣佈他捐款的意願。五百萬美金的捐贈，也成為至今為止俄大圖書館收到的最大的一筆捐款。雖然當時李博士已經退休，但大家都知道，沒有李博士之前的努力，一切都不會發生。

<h1 style="text-align:center">四</h1>

　　初到俄大時，圖書館的基金兩萬美金，到李博士退休時，圖書館的基金達到九百多萬（九百零八萬六千六百一十一元），其募集捐款的數目，在俄亥俄大學的十七個預算單位中，從原來的最後一位躍升到第四位。根據基金會早前的規定，基金每年的利息，不超過本金百分之四的部分可以由圖書館使用。以美金九百萬計算，圖書館每年可以動用三十六萬，數目可觀，用來支援圖書館更多專案，做更多有益的事情。

　　實際上，九百萬美元是淨剩餘的數字，另外有三百多萬捐款，已經根據捐款者的意願使用掉了。除此之外，還有近六百萬美元，捐款者已經承諾，但款項沒有到位，比如有的捐款者在遺囑中注明，過世之後將把指定數目的錢捐給俄大圖書館，就像溫仁・奧頓博士（Dr. Vernon R. Alden）的做法。其實，奧頓校長和他的夫人瑪麗安（Marion）在李博士任內曾經多次捐款，前後不少於七十多萬美金，建立以他們為名的圖書館基金及東南亞藏書基金。

　　李博士在俄大圖書館做了幾個非常出色的募款項目，從無到有，一點一滴地播種，他以特有的耐心和個人魅力，建立和維護各方面的關係，慢慢地積累，不斷有所突破。李博士善於捐款的名氣越來越大，成為俄亥俄大學甚至美國大學圖書館界最卓越和成功的募款人之一。

　　一般來說，募款需要首先制定一個五年計劃，列出五年之內要推出的重要專案，每個專案需要多少資金，把這些製作成計畫書的

宣傳冊，遞交給潛在的捐款對象，讓人家能夠瞭解圖書館要做的事情，圖書館的目標和需要。香港的邵友保先生，就是通過這樣的方式聯繫到的，俄大圖書館東南亞的收藏獨具特色，但遺憾的是，缺失海外華人的部分。邵友保先生關注海外華人，希望證明和褒揚他們的影響力，這個項目正是邵老先生的興趣所在。

李博士從毫無經驗的起點出發，一邊行動一邊摸索，找到不少實用的經驗，他認為，募款成功的秘密在於，首先必須把事情做好，做得完美。只有看到你做得成功，你做的事情令捐款人感到驕傲，捐款人才會信任你，願意提供幫助。

其次是建立和經營與捐款人的關係。李博士有一個公式：在開始之前，必須做大量的調研功課，首先瞭解捐款人有多大的捐款能力，第二，捐款人對項目感興趣到什麼程度。有些人有捐款實力，但不見得對所提供的捐款專案感興趣，這種情況下，就要耐心培育彼此之間的關係，有意識地實施影響，慢慢提升他對捐款專案的興趣，直到他們感興趣的程度與其捐款能力相匹配時，才最終可能募集到捐款。有的人對捐款的項目充滿感情和興趣，但他們可能沒有捐款的能力，對這樣的人同樣不要放棄。實際上，做募款，兩種類型的人都非常重要，一種是有經濟實力的人，他們是真正的捐款人，而另外一種人，他們雖然沒有錢，缺乏提供捐款的能力，但有足夠的影響力，他們的影響力同樣可以提供幫助，最終接觸到潛在的捐款人，他們是連接募款人和捐款人的橋樑，其價值不容低估。從這個意義上講，俄大圖書館之友會其實是集中了後一種人，他們對圖書館有足夠的熱情和熱愛，可以幫助圖書館找到和培育其他的關係。

另外，做募款還要反應快，有準確的判斷力，遇到機會，及時判斷，準確地抓住和把握機會。當然，李博士認為，捐款成功與否，關鍵之中的關鍵還在於把自己要做到最好，捐款人只有肯定你做的事情和你的成績，才願意捐款。如果俄大圖書館沒有做得有聲有色，是沒有人會捐錢給它的。

第十五章　管理理念

世界的百科全書，包羅一切的圖書館，就是世界本身。

《夜晚的書齋》
——（加拿大）阿爾貝托・曼古埃爾（Alberto Manguel）

一

　　一九九三年冬天，雅典城的雪格外多，等不及耶誕節，已經把小城變成一片雪白。停在路旁的車輛幾乎被雪埋住，圓圓地鼓出頭，像是沒有放進烤箱的麵包坯子。雪還在繼續下，不疾不徐，但雪花成了雪片兒，滿天滿地，路面上的積雪很快深過膝蓋。學校宣佈停課，城裏頭的所有店鋪都關門歇業。李博士此時正在哥倫布斯的醫院裏，接受治療腰椎尖盤突出的外科手術，因為長時間坐著工作，傷害到腰椎，背痛時常發作，連彎腰也變得十分困難。

　　手術很順利，李博士躺在病床上，生病給了他額外的時間，最近答應臺灣三民書局，開始撰寫現代化圖書館管理的書，他需要梳理總結自己的經驗，還要查閱大量的資料。幸好，他多年來經常回國講學，已經累積了大量的教材。

　　純理論和學術的論題一直是李博士有所迴避的。一來行政工作佔用了他大量的時間和精力，二來他更看重有實用價值的東西。經常有業內的朋友邀李博士撰文，尤其是他做了創新的實踐後，同仁們更希望他把實踐案例梳理整編，集結成篇。因而，他撰寫的論文大多與不同時期所做的事情緊密相關。最早在都肯大學圖書館時，

他曾經發表了關於非洲特藏的論文，到泰國後，撰寫的論文多數是探討亞洲理工學院（AIT）圖書資訊中心的創新、科技資訊的收集和處理、電腦的運用、國家科技資訊系統的建立、區域圖書館合作、資訊資源分享等論題，回到美國之後的論文涉及的主題比較廣泛，包括現代化圖書館管理、圖書館捐款、科技在圖書館自動化中應用、中美圖書館合作、國際圖書館發展、圖書館的知識管理等方面，主要反應了他對實際工作中所遇到的具體問題的觀點和認識。後來在國會圖書館時，李博士的文章集中在國會圖書館資源、亞洲特藏和漢學研究的資源。

美國的大學圖書館館長們一般注重於行政管理，兼顧學術研究，勤力筆耕，實在難得一見。對於李博士來講，逼著自己寫文章，尤其撰寫學術論文，需要大量閱讀，以深厚的研究為基石，又要不斷反思濃縮自己的經驗，必須從繁雜的行政管理中抽身出來，靜心深思。李博士不得不將工作中零散的空餘時間利用起來，勤力用功，每年都要寫兩、三篇論文，為此所需的研究工作負荷已經是他的極限。

幾十年的圖書館生涯中，李博士總共發表了一百多篇學術文章，出版了五本書，編過三本會議錄，及先後擔任了七種學術期刊的編輯委員。他的著作包括：《圖書館學的世界觀》（一九九一年臺灣學生書局出版）、《九十年代圖書館的籌款指引》（與格林・漢博士合著，一九九二年由美國堅那維公司出版）、《現代化圖書館管理》（一九九六年由臺灣三民書局出版）、《OCLC聯機與光碟編目概論》（與刁維漢、王行仁合著，一九九九年由上海華東師範大學出版社出版）、及《知識管理：理論與實踐》（與董小英，左美雲合著，二○○二年由北京華芝出版社出版）。

在美國大學裏工作，拿到終身聘任（Tenure），一般要求教師和研究人員在受聘的六年之內撰寫一定數量的作品，並在權威的學術雜誌上發表，而且還要在教學，行政，和專業領域裏有傑出的表現。但李博士的寫作並不是出於職業上的壓力，因為在所有任職過的大學裏，他的工作業績都是最出色的，不超過兩、三年，就很快獲得終身聘任，他的寫作或是應友人之邀，或是興之所至，有感而

發。多年來忙碌的工作節奏已經成為他生活和生存方式，這也是他與眾人不相同的地方。

二

「圖書館和資訊中心已從傳統式以紙張印刷品為主的『紙張
圖書館』（Paper-based Library）進展到七十年代的『自動
化圖書館』（Automated Library），八十年代的『網路化圖
書館』（Net-worked Library），及九十年代的『電子化圖書
館』（Electronic Library）。……二十一世紀的圖書館和資訊
中心將無疑地朝向『虛擬圖書館』（Virtual Library）這個方
向發展。虛擬圖書館融合了各期圖書館的特色和優點，破除
了圖書館人為的柵籬，使得圖書資訊的服務能無遠弗屆，不
受空間和距離的限制。這本探討現代化圖書館管理的書是盡
可能地配合了這個發展趨勢。」

——李華偉《現代化圖書館管理》（一九九六）自序

　　李華偉博士的管理理念來源於在美國所受的圖書館管理的教
育，但實際上，他受東方文化影響頗深，因而在多年的行政管理實
際中，融合了東西方管理理念的精華，同時汲取了企業管理、先進科
技應用，以及最新的知識管理體系，形成了自己獨特的管理方式。

　　在李博士看來，西方的管理思想以「法」為基礎，法即是規
則，一切遵從嚴格的組織程式和規章；中國的管理思想則以「人」
為基礎，講究「人情」和人與人之間的關係。單純地講「法」，顯
然有局限性，而只講人情，不重視法規，也容易失去「情」的尺
度。應該有一個折中點——就是「理」。「法」是制度化的手段，
但法是人制定的，可以用「理」來修改，使其能夠因時制宜，以求
「不固而中」。「情」是指發乎仁心而中節的情，也是管理的人性
化。因此，「情、理、法」就是管理的人性化、合理化和制度化[1]。

<hr />

[1]　李華偉，《現代化圖書館管理》，臺灣三民書局，一九九六年，二三四～二三五頁。

講道理，強調理性，用理去平衡情和法，用理去駕馭情和法，使得情和法都在理性的監督之下，適當地發揮作用，孔子推崇「中庸之道」的妙處就在於此。

「情、理、法」都是針對人的管理原則，因為任何一個機構的核心都在於「人」，因而管理的最終目的在於人的管理，李博士認為，人的管理是最重要而且具有挑戰性的，表面上的服服帖帖、循規蹈矩是一個層次，但最關鍵還要心裏服氣，自覺自願地與他人合作，在一個共同的目標下一起工作，這樣才可能產生好的結果。與西方個人英雄主義的觀念相反，李博士不推崇個人英雄主義，他相信眾人的通力合作具有改變一切的能量。

講究「人和」是中國文化的精髓，「和為貴」，並不是難於理解的高深道理。在任何工作的開始，李博士首先做的都是把斷裂的人際關係修復起來，自己以身作則，誠懇待人。在李博士看來，管理的最高境界在於「安人」。「修己安人」來自《論語》，修己的功夫包括了「格物、致知、誠意、正心及修身」。安人的行為包括了「齊家、治國、平天下」。管理工作實際上是始於「修己」而終於「安人」。用中國傳統道德中的「仁」和「愛」對待員工，激發員工的善意，仁者無敵，「己欲立而立人，己欲達而達人」，才能達到「安人」的境界[2]。而李博士在俄亥俄大學圖書館，包括他後來到美國國會圖書館亞洲部的經歷，都是將「安人」做到了完美的境地，屬下們從心裏佩服和擁戴他，形成了積極的工作氛圍和團隊合作精神，李博士尊重每一位員工，將他們最優秀的潛質鼓勵和激發出來，這才是他的魔術的秘密。

「安人」的理念貫穿了《現代化圖書館管理》一書，李博士同時引入了西方企業管理的先進經驗，把中國式的「安人」與現代企業的目標管理、參與式管理、品質管理以及知識管理結合起來。管理的理論是相通的，現代圖書館管理的四個方法，從六十年代的目標管理，到參與式的管理，到後來的品質管理和知識管理，這四個

---

[2]　李華偉《現代化圖書館管理》，臺灣三民書局，一九九六年，二三三頁

層次的管理都起源於企業界，然後才被運用到其他機構包括在圖書館管理。

　　李博士認為，機構的目標應該與員工的目標統一起來。只有這樣，機構中的員工才能有動力為機構做事，最大限度而且自覺自願地付出個人的努力，因為他在為機構努力的同時也得到了自己的需要。尋求各方利益的平衡，減少和避免衝突，取得「雙贏」的局面，這與中國傳統的儒家思想有不謀而合之處。從實際性、實用性出發去探討管理方式，東方和西方的理論才會走向共同的真理。

　　作為管理者，李博士一直提倡參與式管理，授權員工，鼓勵他們放手做事，並給予足夠的支持，做出成績是大家的，出了問題由自己出面解決和承擔。李博士推崇管理中「無為而治」的境界，他喜歡把現代化圖書館的管理比喻成一盤象棋，每個棋子都有各自的職責，車、馬、炮、相、士、卒各有所為，唯有將、帥不僅無為，而且需要其他成員的保護，這是「無為故能使眾為」的管理特色。象棋是君子之爭，必須在和平融洽的氛圍中進行，心平氣和、虛懷若谷是棋者的良好棋品[3]。

　　無為而治是發揮「無所為而為」的精神以達到「知其不可為而為之」的境界，無為不是「一事不做」或「一事無成」，而是放手支持下屬去做，下屬的有為，正是主管的無為。無為而治的現代化功能是要使得機構內的員工能自發自動地發揮潛能，以達成機構的工作目標[4]。

　　大學圖書館服務於學生，教授，和研究人員，其首要功能是書籍、報刊、資料的搜集和整理，合乎教學和研究的需要；第二是與學生，教授，和研究人員保持密切的配合，根據他們的需求擴大藏書；第三是把已經擁有的藏書資源介紹給學生，教授，和研究人員；第四是指導他們更加合理和有效地使用圖書館，進行自己的研究。近年來，由於科技和資訊的發展，圖書館遇到的挑戰更大，它需要根據大學的需求不斷地變化和發展。李博士偏愛圖書館行業，

---

[3]　李華偉，《現代化圖書館管理》，臺灣三民書局，一九九六年，二三五～二三六頁。
[4]　李華偉，《現代化圖書館管理》，臺灣三民書局，一九九六年，二三七頁。

也在於它的挑戰性。對於靈活、有遠見的領導者而言，圖書館自有一片廣大的天地。

三

上世紀六〇年代之前，圖書館的發展比較緩慢。六〇年代之後，隨著電腦的使用和科技發展，人類迎來了資訊爆炸的時代，使得圖書館的工作變得極具挑戰性，完全改變了一成不變，墨守成規的狀態，而開始了五年一個小變化，十年一個大變化的快速發展。李博士是幸運的，他的五十年圖書館生涯，見證了世界圖書館行業發展最迅速的發展歷程。它不斷從其他行業汲取營養，尤其是引進了企業界先進的管理經驗，從目標管理，參與式管理、品質管理到後來的知識管理，都來源於企業管理理念。現代科技的發展，電腦技術的廣泛應用更為圖書館的發展提供了更為廣闊的空間。

人類的歷史因文字而清晰，人類的文明因書籍而傳承。圖書館最重要的功能之一，就是作為一個「倉庫」，把人類包羅萬象的知識和智慧「儲藏」起來，再用科學的方式，分門別類地組織起來。同時，還要有統一的分類標準和方法，讀者瞭解了分類的方法，在使用的時候才能夠按圖索驥，找到所需要的。一八七八年，美國的圖書館員杜威發明了圖書分類法，是一種十進位的分類方法，把所有圖書分成十大類進行編目。後來美國國會圖書館又根據它的藏書情況進行了改進，把十進位分類法不夠細的地方進行了完善，從十進位制變成了字母分類，用二十一個字母來對圖書進行分類。目前，公共圖書館還在使用杜威的十進位分類法，而學術圖書館則沿用了國會圖書館的字母分類法。

從圖書館發展的歷史來看，現代意義的圖書館出現在美國。作為移民國家，美國人民思想自由開放，人們的求知慾旺盛，但並不是每個人都買得起書。最早在費城，那些受過良好教育的歐洲移民，以私人讀書俱樂部的形式，把書籍彙集在一起，彼此借閱，相互分享。結構相對鬆散，但也有專門的人員負責管理，並收取一定的費用，這樣的方式受到認可和歡迎，漸漸演變成了公共圖書館。

後來慢慢地在美國其它地方也出現了不同規模和藏書的圖書館。這就是美國公共圖書館的由來。

十九世紀七十年代，美國最先成立了圖書館學院，以培養圖書館員，並有了杜威的圖書分類法，但此後的發展，進程緩慢，甚至在一個世紀的時間裏，都沒有重大的突破。以美國早期的大學圖書館為例，一八五〇年時，只有教授有權進入到圖書館的書庫閱書，而學生則必須憑藉教授寫的字條，每次只能借閱一本書，無形當中，圖書館變成特權機構，非請勿入，對外是拒絕的姿態。

美國圖書館的發展在全球範圍內始終是領先的。當美國已經有卡片目錄的時候，歐洲的德國和法國的圖書館，使用的目錄還像一本書一樣，一行一行地寫著書的目錄，要找到所需要的圖書，必須從「目錄書」開始，實在是難以想像的狀況。在德國，培養圖書館員仍是師傅帶徒弟的方式，由一些受過教育的人，到圖書館跟圖書館館員做學徒，學習圖書館業務和管理圖書館。真正的圖書館教育產生於美國，後來逐漸傳播到世界其它的地方。

中國圖書館起源於早年的藏書樓，聚集著皇族富家的藏書，只藏不借，僅供給少數人專用。直到二十世紀初，開始受到美國圖書館行業的影響。一位美國傳教士的姐姐，韋棣華（Mary Elizabeth Wood）女士，曾經做過圖書館員，一八九九年韋棣華女士到中國探親，在武昌留下來，受教會之請，擔任文華中學英文教師。她藉此機會，發起新圖書館運動，在一九一〇年，創辦了文華公書林，改變了藏書樓的概念，採用開架式，把書借給大家看。在一九二〇年，她還建立了中國第一所圖書館學專科學校，培植了中國新圖書館事業的專門人才。使中國有了現代意義上的圖書館。

一九二四年，韋棣華女士在美國遊說國會議員退回庚子賠款，由中美雙方政府成立中華基金會，將退款使用在中國的教育和文化事業上。當時的國立北平圖書館即是由庚子賠款基金補助成立。

圖書館在經歷了上世紀六十年代之前的紙張圖書館、七十年代的自動化圖書館、八十年代的網路化圖書館、及九十年代的電子化圖書館之後，將面臨新世紀的更大挑戰。李博士認為，人類智慧的

典籍不該只是擺在書架上，束之高閣，而應該真正被現代的人類社會所認識和應用。今日之圖書館，其責任遠遠高於收藏和常規的服務，它應該是知識型的。

二〇〇一年九月，李博士接受泰國清邁大學（Chiangmai University）的邀請，以傅爾布萊特資深專家（Fulbright Senior Specialist）的身份，協助該校圖書館系設計研究所的課程，工作了六個星期。在任務完成後，他與該系系主任 Ratana Na-Lamphun 教授，也是他以前在朱那隆功大學圖書館系的學生，合寫了一篇論文——〈針對資訊與知識管理：重新設計清邁大學圖書資訊系研究所的課程〉（Focusing on Information and Knowledge Management: Redesigning the Graduate Program of Library and Information Science at Chiang Mai University），把他的知識管理的理念實踐到圖書館教育中[5]。

此後不久，李博士與北大光華管理學院董小英教授合作，完成了另一部專著《知識管理理論與實踐》。他認為，知識的累積經過了漫長的過程。首先，人類的知識來源於各種小的事件（facts），根據不同的性質或者某個主題，把小的事件分門別類，組織起來，就形成了資料（data），再經過進一步的使用和消化理解，被人寫出來，形成文章或者書籍，就變成了資訊（information）。過去，圖書館是把書籍、文章進行搜集和分類、放在書架上，如果沒有人使用，它們就是死的，毫無價值可言。知識管理，實際上是讓「死」的資訊復活，給它們以生命，讓它們昇華為智慧（wisdom）。

企業對知識管理非常重視，企業以營利為目標，要在競爭中求得生存，需要充分靈活地運用資訊，並帶來新的價值空間。圖書館同樣面臨著如何幫助讀者更有效地使用資訊的問題，這正是知識管理和資訊管理不同的地方，知識管理無疑是提高了一個層次。電腦、網路的發展，為知識管理提供了豐富的工具，比如，WEB2.2

---

[5] With Ratana Na-Lamphun, "Focusing on Information and Knowledge Management: Redesigning the Graduate Program of Library and Information Science at Chiang Mai University," «Information Development», Vol. 18 No.1 (March 2002), pp. 47-58.

的應用，會根據過去的資料，作出判斷，把需要的相關資訊通過網路直接傳遞給用戶，用戶甚至不需要自己去找。在資訊發達的社會，圖書館如果不完成轉型，就只能故步自封，變成骨董。

現代圖書館的挑戰是收藏網上的資訊。網上的信息量巨大，怎樣篩選和保存是難題，谷歌（Google）在搜索的同時，通過複雜的計算，把資訊出現的次數，和它的重要程度也搜索出來，這些是人工做不到的。但人類還應該做出更高層次的努力，即實現人類和資訊之間的交流和互動，換而言之，不僅把重要的資訊搜索儲存起來，還要讓它為人類所用，從資訊管理上升到知識管理的層面。知識管理使得資訊和知識最大限度地為人類所用，讓知識來到你的面前，推給你，不是被動地等著你去找到它。這是新時代圖書館的發展趨勢，在網路的世界裏，圖書館不會消失，也不應該消失，但它將面臨巨大的挑戰和轉變，需要吸收和利用新的科技技術，不斷地豐富和發展自己。

第十六章 名留俄大

在圖書館裏，或者說，在這個世界上，每個人都在尋找屬於
自己的那本書。

——（阿根廷）波赫士（Jorge Luis Borges）

一

一九七八年，美國大學圖書館界，李華偉博士是第一位在有規
模的大學圖書館擔任館長的華裔。身為華裔的代表，他體會到責任
之艱巨。在李博士看來，他已經被置於一個只許成功不可失敗的境
地。只能往前走，沒有退路。他為自己設立的目標非常明確，為在
美國的華裔圖書館員突破「玻璃的天花板」（Glass Ceiling），替
華裔爭一口氣，讓更多的人能夠打破種族歧視，有機會發揮才華，
證明華裔群體的才能。

他的激情和執著含而不露，大音希聲，大方無隅，他用溫和的
方式堅持高貴的理想。在李華偉博士成為圖書館館長之後，另外一
位華裔館長是來自香港的景懿頻女士（Bessie K. Hahn），她在波士
頓的布蘭戴斯大學（Brandeis University）擔任圖書館館長。景館長
的經歷非常好，在她去布蘭戴斯大學任職之前，已在著名的約翰‧
霍普金斯大學（Johns Hopkins University）圖書館擔任助理館長多
年，是華人圖書館界的精英。在最初的一年裏，她遇到美國同事的
不合作和抵觸，阻力極大。景館長很灰心，甚至考慮放棄館長的職
位。李博士鼓勵她：「你不能退，至少要堅持一年，因為第一年最

難過，也最關鍵，闖過去，你會一帆風順的。」景館長聽從李博士的建議，咬緊牙關堅持，後來越做越好，擔任館長工作直到退休。

鼓勵景館長的話，李博士自己感同身受。其實，在他的館長生涯中，不只一次地經歷過類似的境遇。每到一個新的機構，別人首先是好奇，來了一位華裔黃種人的館長，英文不是母語，究竟有多麼大的神通，得先看看你的本事。開頭的幾個月是蜜月期，同事們礙著面子，半年以後，他們往往開始不服氣，終究內心裏有種族觀念作祟，覺得你不過如此，不見得有什麼特別的本事，不合作甚至故意搗亂的事情在所難免。對此，李博士甚至已經見怪不怪了。開始的這段時間至關重要，必須堅持住，證明自己確實比別人做得好，好到所有人都服氣，好到被人認同和接受的程度，困境會迎刃而解。時間是最公平的見證者，面對成績，同事們會接受你。美國人的優點在於，當他們對你的能力嘆服時，他們會誠心誠意支持你。

近些年來，美國圖書館界種族歧視的偏見已逐漸淡化，但是能升任圖書館總館館長的華裔並不多見。每次參加美華圖書館員的年會，李博士都鼓勵華裔館員們，給自己設立更高的目標，要敢於出頭，替華人爭氣。

俄亥俄大學圖書館是李博士服務時間最長的圖書館。從一九七八年到退休，他擔任了二十一年的館長，後來晉升為院長級館長。這段時間，是李博士職業上升中的黃金階段，深厚的管理經驗，平和沉穩的做事風格，卓越的領導才能，經過漫長的醞釀之後，找到了厚積薄發的突破口。俄大圖書館成就了李博士的才華，李博士也在美國中部的雅典城，創造出他心目中的偉大圖書館。豐富而多元化的藏書，與現代科技同步的圖書館自動化系統，專業和敬業的團隊，都是他點點滴滴播種的收穫。

李博士格外喜歡雅典城的秋天，那是樹木最美麗的季節，映著天空碧藍的背景，樹葉的顏色越來越豐富，紅，有不同的紅，黃，有不同的黃，雅典城多樹，此刻，就如同奏出了收穫時節的交響。

二

　　書籍是圖書館的中心，它們的數量和品質，決定了一個圖書館的價值，而書籍的增長也不斷給圖書館帶來難題。俄亥俄州設立全州高等院校的聯盟OhioLINK，覆蓋了八十九個院校，總收藏達到四千九百多萬冊圖書，而這個的數字仍然在快速增長，院校圖書館的館舍大多被擠滿了，各公立院校圖書館紛紛向州政府申請資金，擴建或建新圖書館。為了長遠、徹底地解決問題，州政府同意撥款，分別在俄亥俄州的東、西、南、北以及中部地區，構建五所遠端密集儲存書庫，用來集中儲存使用率不高的書籍和資料。相當於節省和擴大了現有學校圖書館的空間。

　　俄大圖書館急需騰出足夠的書架，為新採購的書籍找到一席之地。李博士決定抓住這個好機會。他是俄亥俄州眾多的大學中最迅速的行動者。俄亥俄大學位於俄州東南部，李博士向州政府申請在俄大建造一個地區密集儲存書庫。而州政府同意提供資金，投資建館的首要前提是，俄亥俄大學必須有能力提供一個寬敞的場地。

　　距離俄大校園三英里的哥倫布斯路（Columbus Road）旁邊，有一片土地出售。那裏原本是一家汽車專賣店，老闆年紀大了，不想繼續經營專賣店，出售價格只有五十萬美金。李博士極力建議俄大買下來，用於建造圖書館分館。他很快得到了羅伯特·格里登（Robert Glidden）校長的同意，俄大出資買了土地。當時，州政府正全力推進全州五個地區的密集儲存書庫的建設，需要找到一個示範點，俄大占了先機，州政府的撥款很快就到位了。

　　一九九七年初，新圖書館開工修建。整個籌建過程，從申請，選地，規劃、設計、建築、到投入使用，都由李博士和他的副館長格利·漢博士（Gary Hunt）親自把關。他們兩人輪流到工地上監看工期。新圖書館除了成為密集儲存書庫之外，還設有讀者閱覽室，圖書維護部，數位化和縮微卷片製作部門，俄大檔案部等。圖書館第一期工程可以容納一百萬的藏書，以後兩年或三年再擴建二期和三期工程，都是一百萬的擴充量。李博士在選擇地點時，已經

充分考慮到未來的發展，預留了擴建靈活性，甚至可以擴建到五期、六期的工程。

　　從正面看，圖書館是兩層樓，一層是接待讀者的閱覽室，二層樓有圖書維護部門、圖書數位化和縮微卷片製作部門。後面二十一英尺高的部分是儲藏書庫，書庫中的書架建造得異常堅固，用鋼架交叉結構做主體，同時在鋼架頂部接近屋頂處，以及底部牢牢固定住。因為有過圖書館因為書架不堪書重，出現坍塌的例子，李博士特意強調在設計書架時，確保其牢固性。書架中間有可以升降和移動的車子，方便上下放置和取書。

　　照美國圖書館統計，平均一本書在普通圖書館中儲存一年，包括人工、水電等的維護費用，大約是十五美金，而密集儲存圖書館的費用，一本書每年只需要零點五美金，差距可以達到三十倍，由於閉架儲藏，書籍絕對安全，書籍擺放的位置由條碼來確定，書籍編目登記在統一的圖書館電腦編目系統中，讀者需要的時候，可以隨時在圖書館總館的自動化系統當中查詢並借閱，二十四小時之內，書刊資料就可以調回到總館。讀者若需要參考大量的書刊資料，也可以直接去分館的閱覽室使用。分館有寬暢的停車場，自助的咖啡廳，是方便舒適的好去處。

　　到一九九九年三月，密集儲存圖書館的建築已經接近尾聲。副校長詹姆斯・布萊恩博士（Dr. James Byrant），嚴肅地對華偉說：「華偉，聽說您已決定在八月底退休，現在圖書館工地不需要你來監工了。你應該在退休之前，帶我們去中國參觀遊覽一次，時間最好就定在今年五、六月份。」在布萊恩副校長的倡議下，李博士組織了一個將近六十人的中國旅行團。布萊恩副校長正好有一個月的假期，他親自領隊，與李博士一起，帶著雅典城的旅行團，在中國各處旅曆了四個星期。Mary一直嚮往著去中國西藏一遊，此行如願以償。相熟的朋友、校中的同事一路相伴，難得的愉悅和開心。

　　回到俄大後，密集儲存圖書館已告竣工。正門掛好了牌子，上面是「李華偉圖書館分館」（Hwa-Wei Lee Library Annex）。看到自己的名字，李博士感到意外，美國大學一般都是用捐贈者的姓名

來命名圖書館，以圖書館館長的名字來命名，確屬至高的榮譽。而同事們、朋友們為了不讓李博士提前知情，竟然用心良苦地策劃了中國之行，他們要送給李博士一個驚喜！這的確是一個突然而隆重的驚喜，李博士的感動無以言表。

令李博士吃驚的還有圖書館門前立著的中國風格的漢白玉獅子。台座由紅磚砌成，使用了書庫的建築材料和色彩，簡潔方正的圖書館，因此多了幾分異國風韻。

位於曼哈頓第五大道的紐約公共圖書館，也有兩個石雕臥獅，立於那座宮殿式建築門前。它們最初以捐贈人的名字命名，被稱為「阿斯特獅」和「萊努克斯獅」。在上世紀初的經濟大蕭條時期，紐約市長為了鼓勵市民戰勝經濟危機，將這兩座石獅改名為「堅韌」和「剛毅」，他在每個星期日晚間的廣播裏，用這兩個詞來鼓舞市民們熬過黎明前的黑暗，等待曙光[1]。「堅韌」和「剛毅」陪伴紐約度過了一段艱難的時光，在紐約市民和外來訪客的眼中，兩隻雄獅從此有了特殊的含義。實際上，它們也準確無誤地象徵了在治學求知上的「耐心和堅忍不拔」之圖書館精神。

俄大新圖書館門前的獅子，更具有中國特色。在中國古建築中，它們被視為吉祥之物，是神明座下的靈獸，擺放在大門前，據說可以鎮宅護院，避邪納吉。這對漢白玉的獅子，威風凜凜，令人心生敬畏。雖然風格不同，但它們所蘊含的「堅韌」和「剛毅」之精神超越語言和文化，是圖書館精神的完美表達。

李博士記得，這對獅子是他一九九八年在中國石家莊購買的，原本希望作為自己退休的紀念品，捐贈給俄大圖書館總館。圖書館正門口有幾個柱子，如果前面擺放兩個石獅子，一定更加氣派。校長對李博士的計畫頗為讚賞，滿口答應。獅子很快買好並運回雅典城，可是，到了年底，卻遲遲沒有擺出來。李博士覺得奇怪，「獅子已經運到了，怎麼還沒有擺到圖書館門口？」校長的秘書神秘地

<hr/>

[1] 尼古拉斯・A. 巴斯貝恩（Nicholas A. Basbanes），《永恆的圖書館——堅韌與剛毅之二》（Patience & Fortitide），楊傳緯譯，世紀出版集團，上海人民出版社，二〇一一年，二二～二五頁。

笑笑說：「這是個秘密。」現在秘密揭曉了。完全意料未及，但那實在是李博士所知道的最甜蜜最美好的秘密。

三

一九九九年八月三十一日，李博士在俄亥俄大學圖書館工作二十一年之後，正式退休。他在接受校刊採訪時說：「在俄大圖書館工作了二十一年，而作為專業的圖書館員，我已經工作了四十年的時間，現在是我應該退休的時候，給年輕人機會，相信他們會在不久的將來，帶給俄大圖書館新的輝煌。」

對這位一直盡心服務於俄亥俄大學的出色的高層管理人員，學校讚譽有嘉。學校董事會破例把新建的密集儲存圖書館命名為「李華偉圖書館分館」（Hwa-Wei Lee Library Annex）。校董會的現任和前任董事長，現任和前任的校長都親臨剪綵，場面極為熱烈隆重。 除此以外，為表彰李博士在發展國際合作，推動圖書館藏書全球化方面的卓越業績，俄亥俄大學決定將圖書館總館的第一層重新裝修，命名為「李華偉國際藏書中心」（The Hwa-Wei Lee Center for International Collections）。中心的裝修費用全部是俄大前任校長奧頓博士和夫人捐贈的。

幾個月前，學校還以李博士的名義向朋友們和校友們致函，希望他們捐款，為李博士在新建的圖書館裝修一間永久的辦公室，並以李博士的名義建立一個基金。大家捐款踴躍，數目竟超過二十萬美金。李博士事後得知，萬分欣慰。

學校為李博士準備了隆重的退休會。在貝克爾學生中心（Baker Center）禮堂舉辦了大型晚餐會，邀請了一百多人到場，包括學校，圖書館界、社會各界的同事和朋友們，還有李博士的家人。格里登（Dr. Robert Glidden）校長，布雷姆副校長（Sharon Brehm）等學校負責人和圖書館同事分別在退休會上講話，回顧李博士在雅典城的二十一年。俄大圖書館受益於他卓越的領導和忠誠服務，已經步入北美洲著名大學圖書館之列，這是俄亥俄大學校史上最重要的成就之一，更為圖書館下一步的跨越準備了堅實深厚的

基礎，他同時為同仁們樹立了不可超越的榜樣和卓越的專業標準，人們不會忘記他。

　　退休會的氣氛熱烈而且輕鬆，二十一年的時光在李博士的忙碌中，過得飛快，在人們的回顧中仿佛更加濃縮，如同書中的一頁，手指輕動，就將無聲息地翻過去了，只是李博士在這一頁留下了太多美好的記憶，給自己，給家人、朋友，給學校和圖書館。正如俄亥俄大學董事會給他頒發的嘉獎中寫道的：

李華偉

教育學院教授 1979-1999

圖書館館長 1978-1991

圖書館院長級館長 1991-1999

傑出服務人員

著名教育家和著作者

慈善事業倡導者

世界公民

　　我們向您致敬，您為俄亥俄大學和俄亥俄大學圖書館摯誠服務二十幾年。

　　在您就職俄亥俄大學期間，圖書館的藏書增長到兩百萬冊；圖書館建築完成了全面重修。您督導建立了圖書館的ALICE電腦圖書檢索目錄；您使得俄亥俄大學圖書館成為OhioLINK，州際學術圖書館聯盟的創始者；您提升了圖書館的聲譽，令它成為北美研究型圖書館協會的成員，在北美洲只有一百二十一所圖書館享此美譽；您是不知疲憊的募款人，成功地將圖書館的基金增加了八百多萬美金。

　　您是國際服務的典範，在您的領導下，圖書館創建了國際圖書館館員交流計畫；四個國家將圖書館做為他們的資訊

中心；東南亞收藏蜚聲海內外，日本中部大學紀念收藏和邵
友保先生海外華人研究中心得以建立。

　　作為俄亥俄大學基金會的委託人，我們能夠與您共事深
感榮幸，希望能夠繼續我們與您的聯繫。

Hwa-Wei Lee

Professor of Education, 1979-1999

Director of Libraries, 1978-1991

Dean of Libraries, 1991-1999

Distinguished Service

Noted Author and Educator

Advocate of Philanthropy

World Citizen

　　We salute you for over two decades of exemplary service to
Ohio University and the Ohio University Libraries.

　　During your tenure, library acquisitions grew to over two
million volumes; major building renovation were completed;
and regional annex was created. You oversaw the inauguration
of Alice, the computerized card catalog; ensured that the Ohio
University Libraries were among the founding members of
OhioLINK, a statewide network of academic libraries; and
spearheaded a drive for national recognition, culminating in the
Ohio University Libraries being named to membership in the
elite Association of Research Libraries. One of only 121 facilities
so recognized in North America. A tireless fund raiser, you
succeeded in building library endowments to over $ 8 million.

　　You have been a model for international service. Under
your leadership a program for international librarian exchange

was created, four countries named our library as their official depository, the Southeast Asia Collection gained national and international renown, and the Chubu University Commemorative Japanese Collection and You-Bao Shao Overseas Chinese Documentation and Research Center were established.

We, the Trustees of the Ohio University Foundation, are honored to have been associated with you, and look forward to our continuing relationship with you.

Done at Athens, Ohio

This twenty-sixth day of February, A. D. 1999

Robert Glidden, President
On behalf of Ohio University

Leonard R. Raley, Executive Director
On behalf of the Ohio University Foundation

James E. Daley, Chairman, Board of Trustees
On behalf of the Ohio University Foundation

退休會的場面令人動容，李博士表達了感謝和驚喜之情。他感謝圖書館同仁們共同的努力，和多年以來對他的鼎力支持，感謝學校高層領導的信任和因此而賦予他的巨大空間，他同時感謝那些為圖書館慷慨解囊的捐款人，他認為一個具有全美乃至全球聲望的圖書館是由各種善良、真誠、積極、合作的力量共同作用的結果。李博士表示，願意在退休之後繼續為俄亥俄大學服務，成為學校不授銜的大使，在自己熟悉的東南亞、中國大陸、臺灣和香港推介俄亥俄大學，繼續提升俄大的國際形象。

四

李博士退休不僅是俄亥俄大學的一件大事，美國圖書館學會也特別由理事會決議褒揚他的業績和專業精神。美國的華美圖書館員協會、亞太美裔圖書館員學會、俄亥俄州的OhioLINK及Ohionet、還有臺灣的圖書館學會及國立中央圖書館等都分別頒贈獎狀，祝賀李館長的榮退。俄亥俄州圖書館學會還特別授予他終身榮譽館員的稱號（Ohio Hall of Fame Librarian）。聞名全球的OCLC圖書館電腦中心特別聘請李博士為傑出的訪問學者。中國的國家圖書館也特意聘請他擔任顧問，感謝他「對圖書館事業的關心與支持」。

多年來，李博士在美國圖書館界極為活躍，曾經擔任過美國圖書館學會理事、國際關係委員會亞洲太平洋地區小組主席、俄亥俄州圖書館學會理事、美國華人圖書館員協會會長及理事、OCLC會員代表大會俄州代表、國際圖聯大學及研究圖書館委員會委員、美國圖書館和資訊服務的白宮會議俄州代表等職務，由於表現卓越，李博士曾獲得多項嘉獎，其中主要的有：

- 俄亥俄大學最傑出行政人員獎（一九八二年）
- 華美圖書館員學會傑出服務獎（一九八三年）
- 俄亥俄州最傑出圖書館員獎（一九八七年)
- 臺灣中國圖書館學會傑出貢獻獎（一九八九年)
- 美中華人學術及專業學會傑出服務獎（一九九一年）
- 美國圖書館學會國際關係卓越貢獻獎（一九九一年）
- 亞美及太平洋地區圖書館員學會傑出服務獎（一九九一年）
- 美國新聞署傑出服務獎（一九九二年）
- 美國圖書館學會傑出理事獎（一九九二年）
- 俄亥俄圖書及資訊網感謝狀（一九九三年）

俄州東南地區原是美國主要的產煤區，後來因為產煤業不景氣，多數煤礦停產，礦工失業，地方經濟蕭條，各鎮市的公共圖書

館也因而受到影響，無法為社區讀者提供全面而有品質的服務。俄大圖書館是當地最大的圖書館，雖是大學圖書館，但也開放給市民使用，同時也受州圖書館的委託，擔任東南地區各鎮市圖書館的後援圖書館，提供館際互借及參考諮詢服務。李博士是該項工作的熱心支持者和積極推動者。他對各鎮市的公共圖書館提供了最有價值的幫助，並與這些鎮市圖書館建立良好關係，在一九八七年被俄州圖書館學會選為俄州當年最傑出的圖書館員（Librarian of the Year）。

　　李博士一直保持了旺盛的精力，而且總是平靜地微笑著，仿佛一切盡在掌控之中，談笑之間，所有事情都被安排得有條不紊，好像沒有什麼能夠難住他。除了擔任圖書館館長之外，他還兼任了俄大教育學院的教授，先後擔任了十餘位博士學生的論文導師。他的家是雅典城華裔教職員工、中國圖書館員、以及中國大陸、臺灣，泰國留學生的「庇佑所」，不斷有新來的人借住在這裏。同時也是大家的聚會場所，每逢節假日，Mary都會成為雅典城最忙碌的女主人，把中式、西式的食品滿滿地擺上餐桌，她自製的薑味果汁最為著名，是每位留學生關於李宅的最甜蜜的記憶。

　　退休會後，李博士和Mary回到家中，雅典城已有了絲絲涼意。這晚的月亮格外清亮，月光如水，秋天已經悄悄爬上房前的楓樹和銀杏樹的樹梢，在夜色裏醞釀著雅典城一年中最美麗的季節。李博士仍然沉浸在退休會帶來的溫暖和欣慰之中，只是他覺得有些累了，靠在沙發上，處理信件。其中有一封來自上海：

　　尊敬的李館長：

　　　　我在上海向您致以中秋節的問候。
　　　　請原諒我們不辭而別地離開了Athens。
　　　　聞遠作為Tenure track助教授受聘於南卡州的Clemson大學，計畫在九月一日開始任職。在此以前，我們全家前往中國上海探親。由於行程匆匆，顧此失彼，竟然未能前去向您

辭行，實在抱歉！

　　我們在Athens居住了十二年之久，這是我們初識美國的地方，它留給了我們許多回憶，尤其是有幸結識先生這樣一位學貫中西，德高望重的華人長者，更使我們引以自豪。我們與到過Athens的許多華人學生、學者一樣，曾經受到過先生和師母的惠顧，這給我們留居海外的奮鬥生涯留下了溫馨的色彩。今天，我們也在效仿先生，盡力做一些於民族和社會有益的事情，先生給我們的影響是永久的。

　　聞遠已回到美國，並完成了從Athens到Clemson遷居工作，目前正忙於實驗室的籌建。……先生與師母看有機會往南方旅遊，請務必光臨寒舍。

　　　　　　　　　　　　　　　學生陳會怡陳聞遠敬上

　　會怡和聞遠夫婦來自上海，在俄大完成了博士學位，還曾經留校任教一段時間，是李博士家的常客。有一段時間沒有見到他們了，原來已經有了新的變化，李博士真心為他們高興。他為每一個離開雅典城，找到更好選擇的中國留學生高興。李博士從沙發上站起身來，有些興奮，他要馬上給他們夫婦回一封信。

第十七章　初到華府

我曾在上帝的聖壇前宣誓，永遠反對以一切形式控制人類思想的暴政。

美國第三任總統湯瑪斯・傑佛遜（Thomas Jefferson）

一

　　俄亥俄大學退退休後，李博士有機會可以卸下多年的工作重負，輕鬆一下。他不僅可以有些點時間與家人團聚，同時也安排適當的運動，散步、游泳，困擾他多年的背疾，需要堅持運動來恢復。

　　而美國圖書館界並不希望李博士離開，到一九九九年底，李博士收到了OCLC的聘書，請他擔任傑出訪問學者，任期一年。這在圖書館界是至高的榮譽，李博士欣然接受了。當時，OCLC新設立了一個研究院，計畫在美國及世界各地開辦有關圖書館最新發展的短期培訓班，並授予專業文憑。希望能借重李博士在亞洲地區的聲望和影響力，在亞洲各國也開辦一些培訓班，因為亞洲市場的潛力巨大，是OCLC發展的又一個重點。

　　在OCLC工作，時間比較自由。OCLC的總部設在俄亥俄州哥倫布市的西北角，距雅典鎮約有90英里，開車要兩個小時。有特別的事情或是開會，李博士就從雅典鎮開車趕過來。他每週至少有兩天會去辦公室上班，其餘的事在家裏做，大部分的聯繫工作可以在電腦上完成，電腦的使用使得他與各方面的聯繫很方便。

成立於一九六七年的OCLC，原名是「俄亥俄州學院及大學圖書館中心」（Ohio College Library Center，簡稱OCLC）。它是一個使用MARC資料庫的聯網合作編目的機構，俄亥俄州各大學及學院圖書館都是它的參與和使用者，其早期目標是提供合作編目及資源分享的聯合目錄，是全球最早的圖書館聯盟，屬於非盈利、非商業化的機構。

　　OCLC聯機系統成功運作之後,其他各州及世界各地的圖書館紛紛加盟。到一九七七年，OCLC已經成為全美國及全球不同類型圖書館的聯網組織。OCLC的聯網範圍和會員機構迅速擴大，在一九八一年更名為「電腦聯機圖書館中心」（Online Computer Library Center）。它的願景是：「經由創新及合作，OCLC將成為全球圖書館領先的合作機構，幫助圖書館，以經濟的方式，為讀者提供知識和資訊。」

　　根據OCLC的二〇一〇年度報告，在二〇一〇年七月，分佈在全世界一百七十個國家七萬兩千個不同規模、不同種類的書館開始在使用OCLC。其中有兩萬六千七百零四個是OCLC的會員圖書館。OCLC的聯機目錄——WorldCat，是世界上最大的書目資料庫，擁有一億九千七百萬條書籍目錄。這些書目包括四百七十九種語言及六千九百零一年人類知識的記錄。同一年，有六千五百萬名讀者檢索了OCLC的資料庫並進行了一千兩百萬次的館際互借[1]。

　　在李博士的協助下，僅兩年的時間內，OCLC研究院就在亞洲的中國、韓國、泰國和菲律賓等國家及香港、臺灣地區各辦了一至兩次的培訓班。由李博士親自陪同研究院的伊利克‧居主任（Eric Jul）參加每次培訓班，並擔任講演嘉賓，反應非常熱烈。二〇〇〇年，OCLC延長了李博士的傑出訪問學者任期。很可惜的是，OCLC研究院在美國進展不順利，不得不停辦，居主任也因此離職。OCLC亞太服務部的王行仁主任報請OCLC總裁，聘請李博士擔任該部門的顧問。在2002年初，他與OCLC續簽了第三年的聘約。

---

[1] OCLC 2009/2010 年度報告 OCLC Annual Report 2009/2010. http://www.oclc.org/news/publications/2010/2010.pdf

就在此時，李博士接到美國國會圖書館地區藏書部門主管凱羅琳‧布朗博士（Dr. Carolyn Brown）的電話，布朗博士說：「國會圖書館亞洲部主任的職位缺空了很久，我們希望邀請您擔任代理主任，同時協助物色合適的主任人選。」

李博士此時與OCLC剛簽了續約，不便爽約，他熱心地推薦了自己多年的老朋友，盧國邦先生。盧先生剛從加州大學聖地牙哥分校圖書館國際部主任的職位上退休，是最合適的人選。盧先生曾經先後在堪薩斯大學和在西雅圖的華盛頓大學擔任東亞圖書館館長，有二十五年的行政管理經驗，退休之後，又被邀請到加州大的聖地牙哥分校工作。盧先生在中、日、韓文的自動化，數位化及網路化方面尤為擅長，而且經驗豐富，聲望卓著，是美國東亞圖書館界傑出的領導人才，同行都敬重他，而他的才幹恰好是國會圖書館所需要的。

隨後，盧先生應聘國會圖書館，並在二〇〇二年三月出任亞洲部的代理主任。盧國邦先生是難得的實幹家，在亞洲部著手做了不少事情，電腦被全部更新，每位館員都接受了技術培訓。六個月的時間，他讓亞洲部直接進入自動化時代，成績斐然。可惜的是，盧先生只做了六個月，就提出辭職，據說主要是不適應國會圖書館的官僚作風。

盧國邦先生離職後不久，布朗博士再次打電話給李博士，其實亞洲部對盧先生的反應非常好，只可惜盧先生自己不願意繼續留下來。在這次電話中，布朗博士直接邀請李華偉申請亞洲部主任一職，並極力表達了國會圖書館的誠意。此時李博士在OCLC第三年的聘約即將期滿，他感謝國會圖書館三番兩次的邀請，決定接受。

雖然不曾與李博士共事，布朗博士對他的個性和做事風格早有所聞，尤其他的使命感和責任心在美國圖書館界有口皆碑，凡是與他交往過的人，哪怕只是很短的時間，都會讚賞和欽佩他，這也是布朗博士代表國會圖書館直接提出邀請的原因。因為她好像從一開始就知道，李博士最終不會拒絕。以幾十年的行政經驗，她得出的判斷是，一個人的性格個性，一定會決定他的選擇，實際上，布朗博士將很快發現，她為亞洲部找到了最合適不過的領導者和救援者。

李博士從俄亥俄大學退休之後，曾經以為，自己為退休做好了一切準備，但他卻一直沒有放棄工作，他自己也不得不承認，圖書館始終是他無法割捨的。李博士在OCLC的工作做得有聲有色，國會圖書館的職位與其說是個邀請，不如說是個考驗。而困境、挑戰對他從來就具有不可抗拒的誘惑力，他無法拒絕。

最初李博士希望簽約三年，畢竟自己年紀大了，但國會圖書館希望他至少工作五年，因為亞洲部的問題相當複雜，需要大手筆地加以整頓和重建，言外之意，五年時間並不算多。就在盧國邦先生離開亞洲部之前，他曾經與李博士述說了亞洲部的情況和自己的無奈。

布朗博士是出色的遊說者，李博士最終應承下了五年之約，他完全明白，自己將要面臨的一切，好在他的身體狀況不錯，一直困擾他的背疾已經漸漸好轉。

孔子說，七十而隨心所欲，不逾距。李博士心之所欲，一直就在圖書館這一行，隨心而行，註定是他最終要作出的選擇。於是，人過七十歲，他卻知難而進，不驚不懼，完全如同一個年輕人，開始一程令人期待卻又艱難迷人的探險。

二〇〇三年一月，李博士和Mary把房子和傢俱等交待給一對中國留學生夫婦照顧。他們整理好行裝，離開俄亥俄州的雅典鎮。那是他們居住了二十幾年的地方，從一九七八年來到雅典鎮，他們在那裏度過了最安定平靜的時光，除了二女兒潘穆拉（Pamela），其他五個孩子們，都是在俄亥俄大學完成了學業。他們喜歡那個素靜安逸、波瀾不興的大學鎮，甚至以為會一直住下去，但國會圖書館不期而至的邀請，卻給他們步入老年的生活，帶來了不可預期的變化。

二

冬日的華盛頓，寒意陣陣。人們剛結束耶誕節和新年的長假期，重返工作，整個城市雖然難掩幾分倦怠，但又一如既往地忙碌起來。與美國其他城市大不相同的是，華盛頓具有顯要的政治職

能，置身其間，總能感覺到濃重的政治氛圍，沿街的建築多是政府的辦公機構，美國立國元老、歷史人物的雕像隨街可見，往來街市的行人中，多半是政府的公職人員，或者至少都與政府的業務相關，衣著嚴整，行色匆忙，目不旁視，好像完全沒有閒暇顧及其它。對才氣橫溢、躊躇滿志的青年男女而言，只要勤力苦幹，華盛頓絕不缺乏出人頭地的機會。

華盛頓全稱「華盛頓哥倫比亞特區」（Washington D.C.），是美國第一任總統喬治‧華盛頓（George Washington）和美洲新大陸的發現者哥倫布（Christopher Columbus）的名字合拼而成，有紀念之意。在華盛頓居住的華僑華人都稱它為「華府」。在美國版圖上，華盛頓不南不北，依水而立，一八○○年，美國首府從費城遷至華盛頓，或許正是相中了此間得天獨厚的帝都氣韻。

華府的城市規劃大氣簡潔、井然有序。建築和佈局在實施之初，已經被賦予了特殊的寓意，闡釋美國自由與民主之立國精神。城市中心是長方形的草坪，看起來更像公園，一端是建在國會山莊（Capitol Hill）上的國會大廈，另一端是林肯紀念堂（Lincoln Memorial），中間是華盛頓紀念碑（Washington Memorial），所有政府機構、檔案館、博物館都圍繞在長方形草坪的周圍。國會大廈的後面矗立兩棟建築，其中一棟是高等法院，另一棟是國會圖書館，前者代表依法治國，後者代表以知識治國，用意耐人尋味。

國會大廈更像是華府的心臟，以它為中心，街道向城市的周圍延伸出去，並分別以美國獨立時的十三個州命名，道路寬闊筆直，路旁遍種橡樹、榆樹和柏樹，雖然此時枝枯葉落，但仍不改挺拔之姿。華府的又一特色是櫻花，成片的櫻花樹林環繞著傑佛遜紀念堂（The Jefferson Memorial）和波托馬克河（Potomac River）河畔，春季櫻花盛放時，乃是華盛頓不可多得的勝景。

市內建築都低於國會大廈，因為國會的權利高於一切。總統官邸白宮建在市中心，與周圍的建築比較起來，顯得格外低調。它的正前面是著名的賓夕法尼亞大街，對面是拉菲特公園，值得一提的是，公園裏面有不少流浪藝人和無家可歸的流浪漢，他們大多面容

憔悴，裝束邋遢離奇，與白宮以及繁忙的華盛頓保持一段冷漠的距離，也正是美國文化的自由和包容之所在。當然，公園有很好的管理方法，無家可歸的人並不會影響公共秩序。

距離二月十日正式上任的日子還有一段時間，李博士和Mary可以從容地安頓一切。多年以來，他總是喜歡在一切開始之前都做好準備。亞洲部的中國同事知道李博士已經到了華府，都跑來幫忙。公寓很快租好了，就選在與華盛頓市區毗鄰的阿靈頓（Arlington）區，靠近地鐵車站，上下班極為方便。

阿靈頓區的克拉仁頓（Clarendon）公寓是居住和商業兼顧的新型城市社區，中心廣場上是U形的花園和噴水池，兩側的公寓建築都不超過六層，其中一層、二層是商用店鋪，與購物中心相仿，三層之上才是用來居住的公寓。電梯下來，吃飯、購物全部在走路距離內解決掉，生活方便。李博士和夫人租住了六層的一套一居室公寓，Mary不開車，她一個人活動可以更自由方便。他們樓下不遠處，就是美國最大的連鎖書店之一，巴諾書店（Barnes & Noble），Mary愛看書，住在書店附近，無疑是最令她開心的。

從雅典鎮標準的田園式生活，到華盛頓的都市節奏，他們顯然還需要一段時間適應，好在克拉仁頓公寓地處市區，周圍多條公車經過，地鐵也方便，李博士上班，Mary外出，都不必開車。周圍餐廳眾多，中西餐都有，他們吃飯的問題也解決了。Mary習慣做大家庭的飯，兩個人的飯反而不知道怎麼做合適。人上了年紀，吃飯少，也比較簡單，在外面餐廳吃飯其實更方便，吃不完的飯菜，可以打包帶回家，再吃一頓。

三

生活在突然之間逆轉了幾十年，李博士幾乎不敢相信，他跟華盛頓的年輕人一樣忙碌起來，每天乘坐地鐵上班，走出社區，五分鐘就是地鐵站，開往國會圖書館的地鐵線被稱為橘線（Orange Line），二十五分鐘抵達國會圖書館麥迪森大廈（James Madison Memorial Building）邊的國會南站（Capitol South）車站，走過地下

2003年2月李博士應美國國會
圖書館之聘擔任亞洲部主任

通道就是傑佛遜大廈（Thomas Jefferson Building），甚至比開車上
班還要方便。

　　二月十日，李博士在亞洲部的工作正式開始，亞洲部就在傑佛
遜大廈，主任辦公室在傑佛遜大廈一樓，緊挨著亞洲部閱覽室。

　　國會圖書館由三幢建築構成，傑佛遜大廈（Thomas Jefferson
Building）、麥迪森大廈（James Madison Memorial Building）和亞
當斯大廈（John Adams Building）。分別是以美國三位著名總統的
名字命名，如果把它們描述成三位總統的紀念碑，也許更為確切。

　　國會圖書館始建於一八〇〇年，最初設在國會的大樓裏面。一
八一四年八月英軍侵犯華府時，縱火燒毀了國會大樓，圖書館的藏
書也淪為灰燼。當時已退休的傑佛遜總統建議把他個人五十年來收
集的藏書，共計六千四百八十七冊捐給國會圖書館。因為傑佛遜曾
擔任過美國駐巴黎的公使，他經常在巴黎的書店裏買有關美國及其
它有學術價值的書刊。他的藏書被認為是當時最好的私人藏書。六
千四百八十七冊圖書被貨車從蒙提切羅（Montecell）運到華盛頓，

成為國會圖書館最初的收藏。國會決定另外建一幢圖書館大樓。這就是後來的傑佛遜大廈，它在一八九七年完工並正式開放使用。

作為華府早年的政府建築之一，傑佛遜大廈從建造之初，就兼顧了經典和永久性的原則，整體採用文藝復興時期的建築風格，建築材料全部選用大理石，它們可以歷盡歲月，天長地久。一幢裝滿不朽圖書的建築，應該一代一代流傳，歷久彌新。

傑佛遜大廈被公認為是十九世紀美國最輝煌的建築成就之一[2]，外部典雅，內部雄渾，穹頂廊柱，美輪美奐，支撐主閱覽室的大理石柱象徵文明生活與思索，走廊中還聳立著八位智慧女神的雕像。壁畫、鑲嵌和雕刻極盡精奢。傑佛遜大廈的正對面是國會大廈（Capitol Hill），從某種意義上講，它甚至代表了人們心目中的國會圖書館。傑佛遜大廈平時對公眾開放，吸引著外面世界的好奇。國會圖書館因此專門招募了六、七十位志願者，接受培訓以後，為遊客講解和服務，開放日的每隔一個小時就有一次巡遊（Tour），每天接待七、八千位從世界各地來的訪客，介紹和展示國會圖書館的經典建築和最具價值的收藏。

中央閱覽室在傑佛遜大廈的中心，由地面到穹頂高達一百六十英尺，大約相當於四十九米，室內有四萬五千萬餘冊參考書，兩百五十個座位以及電腦檢索終端[3]。設在傑佛遜大廈內的部門包括：亞洲部、非洲及中東部、美國民俗中心、歐洲部、拉丁文部、地方誌與系譜部、縮微部等。大廈在地面上有兩層，地下還有兩層，最下層是地下通道，與國會大廈相連接，工作人員持有特別頒發的通行證可以通過。地下一層供讀者使用，並有通道於國會圖書館的其他兩棟建築相連。

麥迪森大廈是國會圖書館的辦公大樓及特藏部。它是一幢巨大的現代風格建築，外部是白色大理石，幾乎佔據了國會山莊

---

[2] 尼古拉斯・A. 巴斯貝恩（Nicholas A. Basbanes），《永恆的圖書館——堅韌與剛毅之二》（Patience & Fortitide），楊傳緯譯，世紀出版集團，上海人民出版社，二〇一一年，一二四頁。

[3] 程亞男，《流動的風景——圖書館之旅》，北京圖書館出版社，二〇〇六年，七～八頁。

（Capitol Hill）的整整一個街區，是美國建國後第四位總統的紀念碑。它建成於上個世紀八十年代，主要用於行政辦公，其中也有一些大型書庫和讀者閱覽室。整個大廈的地下一層如同一個地下宮殿，收藏了美國歷史上最珍貴的古籍特藏，包括了手抄本（Manuscripts）及珍藏本（Rare Books）部。此外還有數量眾多的圖片，攝影，和地圖。在地圖部收藏的兩千多萬件地圖中，也包括了數量眾多的中國古地圖。圖書館員們稱之為「頂級寶物窖」（Top Treasures Vault）。傑佛遜總統親筆書寫的總統就職講演稿就存放在這裏，旁邊還擺放著他此前寫給拉什博士（Dr. Benjamin Rush）的長信，記載下了他堅定的信條：「我曾在上帝的聖壇前宣誓，永遠反對以一切形式控制人類思想的暴政。」[4]

亞當斯大廈（John Adams Building）建造的年代早於麥迪森大廈，自一九三九年起開始使用，主要的功能是收藏圖書，相當於書庫。當然其中也有商業和科學類圖書的閱覽室。

因為藏書量的快速增加，位於國會山莊的三幢大樓都已擁擠不堪，國會圖書館又在華府郊區福特米蒂（Fort Meade）建造了多幢密集書庫用來收藏少用的書刊資料。亞洲部的很多書刊也儲存在那裏。

四

在李博士上任後的第一件事，是參考了國會圖書館的使命，擬定了亞洲部的使命：

> 亞洲部的使命是使得亞洲部的館藏資源成為有關亞洲地區及亞洲語言各種類型和時代的首要研究和學術資源，使之能夠配合二十一世紀知識和創新的驅動力；同時也要向美國國會、美國人民、及美國甚至於全世界的學術界提供它的館藏資源及資訊服務，供其使用。

---

[4] 尼古拉斯・A. 巴斯貝恩（Nicholas A. Basbanes）《永恆的圖書館——堅韌與剛毅之二》（Patience & Fortitide），楊傳緯譯, 世紀出版集團, 上海人民出版社，2011.124-125頁。

(The mission of the Asian Division is to establish the collections of the Asian Division as the premier research and scholarly resource of all formats and times on Asia and in Asian Languages that is compatible with the dynamics of knowledge and creativity of the 21st Century; and to make these resources and information services available and useful to the Congress, American people, and the scholarly community nationally and internationally.)

最後一個詞語「全世界的」（Internationally），表明國會圖書館亞洲部為國際上的學術研究者提供館藏資源及服務的目標。同樣符合中國的古老說法「學術為天下之公器」。

從傑佛遜大廈門口走進來，到亞洲部閱覽室，地面全部鋪裝大理石，四壁金碧輝煌，天花板用金粉做裝飾。亞洲部閱覽室的位置得天獨厚，是國會圖書館最漂亮的閱覽室之一，旁邊是國會議員閱覽室，以及國會議員的會議室。被安排在這樣引人注目的位置，其重要性可見一斑。

一直以來，李華偉博士工作的大學圖書館，學術氣氛濃，面對的主要是學生、教授和專家，相對來說更加自由開放。而國會圖書館與任何一個大學圖書館都不同，它實際上兼備了美國國會圖書館和國家圖書館的雙重任務，是一個龐大的政府衙門，牽制甚多，任何一件事情都需要經過繁冗的機構程序，才能得以實施。當然李博士不是不知道國會圖書館內部的諸多禁忌，但他有必須突破困難，把工作做好。

主任辦公室的門總是向所有人敞開著，這是李博士幾十年來的工作習慣，對管理者而言，打開門或者是關上門，無形中傳達了一種態度。李博士的開放和友好發自內心，他辦公室的門也自然而然不會關閉，他以特有的溫和體恤，傾聽每個人的聲音，瞭解他們自身以及亞洲部的情況，同時也開誠佈公第將自己的想法表達出來，讓館員們瞭解到亞洲部近期的目標，同事們感受到尊重和溫暖。

李博士覺得這些談話很有價值，同時，亞洲部的同事們也有機會瞭解他。

　　李博士向來厭惡政治，但他對政治並不陌生，也不拒絕。有人群聚集的地方就一定有政治存在，世事的是非曲折，人性的幽暗明滅，他早已了然於心，海之為美，皆因其大，所謂海納百川講的就是這個道理。而此刻，他必須像一個老到的政治家一樣，遊刃迂迴在一部巨大的官僚機器當中，理順各方面的關係，調動有效的資源，推進自己的計畫，帶領亞洲部向前跨步。此後在國會圖書館亞洲部所發生的一切，都證實了他的判斷。

第十八章 亞洲館藏

在圖書館這個群島中，每個讀者都是一個島嶼。

《圖書館之戀》

（法）尚・馬里・古勒莫（Jean Marie Goulemot）

一

美國沒有國家圖書館，相當於國家級別的圖書館有三個，包括美國國會圖書館，美國醫學圖書館和美國農業圖書館，其中以國會圖書館的規模和影響力最大，堪稱世界上最大的綜合性圖書館[1]。它獨一無二的特點還在於，增加新書不受任何地理、歷史和政治上的限制。除了野心勃勃地要記錄下美國的全部歷史文化之外，它在全世界範圍內收集一切有價值的文化精華[2]。

美國國會圖書館目前的館藏總數超過一億四千七百萬冊各種類型的文獻資料，單是書刊文獻就有三、四千萬種，這個數字每天都在以平均新增加一萬件的速度膨脹。據說，如果把國會圖書館書架的依次排列開來，它的總長度甚至超過800公里[3]。

這樣一個巨型的圖書館在一八○○年建成時，藏書僅有七百四十冊圖書和三張地圖，而這些有限的收藏，在一八一四年英軍入侵

---

[1] 美國國會圖書館 http://www.loc.gov

[2] 尼古拉斯・A. 巴斯貝恩（Nicholas A. Basbanes），《永恆的圖書館—堅忍與剛毅之二》（Patience & Fortitude：A Roving Chronicle of Book People, Book Places, and Book Cuture）。楊傳緯譯，世紀出版集團，上海人民出版社，二○一一年，一二五頁。

[3] 美國國會圖書館 http://www.loc.gov

華盛頓特區時，悉數被英軍焚毀。一年之後，國會圖書館特別撥款收購了湯瑪斯・傑佛遜總統的六千四百八十七本私人藏書。那是傑佛遜總統歷盡五十年的收藏，包羅萬象，所有與美國有關的書刊，各學科的珍奇和有價值的記錄，都包括在收藏之列[4]。傑佛遜說：「我不知道我的藏書裏哪一個學科是國會希望從它的收藏中排除的；事實上，沒有任何一個題目是國會議員不可能參考查閱的。」[5]

如果為美國國會圖書館找一位創始人的話，傑佛遜總統當之無愧。他一貫倡導民主和自由的思想，包括知識自由的哲學思想。他曾經說：「我們擁有這些真理本身就是證據：所有人生來都是平等的，上帝賦予了他們不可讓與的權利，其中包括生存、自由和追求幸福的權利」。對傑佛遜而言，追求幸福的工具就是知識自由。傳統、教條和強迫都是與知識自由對立的[6]。

傑佛遜總統認為民主來源於知識；同時作為美國的立法者，國會議員可能用到任何一門學科的知識。一個自治的政府必須依靠具有淵博知識的大眾，才能真正意義地實踐自由與真理，在人類所有學科都為美國立法提供依據的信念之下，國會圖書館的藏書包括了涉及人類所有學科的知識，更類似與一個知識和智慧的寶庫。

正是得益於傑佛遜總統珍貴的收藏和對民主政治的信仰，原來的國會圖書館專司服務於美國國會，後來又逐步兼備了美國國家圖書館之職責，使它成為美國自由和民主的象徵。

美國國會圖書館的館藏當中，三分之一是英文資料，其餘的是英文以外其他語言的資料。它保存著地球上每一個國家、地區、種族、語種的文獻。其數量常常可以與資料的來源國媲美。舉例說，中文、俄文、日文、韓文、波蘭文的文獻，是中國、俄羅斯、日本、韓國、波蘭以外最多的，阿拉伯文文獻是埃及以外最多的。它

---

[4]　Hwa-Wei Lee, "Asian Collections in the Digital Age at the Library of Congress,"《深圖通訊》，二〇〇七年第一期（總十四期），三~十一頁。

[5]　阿爾貝托・曼古埃爾（Alberto Manguel），《夜晚的書齋》（The Library at Night）。楊傳緯譯，世紀出版集團，上海人民出版社，二〇〇八年，六七~七一頁。

[6]　劉懿，〈知識自由之哲學理念在圖書館的實踐〉，《圖書情報工作》，二〇〇九年第十七期。

擁有世界上最豐富的猶太文獻、世界上稀有的納西文獻也有一部分收藏在這裏。

作為國家圖書館，它擁有美國政府所有的出版物，因為美國國家版權局同時是國會圖書館的一部分。根據美國出版法的規定，凡是在美國出版的書刊資料，都要呈送兩份到國會圖書館。其他國家的政府出版物，也一直是國會圖書館極為看重的，它儘量收藏具有研究價值的各國中央政府出版物，不會錯過任何一個國家。以中國為例，國會圖書館的收藏甚至包括全國各省的省政府出版物，和幾個重點城市的市政府出版物，這幾個重點城市分別是：北京、天津、上海、廣州。

能夠履行「保存全人類的知識」這一重大使命，當然首先是因為美國國力雄厚。但文獻的積累，除了財政因素之外，還有歷史因素，美國國會圖書館的先驅者高瞻遠矚，早在建館之初，就確定了搜羅國外書刊文獻的目標。歷經兩百多年的積累，終於才有如今的業績。

二

國會圖書館隸屬於美國的立法系統，是美國國會的五個直屬單位之一[7]。組織龐大，體系複雜，正式雇傭的員工有四千人左右。館員來自不同的國家，如法律圖書館，三分之一的工作人員來自美國以外的國家。而在國會圖書館員工中，華裔館員占了百分之五。

國會圖書館館長是由美國總統任命、並經過參議院審議批准。館長的職責是指導圖書館的全部事務，制訂管理條例和規則，任命圖書館員工，向參眾兩院提交預算及年度報告[8]。這個龐大的聯邦政府機構包括館長辦公室、國會研究服務部、國家版權局、法律圖書館、圖書館服務部、總務行政等六個主要部門。

為國會服務是美國國會圖書館最重要的職能與使命，下設的執行部門是國會研究服務部（CRS，Congressional Research Service）

7　美國國會圖書館　http://www.loc.gov
8　美國國會圖書館　http://www.loc.gov

和法律圖書館。CRS直接服務於國會議員、國會各委員會以及工作人員，在國會的立法決策過程中，CRS有責任提供全面可信的分析、研究和服務。這些服務必須及時、客觀並具有保密性。

作為國家圖書館的功能，主要體現在圖書服務部（Library Services），這裏是國會、政府、學術界和一般讀者的參考諮詢中心。它的編目部門不僅負責編目各種類型和文字的書刊資料，還要訂定全國圖書館統一的編目標準和規則。圖書服務部下屬的部門很多，包括了美國本部及世界上五個重要區域的藏書部門，亞洲部是其中之一，其他還包括了非洲部、中東部、歐洲部和西班牙語種部。

得益於前館長赫伯特·普特南博士（Dr. Herbert Putnam）的努力，中文部（Division of Chinese Literature）於一九二八年成立。其間機構名稱幾經更迭。一九三一年，更名為中日文部（Division of Chinese and Japanese Literature）。一九三二年又更名為東方部（Division of Orientalia）。一九四二年再次更名為泛亞部（Asiatic Division），一九四四年改回東方部（Orientalia Division）。直到一九七八年，最終將名稱確定為亞洲部（Asian Division）[9]。

亞洲收藏歷史悠久。館史記載，第一批文獻可以追溯到一八六五年。當年史密森尼博物院(Smithsonian Institution)[10]向美國國會圖書館轉讓了一批有關東南亞和太平洋島嶼的圖書，書籍全部是威爾克斯探險隊（Wilkes Exploring Expedition）於一八三八～一八四二年期間，在新加坡搜集到的。四年之後，也就是一八六九年，中國清朝的同治皇帝向國會圖書館贈送了十種重要的中國書籍，共九百三十三卷。這兩批書籍被公認為是最早的亞洲收藏。

一八七五年，國會圖書館開始與日本交換政府出版物[11]。從那時起，美國國會圖書館裏來自亞洲各國、用亞洲語言和某些少數民

---

[9] Chi Wang. The Chinese Collection in the Library of Congress: A Brief Introduction. Washington, DC: Chinese Section, Asian Division, Library of Congress, 2001, pp. 5-6.

[10] "Smithsonian Institution" 中文官方網站譯為史密森尼博物院，很多中國學者習慣將其譯為史密森尼學會，二者為同一機構。

[11] The Asian Division. Washington, DC: The Library of Congress, 2002. pp. 1, 2, 4, 8.

族語言編寫的出版物逐年增加。一個世紀之後，據二〇一〇年十二月的統計，亞洲收藏已超過三百萬冊，持續訂購的期刊一萬九千兩百四十一種，縮微膠卷六萬兩千四百九十八卷，縮微膠片五十五萬六千九百三十一片，手稿一萬零五十件。除亞洲部收藏的書刊文獻外，法律資料、地圖、音樂、影片資料、圖片和照片等還分別保存在美國國會圖書館的法律圖書館、地理和地圖部、圖片和照片部、電影和錄音部、手稿部、美國民俗中心等部門。其他與亞洲相關的非亞洲語言出版物則分別收藏在總閱覽室、縮微閱覽室、報紙和期刊閱覽室、表演藝術閱覽室、科技閱覽室以及其他區域研究和特藏閱覽室。

坐落在傑佛遜大廈一角的亞洲部閱覽室，靜穆端莊，兩側牆壁有十幾個狹長的玻璃窗，讓整個空間光亮通透。玻璃窗之間，矗立著巨大的硬木書架，環繞牆壁，每個書架設計了獨特的樓梯，沿梯而上，走至樓梯頂端，可以取到頂層的書籍。書架之間是閱覽區，來此的讀者，人在書中，又可以感受隔窗透進的陽光，享受閱讀之美，美不勝言。中部稍顯狹長的區域是存放編目索引卡的地櫃。閱覽室安靜寬敞，蘊藏著亞洲的智慧和精神財富，置身其間，便如同推開了通往亞洲的大門。

中蒙文館藏

截止到二〇一〇年十二月二十七日，美國國會圖書館共有中文和蒙文專著一百零五萬六千零七十五冊，持續訂購的刊物五千六百三十種，停止訂購的刊物一萬零九百六十二種。除中文文獻外，還有幾千冊滿文、蒙文、納西文、藏文、烏茲別克文等其他少數民族語言文獻[12]。其中包括中國古典文獻、清代（一六四四～一九一一）和民國時期（一九一一～一九四九）檔案、傳統中醫文獻、地方誌以及當代中國大陸和臺灣的出版物。

---

[12] The Chinese Collection. Washington, DC: Asian Division, the Library of Congress, n.d.

中國、蒙古和西藏的古籍善本都是「千金難求」的寶貝，橫跨宋（九六〇～一二七五）、金（一一一五～一二三四）、元（一二七一～一三六八）、明（一三六八～一六四四）、清（一六四四～一九一一）各個朝代。其中印於九七五年的佛經《一切如來》是一九二四年雷鋒塔塌陷時，從雷鋒塔地基的有孔塔磚中發現的；四十一卷《永樂大典》抄本是目前僅存於世的四百卷抄本中的十分之一；此外還有三套早期版本的《古今圖書集成》。

文獻的價值不僅在於其珍貴更在於它的特色，中蒙文收藏中包括三千三百四十四本雲南納西族的象形文字手稿；姜別利藏書（William Gamble Collection）——一八五八～一八六〇年姜別利在寧波和上海建立美國長老會出版社時，出版基督教讀物的中文本和西方著作的中譯本；和恒慕義先生（Arthur W. Hummel）收藏的珍貴中國輿圖[13]。

中蒙文館藏的西藏出版物堪稱世界領先，收藏了八世紀至今，西藏文獻發展過程中具代表性的文獻，包羅萬象，涉及到宗教、歷史、地理、傳統醫學、天文學、樂譜、語法、社會學和世俗文學等諸多領域。尤其藏文佛經的收藏非常之豐富。西藏佛教經典主要收錄在《甘珠爾》和《丹珠爾》中。美國國會圖書館館藏中包括《甘珠爾》中的一百餘卷佛經和《丹珠爾》中約兩百二十五卷經文注釋，西元前五百年至西元九百年的梵文藏經對原始佛教經典進行了精確的解釋。早期藏文文獻主要來源於幾位傳奇式人物，美國外交官、藏學家——威廉·伍德威爾·羅克威爾（William Woodville Rockhill），他於一八八八～一八九二年在蒙古和西藏旅行，二十世紀初期再次到西藏；十九世紀晚期著名藏學家貝陀赫德·勞費爾（Berthold Laufer）；另外還有一位探險家和科學家——約瑟夫·羅克（Joseph Rock），他於二十世紀早期在中國的西部山區旅行生活了二十七年[14]。

---

[13] The Tibetan Collection. Washington, DC: Asian Division, Library of Congress, April 2002.

[14] Beikoku Gikai Toshokan zo Nihon Kotenseki Mokuroku。美國議會圖書館藏日本古典籍目錄Catalog of Japanese Rare Books in the Library of Congress. Tokyo: Yagi

日文館藏

一八七五年美國和日本開始交換政府出版物。一九〇五年《華盛頓明星晚報》的編輯克魯斯比・斯圖亞特・諾伊斯（Crosby Stuart Noyes）向美國國會圖書館送上了一份厚禮，此後日文文獻繼續增加。諾伊斯藏書中包括十八世紀中葉至十九世紀晚期出版的插圖本圖書六百五十八本，極為珍貴。一九〇七年耶魯大學朝河貫一（Kanichi Asakawa）教授為美國國會圖書館購買了九千零七十二冊文獻，涵蓋了日本的歷史、文學、佛教、神道教、地理、音樂和藝術等諸多領域。一九三〇年，圖書館聘任阪西志保（Shiho Sakanishi）博士擔任日文組（Japanese Section）的主任助理（Chief Assistant），日文館藏得到進一步豐富。一九三〇年至一九四一年，阪西志保任職期間，日文館藏翻了三倍。到目前為止美國國會圖書館已有日文專著一百一十八萬兩千零七十三冊，持續訂購的刊物六千七百六十一種，停止訂購的刊物九千四百五十一種，主要是通過購買、贈予、交換和其他採訪渠道獲得。日文館藏是亞洲部中藏書最多的語種，甚至超過了中蒙文收藏。

在日文善本中，有近五千種的出版物和手稿副本是德川幕府末期和明治初期（一八六八～一九一二）以前的文獻。其中包括西元七七〇年的《百萬塔陀羅尼經》，它是世界上現存最早的印刷本之一。同樣值得關注的是一本保存完整的日本文學名著《源氏物語》，一六五四年成書於京都。還有一本是一六二四至一六四三年的活字印刷本《義經東下物語》（Yoshitsune Azuma Kudari Monogatari義經東下り物語）。二〇〇三年八木書店（Yagi Shoten）在東京出版了美國國會圖書館日文善本的總書目[15]。

第二次世界大戰末期，隸屬於美國政府的華盛頓文獻中心將大批來自日本帝國陸軍和海軍、南滿鐵路株式會社、東亞研究所的歷

Shoten, 2003.
[15] The Japanese Collection. Washington, DC: Asian Division, the Library of Congress, n.d.

史文獻送到國會圖書館。其中大部分資料是二戰之前日本對韓國、臺灣、中國、蒙古和太平洋島嶼所作的研究。國會圖書館中還藏有一些縮微資料，裏面收錄了一八六八～一九四五年日本外交部檔案和一九四五年以前日本國內事務署政策司的檔案，其中有一些是被查禁的戰時出版物[16]。

另一個重要館藏是「伊能地圖」，它是第一幅現代日本地圖，由伊能忠敬於一八〇〇至一八二一年間繪製完成。伊能曾經繪製了兩百一十四張大比例（1：36,000）的地圖，覆蓋了從北海道到九州的日本群島。二〇〇一年春，在國會圖書館的地圖收藏中發現了其中兩百零七張地圖的副本，這一消息在日本國內引起巨大轟動。隨後地圖全部被數位化，並傳到了日本國家地圖中心。二〇〇三年十月三十一日至十二月十四日，這些地圖的同比例仿真本選集在京都國家博物館展出。

韓文館藏

韓文收藏始於一九二〇年，加拿大傳教士詹姆士·蓋爾博士（Dr. James S Gale）慷慨捐贈了他的收藏。一八八八至一九二八年，蓋爾博士一直生活在韓國，他幫助國會圖書館採集了眾多韓文經典文獻，包括韓國學者金道喜收藏的善本。二十世紀五〇年代朝鮮戰爭時期，韓文藏書得到進一步擴展。目前韓文文獻總數達到二十七萬三千七百二十冊，除此以外有與韓國相關日文文獻兩萬冊，英語文獻九千冊。北朝鮮文獻大約一萬種。此外還有一千八百五十四種持續訂購的刊物和五千五百九十八種停止訂購的刊物。

韓文藏書中包括四百八十種善本書，共計三千卷。這些善本都用漢字書寫，印刷在桑樹紙上。雖然中國最先發明了泥活字印刷，但是韓國是第一個使用金屬活字進行印刷的，印刷於一二四一年的《李退溪文集》（八卷本）是其中最重要的文獻之一。其他善本還包括十六世紀著名儒家學者、政治家李珥（Yi I）印刷於一七四

---

[16] The Korean Collection. Washington, DC: Asian Division, the Library of Congress, n.d.

書籍殿堂的智者——傑出圖書館學家李華偉傳

312

四年的論著，以及被稱為「朝鮮文學之父」的崔致遠（Ch'oe Ch-won）（八五七～九一五）的著作。美國國會圖書館收藏的韓文雕版印刷善本書有印刷於一五九○年的《高麗史》和印刷於一六三○年的《經國大典》[17]。

東南亞藏書

正如前文提到的，國會圖書館的東南亞收藏始於一八六五年，比其他任何地區都早。查理斯・威爾克斯少尉（Lt. Charles Wilkes）統領的美國海軍探險隊於一八四二年在新加坡，探險隊中的語文學家霍雷肖・哈雷（Horatio Hale）在美國駐新加坡傳教士阿爾弗雷德・諾斯（Alfred North）的協助下收集到馬來西亞的手稿和早期的印刷品。這些文獻先被送到史密森尼博物院，一八六五年時又由博物院轉到國會圖書館。這些最早採購的文獻中包括用南部蘇拉威西島的卜起士（Bugis）文字寫的手稿，用爪威語（Jawi）記錄的十九世紀馬來世界的著作《阿布杜拉的故事》（Hikayat Abdullah），一八四○年密深印刷所（Mission Press）出版的《馬來西亞年鑒》，著於一六一二年，是一本有關馬來西亞歷史的重要文獻，使用以阿拉伯字母書寫系統拼寫的爪威語（Jawi）。

東南亞藏書中包括許多貝葉（即棕櫚葉）三藏經（Tipitaka）的副本。三藏經是小乘佛教的經典。一九○五年，泰國朱拉隆功（Chulalongkorn）國王（羅摩五世）向國會圖書館贈送了一部特殊的泰語三藏經（Tipitaka）。一九四九年，緬甸向國會圖書館捐贈了一大批藏書，其中巴厘語手稿和一部緬甸版本的巴厘語三藏經最有價值。捐贈中還包括一本重要的緬甸史書《玻璃宮史》，該書由緬甸一批著名學者於一八二九年合著而成。

亞洲部還藏有來自菲律賓和越南的稀有文獻資源。最特別的是一套刻有梵文（Old Indic）字母的竹筒，與鄰國印尼的古代文字很相似。記錄在竹筒上的五十五篇散文和二十二篇詩歌描繪了芒揚民

---

[17] The Southeast Asian Collection. Washington, DC: Asian Division, Library of Congress, April 2002.

族（Mangyan Hampangan）和塔格巴奴亞（Tagbanua）社會的生動畫面。這些文獻還涵蓋了越南王朝歷史中的幾種代表性文獻，包括順華（Hue）前帝國王宮中的早期雕版印刷書籍。

一九三八年美國國會圖書館啟動了「印度項目」，擴大東南亞和南亞的文獻收藏，尤其是用當地語言著述的出版物的收藏。二戰之後，隨著美國在該地區利益的增長，文獻搜集量急劇增加。如今，已經收藏了汶萊、柬埔寨、東帝汶國、印尼、老撾、馬來西亞、緬甸、菲律賓、新加坡、泰國、越南以及許多南太平洋島國，如巴布亞新磯內亞等國的文獻。一九六三年國會圖書館在印尼的雅加達所建立的海外辦事處，為圖書館源源不斷地提供了該地區的圖書、報紙以及各種不同形式的期刊。到目前為止，東南亞主要語言撰寫的東南亞收藏中有二十萬七千四百一十五冊專著，兩千七百三十六種持續訂購的期刊，八千四百六十二種停止訂購的期刊。

南亞館藏

一九〇四年，國會圖書館從德國印度學研究者阿爾佈雷希・韋伯博士（Dr.Albrecht Weber）手中購買到四千餘冊圖書和小冊子，奠定了南亞收藏基礎。這批文獻中不但包括梵語印度宗教著作——《吠陀經》、《婆羅門》（Brahmanas）和《奧義書》（Upanisads）——還包括《往世書》（Puranas）中的故事和《摩呵婆羅多》（Mahabharata）、《羅摩衍那》（Ramayana）等偉大史詩。除此以外，還包括一些韋伯（Weber）的筆記，裏面抄錄了印度佛經早期的重要版本。

一九三八年卡內基基金會（Carnegie Corporation）向國會圖書館捐款，專門用於發展南亞藏書。這筆捐款資助國會圖書館啟動了印度項目——「項目F——印度研究發展」。二十世紀五〇年代，南亞館藏數量繼續增長，一九六二年國會圖書館的新德里海外辦公室成立，南亞收藏隨之迅速增長。一九六五年，駐巴基斯坦卡拉奇的海外辦公室建立後，開始管理採購巴基斯坦及其周邊地區的出版物，後來卡拉奇海外辦公室遷到巴基斯坦首都伊斯蘭堡。

目前南亞館藏的語種超過一百種，主要包括印度語（20%）、孟加拉語（15%）、烏爾都語（13%）、泰米爾語（11%）。其他數量比較多的語言還有馬拉地語、泰盧固語、德拉維族語（Malayalam）、古吉拉特語（Gujarati）、埃納德語。根據二〇〇六年九月三十日的報告，南亞館藏共有專著二十六萬九千八百四十六冊，持續訂購的期刊一千六百三十八種和停止訂購的期刊兩千一百二十種。

在南亞藏書的善本和手稿中，有一千四百五十二件來自西亞古吉拉特地區耆那教的《劫波經》（Jaina Kalpasutra）手稿。這本插圖本手稿講述了耆那教的創始人大雄（Mahavira）的故事。克羅斯比和闐殘片（Crosby Khotan fragments）也在這批彌足珍貴的善本中。

一九九〇～二〇〇〇年新德里辦公室啟動了「印度出版物縮微專案」（MIPP），由印度政府和美國國會圖書館共同資助，目的在於使列在《印度文獻國家書目：一九〇一～一九五三》上不再出版的著作得以保存和利用。書目由權威的印度學家從印度的六十七個圖書館和印度以外的三個圖書館（美國國會圖書館、芝加哥大學圖書館和大英圖書館）的藏書中選出，包括兩萬兩千六百八十六種十五個語言的文獻[18]。

三

中文資料的收集過程，本身就是一部中美文化交流史[19]。一八六七年美國國會通過了國際書籍交換法，此後，從一八六八年起，國會圖書館與中國政府及民間的書籍交換，開始逐年增加。中國清朝的同治皇帝在一八六九年首先向美國國會圖書館贈送了九百三十三冊中文線裝書，由經部、子部等叢書類組成，主題包括經學、性理、醫書、農書、算術、類書等，合計九百零五卷。一七〇六年的

---

[18] The Library of Congress in South Asia, 1960-2002. Celebrating 40 Years of Bibliographic and Cultural Exchanges. New Delhi: Library of Congress Office, n.d. p. 16.

[19] 李華偉，〈美國國會圖書館的漢學資源〉，《師大校友》，二〇〇五年二月（第三二五期）四～十二頁。

《梅氏叢書》刊本，是極其罕見的刻本。著名的藥物大典《本草綱目》為一六五五～一六五六刻本。

在美國政府與中國清朝政府進行書籍交換的歷史中，有一位非常重要的人物，就是一八四四年美國首任駐華全權公使——顧盛（Caleb Cushing）。顧盛在當時於澳門締結的《望廈條約》中主動要求加入以下條款：

> 准合眾國官民延請中國各方士民等教習各方語音，並幫辦文墨事件。不論所延請者係何等樣人，中國地方官員等均不得稍有阻擾陷害等情，並准其採買中國各項書籍。

此項購書條款，在十九世紀被列入正式外交文件中，可謂創舉。清政府原本禁止外國人學中文，自此條款之後，在中國的外國人可以公開聘請中國人教中文，不受限制地採購中文書籍，中美文化和外交第一次在真正意義上接軌。

顧盛在華期間，搜集了大批中文書籍，包括歷史、醫藥、古典文獻、詩集、小說等。他的藏書，後來被國會圖書館收購，約兩百三十七種，共兩千五百四十七冊，稱為「顧盛藏書」，都列在亞洲部手抄的《顧盛藏書目錄》裏。顧盛藏書中有十本太平天國印書，尤為珍貴，因為太平天國失敗後，清廷下令燒毀了絕大部分太平天國印書，只有極少部分流傳到海外。

接下來，一個更重要的歷史時刻是一九〇四年，美國政府在聖路易士（St. Louis）主辦萬國博覽會。當時，中國的戊戌變法以失敗告終，而辛亥革命並沒有到來，是中國近代歷史上相對的平靜期。慈禧渡過難關被迫實行新政，打開國門，面向世界，清政府參加聖路易萬國博覽會。一九〇三年「光緒二十九年癸卯，十二月七日派溥倫為赴美國散魯伊城（即聖路易士城）博覽會任監督。」「一九〇四年（光緒三十年甲辰）：四月二十五日派駐比使臣楊兆前往黎業斯（即聖路易士St. Louis）萬國賽會。派駐英使臣張德彝將萬國紅十字會原約劃押。四月二十六日，貝子溥倫觀見美國總

統。」在《中國大百科全書》的「國際博覽會」條目中有一句話的簡單介紹:「中國第一次參加國際博覽會是一九〇四年聖路易國際博覽會,在會場上展出了北京頤和園的模型。」

清末的太上皇慈禧與這屆博覽會也有過某種關係。《一個美國人眼中的晚清宮廷》曾經有這樣的記載:「當有人第一次提議為她畫像並送往聖路易士博覽會時,慈禧太后十分驚訝。康格夫人向她做了好一番遊說,說歐洲各國首腦的畫像都在那兒展出,其中包括大英帝國維多利亞女王的畫像,還說如果慈禧太后的畫像大量在海外流傳,也有利於糾正外人對她的錯誤印象。經過康格夫人勸說,慈禧太后才答應和慶親王商量之後再做決斷。此事好像就到此擱淺了,但很快慈禧太后又派人傳話給康格夫人,說她準備邀請卡爾小姐進京為她畫像。」卡爾小姐完成了慈禧太后油畫畫像,雕刻了黑檀木的畫框,尺寸巨大,在聖路易士萬國博覽會參展後,被收藏於美國史密森博物館。

一九〇四年聖路易士萬國博覽會參展的中國書籍多達一百七十七種,包括經書及其注解、清朝御撰書籍、字學、韻學書、史學、地志、地圖、金石、禮樂、刑法、荒政、經濟書、性理、蒙學教育書、諸子書、算術、曆書、兵書、醫學、集部詩文集、制義書及叢書。這批書多為湖北省崇文書局(湖北官書局)印刷。崇文書局是晚清四大著名書局之一,所刻之書質量精良。隨後,該批參展的書籍被贈送給美國政府,給早期國會圖書館的中文收藏添色不少。

國會圖書館很早即意識到中國方志的價值,並曾經在中國刊登廣告,公開徵集。大規模的入藏則要歸功於施永格博士(Dr. Walter T. Swingle)。他一八七一年出生於賓州的迦南鎮(Canaan, Pennsylvania),是農林學專家,主修植物學。施永格博士在一八九一年進入美國農業部工作,定居華盛頓。由於熱衷研究中國植物,施永格利用中國福建、廣東地方誌,研究柑桔的生長規律,他發現中國地方誌中關於土壤和植物的記載極有價值。由此,施永格大力提倡收集中國地方誌,奠定了國會圖書館收藏中國地方誌的基礎。一九一八年前後,他曾代表美國國會圖書館到中國各省購買地

方誌，收穫甚豐。回國之後仍通過商務印書館張元濟在華購書，繼續為國會圖書館間接採購中國方志，一直持續到一九二八年。國會圖書館現藏的中國古方志，有一半以上是一九二八年以前入藏的。施永格博士在中國本土外，建造了輝煌的地方誌書庫。

國會圖書館收集中國方志，最值得大書特書的是一九三三年入藏幾乎全部山東方志。方志的主人是山東一位縣長高鴻裁（一八五一～一九一八）。高鴻裁，字翰生，山東濰縣人，是一位研究金石學的學者。他歷時二十多年，用盡財力，收集本省的志書，藏品中有許多極不易見的版本。他的藏品有「濰高翰生收輯山東全省府州縣誌印記」的印章，可見他的志向。當時德國駐青島領事館也曾經派人與其商議購買該批方志，但美國國會圖書館通過當時清華大學圖書館王文山館長的介紹，捷足先登，得到了這批寶貝，反而比當時經營著山東地區的德國人捷足先登。

國會圖書館收藏的方志，最多的是河北——兩百八十二種，其次是山東——兩百七十九種，然後是江蘇和四川各有兩百五十二種，山西——兩百三十四種，此外，浙江、陝西、江西、廣東、湖北、安徽各省的方志，數量也很可觀。一般收藏方志，比較側重省志。比較小的行政區域的方志流傳不廣。而國會圖書館所藏方志，遍及各省、府、州、縣、鄉鎮，而且十分齊全，其中不乏難得一見的珍品[20]。

國會圖書館的中文收藏，首任中文部主任的恒慕義先生（Arthur William Hummel）功不可沒。恒慕義在一八八四年出生於密蘇里州，一九一五年，他以公理會教士身份到中國傳教。在山西汾州（今汾陽）的明義教會中學教英文，長達十年之久[21]。期間除學習中文外，恒慕義研究中國史地、文化、習俗，獲得豐富的中國知識，成為美國早期的漢學家之一。中國知名學者馮友蘭、胡適、顧頡剛都是他在中國傳教時期的好友。恒慕義先生的兒子恒安石出

---

[20] 李華偉，〈美國國會圖書館的漢學資源〉，《師大校友》，二〇〇五年二月（第三二五期）四～十二頁。

[21] 張國東，〈國家圖書館古籍文獻國際合作數位典藏計畫：以美國國會圖書館為例〉，《臺灣圖書館管理季刊》，第五卷第四期，二〇一〇年十月，九九～一一〇頁。

生在中國山西汾州，曾於一九八一～一九八四年出任美國駐華大使，是著名的外交家。

　　一九二八年，恒慕義先生應國會圖書館之聘，擔任新成立的中文部主任，他在這個位子上做了二十七年，中文藏書由十萬冊增至二十九萬一千冊，此後，各地學者絡繹不絕地來到中文組查考資料，撰寫博士、碩士論文。東方部的中文組也因此成為中國研究的文化沙龍，但凡知名的中國研究學者，均來中文組查書，在他們專作中引用館藏文獻資料。中文組風光無限，在海外的中文典藏中首屈一指[22]。

　　恒慕義先生在任期間還大力倡議整理中文善本古籍，並獲得洛克菲勒基金會及美國學術團體聯合會的資助，設置了一個中文編目專家的職位。在一九三九年邀請中國目錄版本學家、敦煌學家、圖書館學家王重民先生（一九〇三～一九七五），對古籍中的善本加以考訂，並且每書撰一提要。在此期間，中國經歷了抗日戰爭，為了避免在中國上海的珍貴書籍被日本劫掠，一批珍貴書籍運至美國。在此批為數一百箱的善本中，國會圖書館打開了三十八箱，由王重民先生為其中的善本撰寫提要，當年寫有提要的書有六百二十四種（全部寄存的善本為兩千八百七十種）。

　　王先生在國會圖書館亞洲部一直待到一九四七年，基本完成館藏中文善本的提要撰寫。目錄的稿本由王教授帶回中國，準備由北京大學出版。後來由於中國內戰，政權更替，國會圖書館與王教授和北京大學失去聯絡，無法實現出版計畫。當時王教授的目錄稿本留有縮微膠片，便由袁同禮博士校訂後，在華盛頓用手抄本影印的形式出版，就是後來的《國會圖書館藏中國善本書錄》，書中收錄了一千七百七十七種中文善本書的提要[23]。

　　美國國務院、教育部、勞工部只設有小型圖書館，館藏都不夠全面。需要查閱中文典籍時，他們大多採用亞洲部的資源。政府部

---

[22] 居蜜，陳家仁，〈美國國會圖書館亞洲部中文組的改弦更張〉，《新世界時報》，2005年12月9日。

[23] 李華偉，〈美國國會圖書館的漢學資源〉，《師大校友》，二〇〇五年二月（第三二五期）四～十二頁。

門之外，美國還有七十多所大學有東亞館藏，但即使是哈佛大學的哈佛燕京圖書館，中文書籍也遠遠不及國會圖書館亞洲部。世界範圍內，著名的大英圖書館在中文收藏，甚至亞洲收藏在數量上都無法跟美國國會圖書館亞洲部相比。目前，美國國會圖書館仍在不斷搜集各種中文典籍，並每年都從中國大陸、臺灣和港澳等地進書兩萬冊，期刊五千五百種，報紙一千兩百種，繼續充實中文館藏。在李博士任內，還大量購買中、日、韓的電子全文資料庫。凡期刊報紙、論文、會議錄、電子書、年鑑及統計報表等都儘量收集。他還和一些國家圖書館及研究機構合作對古籍善本書，古地圖等，進行數位化掃描，以利使用及流通。

第十九章　機構重組

影響和告知普羅大眾……他們是我們民族的自由精神得以延續的真正力量。

——美國第三任總統湯瑪斯・傑佛遜（Thomas Jefferson）

一

上任剛兩個星期，李華偉博士就遭遇到他的第一個難題。這天早晨，李博士剛到辦公室，就聽見外面有員工開始吵架。而且聲音越來越高，旁若無人，毫無顧忌。

爭吵的起因都是一些擺不上臺面的小事情，但足以讓李博士看到了亞洲部現狀的嚴重性。因為長期缺乏有力的領導，群龍無首，部門內一盤散沙，員工們士氣低落，言語之間毫不遮掩抱怨的情緒，同事之間的相互猜疑妒忌，關係緊張，誰也不服誰，爭吵是經常的事。此後，李博士在每週的例會上不斷強調：亞洲部的聲譽已經差到不能夠再差了，其他部門的同事甚至因此而看不起亞洲人。現在最重要的是，我們必須團結一致，爭一口氣，不給旁人看笑話；那不是看某一個人的笑話，是看我們亞洲部的笑話！

其實，吵架並不只是丟人和有失風度那麼簡單。亞洲部人事關係複雜，來自不同種族和文化的館員，彼此爭鬥，同種族內部的暗鬥，已經持續了相當長的時間。這是一個再強烈不過的信號。在一個疏於管理的組織中，分工不明確，人浮於事，工作中任何的小摩擦都可能被借機放大，成為抱怨不滿的宣洩口。但是，李博士清

楚，他首先需要做的是壓住陣腳，讓一切慢慢地平靜下來。

好在亞洲部的館員對李博士的為人和能力早有耳聞，也認同他在圖書館界的口碑和威望。在與同事們的交往中，李博士感受到他們都是非常優秀的圖書館員，專業素質和專業精神都毫不遜色，只是沒有找到合適的方式發揮自己。憑心而論，館員們大多對亞洲部的現狀非常不滿，他們也期待李博士的到來，會給亞洲部帶來清新之氣，全盤整理亞洲部，使之起死回生，發揮應有的功能和使命。

令李博士擔憂的事情很多，其中還包括一樁極為棘手的官司。兩位華人館員狀告國會圖書館對她們有種族歧視（Racial Discrimination），致使她們在亞洲部工作了近二十年，卻沒有得到任何形式的晉級和升職。實際上，事情的源頭是這兩位同事所工作的中文組，因當時的組長領導無方，不求發展，導致組裏的工作人員根本沒有上升空間。她們向人事部門投訴，也找到平等工作機會保障委員會，最終告到法院。因為按照法院程序規定，雇員起訴的對象只能是機構，她們只能告國會圖書館有種族歧視。作為直接責任人，國會圖書館館長被傳上了法庭。起訴遲遲沒能得到解決，亞洲部也因此陷入被動。

李博士很快意識到，改變原中文組組長的工作方式是解決問題的關鍵，到任兩個月後，李博士專門找原中文組組長談話，針對他的工作方式和態度，給他一個善意的提醒，怠慢工作是最不能夠容忍和接受的，希望有所改變。原中文組組長自然心中不快，但也說不出什麼，因為這位新任的亞洲部主任溫文爾雅，態度真誠，言之有物，更何況每天早來晚走，他一直在用自己的行為，傳遞給屬下，專業的工作方式和工作態度。

原中文組組長顯然沒有把李博士的提醒當作一回事，他在國會圖書館工作了四十多年，看慣了人來人往，他根本不相信新來的亞洲部主任能帶來什麼真正的改變，畢竟國會圖書館是聯邦政府機構，任何改變都要經過嚴格繁雜的機構程序，牽一髮而動全身，更不要說還有四個工會，隨時準備好了出面干預，要改變現有的亞洲部，甚至比完成一個心臟搭橋手術更加不容易。

二

雖然眼前仍然是一團亂線，牽纏扣繞，環環死結，但李博士已經敏感感覺到，他其實真正要解決的是人的問題。「人盡其才，物盡其用」，讓每個人都真正發揮作用，做自己必須做和希望做的事情，難題才有可能迎刃而解。一個大膽的設想在他心裏逐漸成形。

亞洲部原來按照語言分組，設立了中文、日文、韓文和南亞文四個組，負責相關語言國度的資料收藏。亞洲部主任之下設有臨時助理主任一人、秘書一人、辦公室行政助理一人、及四個地區組。每組各自擁有該地區的學者、專家、圖書館員和職工若干人。只有中國組設有組長。但組內的分工並不明確，各組之間缺少協調和合作，經常發生工作上的爭執。表面上的一盤散沙，實質上是因為缺乏領導力，缺乏保證部門運轉效率的組織體系。

很快，李博士拿出了改組亞洲部的方案：由兩個職能性團隊和五個區域性小組形成的矩陣式（Matrix Model）交叉組織結構。在這個矩陣式的組織結構中，縱向方面，分設學術服務和藏書管理兩個行政團隊；橫向方面，分設中國和蒙古、日本、南韓和朝鮮、東南亞、以及南亞五個地區小組團隊（Team）。

新的解決方案改變了原來單純由語言區域劃分的管理體系，將四條橫線的結構改變成了一個矩陣。首先，將具有各地區文化和研究專長的學者、專家、圖書館員和職工，按照各自意願和專長，分配到不同的地區小組。原有的四個地區組重新劃分成五個小組團隊：將中國和蒙古合成一個中國蒙古小組，其他還有日本、韓國、東南亞和南亞地區小組。每個小組團隊指定一位負責人協調和安排工作，有的同事可以根據其興趣和專長，同時分配到兩個不同的地區小組團隊中。每個地區小組可以自行推選一位組長。任期一年，可以連選連任。

矩陣式機構的核心在於它增加了縱向管理結構，在地區小組的基礎上，同時將整個亞洲部館員規劃成為兩個大「團隊」，一個是面對國會、政府、學術團體、及一般讀者的學術服務團

隊（Scholarly Services），一個是需要專家參與的藏書管理團隊
（Collection Management），由專人負責協調學術服務和藏書管理
的工作。在新的管理構架之下，凡是有關學術和讀者服務的工作，
由學術服務組組長統一規劃及指導；凡是有關藏書管理的工作，由
藏書管理組的組長統一規劃及指導。

　　幾十年的圖書館管理經驗和對國會圖書館職能的深入瞭解，使
得李博士敏銳觀察到：之前的地區組各自為政，缺乏有效的橫向協
調和溝通，無法有效適應國會圖書館提供高效能藏書管理和學術服
務的服務功能，更不利於發揮精英彙集的地區專家的集體智慧，以
及團隊合作優勢。

　　解決問題的關鍵是在充分發揮專家的優勢前提下，有效組織
好藏書管理和讀者服務。李博士的決定是，取消亞洲部原來單純的
「組」建制，實行「團隊管理」。在原有的地區組基礎上成立由經
濟、政治、歷史、地理、語言、文化等各方面的專家組成的五個地
區小組團隊，同時在兩個職能團隊管理下開展藏書管理和讀者服務
工作。地區小組的專家們，一方面在藏書管理負責人的協調下，負
責選擇和管理國會圖書館所收藏的圖書，另一方面在學術服務負責
人的協調下，提供專家級的讀者服務。各地區小組專家負責選書，
再經過採購和編目的工作流程後，書籍又回歸亞洲部管理和提供服
務。這樣的管理模式，即發揮了每個區域小組中的專家作用，又避
免了過去各地區小組缺乏協調，各自為政的情況，因為強化了有專
人負責的學術服務和藏書管理兩個主要功能，所有專家館員，包括
各個地區小組成員，能在學術服務和藏書管理的統一協調管理下，
進行團隊合作。

　　此外，改組方案中，李博士也加入了更加靈活的機制。根據實
際的業務需要，分設特殊任務小組。鼓勵有興趣的員工自動參加。
比如，國會圖書館每年在財政年度（Fiscal Year）結束時，總會有
一些用不完的經費撥給各部門，用於圖書採購。因為需要在財政年
度內完成圖書採購，時間一般比較急，由跨地區的特殊任務小組專
門負責，往往更加有效率。

李博士改組創新的嘗試，在國會圖書館內部首開先河，此前沒有任何人做過類似的嘗試。國會圖書館主管圖書服務部（Library Services）的副館長麥肯博士（Dr. Deanna Marcum）對李博士的改組計畫非常支持，他甚至預感到亞洲部終於要在新一任主任手上，發生積極可喜的變化。這位國會圖書館的實權人物，偶爾在走廊裏遇到華偉博士，總要毫不吝嗇地露出她著名的微笑，親熱地給李博士一個擁抱。亞洲部的直接上司布朗博士對此項改組也非常興奮，她更加堅信：自己的確為亞洲部找到了希望。

　　但對於李博士來講，如何讓改組方案得以迅速批准並付諸實施，似乎比想清楚如何去改組更為艱難。改變，意味著建立新的秩序。在布朗博士的大力支持下，他的改組方案，包括每一個職位的職務劃分和說明，都出乎意外地「過五關，斬六將」，在不到一年的時間，就順利通過層層批准。連工會都沒有出來干擾。

　　亞洲部原來劃分中文組、日文組、韓文組和南亞組，有其歷史的原因。但時至今日，隨著各區域新的變化，這樣的劃分顯然已經不適合，需要改變。比如，蒙古的藏書規模比較小，不應該獨立成組，因此把蒙古和中國合併成中國蒙古小組。韓文組仍然保留了南韓及朝鮮組的現狀。而原南亞組則包括了南亞和東南亞的廣大的區域眾多國家，地理面積廣，人口眾多，語言複雜，文化差異懸殊，經濟實力增長迅速，有必要把東南亞和南亞劃分成兩個組。

　　在改組過程中，李博士還順便糾正了過去的錯誤，他把西藏藏書從南亞組回歸到中國蒙古組。西藏歸屬南亞組是在一九九二年由南亞組組長提出建議並被接受的。依據是藏人流亡政府在印度，但實際上，西藏是中國版圖的一部分，沒有任何理由劃歸到南亞。無奈，當時中文組日益僵化和衰敗，自顧不暇，只得任其宰割，聽之任之[1]。對此，李博士的態度很明確，將西藏歸還到中國蒙古小組。

　　藏文收藏的歸屬著實鬧了一場風波。由於政治和歷史的因素，國會圖書館西藏方面的收藏很強，是中國之外最好的，中文組沒有

---

[1] 居蜜，陳家仁，〈美國國會圖書館亞洲部中文組的改弦更張〉，《新世界時報》，二〇〇五年十二月九日。

人懂得藏文，沒有合適的人管理藏文收藏。當時有一位圖書館員，她對西藏有濃厚興趣，自修了蒙文和藏文，靠自己的勤奮，變成了專家，比中文組其他同事都有優勢。這位館員得知藏文收藏歸回中國蒙古組，極為不快，到李博士辦公室抗議，她的理由很簡單：中國蒙古組內部亂成一團，關係複雜，她不願意去湊熱鬧、淌渾水。李博士首先認可她的工作和專業水平，也尊重和同情她的感受，但同時嚴肅地表明了自己的立場：「作為國家外交政策，美國國務院承認西藏是中國的一部分，西藏流亡政府是根本不被承認的，西藏理應歸到中國蒙古小組，不存在絲毫討論的餘地。亞洲部也沒有任何道理把西藏放在南亞組。」

看到李博士的堅決態度，這位同事沒有再堅持。同時她也敬重新來的主任，畢竟藏文收藏歸到中國蒙古小組，對她沒有實質性損失，相反，如果亞洲部能從此振作起來，對她同樣是一件好事。以她的優勢，沒有人能夠與她競爭或對她形成威脅。

西藏這件事情做得很漂亮。李博士直接以主任的名義，理直氣壯、名正言順地將西藏歸回到中國蒙古小組，國會圖書館管理層也都同意。隨後，華盛頓的藏獨組織找到他辦公室來抗議，氣勢洶洶，但李博士並不在意，這樣的原則大事，該做就做了，原則就是道理，不需要任何猶豫。

改組的過程實際上極為繁瑣複雜，需要寫各類長篇大論的報告，再提交到國會圖書館不同的部門申請批准。最困難之處在於，需要對照國會圖書館的法律條文，逐條核查，每個館員的歸屬和職務說明都必須重新整理出來，相當於一個浩大工程。好在布朗博士籌集到一筆錢，請國會圖書館人事處已經退休的一位老員工做諮詢顧問，幫助撰寫所有條文，此人對國會圖書館的法律和人事情況熟悉，對所有規章制度輕車熟路，有了他的幫忙，李博士才鬆了一口氣。

改組方案得以實施，經歷了整整八個月的時間，但這在國會圖書館歷史上已經是絕無僅有的速度！李博士在各個部門之間奔波，身心皆憊。他必須使出全身解數，運用自己的親和力，建立良好的

人際關係，把所有懷疑和反對的力量消解，甚至變為積極的助力。位於麥迪森大廈六樓的管理部門，是李博士經常去的地方，他必須說服管理部門，以保證改組計畫得到認同。

另外還要不時出面與工會打交道，和他們談判、協調。美國工會的勢力強大，不同的行業、企業有不同的工會，它獨立於其他社會團體，代表工會會員，即機構、企業的雇員，在工薪、福利、勞動保障等一系列的問題上與雇主談判，為雇員提供幫助和保護，爭取最大化利益。從表面上看，工會保障了工會會員的權益，形成與企業或機構制衡的力量，但有時也會極端化，極難打交道。政府機構的工會，勢力更大。找到共同的利益是李博士與工會相處的獨到之處，他在亞洲部的改組計畫中的確為員工晉級升職創造了機會，為員工爭得了權力。工會理解他是在為員工做好事，也不再反對他。

李博士深感改組之難，過程當中極盡謹慎，儘量循規蹈矩，嚴格依據相關的組織條文行事，沒有一絲怠慢，因為任何細節上的疏漏，都可能帶來改組被擱置甚至前功盡棄。沒有掌控全局的智慧和魄力，沒有出色的溝通協調能力，的確是寸步難行。

終於，學術服務和藏書管理兩個行政團隊正式成為亞洲部增設的編制，兩位組長職位公開向館內外招募。那兩位起訴國會圖書館的華裔館員，得知消息後立刻決定申請。對於這兩位有實力、有經驗的資深館員的舉動，李博士暗自高興，但為了公正起見，他不能表態。結果這兩位館員都經過嚴格的評選程式，從眾多的申請者中脫穎而出。在亞洲部二十幾年的付出終於得到肯定，新的組織構建重新喚起了她們的希望和工作激情，兩位館員決定撤銷對國會圖書館歷時三年的訴訟。

撤銷種族歧視訴訟，使館裏上下都鬆了一口氣，詹姆斯館長的困擾就此煙消雲散，最直接地體驗到李華偉博士改組之成效，甚至他也成為直接的受益者之一。館長突然意識到：這位謙和儒雅的亞洲人，實在是個厲害角色。平和的微笑後面蘊藏著深邃的東方智慧和鋼鐵一般的堅定，他好像從來沒有抱怨過，從他的微笑裏也幾乎

感受不到任何情緒的變化，但他卻不動聲色，在談笑之間，讓亞洲部憑空響起一記驚雷。

三

亞洲部的變化之快，變化之大，讓人始料未及，好像大家還沒有做好準備，一切就已經發生了，如同被施了魔法，瞬間成了另外一副樣子。辦公室裏的氣氛有了微妙的變化，館員們的臉色晴朗起來，李博士很高興，他不必擔心辦公室裏上演吵架的鬧劇，因為館員們不會再有時間和興趣。

隨著亞洲部改組計畫的實施，原來的中文組與蒙古合成為中國蒙古小組。原中文組組長的職位也理所當然被取消。因為改組後的小組組長並不是行政意義上的「組長」，而「團隊負責人」（Team Leader），是由每個地區小組自行推選出來，並任期一年的領頭人。原中文組組長心有不甘，卻也找不出反對的理由，因為一切都是嚴格遵循了國會圖書館的條例和法規進行的。

實施改組計畫，外部的壓力和內部的壓力同樣巨大，美國國會的「美中經濟安全審查委員會」（U.S.-China Economic and Security Review Commission），相當於中國研究方面的智囊團，專門研究當代中國的戰略、政策、經濟、軍事等，觀察中國發展對美國所產生的影響，為美國政府的對華戰略提供相應的建議。委員會在國會的位置極為特殊，包括其委員都是由參眾議院直接選拔任命的，不必經過必須的選舉程式。長期以來，美中經濟安全審查委員會以強硬和保守著稱。委員們的研究建立在有價值的中文資料上，因此與亞洲部聯繫緊密，對亞洲部中文組的變化十分敏感和關注，於是特意在國會舉辦了聽證會。

聽證會制度是美國國會政治生活中的一個重要環節，國會的常設委員會或專門委員會就某一個具體的問題，舉行公開的會議，傳喚或接受政府官員、利益集團代表、知名學者或某些公民個人參加，向他們提問並聽取他們提供的證據和意見。

二〇〇五年九月李博士參加聽證會，這是他唯一一次體驗美國

的聽證會。國會圖書館幾位相關負責人都出席了聽證會。聽證的重要內容之一就是，為什麼國會圖書館要取消中文部。李博士明顯感覺到壓力，而且來得直接，來得尖銳，改組的效果有目共睹，一切盡在國會圖書館監督之下，經得起任何質疑，他心中有數。

聽證會上，原中文組組長請求發言，並得到批准。他直接批評了李華偉博士的改組方案，指出中文組不應該取消，其結果會影響中文收藏的發展。

面對聽證會成員，李博士陳述了自己的觀點：「亞洲部的改組著重於行政管理的效率，行政上的改組並不意味著取消中文組，不會影響到中文組在亞洲部的地位，更不會影響中文收藏。中文組的改變並沒有喪失原本的功能，目的在於建立一種更為有效的管理方式，提高工作效率和服務水準。所有的調整也都是基於國會圖書館機構內部的組織條文和規章，沒有任何逾章之舉。」

李博士也坦言，自己剛剛就任亞洲部主任，解決問題有待時日，目前亞洲部已經開始大規模地購買中國方面有價值的出版物，或許一年之後，可以有更為顯著的變化。也許是李博士誠懇坦率的發言說服了他們，聽證會成員沒有提出更多的反對意見。

一年以後，委員會又召開了一次聽證會，並將聽證會的會場直接設在了亞洲部。顯然，聽證會成員們是有備而來。一份長長的書單，其中包括上幾百種中國的重要期刊，他們要眼見為實，現場查看亞洲部的新購中文圖書刊的情況。結果大出所料，他們看到亞洲部新增的當代中國書刊，其種類和數量都遠遠超過了他們手裏的那份書單。事實勝過雄辯，從此之後，聽證會的成員們對李博士支援有加，國會聽證會反而為亞洲部中文藏書的變化大大宣傳了一番。

四

中文組的一團亂麻終於理出頭緒來，原中文組組長自動退休。亞洲部的局面大有改觀，大病初癒一般，透出新的生機。李博士每天都可以感受到變化，他照舊乘坐地鐵上下班，腳步比從前更加輕快和自信。工作是愉快的，這對他很重要，對亞洲部的每一位館員

更重要。愉快的感受帶給人積極正向的情緒，並相互感染，這正是亞洲部最需要的。

　　亞洲部館員們的工作職責（Job Description）全部重新界定，每個人都清楚應該做的工作以及所要達到的目標。經過此番調整，加強了橫向的溝通管理，各組之間齊心共事，全力投入，國會圖書館管理層對亞洲部開始刮目相看。這是個趁熱打鐵的好時機，李華偉博士開始了他的第二步計畫：引進新館員，補充新鮮血液，注入生機與活力，進一步擴張亞洲部的業務。

　　亞洲部有過輝煌的歷史，鼎盛時期曾經有四十多位專職人員，恒慕義先生於一九五五年從亞洲部（當時的東方部）卸任後，先後由日裔美籍沃倫常拾博士（Dr.Warren Tsuneishi）和緬甸裔美籍海倫‧坡女士（Dr.Helen Poe）擔任。李華偉博士是亞洲部第一位華裔主任[2]。在李博士到任之前的十年，亞洲部一直在停滯，甚至萎縮。前任主任海倫‧坡女士做了七年的主任，並沒有大的作為，此後亞洲部主任的位置一直空了三年，期間由國會圖書館其他部門的主管輪流臨時代理，亞洲部一蹶不振，每況日下。

　　在此十年間，亞洲部館員因調離、退休、去世等原因，陸續空出十多個專業館員的職位，但因為亞洲部混亂不堪，國會圖書館對亞洲部毫無信心，堅持寧缺毋濫，並沒有同意給亞洲部相關的職位補缺。

　　李博士此時向他的上司布朗博士正式提出增加人員的申請，布朗博士格外慷慨，特別批准了八個專業館員職位，同時增加兩個新的職位，部主任的助理和自動化管理員。由於國會圖書館人員流動少，人事招聘一向謹慎，每招聘一位館員，都需要嚴格篩選。亞洲部如此大規模地招兵買馬，在美國圖書館界也是一件大事，一時之間，申請者雲集，沉寂多年的亞洲部，熱鬧起來。

　　剛剛結束了機構改組，李博士立刻開始忙著解決人事問題。他一直認為，管理所要解決之核心問題在於人，機構改組只是搭起了

---

[2]　居蜜、陳家仁，〈美國國會圖書館亞洲部中文組的改弦更張〉，《新世界時報》，二〇〇五年十二月九日。

臺子，要表現一個生機勃勃的亞洲部，需要讓臺子上的角色豐富起來，活動起來。他是一個佈局的人，而佈局之關鍵還在於找到合適的人選，並給他們分派合適的角色。只有每個角色都清楚自己的位置，知道自己的目標，並與其他人通力協作，管理之目標才有可能達成。

辦公桌上除了每天有待處理的文件，又增加了大量申請人的資料。透過列印在紙上的文字，李博士試圖讓簡歷上的人活起來，瞭解和認識他們。人人都有獨特而光彩的一面，但並不是每個人都有足夠好的運氣，展現自己的才華。很大程度上，獨具慧眼的管理者是讓金子發光之關鍵。每天的事情好像多得做不完，李博士加班的時間比平時更長，他甚至經常是辦公室裏最後一個離開的人。

除了增加新人之外，還有一些其他部門的同事，看到了亞洲部蒸蒸日上的情況，希望能被調到亞洲部來工作。有一天，李博士收到一份調任申請，來自國會圖書館負責政府出版物部門的一位日本裔女館員。這位女館員在國會圖書館工作了二十年，曾向工會投訴工作部門對她種族歧視。李博士仔細看過她的簡歷和申請，覺得很適合亞洲部的職位，而且她到亞洲部工作的願望非常強烈。當然，在國會圖書館內部調動一個人的難度極大，因為原在部門將失去一個專業館員職位卻得不到填補，他們當然要極力反對。

通過見面的交談，李博士的判斷是，她善良而且勤奮。只是英語表達不好，她原來任職的政府出版物部門，是純英文的部門，不僅用不上她的專長，反而因為英文不夠好，被人詬病。的確，她對美國的歷史和文化的瞭解是不夠的，做政府出版物的相關工作很難稱職。但李博士覺得那不是她的錯，她應該找到合適自己的位置。

在李博士的協助下，她的調職終於成功。她的知識和特長在日文組充分發揮出來，語言不再是劣勢，相反成了她的長項，這位日裔館員後來成為李博士最有力的支持者之一。

領導者用人，不僅要有發現的眼睛，更要能創造合適的環境，發揮才華的空間。一年的時間裏，李博士的亞洲部陸續增加了十一位新同事。無論從資格、能力還是專業態度，新館員都極為出色，

他們也逐漸融入亞洲部並成為骨幹。新招聘的三位日本同事令日文組的形勢大為改觀，中國蒙古組增加了三位華裔館員，東南亞和南亞分開後也重新招聘了三位新館員。引入能幹又有熱情的人才，同樣激勵了原有工作人員的工作激情。整個亞洲部好像剎那間吹進一股清新之氣，大家都為之一振。亞洲部這隻沉睡的獅子，醒過來了。

第二十章　方便讀者

圖書館應該是一個有生命的地方。

《圖書館之戀》
（法）尚・馬里・古勒莫（Jean Marie Goulemot）

—

二〇〇一年的「九一一」事件中，美國航空公司的一架波音七五七飛機，從華盛頓杜勒斯機場飛往洛杉磯，被恐怖分子劫持，機上共有六十四人。這是當天被劫持的四架飛機之一，它的目標是坐落在華盛頓波托馬克河畔阿靈頓鎮的美國國防部五角大樓。上午九點四十三分，飛機俯衝而下，將五角大樓撞開一個二十三米的洞，濃煙從巨大的空洞中升起，西面樓體坍塌。美國安全的象徵——五角大樓被破壞得慘不忍睹。

從第一架被劫持的飛機在上午八點四十五分撞擊紐約世界貿易中心北樓，到九點零三分第二架被劫持的飛機撞入世界貿易中心南樓，直到第三架飛機撞擊華盛頓五角大樓，前後僅僅一個小時的時間。美國遭受了歷史上最嚴重的恐怖主義襲擊，數千人喪生，世界最大的都市紐約和美國首都華盛頓，同時陷入極度恐慌和混亂之中。美國人長期以來的自信和安全感，隨同驕傲的紐約世貿大廈雙子座一起，哄然倒地。

時隔二、三年之後，九一一事件帶來的恐怖和不安，仍在四處擴散，難以平息。美國上至政府下至平民，無不談恐色變，如臨大

敵。國會圖書館警衛森嚴，出於防禦汽車炸彈等的治安考慮，原本開闊的草坪和停車場，全部禁用，圖書館周圍，誇張地設置了多種障礙物，以防止危險車輛和人員靠近。嚴格的治安措施不可避免地成為雙刃劍，看似保護國會圖書館，實則造成諸多麻煩，使得國會圖書館讀者數量銳減，門可羅雀，即使是那些不怕麻煩的讀者，也被當作恐怖分子一般對待，需要接受嚴格的安全檢查。

寬敞奢華的圖書閱覽室，經常冷冷清清，甚至空無一人。國會圖書館的審查部門，注意到這種情形後，提出建議將圖書閱覽室合併使用，便於安全管理，節省人力，在他們看來，閒置就是浪費。這是明顯的外行建議，負責審查的年輕人們並不瞭解，閱覽室不僅僅是閱覽的空間，國會圖書館藏書的語言種類複雜多元，閱覽室按照不同的語言系統劃分，僅亞洲語言就有一百五十多種，各語種都配有專家，他們的辦公室就設在閱覽室旁邊，以便隨時幫助讀者。亞洲、歐洲、非洲、拉丁美洲不可能簡單地合併起來，藏書怎麼辦？專家們去哪裏辦公？都是無法解決的問題。

但無論如何，讀者少、閱讀室閒置，是不爭的事實，國會圖書館所有向社會公眾開放的部門，幾乎無一例外地面臨這個難題。副館長收到審查部門的報告後，給各部門施加壓力，要求把讀者找回來。

李博士發現讀者少另有原因。最明顯的是，閱覽室每天開放的時間是上午八點半到下午五點，週六周日閉館休息。大部分普通的讀者在週末有時間，而此時閱覽室卻是關閉的。他於是提出一個想法，增加亞洲部閱覽室開放時間，把每個週六變成開放日。

看似簡單的事情，要在國會圖書館施行卻並不容易，首先，週末是館員們的法定休息日，增加開放時間意味著館員們需要加班，不僅加班的費用亞洲部沒能力支付，工會也會緊跟著來找麻煩。單純延長開放時間，顯然不合適。李博士和同事們商量，決定週六增加一天讀者開放日，所有因此而增加的工作量都由亞洲部內部消化解決。

辦法其實很簡單，李博士動員亞洲部的員工，實行輪班制。每人每週四十小時、五個工作日不變，但其中有一天的工作時間改在週六。他讓秘書製作好一個記錄單，擺在辦公區告示欄裏。亞洲

部的員工可以自願簽名，承擔每個週六的工作，然後由秘書排班。他發現，其實館員們並不介意週六工作，而選擇另外一天休息。他們甚至輕鬆地說，在工作日休息大有好處，可以錯開週末擁擠的人群，去銀行或者處理其他雜事更方便些。當然，李博士明白，館員們是支援他的，不想讓他感覺有壓力。

每個週六，亞洲部閱覽室成為讀者最多的地方，華盛頓的各類報刊也刊登出國會圖書館亞洲部增加開放時間的最新消息，讀者的數量為之大增。李華偉博士到任後的第一年，讀者流量翻了一倍，第二年再翻一倍，第三年又翻一倍。

其他部門的讀者在減少，而亞洲部的讀者卻快速增加，很快，整個國會圖書館注意到這個令人驚訝的現象。館副長在各部門主任的例會上說：「我們的讀者越來越減少，只有李華偉的亞洲部例外，他們的讀者在增加，諸位要好好向華偉請教一下經驗。」

通常一個部門的主管要做事情，總需要增加人員或者增加經費，李華偉博士即不要錢也不要人，從讀者的需要出發，平平常常地把事情做了。既沒有增加任何員工，也沒有增加館內的預算。輕巧靈活地發力，收獲了又一個驚喜。只要真正把讀者擺在首位，讀者會感受到。

亞洲部閱覽室門口常年立著一塊明顯的標牌，上寫：遊客止步，請不要打擾閱覽室內讀者。因為傑佛遜大廈每天都要接待眾多到華府觀光的遊客，這樣的標牌在傑佛遜大廈每個閱覽室都有。亞洲部很快有人提出應該把標牌拿掉。標牌的確顯得多餘，除了拒絕和冷漠之外，它幾乎沒有起到任何有益的作用。李博士立刻請人撤掉了標牌。讓遊客有機會走進來，身臨其境地感受亞洲部，這是亞洲部最應該做的。有了以讀者需求為首要的理念，亞洲部會走得更遠。

亞洲部館員們齊心同力，利用閱覽室舉辦各種學術活動，介紹亞洲部的收藏，每個星期都有不同主題的展覽，比如中文收藏的特色，日文、韓文、南亞及東南亞收藏的特色。亞洲部館藏的重要資源，吸引了更多讀者，讀者也因此瞭解到眾多鮮為人知的寶藏。

二○○五年一年中，亞洲部與美國亞洲文化學院等機構、組織合作，不斷推出與中國文化、歷史現狀相關的活動。五月十六日，舉辦了慶祝鄭和下西洋六百周年的國際學術討論會；七月十九日，由陳欽智教授講述她所發展的全球記憶網路（Global Memory Net）；九月二十一日，由亞洲學會舉辦有關國會圖書館亞洲部館藏的介紹；十一月十四日，新任東方法律部主任白瑞教授講述他在中國及香港工作多年經驗；十一月十七日，臺灣中央研究院兩位專家作專題演講；十二月一日，中國音樂家傅華根國樂演奏……[1]。

　　其中鄭和下西洋六百周年的國際學術討論會──「一四○五～一四三三：鄭和下西洋的重要性」──在學界頗有影響。當年鄭和統領船隊，七下西洋，平等貿易，強盛富有的大明帝國，沒有武力掠奪，而是帶去中國人的友好，堪稱人類歷史上首次偉大的和平之旅。

　　研討會吸引了近兩百位美國各界人士，新的學術觀點，引發爭議和思考，英國學者孟西斯在研討會上指出，哥倫布在一四九二年啟程航行之前拿到過美洲大陸的地圖和星空圖，而這些航行資料是由中國人提供的。孟西斯介紹說，哥倫布承認他是在一張地圖的引導下抵達了美洲，而這張地圖的來源實際上是一位中國官員。時至今日，沒有人懷疑哥倫布是美洲大陸的發現者，而孟西斯歷經十四年的研究考證發現，是中國人最早發現美洲大陸，中國明朝時期的地圖和現代繪製的美洲地圖有許多相似之處。研究中國古代航海史的湯普森說，在明代流通的紙幣上，官方所蓋印章使用的紅色印泥來自於今天美國加州和墨西哥北部的一種昆蟲。還有專家指出，中國和美洲早在西元前兩千多年就有往來[2]。

　　定期的學術活動、研討會給國會圖書館帶來關注和聲譽，與學術界和社會各界的交流也更加頻繁，亞洲部蒸蒸日上，館員們直接看到自己工作的成果，士氣大漲。

---

[1] 居蜜、陳家仁，〈美國國會圖書館亞洲部中文組的改弦更張〉，《新世界時報》，二○○五十二月九日。

[2] 鍾翔，〈英國老人要辦鄭和展〉，《環球時報》，二○○五年五月二十日，第十八版。

二

像美國所有的圖書館一樣，國會圖書館的藏書迅速膨脹，人類知識和資訊的大爆炸，在圖書館裏有了最真切的映照。各種書籍、報刊、文獻如同具有了生命一般，不顧一切地生長，占滿所有可能的空間。它們的生長速度甚至遠遠超過了圖書的編目、上架的速度，有些書籍和文獻甚至等不及編目，等不及讀者的閱讀就迅速衰老和死亡，被送到遠端書庫，從此被束之高閣。

由於藏書空間變得擁擠。國會圖書館在距離華盛頓四十多公里的郊區，修建了密集儲存書庫（Annex），差不多每年都要加蓋一座密集存儲書庫，每天有專用的車子往來，把使用頻率低的藏書送過去，同時把讀者特殊借閱的書提取回來。書庫採用先進的機械化設備，嚴格控制溫度和濕度，一般情況下，溫度每降低十度，書籍的壽命可以延長一百年，因此新建的書庫像一座冰庫一般。

亞洲部的書庫設在亞當斯大廈，由於缺乏專人管理，荒蕪不堪。書籍雜亂無章，不按次序排列，原本有限的空間，顯得更加擁擠不堪。地面上、書架上到處都是書，有的甚至被棄置在角落裏，一副被忘卻的模樣。很多書籍，編目部來不及編目，簡單登記一下，書裏面夾一個條碼，就送到書庫不為人知的角落。書架挨挨擠擠，一排緊靠一排，第一排勉強可以看到書，後面的書幾乎看不到，查找圖書非常困難。

李博士感到書庫的問題，他要建立秩序，正如他在亞洲部建立秩序一樣。圖書館需要秩序，所有的書籍都要在專屬的位置，需要的時候，就有了準確無誤的座標。

改組後的亞洲部，設立了藏書服務組，整理書庫可以找到專人負責，整理書庫的工作量巨大，書籍埋沒在時間的塵埃裏，多年無人問津。藏書管理組新任組長盧雪鄉（Judy Lu）女士組織館員，開始了整理書庫的工作。將散落的書籍按照要求重新登記，沒有編目的重新編目，然後上架；將使用率低的書刊運往遠端書庫，妥善儲藏。騰出來的空間留給常用及新增的書刊。在大約兩年的時間裏，

亞洲部的書庫煥然一新，秩序井然。

在整理過程中，館員們有了意外的發現，找到了塵封的的寶藏。書庫中有一百七十多箱珍貴的文獻，是在第二次世界大戰後，美軍情報單位從日本沒收來的。文獻原收藏於南滿鐵路株式會社東京辦事處圖書館。

南滿洲鐵道株式會社（滿鐵）是在一九〇六年成立的，經營管理著一千一百二十八公里的南滿鐵路，是中國東北規模最大的經濟企業，也是日本侵略者深入到中國國內的大本營。滿鐵存在期間，控制了東北的經濟命脈，如鐵路、煤礦、工業等。在戰爭期間滿鐵更發展到東北以外的地方 。據估計在一九四五年日本投降時，滿鐵在東京的分社共藏有十萬冊的書刊資料，其中有三萬冊是西文書刊，來到國會圖書館的大約有六萬冊，其中兩萬五千冊已歸入日本藏書，其他三萬五千冊多半是中文、韓文及西文書刊，送到中文、韓文、及西文組收藏。有些還分配給法律圖書館、地理及地圖部、圖片及照片部、電影及錄音部等，其他多餘的版本則送到美國及琉球的東亞圖書館收藏。

這些塵封的中文書刊在書庫裏存放了六十多年，在李博士的指導下，由中文組的Jeffrey Wang博士花了一年的時間把它整理出來。一共有一萬三千多冊。很多類似的資料，也逐一予以整理，送往編目部編目。

亞洲部的中、日、韓文學術期刊近兩萬種，極為寶貴，但是還是用手工登錄，因此沒有列入國會圖書館的網上目錄，無法在網上查尋。經過李博士的大力爭取，由國會圖書館補助二十五萬美金，外包給外部的廠商，用了兩年的時間將之轉換。不僅減少了人工作業的時間，同時大大地方便了讀者，尤其是分散在世界各地的遠端讀者。

三

李博士的工作十分緊張。每天早晨，六點四十五分準時出門，避開華盛頓地鐵的高峰期，以便七點半之前能夠趕到辦公室，開始

一天的工作。晚上五點鐘下班，他通常會加班一個多小時。即使七點鐘回家之後，仍然有很多的電子郵件等待處理。網路科技無所不在，而對於像李華偉博士這樣喜歡工作的人，又多了一個必須工作的理由。每天到夜裏十一點三十分左右，他一天的工作才算結束。

因為要處理的事情太多，李博士幾乎成了所有部門主任中加班最多的一位。其實加班在亞洲國家，比如中國和日本，極其普遍，甚至是專業精神和職場規範的一部分。而大多數的美國人持不同觀點，工作是工作，生活是生活，工作和生活之間有明確的界限。他們不僅不會因為某人經常加班而對其讚賞有加，相反會不以為然。曾經有一位工會負責人，一本正經地找到李博士，希望他不要加班，因為主管加班對下屬是無形的壓力。李博士寬厚地笑一笑，表示自己會考慮他的提醒。

他其實也欣賞美國人對待工作和生活的態度，只是，自己多年以來已經習慣於加班，尤其每天下班之後，可以安靜地回顧當天的工作，當日事當日畢，同樣是一種輕鬆和愉悅的感受，想閒散下來，倒成了一件難事。

工會負責人的說法也許不無道理，亞洲部新近招聘來的一位年輕日本同事，也經常加班，並且，李博士發覺，他時常會到主任辦公室門口看一下，看到李博士在工作，就急忙回到自己的位置上，繼續忙這忙那，有時候，他甚至比李博士離開辦公室還晚。李博士詢問後得知，在日本，有一條不成文的規則，好的員工永遠要比上司晚離開辦公室。如果上司還在加班，而員工已經離開了，會被視為沒有工作道德，甚至是不可以原諒的事。

日本是以拼命工作為榮的國家，有這樣的規則，李博士並不吃驚，他只是對這位日本同事稍感抱歉，在美國入鄉隨俗，加班是員工的自由選擇。他笑著拍日本同事的肩膀，「幸好我不是在日本做上司，你只要把自己的工作做完了就好，加班不要以我為標準。」

從來不把自己的標準強加於人是李博士的原則，因此與他相處不會有任何壓力，自然輕鬆，大家願意與他共事，願意為他做

事，而他卻在不知不覺之中，影響和感染周圍的人，向自己的標準靠近。沒有人知道他是怎麼做到的，好像他對人性的閱解是如此之深，他並不是看不到人性之幽暗，而他卻總可以在幽暗之處，適當得體地表現出包容和仁慈。他的魔法正在於，接納每個人的全部，而同時煥發出每個人最好的一面。一個好的領導者，首先必須做一個好的榜樣，身體力行，令屬下心悅誠服。得人心者得天下，大家從心裏喜歡和你一起做事，魔法才能夠發生效力。

當然，李博士也不忘記在辛苦過後獎勵自己一下。他喜歡吃甲魚，忙裏偷閒的時候，就到國會圖書館旁邊的中國飯店吃甲魚。那是他在家裏享受不到的美味，Mary對中國特色的食品始終不太接受，甲魚是她最不能容忍的食物之一。她認為，一隻完整的甲魚趴在盤子裏，然後被吃掉，實在是不大文明的事情。

中國飯店的名字很氣派，叫做皇朝飯店，寬敞整潔，桌椅裝飾著意鋪展中國風情。皇朝飯店是國會圖書館旁邊規模最大的中國飯店。老闆娘早年移民美國，她的丈夫是主廚師，夫婦倆人合作經營了自己的餐廳。他們頭腦靈活、熱情周到，跟不少美國國會議員混得很熟，有時候，國會捐款酒會等大型活動，也選擇在皇朝飯店，飯店的生意很好。

飯店平日裏迎來送往，老闆夫婦稱得上是閱人無數，李博士第一次到皇朝飯店，他們就注意到這位平易謙和的長者，很快地成了朋友。老闆夫婦知道李博士愛吃甲魚，每隔兩、三個星期，逢到新鮮甲魚上貨，他們一定專程打電話，邀請李博士下班以後到他們店裏去，由老闆親自上灶做清蒸甲魚。

上好的甲魚配上人參等的補料，是皇朝飯店給李博士的特別款待，價格也公道，蒸好的一份甲魚只收二十美金。慢慢地，李博士吃甲魚出了名，同事們開始取笑他，「李主任精力過人，都是在皇朝飯店吃清蒸甲魚的功勞，對我們這些吃不到甲魚的人來說，太不公平了。」李博士被大家說得直樂，「不要眼紅，甲魚每個人都可以吃，改天我一定請客，讓大家一起補一補。」為此，李博士特別跟皇朝飯店的老闆打招呼，請他下次買半打甲魚。

沒過幾天，老闆打電話來，說甲魚準備好了，絕對是上等貨色。李博士邀請了幾位同事共進甲魚宴。甲魚的樣子怪怪的，美國人很難接受，即使吃魚，他們也會選擇收拾得整整齊齊的魚排，吃甲魚是野蠻人的行為。在海外生活時間長的華裔，飲食習慣大多發生了改變，像李華偉博士這麼愛吃甲魚的人並不多見。

　　甲魚宴很熱鬧，圍繞著甲魚大家開了不少玩笑，笑聲一陣接著一陣，李博士很開心，話也多起來，完全是一位放下所有權威的老人。東方人喜歡餐桌，的確智慧，餐桌永遠是讓人卸下鎧甲和面具的地方。

　　甲魚宴的戰績並不令人滿意，面對目眥盡裂的甲魚，不僅需要對美食的執著，還要有幾分膽量和豪氣，否則難以張口。有一位同事不敢吃，只是在一旁看熱鬧，根本沒動一口。李博士的秘書是一位黑人，她刻意地要表現自己勇敢，但也只是勉強吃了幾口。其餘三位同事倒是勉強吃了一些。李博士笑他們暴殄天物，付帳之際，不失時機地補充道，「甲魚吃完了，大家都公平了吧。」

　　又是一陣笑聲。皇朝飯店送走了今晚的最後一桌客人。

四

　　亞洲部的改組完成，局面大有改觀，最困難的時刻終於挺過來了。接下來的時間，李博士可以著手完成更細緻的工作，中文藏書方面快速改進，增加數量，提高品質。

　　亞洲部的財富是它的收藏。尤其中文和日文收藏在北美獨一無二。其中中文收藏由於政治原因和中國文革期間與外面世界隔絕，藏書量增長緩慢。更為可惜的是，上個世紀七十年代以後，對外開放，中國社會發生了巨大變革，但亞洲部有關中國當代的收藏仍舊十分貧乏，被很多研究當代中國的學者所批評。詹姆斯·畢靈頓（James H. Billington）館長為此請兩位學者專家對中文組館藏進行評估，並在上個世紀九十年代提出改進意見。但是一直沒有得到有效執行。

　　早在二〇〇三年，剛好是中文組成立七十五周年紀念，李華偉博士剛到任亞洲部主任不久，原中文組組長組織籌辦了紀念活動。

他邀請了多位在亞洲研究和中國研究方面有名望的專家，美國國會議員，還有圖書館界著名的專家和學者參加。

紀念活動中，中文組沒有得到預期的讚譽，受邀的專家、學者反而在發言中，對中文組的藏書數量和品質都提出了批評和質疑。針砭中文收藏之現狀，言辭犀銳。其實，對亞洲部中文藏書的指責，早已存在，甚至相關媒體也有過類似報導。

哈佛燕京圖書館的鄭館長和一位美國專家對國會圖書館的中文藏書提出批評意見，認為近十年內，中國在亞洲崛起，中文藏書受到各方重視，中文組的收藏雖然在數量上有所增多，但是在品質上明顯落後。邁阿密大學（University of Miami）的朱艾爾教授（June Teufel Dreyer）、喬治華盛頓大學（George Washington University）的尚柏寒教授（David L. Shambaugh）、布魯金斯學院（Brookings Institution）的經濟學專家學者拉迪先生（Nicholas R. Lardy）都發表了相類似的觀點[3]。

雖然作為亞洲部新任主任，李博士並不是被指責的對象，但他在整個會議過程中，保持了特有的低調，不可否認的是，批評者有的放矢地提出諸多問題，其用意是希望亞洲部好。李博士做了大量的筆記。他成為席間受益最深的人，為此後有針對性地改進中文書收藏，做好了準備。

事實上，中文組藏書的落伍之處，在於藏書理念之保守。善本古籍固然珍稀之至，但能夠使用和需要使用它們的人畢竟少。其他的藏書也多側重文化、歷史，仿佛存在於過去的時空當中，對美國政府的智囊團而言，根本無法查到所需要的當代和現代中國的資訊，包括經濟、社會、政治、軍事等方面的資訊。換而言之，它並沒有完成服務美國國會的職能。

另外，國會圖書採購的方式也限制了藏書的內容和數量增長。照流程，選書和買書由不同部門的人負責，選書的人不涉及買書，而買書的人不瞭解藏書需要。選書和買書職責的彼此分離，導致

---

[3] 居蜜、陳家仁，〈美國國會圖書館亞洲部中文組的改弦更張〉，《新世界時報》，二○○五年十二月九日。

諸多問題。採購的過程因此變得很複雜，要購買一本書，首先由中文組提供書單，交由學科專家花上大量時間甄選，再交給採購部門去購買。流程多，戰線長，一年買兩、三千本書已經是極限，速度和效率無從談起。更有甚者，採購部門長期與固定的幾家大書商合作，書籍目錄經常由他們提供，中文組自行搜集的目錄不夠全面。因此，選書只能在圈定的範圍內進行。

另外，書籍編目過程相當緩慢。一直以來，編目部門必須經過整套流程，一本書要花很長時間才能完成編目，新的書籍自買來之日起，要等待編目，有的由於等待時間過長，在二、三年的時間內都沒有編目，就被直接送到書庫，束之高閣，根本沒有被讀者知道和使用的機會，甚至連圖書館的館員也最終把它們忘掉。

李博士在亞洲工作七年，俄亥俄大學二十一年，尤其熟悉臺灣、香港、中國大陸出版界的情況，購買到國會圖書館需要的中文出版物，他可以大顯身手。

李博士向採購部門建議要給書商更大決定權，同時明確的購書方向。比如，國會圖書館指定需要某一類的書，書商直接負責選擇和提供，同時規定百分之五到十的退書比例，書商提供的書，送交國會圖書館審閱，不合適的被退回。這樣一個靈活的空間，實際上對書商是鼓勵也是壓力，他們為了不吃虧，積極降低退書比例，在選書購買時除了增加數量，還必須嚴謹審慎，保求質量。圖書館始終掌握著決定權，而同時給予書商相當的權利，購書有熱情，圖書館的藏書最終受益。

選書流程上，李博士改變了專家只負責在書商提供的書目上打勾的做法，鼓勵專家們直接到購書現場。中國大陸一年一度的全國性大型書展，參展的書商有四、五百家之多，香港、臺灣一年一次的書展。另外，各地方都定期舉辦書展，比如四川省，北京，上海，都有年度中文出版物的博覽會。亞洲部派學科專家參加書展，並由書商隨行。專家到現場，接觸到出版商，親眼看到他們出版的圖書，中文部需要的書，專家現場作出決定，隨行的代理書商即刻購買，選和購合二為一，同時進行，速度和數量都更有效率。

學科專家到中國大陸、臺灣、香港，走出書齋，身臨其境，更有機會加深瞭解中國各地的出版狀況，遠遠好過整天坐在辦公室裏，對著出版目錄做研究。以往的書單來自與亞洲部合作的書商，他們往往只是整理出一個出版商的名單和他們的出版物，最多不會超過二、三十家。從生意的角度出發，出版商更願意把價格貴，利潤高的書列出來，而這些恰恰不完全符合中文藏書的需要。比如，有關中國共產黨的、中央的、軍方的書籍，一般不會在出版商的書單上列出來，但它們會在各種展覽會上擺出來，要得到第一手的資料，確實有必要身體力行，請館員到現場，拿到第一手的資料和貨真價實的好東西。

　　美國國會對中國問題的重視程度與日俱增，魯斯基金會出資擴大亞洲部中國現代書籍的收集，可謂是天時地利，亞洲部改變選書和購書的理念，在購書方法上作了兩個調整，中文購書量快速從原來的每年兩、三千本增長到每年兩、三萬本。收集的範圍也擴大到商業，財政，法律，科學技術以及環保等方面，並特別專注有關中國共產黨黨史，中國的美國研究，國際關係，經濟改革，軍事國防等出版物，增強了中文藏書的實力[4]。

　　亞洲部館員們開始整天忙忙碌碌，很明顯，他們的工作多了，卻也聽不到抱怨，一副志得意滿的模樣，工作佔用了他們所有的能量。李博士仍然保持了他的工作和習慣，每個星期一的早晨，召集組長們開會，安排好一周的工作，明確各自的工作目標。他辦公室的門永遠敞開著，就像他一直敞開的心，館員們有任何問題，隨時可以進來。不用事先約定時間，這與美國上司們的習慣不太一樣。實際上，不經意之間，他向大家表明了平等、開放和接納的態度。受其影響，他所帶領的亞洲部也同樣是誠意和開放的。

---

[4]　居蜜、陳家仁，〈美國國會圖書館亞洲部中文組的改弦更張〉，《新世界時報》，二〇〇五年十二月九日。

第二十一章　亞洲之友

圖書館是我的棲息之地，我的庇護所，我的源泉，我的智
慧，我的快樂──我穿過書架，饑餓地流覽，找到我的老
師，我的激勵者，我的夥伴。

（美）提利・奧爾森（Tilie Olsen）

一

圖書館需要在書籍和閱讀者之間構建一種愉悅的關係，一個有
責任心的圖書館，除了擁有豐富而獨具特色的收藏，還必須提供良
好的服務，引領讀者到達他所希望到達之地，找到他的需要。書是
用來讀的，被讀者閱讀是它們的價值所在，書擺在書架上，是死的，
只有在讀者的閱讀過程中，書籍才得以復生，擁有了靈魂和生命。

國會圖書館的政府色彩，難免讓普通讀者產生距離感，他們甚
至不知道國會圖書館的活動是對外公開的。與普通讀者建立良好的
互動關係因此顯得尤其重要，對讀者而言，圖書館不該是被動的，
正相反，圖書館應該採取主動。只有敞開圖書館的門，讀者才能夠
愉悅而有尊嚴地走進來。

李博士在大學圖書館多年的行政經驗，讓他在擴大藏書的同
時，不遺餘力地讓「書籍活起來」[1]。二〇〇四年初，李博士在國會
圖書館成立了「亞洲部之友會」（the Asian Division Friends Society，

---

[1] 李焰，〈讓書籍「活」起來──專訪美國國會圖書館亞洲部主任李華偉〉，《華盛頓
觀察》週刊，二〇〇五年第四十一期。

簡稱ADFS）。他如此自信，是因為在俄亥俄大學有過建立圖書館之友會的成功經驗。之友會是向外延伸的公關機構，構築圖書館與外部世界的聯繫。亞洲部之友會的籌備和建立再次打破了國會圖書館的諸多慣例，從流程和規章上，借鑒了俄亥俄大學的成功模式。

要在華府有所建樹必須想盡辦法擴大影響力，邀請有號召力的人物加盟。在一個如同萬花筒一般的國際都市中，政府官員、國會議員、大使、將軍摩肩接踵，頂級的專家、學者精英薈萃，亞洲部在國會圖書館的盛名之下，並不缺乏聲譽，它亟待之使命是將獨特而豐富收藏推介出去。

亞洲部藏書管理部的主管盧雪鄉女士引薦了陳香梅女士。陳女士是陳納德將軍的遺孀，陳納德將軍和他的飛虎隊在中國抗日戰爭中功勳卓著，為中國軍隊建立了強大的空中防線。陳香梅女士美貌、智慧、勇敢，是當年享譽東、西方的絕代佳人。一九五八年七月，陳納德將軍因病去世。陳香梅與兩個女兒到華府定居，獨闖美國上流社會，在政界以及華人社會頗有影響力，李博士特地拜訪了陳香梅女士。

陳女士家住華盛頓市區波多馬克河（Potomac River）河畔，幽靜私密，鬧中取靜。家中滿是來自中國的寶貝，靜雅的東方風韻與女主人相映生輝。陳女士雇傭了兩個年輕的中國人做秘書，料理她的日常生活。年逾八十的陳女士，仍然健康善談，雍容典雅，看起來絲毫不像八旬老人。陳女士熱情地接待了李華偉博士和盧雪鄉女士，得知李博士要組織亞洲部之友會，大為讚賞，非常爽快就答應擔任亞洲部讀者之友會的名譽理事長，還熱情介紹了華盛頓的名流，其中一位是張之香女士，老布希總統時代美國政府派駐尼泊爾的大使，是第一位華裔擔任美國駐外大使的。

隨後，李博士又拜會了關注和支援亞洲事務及收藏的國會議員，其中包括日裔的邁克·本田先生。他的童年在二戰時期的美國集中營中度過，飽經民族歧視之害，他不僅替日本人爭取權力，更替亞洲人爭取權力。他一直支持亞洲部，因此李博士也邀請他作為亞洲部之友會的發起人之一。

亞洲部之友會很快聲名遠播，以李博士在俄亥俄大學圖書館的經驗，他大力主張舉辦各種學術活動，加強對外宣傳。他自己更是頻繁應邀出現在各種聚會之上，介紹亞洲部的館藏。李博士的亞洲部與華府的亞洲人及亞裔社團，建立了廣泛的聯繫，各個國家的人都有接觸，日本人、韓國人、蒙古人、越南人、柬埔寨人、中國人等等。

　　蒙古國駐美大使Khasbazaryn Bekhbat先生，是一位著名的歷史學者，亞洲部的蒙文收藏以及亞洲部之友會組織的學術活動，令他慕名而至，幾乎每週都會抽空到亞洲部閱覽室查閱蒙古的歷史資料，成為亞洲部常來常往的友人。

　　亞洲部閱覽室成為國會山莊的亞裔中心，其實，居住在美國的少數民族族裔，都希望本民族的文化得到認同，把自己族裔的文化在本社區和美國各界廣而告之。亞洲部正是提供了難得的機會。於是，每週各種各樣的講座、展覽、學術活動就成了亞洲社團的聚會，熱熱鬧鬧，坐無虛席。

二

　　國會圖書館亞洲部主任是個特殊的位置，頗受圖書館界以及社會各界的廣泛尊重，加上李博士低調親和，待人以誠，即使只是一面之緣的人，也很容易被他吸引。李博士在華府的新朋友逐漸多起來，

　　這一天，李博士的辦公室裏，來了一位不速之客。他穿著隨便，甚至有些邋遢，英文講的不太清楚，秘書大概嘗試著擋駕，客氣地問了幾次，什麼事情可以幫忙，但客人並不理會，幾步就到了辦公室門口。

　　李博士連忙請客人進來坐，這是一位在華府開餐廳的大陸移民，他在華文報紙上看到國會圖書館成立亞洲部之友會的消息，並得知亞洲部新到任的主任是一位華人，而且是一位決意要把亞洲部做好的華人。他說，作為中國人，很感動而且很驕傲，特地來亞洲部，就是要為亞洲部之友會捐贈一千美金。

　　他一邊講著一邊把寫好的支票交給李博士，臉上沒什麼表情。

在美國，中國人捐款的不多見，這位先生讓李博士有些意外。很明顯，他受過的教育有限，在華盛頓，經營一家小餐館為生，日子應該過得去，但賺錢肯定格外辛苦。他僅僅是在華文報紙上，看到另外一位中國人在做一件讓華人驕傲的事情，就寫好支票，特意來捐款，令人感動，而且令人尊敬。

實際上，舉辦活動的經費從開始就是亞洲部之友會的難題之一。雖然國會圖書館的經費來自美國國會，但大多數的錢都用於人事費，購書費，和業務費。其他的費用要完全由各部門自籌，亞洲部之友會的經費也是一樣。甚至各種交際應酬的費用，都是李華偉博士自掏腰包。一年下來，差不多也要六、七千美金。之前在俄亥俄大學做館長時，校長每年特別批准五千塊美金的經費，給李博士做活動和應酬的花銷。亞洲人習慣在飯桌上交朋友，建立感情，談工作，講究有來有往，跟西方人公事公辦的方式不同，而國會圖書館恰恰不會從亞洲文化的角度看待問題。

好在李博士並不在意，他開玩笑說，很幸運，自己是退休之後第二次工作，每月有固定的退休金收入，再加上國會圖書館的待遇不錯，額外的花銷不至於令他破產。當然，他的慷慨遠不能解決亞洲部的經費之需，他必須在最短的時間內為亞洲部之友會籌措足夠的活動經費。

經過亞洲部盧雪鄉主任的介紹，李博士認識了國會圖書館剛剛退休的一位華裔的館員譚翠榮（Florence Tan Moeson）女士，她有意捐款給亞洲部。在盧主任的陪同下，李博士拜望了譚女士，大家相談甚歡。

譚翠榮女士早年在中國讀完大學，得益於教會資助赴美國學習，在南佛羅里達大學（South Florida University）完成教育學的碩士學位，之後，又在華盛頓讀完圖書館學碩士學位。曾經在國會圖書館編目部工作了三十多年，二〇〇一年剛剛退休。

國會圖書館編目部是譚女士深感驕傲的工作機會，雖然也不滿於機構的官僚之氣，但她對國會圖書館一直很感激。早年教會資助的獎學金，改變了她一生的命運軌跡，令她時刻銘記不忘。因此，

譚女士一直希望能盡己所能，回饋他人。

交談之間，譚翠榮女士對李博士十分欽佩，覺得他是華人之光，表示願意捐一筆錢資助亞洲部。根據譚女士的捐款計畫，可以一次捐款三萬美金。李博士提供了一系列的選擇，一是頒發給讀者的研究補助金，二是資助購買特別藏書，三是資助實習生整理館藏（亞洲部的藏書包括非英語類，需要有特別語言技能的專業人員），第四是館員出外開會的出差費用。譚女士對資助旅行費用不感興趣，其他三項她都覺得非常好，她的捐款計畫也隨即增加，捐款金額提高到每年三萬美元，持續十年的時間，實際計算起來，她的捐款比原計劃增加了十倍，她將在十年內為亞洲部捐贈三十萬美金。

在李博士多年的捐款經歷中，譚女士是一位特殊的捐款人，丈夫去世後，留下她獨自一人生活，有一位義子，已經自立，她個人生活儉樸。與大多數富有的捐款人不同，她的錢財是在有限的薪水收入中，節儉積存下來的。譚女士感恩他人，傾己所能，毫無保留地回饋社會，是有責任心的高貴行為，令人欽佩之至。

李博士慎重計畫了譚女士的捐贈，在亞洲部特別設立了姆森研究補助金[2]（Moeson Research Fellowship），姆森實習基金（Moeson Internship），姆森購書專項基金（Moeson Acquisition Fund）等。

譚女士的捐款正是在亞洲部最需要活動經費之時到來的，這無疑於雪中送炭，她同時也完成了生命中最美好的心願。譚女士是里程碑式的圖書館人，一個應該被社會銘記的人。

三

在李博士任內，除了忙於館內的工作外，還要為亞洲部之友會的活動捐款，幾乎每天都不斷地應酬、講演。一位七十幾歲高齡的老者，完全忘記了自己的年齡，其誠意和擔當，實在難得。亞洲部館員們都看在眼裏，他無聲的行動勝過任何行政分工和命令，館員們紛紛把自己的人脈資源引薦給李博士，籌措捐款成了亞洲部同

---

[2]　筆者注：Moeson為譚女士的姓

事們一件共同的大事。李博士自己還率先捐出了一萬美金，有一位日文組的同事聽說李博士捐款，她立刻響應，也捐贈了一萬美金。另外一位不願具名的華裔館員和她的妹妹也各自慷慨捐贈了一萬美金。

韓國一直重視跟美國韓裔社區的關係，韓國基金會此前曾經捐款一百萬美金，專門在亞洲部設立韓文組。借著亞洲部之友會的機會，韓裔同事與韓國基金會和大使館聯繫，每年至少組織兩次以韓國為主題的活動，韓國大使館大加支持。隨後，日本組、南亞組、東南亞組紛紛效仿，南亞組涵蓋的國家中，印度後裔在美國商界最為成功，亞洲部之友會成立之後，以印度的歷史文化為主題，舉辦了一系列精彩活動，介紹國會圖書館亞洲部的特色收藏。印度裔中的很多人都成了亞洲部之友會的成員，並慷慨解囊支持亞洲部的活動。

二〇〇五年亞洲部之友會的年會，亞洲部閱覽室迎來了特殊的客人——來自華府和臨近城市的印度裔移民，他們身著印度民族服飾，專程表演了婆羅多舞，那是通常在節慶之日，獻給神殿的舞蹈。紗麗飄飛，腳鐲脆響，伴著神秘而急促的節奏，熱情之極。

在美國的日本企業對亞洲部之友會的捐贈最多，尤其是日立（Hitachi）公司。日立公司在美國有二十多個分部，美國總代表是大出隆（Takashi Ohde）先生。李博士在一次活動上遇到他，閒聊當中得知，他有兩個辦公室，分別設在華盛頓和洛杉磯，曾經捐贈過洛杉磯公共圖書館。大出隆先生本人對圖書館及收藏極有興趣。李博士向他介紹了亞洲部一流的日本收藏，並邀請他到亞洲部親自瞭解。

不久，大出隆先生如約來到李博士辦公室，兩人談得非常愉快。李博士專程安排日裔館員，為大出隆先生介紹珍貴的日本特藏，大出隆先生學養深厚，一看之下，讚歎不已，他說：「你們的收藏太好了！」此後不久，大出隆先生又引薦了日立公司更為高層的管理者，特地來觀看亞洲部的日本收藏。

得知李博士建立亞洲部之友會，大出隆先生非常支持，每年捐

款一萬美金，專門資助亞洲部之友會，他本人也成為理事之一，後來還被選為亞洲部之友會的會長。日本人很團結，大出隆先生加盟亞洲部之友會，在美國的很多日本企業在其影響下，成為亞洲部之友會的捐款贊助人。

譚翠榮（Florence Tan Moeson）女士、日本在美企業、個人的捐款，解決了亞洲部之友會的經費。借助國會圖書館的地位和影響力，亞洲部很快吸引了各個國家的駐美大使館，他們不願意放過宣傳自己的機會，活動由他們組織，亞洲部負責分發邀請函，經費不再是問題。水到渠成，亞洲部之友會的名氣越來越大，每年至少有五、六位熱心人士，願意到亞洲部做義工，省去了亞洲部的人力投入。

亞洲部之友會，首先是「亞洲館藏」走出去的一種方式，另外是一種募集捐款的方式。外界瞭解到亞洲部做的事情，得到認同之後，自然願意提供幫助，不知不覺中，形成一個良性循環，非常成功。亞洲部每次的活動經費充裕，多數情況下甚至還有剩餘。國會圖書館其他部門的同仁深感吃驚，舉辦活動還可以賺錢，聽起來不可思議。

談及亞洲部之友會的籌款，李博士也稍有遺憾，近年來中國在美的企業不斷增多，但是並沒有一家公司願意捐錢，雖然他花了不少功夫，中國人當中有熱心的個人，慷慨解囊，鼎力相助，但機構、公司還沒有類似的行為，也許不遠的將來，中國的企業會從單純的財富積累中成熟起來，關注公共利益，更有回饋社會的責任心。

第二十二章　數位資源

這是一個神奇的所在，置身其中，你如同登上書籍的巔峰，親身感受全人類的知識和美國的創造力。你在這裏，與人類古老而豐盛的過去相遇，點燃自己的好奇心和想像力，而且可以在網路上，在家裏，繼續你的學習和探索。

美國國會圖書館館長詹姆斯・畢靈頓
（James H. Billintong）

一

亞洲部的中國古籍，無論數量還是品質都堪稱絕無僅有，許多罕有文獻至今仍不為人所知，其中相當數量為善本，珍品多不勝數。因為美國國會圖書館從來沒有在中國文獻的整理上投入大量資源，而且在美國難得找到能夠整理中文古籍的人才。早年曾經從中國請來專家幫忙，譬如朱士嘉教授協助整理地方誌，王重民教授協助整理善本。近年來得到李孝聰教授協助整理古地圖，朱寶田教授整理納西文獻等，出版專著，做得很出色，但他們都是集中於個別專題上，全面深入的整理工作，需要具備學識特長的專家，持續、長期地投入，才有可能完成。

顧名思義，善本就是好的書本，在印刷術產生前，書籍多是手書謄寫的版本，與原文勘校後沒有差誤，稱為善本。宋代葉夢得《石林燕語》說：「唐以前，凡書籍皆寫本，未有模印之法，人以藏書為貴。書不多有，而藏者精於校勘，故往往皆有善本。」隋唐

時期，出現雕版印刷，書籍得以反復刊印，並廣泛傳播，不同版本書籍收錄文獻多寡、校勘精劣程度各不相同，就有了足本和殘本、精本和劣本的差別；書籍版本出現早晚、珍稀程度不同，就有了古本和今本、孤本和複本的差別，善本也因此具有了更廣泛的內涵。

判別善本具體的標準，歷代學者和藏書家都提出過不同的看法，普遍被認可的是清末張之洞的說法。張之洞在《書目答問》中說：「善本非紙白版新之謂，謂其為前輩通人用古刻數本，精校細勘，不訛不誤之本也。善本之義有三：一曰足本〔無闕卷、無刪削〕，二曰精本〔精校、精注〕，三曰舊本〔舊刻舊抄〕。」

古籍善本特殊的價值和地位，決定其被呵護和重視的程度，在國會圖書館，善本書籍是名副其實的珍寶，普通讀者難得一閱。善本書的借閱有繁瑣的程式和嚴格的制度。學者及研究人員借閱善本書，需要詳細填寫表格記錄，而且必須在亞洲部閱覽室閱讀。善本古籍存放在特殊的書庫裏，只有指定的館員，持有特別的鑰匙才能進入。取書時，接觸善本書籍的人必須戴上特製的手套，以確保書籍不受損傷。整個過程之繁瑣和莊嚴，如同一個畢恭畢敬的儀式，顯而易見，使用善本屬特權之選，成本奇高。

電腦資料化技術的應用和網路的發展，給使用古籍善本提供了另外的選擇，將善本書數位化，令其成為虛擬館藏的一部分，無疑是打開了防護森嚴的書庫大門，讓古籍善本借助網路的力量復活起來。館藏文獻的數位化，一直是李博士極為關注的課題，電腦技術在圖書館行業應用的里程碑式的時刻，他都是參與者和見證者，科技的力量是如此之巨大，恰似無聲的大潮，革故鼎新，重新定義書籍、圖書館和讀者的存在和聯繫形式。

實際上，國會圖書館一直在嘗試將館藏資料數位化，早在一九九五年十月，美國國會圖書館就推出數位化項目，協調全美的公共圖書館、研究圖書館，將其收藏的圖書、繪畫、手稿、照片等轉換成高清晰度的數位化圖像並存儲起來，通過網際網路的方式提供給公眾利用。一九九九年，與英國、加拿大和澳大利亞的國家圖書館合作，建立了數位化參考文獻協作服務（Collaborative Digital

Reference Service，CDRS）。CDRS突破了時間和空間的限制，成為隨時隨處為讀者提供參考諮詢服務的重要模式[1]。

美國記憶（American Memory）是美國國會圖書館數位化的經典之作，上世紀九十年代末，由詹姆斯·畢靈頓館長組織並發起，國會圖書館與其他三十六個美國國內研究機構合作，提供了七百五十萬件有關美國歷史的條目。這些獨一無二的美國歷史記憶資料通過網路，免費向全世界的讀者開放，被稱為「虛擬圖書館」。

二

亞洲部向國會圖書館提出申請，希望將珍稀善本優先數位化。而此時，國會圖書館有大量的館藏亟待數位化，所有新專案都依次排隊。亞洲部的申請只能排在第一百七十幾個項目之後，據估計，等待的時間至少需要十年。

這是李華偉博士無法等待的時間，他多次與管理部門協調，力陳中文古籍善本之重要和珍稀，但都未能取得實際進展。一方面受限於嚴格的規章，另一方面由國會圖書館工作人員操作完成，人力成本高，善本古籍數位化的預算幾乎是天文數字。

最終的解決方案是國會圖書館批准古籍善本數位化的項目，但所有資金由亞洲部自行籌措。李博士與中國國家圖書館和臺灣的國立中央圖書館聯繫，邀請古籍鑑定和數位化方面的專家合作。中國國家圖書館當時的預算存在困難，一時難以推進。

臺灣的國立中央圖書館在建立數位化資源方面多有實踐和創新，頗受國際圖書館界重視。二〇〇四年二月，李華偉博士與居蜜博士訪問臺灣的國立中央圖書館，親身瞭解臺灣的國立中央圖書館在古籍數位化方面的業績，實際上，從二〇〇一年參加臺灣數位典藏計畫後，臺灣中央圖書館即著手進行了館藏珍貴古籍、地方文獻以及重要報刊資源的數位化建置，對中文資源的數位化積累了豐富經驗[2]。

---

[1]　美國國會圖書館網址：http://www.loc.gov
[2]　張國東，〈國家圖書館古籍文獻國際合作數位典藏計畫：以美國國會圖書館為例〉，《臺灣圖書館管理季刊》，二〇一〇年十月，第五卷第四期。

二〇〇四年五月，臺灣中央圖書館莊芳榮館長到訪美國國會圖書館，談及中文古籍數位化的項目，興致頗高，臺灣的國立中央圖書館剛剛完成本館中文古籍的數位化，預算還有兩、三百萬美金的剩餘，工作人員有專業的實踐經驗，可以組織四、五個人的技術專家團隊到國會圖書館，機器設備、人力費用全部由臺灣的國立中央圖書館承擔，國會圖書館負責提供場地。掃描後的影像資料數位檔，由合作雙方享有，除了作為永久保存外，可以通過互聯網路發佈，為全球讀者提供服務。

　　臺灣的國立中央圖書館誠心合作，條件談得實實在在，國會圖書館方面猶豫不決，有關部門認為把珍稀寶藏貢獻給中國人作數位化，不合乎法律規定，即使國會圖書館也因此擁有了數位化資料，並籍此達成古籍善本數位化的目標，仍然不夠公平，更有人質疑臺灣中央圖書館技術水準達不到專業要求。

　　李博士毫不遷就退讓，他遊說雙方，極力促成合作。國會圖書館副館長迪艾娜・麥肯（Dr. Deanna Marcum）博士在得知李博士的努力之後，鼎力相助，並親自出面協調法律方面的程式。時隔大約一年之後，項目合作終於在數度的山重水複之後，出現柳暗花明的轉機。

　　二〇〇五年五月，國會圖書館和臺灣的國立中央圖書館簽署了中國善本書數位化協議。雙方約定在三年時間內，由國會圖書館亞洲部兩位古籍專家共同甄選出善本古籍，並對其進行數位化。其中一位臨時僱用的古籍專家的經費由蔣經國基金會提供。

　　這是史無前例的合作項目，多年來失散海外的中文古籍原件得以整理和掃描，並以數位化的方式，被學術界及世界各地的漢學研究者分享和使用。

三

　　古籍善本數位化從二〇〇五年五月正式啟動，國會圖書館裏增加了臺灣的國立中央圖書館派駐的技術專家，大型的掃描設備也迅速安置就緒。工作有條不紊地進行，影像規格方面以1：1比例，解

析度300 dpi，24 bit 的tiff 格式文檔（附校色依據）。以平床式掃描器（Indus Book Scanner 5002），尺寸A2 / 300 dpi。校後的圖像文檔刻錄製成DVD 光碟[3]。

　　亞洲部協助臺灣的國立中央圖書館提供中文善本古籍，並在掃描之前對古籍進行了必要的修復工作。掃描古籍以雙方館藏不同版本的善本書目互不重複為原則，並建置中英文詮釋資料（Metadata），同時編制了數位化書目資源。

　　在二〇〇五年到二〇〇八年三年期間，古籍善本數位化專案共掃描完成了一千兩百一十五部，共五十八萬三千一百六十六影幅、中英文詮釋（Metadata）五百條，版本包含宋、元、明、清刊本、鈔本、稿本及朝鮮活字本，並將原始檔案刻錄成資料檔案[4]。國會圖書館提供的「美國國會圖書館館藏中國善本書目錄」中三千零四十三條書目資料進入臺灣的國立中央圖書館的「古籍影像檢索系統」，另外，二〇〇四年八月提供一千七百條古籍書目資料、以及二〇〇六年十二月提供一千兩百條古籍書目資料，都已經彙入臺灣的國立中央圖書館「中文古籍書目資料庫」，在網路上向讀者開放。

　　臺灣的國立中央圖書館的人員做事專業，技術水準高超，甚至超越國會圖書館的標準。國會圖書館的數位化全部為黑白的掃描影像，臺灣應用彩色影像掃描，中國的古籍善本，除了原本的紙張紋理獨具魅力外，上面經常有其他學者用紅筆做的批註，這些批註實際上是善本書不可分割的精彩部分，只有彩色的掃描影像才能夠復原和體現原件特有的氣質風貌，忠於原件的真實性。另外，國會圖書館做數位化，通常要把書籍拆開，中國古籍善本都有幾百年的歷史，紙張脆化，拆開掃描，被損壞的風險非常之大。臺灣的技術專家完全規避了這個問題，成全了歷經數百年的善本，接受現代科技全然無憂呵護。臺灣團隊在跨越文化的合作中，做出了中國的特色。

---

[3]　張國東，〈國家圖書館古籍文獻國際合作數位典藏計畫：以美國國會圖書館為例〉，《臺灣圖書館管理季刊》，二〇一〇年十月，第五卷第四期。

[4]　張國東，〈國家圖書館古籍文獻國際合作數位典藏計畫：以美國國會圖書館為例〉，《臺灣圖書館管理季刊》，二〇一〇年十月，第五卷第四期。

臺灣團隊的可貴之處還在於，費用不高，亞洲部的其他組也體驗到他們的好處，韓國政府決定借鑒中國及蒙古組的做法，雇請臺灣的團隊，將韓文的特殊收藏進行數位化。日文組也不落後，隨後與臺灣團隊簽訂協議。古籍數位化專案的合作進一步擴大，從二〇〇五年一直做到二〇一二年。

古籍數位化的專案已經完成。遺憾的是，已經完成的數位化影像資料，由於技術的原因，直到現在也沒有公開到國會圖書館的網路上，所有的數位文檔都存儲在硬碟當中，暫時保存在亞洲部閱覽室，相關的學者可以到亞洲部閱覽室來下載、查閱和使用。或者可以遠端登錄到臺灣的國立中央圖書館的網站上，直接查閱。

李博士最欣慰的是，這樣一塊小小的硬碟，容納了一片浩瀚的古籍善本之海，在一個只有0和1兩個數字的王國裏，圖書館的館藏被用一種嶄新的方式定義，數位化正在推動圖書館走向極致。

雖然在國會圖書館的網路上公開「中國古籍善本書目錄」還有待時日，但李博士已經帶著亞洲部向前邁出了一大步，給讀者搭建了一個光彩無限的虛擬世界。更現實的是，亞洲部至少可以讓更多來到國會圖書館的讀者，體驗穿越幾百年上千年的時光，領略古籍善本的風采，不用被攔在書庫大門之外。

四

在完成古籍善本數位化的同時，李博士繼續強調對電子資料庫的重視。亞洲部特別選購了所有重要的中日韓文最新電子資訊資料庫，以供讀者在閱覽室內上網檢索及下載所需的文獻資料。

以中文組為例，從二〇〇四起，陸續訂購了七種大型資料庫，包括《人民日報電子版》，提供從一九四六到二〇〇四年期間在此報刊中登載的全文文章；China Data Online，專門以中英文提供有關中國全國，省市等各類統計材料；CNKI，包括《中國期刊全文資料庫》及《中國報刊全文資料庫》，提供六千多種學術性雜誌及五百種左右報刊的全文文章；以及 Super Star《超星數位圖

書》，提供上十萬種的全文圖書[5]。萬方中國學術會議全文資料庫（Wanfang Chinese Conference Proceedings Database）共有四十萬篇學術論文；萬方中國學位論文資料庫（Wanfang Chinese Theses and Dissertations Databases）共四十五萬篇碩士和博士畢業論文，亞洲部還收購了四庫全書（四庫全書文淵閣版）專業的獨立版本、CCTS中國文明之時空基礎架構、THCTS臺灣歷史文化地圖系統、以及臺灣百科全書[6]。

日文組訂購了兩個重要的資料庫：一是日本科技期刊目錄（Directory of Japanese Scientific Periodicals），包括了在日本出版的一萬三千八百七十五項科學和技術記錄；另外一個是日本講談社大百科全書（Kodansha Encyclopedia of Japan），全書有一萬一千篇。此外，亞洲部還訂閱了日本幾個主要報紙的全文資料庫，包括每日新聞，產經新聞，讀賣新聞等。少數亞洲部收藏的日文珍稀善本也完成了數位化，並上載到圖書館OPAC資料庫，供讀者使用。

韓文組訂購了朝鮮日報存檔（Chosun Daily Newspaper Archive），包括來自朝鮮日報以及其他在韓國最廣泛閱讀報紙文章；韓國學資料庫（Korean Studies Database），涵蓋歷史，文學和傳統醫藥；韓國研究資訊服務系統（Korean Studies Information Service System）——由一千兩百個韓國學術機構發表的六千期全文文章；另外還訂購了韓國法律資料庫，在亞洲部閱覽室向讀者開放。

在很短的時間內，李博士循序漸進地充實和增加了亞洲部不同語言的電子資料庫。在目前國會圖書館訂閱的兩百一十九資料庫中，有四十五個資料庫是有關亞洲及亞洲研究的。比如，艾德沃科（Aardvark）是圖書館員的亞洲資源（Asian resources for librarians）資料庫、亞洲開發銀行經濟與統計資料庫（Asian Development

---

[5]　居蜜、陳家仁，〈美國國會圖書館亞洲部中文組的改弦更張〉，《新世界時報》，二〇〇五年十二月九日。

[6]　Hwa-Wei Lee, "Building a World-Class Asian Collection in the Digital Age at the Library of Congress 美國國會圖書館建立世界級的數位時代亞洲館藏"，數位時代圖書館館藏發展研討會，二〇〇六年一月十六～十七日，臺灣，台中：國立中興大學圖書資訊學研究所及國立中興大學圖書館。

Bank Economics & Statistics）、亞洲法律文獻資料庫（Asian Law Bibliographic Database），亞洲研究參考書目資料庫（Bibliography of Asian Studies），國家研究資料庫（Country Studies）、以及條約和國際協定（Treaties and International Agreements）資料庫等，這些資料庫都可以在圖書館總閱覽室使用[7]。

　　李博士的辦公室不斷迎來不同的客人，亞洲各國圖書館的館員，臺灣的國立中央圖書館的技術人員，各種資料庫的銷售人員，只有在下班之後，他的辦公室才開始屬於他一個人。他一直是圖書館新科技的倡導者，並且是一個大膽的嘗試者，他常常會在一個人的時候，陷入思考，未來的圖書館究竟會是什麼樣子，當書籍以數位的形式出現，巨大的書庫可以濃縮在一個微小的晶片上，圖書館是不是應該以新的形式出現？虛擬的空間是不是優越於現實的空間？他其實更願意相信，虛擬的空間是現實中的圖書館的延伸，它使得傳統意義上的圖書館擁有了更強大的力量，書籍超越了書架，超越了圖書館建築，甚至也超越了時間的概念。圖書館與讀者的關係也因此擺脫了時間和空間上的限制，成為隨時隨處可以存在的現實。書籍與讀者將比歷史上任何時候都親密無間，這是每個圖書館人的終極夢想。

---

[7]　Hwa-Wei Lee, "Building a World-Class Asian Collection in the Digital Age at the Library of Congress 美國國會圖書館建立世界級的數位時代亞洲館藏"，數位時代圖書館館藏發展研討會，二〇〇六年一月十六～十七日，臺灣，台中：國立中興大學圖書資訊學研究所及國立中興大學圖書館。

第二十三章　亞裔特藏

記憶就是力量。

《夜晚的書齋》

（加拿大）阿爾貝托・曼古埃爾（Alberto Manguel）

一

亞太美裔特藏是李華偉博士在國會圖書館退休之前的最後貢獻，也是他極力推動的大事之一，其間多有波折，直到二○○七年底，在李博士退休前三個月，亞太美裔的特藏正式成立。

美國是移民的國家，亞太移民在十八世紀或更早的時間就已經來到美洲，參與了美國早期的開發。但他們的處境卻與歐洲移民大相逕庭，不僅沒有得到足夠認可，反而受到極端歧視。如此不平等的待遇一直到一九六五年新移民法案實施後，才有所改善，亞太美裔在美國逐漸開始得到比較平等的待遇。

亞太裔移民堅韌內斂，勤勞智慧，歷經幾代人的奮鬥，在美國社會的影響力越來越大，地位不斷提高。雖然他們得到了適當的認可和尊重，但是在美國的歷史文獻上，亞太裔的歷史文獻卻始終沒有得到重視，相關的搜集和保存毫無系統性和完整性。

二○○四年初，剛到亞洲部任職不久的李華偉博士，有機會見到了美國國會亞太裔黨團（Congressional Asian Pacific American Caucus，CAPAC）的主席，日本裔的邁克爾・本田（Michael Honda）先生。初次見面，兩人志趣相投，敘談甚歡。

席間本田先生感慨說：「華偉，我知道你們亞洲部有很好的關於亞太地區的收藏，使美國公眾得以瞭解亞太地區，非常好。但我覺得，如此還不足夠，在美國生長的亞太後裔，在美國國家的發展進程中付出了很多，特別在美國早期的開發中，亞太裔貢獻尤其大，而這一切遠沒有受到美國社會的關注和認可，相反，他們還受到很糟糕的對待，飽受壓迫、屈辱和種族歧視之苦。你們亞洲部有責任做些事情。讓美國社會瞭解亞太地區，瞭解和認可亞太後裔，以及他們的貢獻。」

　　李博士感同身受，他談起自己在俄亥俄大學圖書館任職時，曾經建立了海外華人文獻研究中心，是研究海外華人的特藏，當時也是出於相似的初衷，只是範圍和規模小一些。本田先生詳細問詢了海外華人特藏，看得出來，他很理解和讚賞李博士的想法。

　　本田議員是第三代美籍日本人，十九世紀末，他的祖父移民美國。第二次世界大戰，日軍突襲美國珍珠港之後，美國人防患未然，將境內十二萬美籍日本人全部關進科羅拉多的拘留營，嚴防他們有不利美國的行為，拘留營由全副武裝的美國軍人押管，本田議員出生在一九四一年，幼年時代跟隨家人在拘留營度過，飽受種族歧視，直至二戰結束。四十年之後的一九八八年，美國政府才向被關押過的日裔美國人正式賠禮道歉，並為受難者及其家屬提供經濟補償。

　　本田先生在二〇〇一年從加州當選美國聯邦眾議員，他一直致力於在美國社會提升亞太後裔的形象和影響力，是一位有正義感，受人尊敬的議員。他雖然身為日裔，但在歷史問題上從來都是站在正義一邊，他嚴詞譴責日本政府不負責的行徑，尤其是第二次世界大戰中，日本對其他族裔犯下的罪行。二〇〇一年八月，本田親自帶領三十餘名加州政府官員訪問中國，掌握了大量「南京大屠殺」的實地調查資料，斥責個別的日本歷史學家試圖抹殺「南京大屠殺」真相的無恥行徑，他對公眾說，「我去過那裏，我親眼見過，我親耳聽聞，我親身感受。」

　　二〇〇四年十一月，撰寫《南京暴行——被遺忘的大屠殺》一書的美籍華裔青年女作家張純如在加州身亡，本田議員為張純如之

死撰寫悼文，稱張純如是一名「無畏的歷史學家、亞洲人和亞裔美國人歷史的記錄者和維護者，她短暫的一生觸動了無數人，揭示了以往處於被遺忘或遭忽視狀態的不公正現象和戰爭暴行。」本田議員的悼文刊登在美國《國會記錄》上，他認為，張純如寫作的動機是求得歷史公正，促進不同民族之間的和解。

本田議員在二〇〇七年初曾經向美國國會提出，譴責日本在二戰期間強徵亞洲其他國家婦女充當日軍「慰安婦」的決議案，要求日本政府正式承認慰安婦問題並道歉，承擔歷史責任。議案在同年六月二十六日得以通過。只有經歷過深重苦難的人，才會以博大的悲憫之心，理解和同情人類曾經遭受的巨大痛苦。本田議員不遺餘力地追究日本戰爭責任，就是要告誡日本領導人：只有對歷史負責，才能對未來負責。

本田議員對亞太美裔的關注，讓華偉博士觸動頗深，實際上，亞太後裔早年在美國的境況糟糕到難以想像的地步，這樣一個被排斥和歧視的群體，分散在美國不同的區域，而作為整體，他們甚至沒有在美國歷史上留下任何系統和有價值的記錄。國會圖書館亞洲部的責任是把亞太區域介紹給美國公眾，這其中存在一個重要的關聯，在亞太區域發生的一切，無論是歷史的還是當下的，其實與美國國內的亞太社區息息相關，亞洲部的工作不應該單純地向美國以外輻射，搜集亞太地區的文獻資料，同時也應該關注美國國內的亞太後裔，他們同樣是亞太文化傳承的血脈。因此，建立亞太後裔的特藏應該是亞洲部的重要職責。

與本田議員的見面，讓李博士產生了在亞洲部創建亞太美裔特藏的構想，他覺得這將是一件惠及子孫的大事，一定要做，而且要做好。他很快提交了建議案，提議建立亞太後裔的特藏，並在具體的操作層面，比如人員、資金等，提出了建議。

二

二〇〇四年亞洲部的改組初見成效後，李博士穩步推進了幾件大事，包括招聘亞洲部新任館員；重新訂定圖書期刊採購計畫；選

購中日韓文最新電子資訊資料庫；在亨利魯斯基金會的資助下，改善採購中國圖書的方式；延長亞洲部閱覽室開放時間；擴大亞洲部的國際合作；建立亞洲部之友會，舉辦各種學術活動；募款設立研究補助金名額；將亞洲語文期刊的登錄由手工改為電腦登錄；與中日韓及臺灣地區的臺灣中央圖書館等機構合作，將館藏精品進行掃描製成數位化數位檔等等，建立亞太美裔特藏的構想令他更覺責任重大，雖然一直極力推動，但遭遇的阻力甚多，難有進展。

　　向相關部門提交的亞太美裔特藏的建議案，遲遲得不到批覆，事情似乎將無限期地拖延下去。李華偉博士不止一次地嘗試表明自己的觀點，據理力爭，「國會圖書館唯獨沒有亞太美裔特藏，如果不是種族歧視的話，我不知道該如何解釋。如果國會圖書館有任何其他部門來做亞太裔特藏的話，我們亞洲部不但可以不做，而且還會全力提供支援，問題的關鍵是根本還沒有人做這件事情，為什麼我們亞洲部不可以做？」

　　國會圖書館有非洲裔特藏，西班牙裔特藏，南美裔特藏、美國土著的收藏更是配備了眾多專家組成的團隊，只有亞太裔的收藏無人問津，相關文獻搜集僅限於已經出版的資料，很多民間歷史資料的搜集並沒有形成規模和系統，散落在亞洲移民社區裏很多有歷史價值的文獻或者檔案，隨著老一代人的離開，兒孫輩缺乏必要的瞭解，有價值的資料甚至會被放在車庫裏面，或者乾脆被當做廢品處理掉。

　　雖然亞洲部是最合適搜集亞太裔文獻的部門，但根據國會圖書館的條文，亞洲部之收藏被界定為：收藏來自亞洲的亞洲文字的書刊和材料，換言之，亞洲部的收藏被嚴格地界定在地域和語言類型中，只有屬於亞洲地區語言的資料才歸屬亞洲部的收藏，不包括美國境內的亞洲人群和後裔，更不包括英文出版的亞洲人群的書籍和資料。這樣的劃分方式顯然有不當之處，既然成立亞洲部，所有關於亞洲的資料，無論任何語種都應屬於亞洲部來收藏，不應該受到亞洲語言之局限。

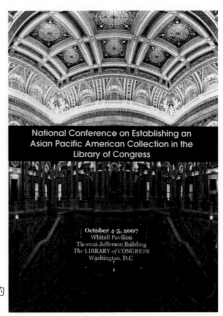

National Conference on Establishing an
Asian Pacific American Collection in the
Library of Congress

October 4-5, 2007
Whitall Pavilion
Thomas Jefferson Building
The LIBRARY of CONGRESS
Washington, D.C.

召開在國會圖書館建立亞太美裔收藏的全國會議

　　二○○七年初，距離李博士的退休計畫只有一年了，建立亞太美裔特藏的行動愈加緊迫。等待上層管理部門的答復，就等於沒有答復。他必須在自己任期內，有一個完美的結果。於是，李博士再次找到本田先生，希望得到美國國會亞太美裔委員會的支援，李博士說：「亞太美裔特藏是我承諾的事情，必須要做好，任何托詞都不應該阻止它，我認為應該採取特殊的方式引起國會圖書館的關注，以便有效地促成這件事情。我們非常需要您的支援。」本田先生隨後親自給國會圖書館館長寫信，倡議在亞洲部建立亞太裔特藏。

　　本田議員的親筆信代表了美國國會亞太裔黨團的態度，在美國眾議院四百三十五位議員中，亞美裔黨團的議員將近八十位，其政治影響力不容忽視。來自本田議員的信，無疑是一股自上而下的推動力，讓國會圖書館感受到了來自國會議員的壓力。同時，本田議員在國會的地位和影響力也在不斷地提升，他不僅是美國民主黨的副黨魁，也是國會眾議院政府預算和撥款委員會的委員。

為了引起更廣泛的重視，李博士又組織籌辦了一次國家級的會議，邀請全美著名亞太裔研究機構的專家，亞太社區的知名人士，美國國會議員。會議安排了兩天的議程，各界專家學者發表講演，呼籲國會圖書館亞洲部建立亞太特藏。會議同時邀請了國會圖書館畢靈頓館長和麥肯副館長，讓他們有機會深入瞭解亞太社區，親臨感受建立亞太美裔特藏之重要，目的在於推動國會圖書館的決策程式。

　　會議把握了很好的時機，頗有成效，兩位館長當即表示重視。李博士趁熱打鐵，提出申請，在亞洲部設置一個專業亞太美裔特藏館員（APA，Asia Pacific American）的職位，確保亞太美裔特藏專案儘快啟動和落實。這一次，麥肯副館長並沒有反對，在他那間可以看得到國會大廈圓頂的辦公室裏，他稍顯為難地對李博士說：「華偉，你向我要兩個職位空缺，一個是中文蒙古組招聘新館員來替代將要退休的莉莉・卡斯凱德（陳家仁），另外是亞美裔館員，我只能給你一個職位，你的部門可以做出選擇。」

　　權衡之後，李博士決定申請亞太美裔館員的職位，雖然是沒有選擇的選擇，但李博士仍然認為這是不錯的結果，中文蒙古組少一位館員，他能夠說服其他館員來分擔，日常工作完全可以應對。而有了亞太美裔館員，就意味著亞太特藏專案最終得到了國會圖書館決策層的認可。

三

　　週末的亞洲部閱覽室，正在為一位美裔菲律賓老人舉辦一百歲的生日會，趕來祝賀的有近百人，亞洲部訂做了特製的大蛋糕，李華偉博士也到場參加。

　　老人家滿臉慈祥，目光清澈，稀疏的銀髮顯然是精心梳理過，一絲不亂。她坐在輪椅上，剛一出現，到會的人們就熱鬧起來，相識和不相識的人都禁不住圍上前去。老人家笑得像個孩子，她思維清晰，別人提的問題，她一一作答，而且很是風趣。她的女兒芮妮・貴麗菲達（Rene Grefalda），一直推著輪椅，今天也顯得格外

開心。

　　芮妮‧貴麗菲達是美菲律賓裔，她的經歷有些特別，最早從事法律方面的工作，在香港工作過幾年，略懂中文。二十年前，曾經是美國政府部門的一位公務員。後來由於八十歲的母親需要照料，她辭職專門照顧母親的生活，此後一直沒有再工作。雖然大部分時間花在家裏，但芮妮利用網路創建了菲律賓人的文學雜誌，在網站上發表菲律賓本土及海外作家的作品，網上雜誌辦得有聲有色，每年都精選一些作品，集結成書出版，在菲律賓社區名氣很響。

　　李博士在亞洲部之友會的活動上認識了芮妮，並注意到她樂觀熱情，非常活躍。得知亞洲部要建立亞太美裔特藏的構想，芮妮極感興趣，當即表示願意幫忙。她此後每週都來亞洲部，做一、兩次義工。雖然沒有資金和預算，但她把做菲美裔工作的經驗發揮出來，組織活動，為亞太裔特藏做宣傳，聯絡美國亞太美裔的社團和研究機構，由她設計和撰寫的專案宣傳冊（Program Book）完美而簡潔。亞洲部後來籌辦全美國範圍內的會議，都是芮妮做的計畫和安排。

　　給百歲老人祝壽，古老的亞洲部閱覽室歡聲笑語，一派吉祥喜慶。今天的生日會實際上還是亞太美裔特藏項目的籌款活動，被邀請的嘉賓每人送給老人的賀壽禮物，都是直接捐贈給亞洲部的一張一百美金的支票。這同樣是芮妮的創意。

　　早在三年前，芮妮就找到李博士，說自己有一個募款的好主意，她的母親馬上要過九十八歲生日，老人家早年曾經是菲律賓的著名演員，年輕時紅極一時。後來移民到美國，在菲律賓移民社區中很有名氣，在美國各界也結交了不少好朋友。芮妮和母親都願意為亞太美裔特藏做點事情，借著老人家祝壽的機會，芮妮建議由國會圖書館亞洲部出面，為她母親舉辦一個生日會，邀請母親的朋友們來參加，並在請束上注明，赴邀嘉賓，為老人家祝壽，請捐款九十八元美金，支票寫給亞洲部。

　　她的母親和朋友們能夠在國會圖書館亞洲部相聚，倍感榮耀，同時又為亞太美裔特藏出力，是一舉兩得的好事情，第一次的生日會非常好，老人家特別高興，她的朋友們為亞洲部捐贈了四千多美

元。此後連續兩年，芮妮如法複製，老人家的朋友們樂此不疲，捐給國會圖書館的支票每年都像老人家的年齡一樣，增長一美金。

芮妮組織活動的熱情和能力給李華偉博士留下了深刻的印象。國會圖書館需要的工作人員大致可以分成兩類，一類是圖書館的專家，另一類是具備某項學科特長的專家。芮妮應該屬於後者，雖然沒有圖書館的學歷，但對亞美裔特藏方面有獨特的經驗和見解，而且是一位出色活動家。

李博士上前，舉杯祝老人家長壽，然後又走到芮妮面前，把麥肯副館長批准亞洲部為亞太美裔招聘專職館員的好消息告訴她，李博士微笑說，亞洲部歡迎您來申請。

壽星老人非常高興，拍著手像一個孩子，「好了，太好了，我想你們都餓壞了，我們可以吃蛋糕了！讓我先來許願！」

亞太美裔特藏的專職館員職位公開招聘，應聘者踴躍，芮妮也遞交了申請，並在幾輪面試中勝出，她精力旺盛，熱心公益活動，有才華，尤其人緣好，朋友多，是亞太美裔特藏館員的合適人選，亞洲部的同事們都一致認可她。

跟芮妮的認識實屬偶然，但李博士發現了她的才華，沒有錯過偶然的機會，讓芮妮的熱情和特長全面地釋放和發揮出來，亞太美裔特藏專案由她負責管理，是一個慧眼識英雄的選擇。

四

在美國，最大的少數民族族裔是南美裔，在眾議院中的力量最強，亞裔是人數較少的族裔，但近些年來的發展和增長速度是最快，預計到二〇五〇年，亞裔將改變其在美國的人口最少族裔的位置，而成為美國最具影響力的少數民族族裔之一，設立亞美裔特藏項目先有了天時地利。

亞美裔特藏的項目是美國國家級的專案，它不僅是國會圖書館的收藏，同時要以國會圖書館為中心，把全美國不同地方的亞美裔收藏資源都連接起來，構成網路。具體的操作方式就是聯合目錄，實現資源分享。任何人需要查詢亞美裔的資料，都可以通過網路查

到，聯合目錄提供查詢資料所在的機構或圖書館，比如某個資料在國會圖書館，某個資料在某大學，某個資料在某研究機構等等。

事實上，亞太美裔研究從上世紀六〇年代開始，不斷升溫，變得越來越熱門。在過去五十年中，美國有五十多所大學，包括加州大學，哈佛大學、耶魯大學、普林斯頓大學等著名學府，已經先行一步，不僅開設了亞裔研究的課程，而且還設立了亞美裔研究（Asia American Studies）的科系，此類的項目（Program）多達四十多個，與之相匹配的收藏也應運而生，只是規模較小。這樣的情境之下，美國國會圖書館更有責任建立一個全國性的亞美裔收藏，把分散的收藏銜接起來，合作發展全國性的收藏。李博士正是借此機會，正式對外宣佈，國會圖書館亞洲部絕不是關起門來做亞太美裔特藏，而是希望全美的相關機構共同參與。

亞太美裔特藏從無到有，李博士的推進工作到了更關鍵的一環，他必須為亞太美裔特藏籌集到足夠的資金，確保它在未來有持續的生命力。在退休前，李博士著手設立了亞太美裔特藏的基金，他自己捐贈一萬美金作為種子基金，也是他留給國會圖書館的紀念。亞洲部的一位日裔同事Kiyoyo Pipher熱心回應，她和丈夫捐贈了一萬美金，她說：「李主任，您退休以後，我們亞美裔特藏這個項目還會好好地努力，您留給我們一個非常有價值的財富。」亞洲部的其他同事也都被帶動起來，紛紛捐資贊助。

國會圖書館的預算緊張，沒有能力保證所需要的預算，李博士向本田議員提交了較為詳細的三年計畫，列出亞洲部亞太美裔特藏在未來三年的目標，以及需要的預算投入。本田議員答應在國會方面疏通，力爭給予亞洲部資助。

李博士退休以後，經過邁克爾・本田議員及亞裔小組成員的進一步斡旋，美國國會眾議院預算小組已經正式通知國會圖書館，要國會圖書館提出計畫如何進一步發展亞美裔特藏，提出相關的預算，由國會撥款支援。亞美裔特藏預算進到了國會預算的範圍，意義極其重大。繼任的亞洲部主任彼得・楊（Peter Young）先生把好消息告訴了李華偉博士。

五

「有容乃大，無欲則剛」，說起來容易，做起來難。在李博士的圖書館生涯中，一直面對各種挑戰和改變，常年以來，已經成為他生活中必不可少的內容。在俄亥俄大學圖書館時，他有足夠的時間嘗試創新、推動變革，其節奏和內容都在可控制的範圍之內，圖書館管理層和館員們的壓力在過程當中得到適當化解。而在國會圖書館亞洲部五年的時間，是完全不同的處境，他的確要用盡全身解數才應付得來，所有以往積累的經驗傾囊而用，毫無保留。另外，他還必須運用個人的親和力，影響和說服其他的館員，靈活變通地解決各種問題。

在國會圖書館，他是有名的鬥士，找麻煩的人（trouble maker），不是通常意義上的與人爭鬥，目標在前面，需要去實現它。如果不去行動，就失掉了機會。尤其在國會圖書館，墨守成規註定一事無成的。敢為天下先，雖然有時候惹人妒忌，但私下裏，真正做事情的人，只要心底無私，不為出風頭，不居功，別人總會理解。

當然實現目標的過程註定遭遇諸多限制，超越阻礙又不要得罪人，是巨大的挑戰。得罪人是下策，只能使結果更糟糕，贏得人心，甚至得到反對者的支援，把阻力變成助力，是大智慧。人的關係最難，在任何地方都是一樣的。尊重別人才能得到別人的尊重。

另外，主管和屬下之間，同事相互之間都要建立信任。每個人都希望把事情做好，主管不相信下屬，不提供機會令其發揮才幹，員工缺少發揮的空間，自然感覺壓抑，結果是一肚子怨氣。相反，主管給員工機會，同時讚賞他們做得好，毫不吝嗇地鼓勵，情形會大不相同，屬下有滿足感、成就感，辛苦也是高興。從心理學角度看，人做了好的事情，不斷得到鼓勵，逐漸會形成一種習慣。讚賞和鼓勵是最有效的方式。跟李博士做事的屬下都很辛苦，但他們都高興。對人的管理，李博士一直堅守的原則就是尊重和信任，讚賞和鼓勵。

很多人有能力有才華，如果得不到機會表現和釋放，長期的壓抑和沮喪會形成充滿怨氣和消極的工作環境，具有可怕的殺傷力，資源和創造力都浪費掉了。成功的領導者，應該是激勵別人去做事情，尊重每個人，給每個人機會尤其重要。在一個機構當中，如果每個職能上的執行者，都能夠發揮充分的話，機構就有了持續發展的動力和能量。

老子的「無為而治」是李博士最為推崇的管理智慧，無為才能無所不為，尊重和信任他人，放開手腳，每一位下屬都有空間做好他們的事情，管理不是體現在瑣碎微觀的層面上，過度的控制和干預，所謂的微觀管理（Micro-management），反而適得其反，勞而無功。真正智慧的領導者應該是坐在辦公室裏，怡然享用咖啡的那個人。很多機構推崇微觀管理的方式，李博士認為，那是在下山（down the hill）而不是上山（up the hill）。領導者在機構當中創建一個積極和正向的能量場，能量就得以在正向的系統當中運行，並不斷增長，最終形成巨大的力量。

在國會圖書館的工作強度非常之大，總有做不完的事情。李博士自認為幸運的是，圖書館是他最愛的，任何一個人也無法拼命做自己不愛做的事情。李博士幾乎沒有什麼愛好，同事們取笑他是標準的工作狂。但他知道，每個人對工作的投入程度是不一樣的，不能讓每個人都變成工作狂。他只能要求自己，鼓勵大家大膽地去做，把工作分配好，出了差錯，他承擔。同時，有困難的時候，他來幫忙解決。提供支援和幫助。只要是可以解決的事情，李博士毫不推辭，因為一個領導不可能只要求屬下出成果，而不提供必要的幫助。道理簡單，真正做起來需要很多技巧，是領導的藝術。

根據李博士回顧，他在匹茲堡大學、都肯大學、賓州愛丁堡州立學院、泰國亞洲理工學院、科羅拉多州立大學、以及後來的俄亥俄大學，美國國會圖書館，與上、下級都相處得非常融洽。雖然在任的時候，難免有工作上的小摩擦，但他從來沒有過敵人。有些主管離開了，屬下甚至會暗自高興，這個傢夥終於走掉了！那是令人遺憾的事。值得欣慰的是，在李博士任職過的任何地方，大家都覺

得他是一個做事情的人，值得尊敬。離開以後，過去的同事都變成了老朋友。直到現在，同事們還經常發郵件或打電話給他，遇到難處諮詢一下，或者並沒有特別，就因為想念他這位過去的老闆了，這樣的事情時常令他感動。Mary有時候就忍不住說，「華偉，你還沒退休嗎？」

就任亞洲部主任之際，李博士給自己定了一個五年（二〇〇三～二〇〇八年）的工作計畫，因為他當時已經七十二歲，額外五年的工作時間是他的極限。他計畫在七十七歲的時候退休，從二十七歲入到圖書館，屆時剛好工作五十年。半個世紀的的人生，半個世紀的圖書館生涯，如果他還打算離開圖書館的話，這樣的告別應該是最完美不過的。李博士記得當時曾經跟布朗博士說，「我承諾五年的時間，在五年的任期內，我會盡全力做好一切，完成預期的目標。」

另外，他相信戰略規劃在一個機構的發展中至關重要，下一個五年計劃是二〇〇九年至二〇一四年，迪艾娜·麥肯副館長是具有戰略眼光的領導者，她將繼續積極鼓勵國際合作和互動式的交流方式。國會圖書館是全球規模最大的圖書館，其影響力遍及整個世界。國會圖書館擁有領先世界的科技和觀念，也因其領先的地位，眾多的規範和標準都是出自國會圖書館，實際上，全球的圖書館是把美國國會圖書館尊為典範，認同其領導地位。當然，這並不意味著居高臨下地指導，而應該是互動式的交流與溝通。

在現代科技和網路的時代，國會圖書館面臨著來自多方的壓力，比如谷歌、雅虎等新的資訊資源和現代化的資訊傳播方式、搜索方式，將書籍、資訊和資料推向了網路，成為圖書館的強大競爭對手。從長遠看，圖書館的發展到了重要的階段，遊戲的規則面臨著重大的轉變。科技不能夠改變一切，但科技的確已經改變了太多的東西，它將影響未來世界的格局，包括人們的生活方式。人類的閱讀的方式和習慣都將改變，電腦、網路已經成為人類生活不能分割的部分。圖書館必須要改變，才能夠生存和發展。

李博士是一個樂觀的人，很少有悲觀的情緒，遇到極其困難的

情形時，他最直接的反應是，找到什麼樣的解決方案，讓情況好起來。大概李博士是一個現實的人，悲觀、沮喪於事無補，反而浪費了時間。更何況，他堅信沒有什麼困難是不能夠解決的。解決問題有多種途徑和方式，只要靈活變通，總會找到解決之道。這樣的經歷多了，反而形成了良性循環，對人生有積極的影響，人也變得越來越自信。再難的情況下，只要不放棄，總是能夠好起來。

　　工作一直是李博士的愛好，幾乎沒有空餘的時間做其他事情。現在退休了，他需要找到生活當中其他的樂趣。生命短暫，要好好珍惜，有些事情可以控制，有些則不在自己的掌控當中，只有盡力，結果不用考慮。

第二十四章　陽光海灘

那位天涯旅人回到海岸邊：
潮水在漲起，潮水在退去。

〈潮水在漲起潮水在退去〉
亨利‧朗費羅（Henry Wadsworth Longfellow）

一

　　李華偉博士在二○○八年三月第二次退休。他和Mary把家搬到了佛羅里達州傑克森維爾（Jacksonville，Florida）的老年退休社區——柏山莊（Cypress Village）。這裏是佛羅里達最好的退休社區之一，居民中有的曾經是醫生、法官、律師，工程師、還有退休的將軍。因為附近有美國的海軍和空軍基地，有些高級軍官退休以後也選擇在這裏住下來。

　　柏山莊（Cypress Village）根據老人們的情況，設計了幾種不同的住所。大約有兩、三百棟的連排別墅是沿著社區中心的湖邊建造的，可以照料自己生活的老人們，選擇買這樣的房子。房子有大有小，設計大致相同，簡單實用。出了門口就是湖邊小徑，老人們喜歡沿著小徑散步。

　　不喜歡自己住，或者是已經不能照顧自己的老人，還可以選擇搬到山莊公寓中。柏山莊的中央，建有一幢七層的高樓，有四百多套公寓。大樓裏面簡直是個小世界，一層有餐廳、美容院、健身房，還有銀行和圖書館。每天有各種活動，比如晚上的音樂會、舞會等等，足

不出戶就可以生活得很方便。實際上，這幢大樓更像是養老院，有專職人員照顧老人，甚至是24小時服務，只是費用貴一些。

李博士和Mary選擇了聯排別墅中一處住房。兩房一廳，客廳和主臥寬敞通透，獨立的小廚房，室外還有一間開放式的太陽房，可以曬太陽，吹海風，閒坐聊天。李博士花費一萬美金把太陽房改建成一個書房，紗窗換成了玻璃窗，房間裏面安裝了冷氣。他的書房安靜閒適，風景極佳，一面可以看到社區的亭台樓榭，一面是家裏園中的芭蕉樹，以及常年綠意盎然的灌木叢。

在美國，老年人喜歡獨立生活，一般不依靠孩子。孩子們都有自己的家庭和事業，有時候會來社區裏看望父母親，高興一陣子，但不會住在這裏。美國老人們退休後，除去自己積累的財富，還有社會福利保障，經濟上完全可以獨立。他們也願意選擇獨立的生活，在退休社區買或租房子，老人家聚在一起，很快就變成了朋友，相伴著一起享受老年生活。

柏山莊最實惠的是醫療設施，全美排名前三位的梅奧醫院（Mayo Clinic）就建在附近，距離李博士的家，只有五分鐘的車程。退休之後，李博士作了一次全面檢查，醫生說，他心臟部位的血管阻塞已經達到九成，二〇〇五年，手術時放入的支架已經完全失去功能，好在他的心臟狀況比較好，有力量把血液擠壓到心臟周圍小的血管裏。不過，這種狀況很危險，小的血管一旦承受不了壓力，就會破裂，隨時有生命危險。

慶幸的是李博士已經退休，醫生馬上安排進行心臟搭橋手術。他當時有個會議，計畫九月份去中國，機票都提前訂好了。但醫生滿臉嚴肅地說：「中國，NO，NO！您必須得手術。」

手術進行得非常順利，醫生取出小腿上的血管，在心臟處做了新的通道（bypass），搭了四個橋，被阻塞的血管雖然還留在原處，但可以不使用它們。這在李博士看來幾分有趣，腿上的血管留在原處作用不大，取下來換個位置居然能派上大用場。

任何人都無法抗拒變老，年齡慢慢侵蝕健康身體的機能。李博士並不拒絕衰老，他接受和面對自己所有的病痛，他要和Mary一起

真正享受退休的生活。

二

柏山莊（Cypress Village）所在的傑克森維爾（Jacksonville，Florida），在佛羅里達州北面靠近海邊的地方，氣候相對涼爽，夏天有四個月比較熱，其他的季節溫度適中，冬天尤其舒服。由於位於腹地，每次颱風來襲，都會從南面或是北面走，傑克森維爾一般不會受到影響。

佛羅里達的冬天，氣溫偶爾也會降到零度。李家院子後面的香蕉樹最怕霜打，一遇到下霜，在地面上的枝葉就被凍死。Mary 只得將枯死的枝葉割掉，只留下六英吋。香蕉樹的生命力頑強，它在地下的根不會死，兩三個月後又會長出新枝新葉，可惜的是，香蕉樹割過一次，一般要三年時間才會結出香蕉。他們的香蕉樹是長了割，割了又長，也從沒結出香蕉來。

社區中心有一片很大的湖面，湖上有亭有橋，九曲迴廊。最有趣是湖中的甲魚，人走過去，甲魚便紛紛從水中探出頭來，急等著人們餵食，一副憨憨的樣子。 湖中還養了幾條鱷魚，據說鱷魚在七歲之前性情溫和，不會傷害人或其他的動物。它們跟甲魚相處甚歡，人們餵甲魚的時候，它們也懶散地待在旁邊，一動不動，顯然，它們對麵包毫無興趣。

柏山莊社區是藏龍臥虎的地方，老人們多才多藝。有一位九十八歲高齡的老太太，曾經在社區裏組織了一場家庭音樂會。她彈鋼琴，女兒是歌唱家，唱歌劇，她的外孫女兒是跳芭蕾的舞蹈家，歌也唱得好，祖孫三代同台，一個小時的表演，稱得上是高品質的音樂會。九十八歲的老人，在音樂會上依然光彩照人。

老人們還組織了各種俱樂部。大家開玩笑，建議李博士成立一個麻將俱樂部。在他們印象裏，中國人都喜歡玩麻將。其實李博士極少玩麻將，退休以後也沒什麼興趣，大概是幾十年一直工作，缺乏娛樂精神。他更熱衷於參加電腦俱樂部，因為前任的俱樂部主席退休，老人們還推選他當主席。可惜的是，李博士仍然會不定期地

忙碌，尤其是兼任中美圖書館專業交流項目評審員，每年都在美國和中國大陸之間往返幾次，李博士始終不敢答應。

李博士隔壁的鄰居洛伊・羅豪斯先生（Lloyd Lohaus）已經八十七歲了，是社區裏熱情而活躍的人物。羅豪斯先生曾經是空軍飛行員，退役後做工程師。他心臟不好，做過心血管的搭橋手術，部分心臟功能已經退化，需要依靠人工設備的幫忙。為了方便出行，他置辦了腳踏車，後來騎腳踏車體力不夠，又自己動手給腳踏車安裝了電動馬達，每天進出忙碌，充實地安排著自己的生活。

羅豪斯先生在柏山莊居住了近二十年。在李博士和Mary搬進來之前，他曾經和另外一位老先生同住，那位老先生一直活到一百零四歲去世，都是由羅豪斯先生親自幫忙照料的。羅豪斯先生為人好，在社區裏小有名氣，他愛跳舞，擅長交誼舞，排排舞（Line Dance）的舞技也是出類拔萃，是社區裏面的明星教練。大概因為女人的壽命比男人長，柏山莊社區中單身的男士很少，老先生終身未婚，在柏山莊的老人社區中是老太太們的大眾偶像。舞會上，羅豪斯先生風度倜儻，對每位女士都彬彬有禮。為了一視同仁，他與每位女士跳舞，而每人只跳一次，非常紳士氣度。

Mary 和李博士禁不住勸說，也參加了的社區排排舞的舞隊。羅豪斯先生義務教授排排舞，每個星期給老人們上兩次課。照顧到李博士和Mary是「新人」，他還特意開辦了入門班（Beginner's Class）。大概學了三個月，羅豪斯先生嚴肅地說，你們可以畢業了。

終於有一天，羅豪斯先生過來，邀請李博士夫婦參加晚上的舞會。Mary 和李博士有點緊張，怕跟不上大家，羅豪斯先生說：「沒問題，你們已經學會了。」李博士和Mary真的下了舞場。場中十幾位舞者，只有羅豪斯先生和李博士兩位男士。排排舞是一種多人集體舞蹈，據說是從美國西部流行起來的，跳舞的人排成一行一行的，朝著同一個方向，一起跳相同的舞步，每一款舞都有固定的舞步，舞曲通常是經典的美國鄉村音樂（Country Music），舞起來好似置身西部鄉野，人氣熱烈，恍惚之間老人們都有了年少時的模樣。李博士跳得出乎意料地好，Mary和他居然一舞成名，連Mary都很驚訝。出了舞

場，居然有人對李博士說：「噢，你就是那位排排舞的明星吧！」

三

舊日的老同學、老朋友也聯繫得頻繁起來。鄭均華是李博士在臺灣師範學院讀書時的同窗。當年與李博士同一班飛機來到美國，下了飛機，李博士去匹茲堡，鄭均華去佛羅里達州立大學讀研究生，從此天各一方。期間，他們雖一直保持著聯絡，但因各自奔波忙碌，卻也沒有機會見面。僅有的一次碰面是在臺灣參加臺灣國家建設會議的時候，那還是蔣經國時代。一九七四年開始，臺灣政府每年都由臺灣駐美大使館出面邀請在海外有成就的華人，回到臺灣共商發展大計。根據專業領域分成不同的組，針對臺灣發展問題提供發展建議。在第一次會議中，蔣介石總統和夫人還親自出面接見並宴請。

二〇一〇年七月，鄭君華博士去佛羅里達渡假，兩位半個世紀沒見面的老朋友，終於聚到了一起。年輕時候發生的事情還像昨天一樣。更為湊巧的是，鄭君華博士的太太也是美國人，還是一位退休的圖書館館員，早就聽說過李博士的大名。

第二次退休，李博士已經盡可能地卸下了工作負荷，更多的時間和家人在一起。通常的週末，大女兒雪麗會來看他們。女兒太忙的時候，李博士和Mary就開車二個半小時，到女兒家過週末。家裏六個孩子，除了雪麗之外，大部分都住在美國北部。夏季，李博士和Mary經常到北方去看望他們。每年冬天，李家全家人都會在佛羅里達歡聚。李博士在海邊租個帶有室內游泳池的度假別墅，方便孫子女們玩耍。孩子們之間的感情一直很好，過去是Mary和李博士組織家庭聚會，現在是孩子們自己來主持大家庭的聚會，二十幾口人聚在一起，很是熱鬧。

李博士也時常把自己的大家庭與父母親的大家庭相比較。相似之處很多，尤其是同樣的和諧親密的家庭氣氛。由於母親的慈愛，李博士他們七個兄弟姐妹之間感情也非常親密。大哥李瞖，英年早逝，李博士很早就成了家裏的頂樑柱。他到美國之後，對弟弟妹妹的影響很大。妹妹華宙隨後也來到美國留學，最小的弟弟華俊，

成績優秀，也順利得到了美國匹茲堡大學提供的獎學金。大弟弟華明，在他的幫助下移民到美國。姐姐華宇的兩個女兒先後到美國讀書、工作和生活，也把父母接到了美國，李博士以直系親屬名義，為姐姐擔保申請了美國的永久居留身份。

李博士的姐姐是位家庭主婦，已經八十三歲了，現住在美國阿肯薩斯州。丈夫曾經是上校軍銜，以前在臺灣政府的國防部擔任會計職務。他的大弟華明在紐約一個公司做會計師，一直到退休。二弟華寧在亞洲理工學院讀完土木工程碩士學位後，回到臺灣中興大學執教，做到教授、系主任，退休後擔任著名橋樑專家林同炎的土木工程顧問公司臺灣區總經理。最小的弟弟華俊在匹茲堡大學獲得物理學博士學位，在匹茲堡一所州立學院教書，直到退休。

李博士的妹妹華宙，早年留學哥倫比亞大學，後來嫁給圖書館前輩袁同禮先生的公子袁清博士。華宙喜歡喝茶，每次來看哥哥，就把李博士到大陸或臺灣帶回的好茶收走。她懂茶，喝茶講究，收了茶也不領情，總要開玩笑地說：「好茶不能給哥哥留著，喝了品不出滋味，好東西都浪費了。」這時候，李博士總是開心的讓她都拿走。好茶或者壞茶對他來說只是茶而已。Mary也喜歡喝茶，只是喝茶的方式很不同，她喜歡喝冷茶。夏天時，她把綠茶放進大玻璃杯裏，泡上冷水，在冰箱裏放上整個晚上，據說這樣可以保護綠茶中的養分不被破壞。茶水的味道很特別，青澀的滋味，玻璃杯中的茶還是碧綠碧綠的。

李博士在接受了心臟搭橋手術後，休養和復健了接近半年的時間，便又擔任美方評審員，繼續參與中美圖書館專業交流合作項目。二〇〇九和二〇一〇的兩年間，除了中美圖書館合作專案之外，他還參加了中國國家圖書館、暨南大學、東北師範大學、深圳圖書館、上海財經大學、及臺灣中央圖書館的一些國際會議，前後五次去中國，也去了一次臺灣。

也許是習慣了每天忙碌，很難真正閒下來，工作已經成為他生活中不可分割的一部分；也許這就是他的命運，就像Mary說的，他是退而不休的勞碌命。李博士的父親同樣是勞碌奔忙了一生，一

直工作到八十歲。李博士即使在第二次退休後，仍然沒有離開圖書館，僕僕風塵地往返在中美之間。

四

李家的另一件大事是二女兒潘穆拉（Pamela）的婚禮。二〇一〇年六月，婚禮在愛荷華州的愛荷華城舉辦，非常隆重。

潘穆拉在愛荷華大學（The University of Iowa）工作，她的伴侶貝絲（Beth）是一位出色的女律師。兩個人在一起生活了二十二年，相親相愛。除了她們都是女性以外，和每一對愛人或者夫妻沒有什麼不同。潘穆拉和貝絲都酷愛運動，也得過不少的獎牌。在同性戀婚姻上，她們一直執著地爭取自己的權力，也經歷了美國社會對同性戀者態度的轉變和認同。

女兒潘穆拉在上高中時，悄悄跟Mary 講了她的秘密。李博士和Mary雖然吃驚，但都採取了接受的態度。Mary是一位開明的母親，她告訴華偉說：「潘穆拉如果覺得這樣的生活方式是她自己想要的，我們就聽從孩子自己的選擇吧。」潘穆拉也因此格外感激父母。貝絲每次來到他們家，都很開心，感覺像到自己家一樣。貝絲和潘穆拉的兄弟姊妹相處得很好，大家都尊重她們的選擇和生活方式，李家一直是充滿著開放、寬容氣氛的大家庭，對待潘穆拉和貝絲也不例外。

同性戀，在美國社會實際上並不能被完全接受。根據美國憲法，每個成年人，不分性別，都有結婚成立家庭的權力，憲法並沒有明確規定結婚的對象必須是異性，也就是說，同性戀結婚並不違法，但從宗教的觀念來講，同性結婚是不能夠接受的。人們仍然普遍認為同性結婚違反常理。直到二〇一〇年，美國才有四個州，從法律上允許同性戀結婚。潘穆拉所在的愛荷華州就是其中之一，這也是她們最終決定在愛荷華工作和生活，並在那裏舉行婚禮的原因。同性戀在美國有自己的社團和網站，潘穆拉和貝絲結婚的消息，成為當時最受關注的新聞。她們倆人不斷爭取合法生活在一起的權力，這個過程前後經歷了二十二年，才有了終成眷屬、皆大歡喜的結局，合法舉行隆重而體面的婚禮。在李博士看來，這其中的

含義已遠遠超過了婚禮這樣一個儀式。

　　二○一○年六月十二日，李家全家三代人都參加了潘穆拉的婚禮。李博士妹妹的女兒伊莉莎白（Elizabeth），在CNN香港分部工作，也專程從香港趕到愛荷華城。李博士的侄兒李書超，是一位成功的牙醫，他與他的妻子，Kelly，也從哥倫布市趕來參加。大家都為潘穆拉和貝絲祝福。婚禮在她們自己的家中舉行，房子建在愛荷華城的郊區，是倆人自己設計和建造的，靠近社區的邊緣，後面是一片小樹林，松鼠、野兔跳來跳去，經常還有野鹿出沒。穿過樹林是一個湖，透過窗戶就看得見湖水波光。房子足夠寬敞，以至於婚禮前一天，五十幾位客人參加的晚餐招待會都可以在她們家舉行。

　　婚禮儀式在潘穆拉家院子裏進行，大概有七十幾個座位，桌椅早早就擺設停當，但當儀式馬上準備開始時，突然下起了傾盆大雨，大家紛紛跑到房子裏面躲雨，場面有些混亂，大家商量著是否要將婚禮儀式改在室內進行，潘穆拉和貝絲也開始有些不安起來，正說著，雨卻奇跡般地停下來，烏雲突然散開去，天空大晴。

　　婚禮按預定時間隆重舉行，潘穆拉和貝絲牽著手走過來，李博士的兩個孫子女是花童，一路揮灑花瓣。婚禮的主婚人是貝絲的朋友，也是一位法官。女兒最幸福的時刻，是Mary和李博士一直期待的時刻，Mary忍不住滿眼的淚水。

　　接下來的宴會一直熱鬧到傍晚時分，天色漸漸暗下來，下午的一場雨過後，空氣清透濕潤，更為神奇的是，天邊同時出現了兩條巨大的彩虹，豔麗異常。

五

　　二○○九年三月十四日是李博士與Mary的金婚紀念日。五十年的婚姻生活，他們養育了六個孩子，Shirley，James，Pamela，Edward，Charles和Robert，李博士給他們起的中文名字分別是玉驊、書怡、書芬、書千、書真、書泰。孩子都已成家立業，下一代的孫子女有十一個，四個女孩，七個男孩。最大的孫女已經二十三歲，大學畢業，擔任護士，而最小的孫子也已經兩歲大了。

李博士的兒子、媳婦、女兒、女婿，每個孫子女的中文名字，都是李博士特別為他們取的。他還在中國圖章店，把每個人的中文名字刻成圖章，送給每一位子女。因為父親，他們與地球另一端的中國有著割不開的血脈聯繫。

　　三月的俄州首府哥倫布斯（Columbus）已經有了萌動的春意。大兒子詹姆斯（James）住在距離哥倫布斯一小時車程的戴頓鎮（Dayton），小兒子羅伯特（Robert）和侄兒李書超就在哥倫布斯市內。另外，李華偉博士的侄女王晴和丈夫也住在哥倫布斯市。於是大女兒雪麗（Shirley）和大兒子詹姆斯（James）就將父母金婚聚會的地點定在哥倫布斯，開始召集兄弟姐妹們一起聚會慶祝。

　　金婚紀念是李華偉博士的家庭節日，一大家子人在哥倫布斯度過了整整一個星期。白天，或者在羅伯特（Robert）的家裏聚餐，或者到城市周邊登山和徒步，帶孩子們到遊樂場、動物園。晚上，李博士、Mary、以及其他幾個小家庭住在羅伯特家旁邊的酒店。酒店裏有一個國際級比賽標準的游泳池，小孩子們跳進水裏，立刻變成一群小海豚，水花四濺，尖叫聲不斷。所有的孩子聚在一起，實在難得，Mary和李博士跟孫子女們在一起，總是忍不住地笑著，還會有什麼快樂能夠超越他們此刻的天倫之樂！

　　李博士與Mary的婚姻是幸福而完美的。倆人分工明確，外面的事情李博士做主，家裏的事情都由Mary管理。Mary從來都將家庭當作她人生中最重要的部分，她要養好孩子，支持丈夫的事業。早在李博士一邊工作一邊讀書時，讀書要寫的論文，工作要寫的各種備忘錄（memo），Mary都認真幫他修改。她希望丈夫成功，並且盡心盡力幫助丈夫成功，因為Mary理解，作為華裔，想在美國社會中立足，並且脫穎而出，丈夫需要面對和承受的巨大的壓力。在人際關係上，Mary 也是李博士有力的助手。李博士參加亞洲理工學院的面試，Mary用她的堅定和幽默打動了面試官。到泰國，Mary與教授和太太們關係融洽，樂於幫助國際學生。她是給大家帶來輕鬆和幫助的人，深受大家喜愛，無形中幫助李博士維護了愉快和諧的工作氛圍。幾十年來，李博士的家人、朋友、以及中國大陸和臺

灣的留學生、來自中國的圖書館員，不時在李博士家暫住。Mary至始至終地熱情相待，細緻周到，讓所有人都感受到了來自李博士家庭的善意和愛心。

上世紀六〇年代的美國，像Mary一樣拿到碩士研究生學位的女性並不多。年輕時，Mary讀書非常優秀，但她並不是一個野心勃勃的人。Mary來自於美國中部樸實的中產階級家庭，過一份平淡安靜的家庭生活，是她父母親的價值信仰，Mary的價值觀也深受家庭影響。但所不同的是，Mary為家庭為李博士付出了更多。與李博士剛結婚時，Mary曾經開玩笑說：「我是從小家庭出來的，希望我們倆可以有一個大家庭，我想要十二個孩子。」他們的孩子一個接一個地來了，雖然沒有預想得那麼多，但Mary 已經忙得不可開交，她之前學教育，而且完成了碩士研究生學位，原本可以有機會在學校教書做教授，但孩子多了之後，Mary就沒有打算出去工作，而是選擇做了一個稱職的全職太太。幸運的是，李博士的事業一直不錯，薪水比一般美國人高，完全可以支撐一個大家庭的全部花銷。

家裏的事情，尤其是孩子們的教育由Mary全權管理，李博士不僅接受並全力執行。Mary 很高興這樣，夫妻間很少為此發生爭執。事實上，李博士完全信任Mary，她很理智，想事情非常細緻，尤其是她跟每個孩子的關係非常好，大大小小的事情，孩子們都來找她。雖然都有了自己的家，但他們每個星期都至少打一個電話回來，和Mary有講不完的話。Mary很滿足她在家庭上的成功感，而李博士在事業上有成就感，這對兩個人都非常重要。

金婚紀念的儀式特意選在了哥倫布斯最好的一家中國飯店。二十幾口人，熱熱鬧鬧，兒女們特意準備了一個大蛋糕。Mary 是一家人的中心，是最幸福的妻子、母親和祖母。李博士一直陪在她旁邊，共同的五十年，她和華偉博士一起承擔和分享的東西實在太多了，就連最小的兒子羅伯特也已經成為兩個孩子的父親，他們的孩子的孩子們也馬上要長大成人。幸福的時刻，令李博士滿懷感恩之心，因為上蒼的賜予是如此之豐盛。五十年前，他初到美國，孑然一身，沒有奢望過擁有如此完美的一切。

第二十五章　福滿之家[1]

上德若谷，廣德若不足……

大方無隅，大器晚成。

大音希聲，大象無形，道隱無名。

——《老子·論道·四十一章》

李博士夫人感言

一九五七年九月的那一天，在匹茲堡大學學習殿堂（Cathedral of Learning）的那個瞬間，改變了華偉和我的命運。結婚五十三年後的今天，華偉告訴我，他在戰亂中飽經不幸和苦難，但自從遇到我的那天起，他的世界開始變得越來越好。好運降臨，他不曾奢望的一切都不可想像地到來了，他怎麼會想到，有一天自己會成為美國國會圖書館亞洲部的主任呢？

遇到華偉，我找到了愛和家，那是我一直在不停尋找的東西。我把未來交付給華偉，從此有了歸宿。曾經的理想是在賓州小鎮做一位老師，那已經可以令我滿足，而我不知道，命運準備了更好的，一切是多麼的不可思議！我嫁給了華偉，一個可愛、慷慨、關愛他人的男人，我擁有他的愛，擁有一個幸福而美好的家，還有機會旅遊和歷險，我們一起五次周遊世界。

---
[1] 筆者注：該章由李華偉博士夫人Mary撰寫，筆者為翻譯。

我出生在賓夕法尼亞州的傑尼特鎮（Jeannette），並在那裏長大。我父親總是喜歡自己動手製作各種新鮮玩意兒。在我讀小學的時候，他在賓夕法尼亞州的北部買了一棟房子和一百公頃地，離我們居住的傑尼特鎮（Jeannette）大概三個小時的車程，夏天，我們全家去那裏度週末。我父親把整幢房子翻修一新，並把它稱為度假別墅，他給所有的親戚發邀請，歡迎他們來作客。大家一起釣魚、打牌、或是在巨大的客廳裏彈鋼琴、跳舞。在一百公頃的土地上，我們，我是說我們全家，一起種了很多蘇格蘭松柏，通常在每年的耶誕節之前，它們已經長得夠高了，父親把它們砍伐下來，運到傑尼特鎮上去賣，鎮上的人們都喜歡這些帶著新鮮的松木香味的聖誕樹。那片土地遠遠地離開了城市，我獨自走在樹林裏的時候，感覺是另外一個世界，我甚至覺得，在我之前，沒有任何人到過那裏。

後來，我父親賣掉了我們的度假別墅，在賓夕法尼亞州的尤蒂卡鎮（Utica, Pennsylvania）買了一棟大房子和一套大的公寓。那裏靠近一條叫做「法國之溪」的河流，他把大公寓間隔成幾個小的房間，租給在那裏捕魚的漁夫。法國之溪旁邊有幾棟小房子，我父親在那附近自己建造了一個兩層樓的休閒中心（recreation center），樓上有臥室和床，樓下是用餐和跳舞的地方，接著他又另外建了六棟小房子，還給孩子們建了一個小游泳池。

從露安實驗室（Ro-An Laboratories）退休以後，我父親就和母親一起，搬到在尤蒂卡鎮買的這所大房子裏，距離我們在愛丁堡的家只有三十英里，我們可以經常去看他們。他後來又開了一家雜貨店，店門前還有一個許願井。母親和他一起經營這家小店，一直到兩位老人家去世，母親去世時六十五歲，父親去世時六十七歲。

家庭

我們的家庭不能用平常美國的家庭來定義，我們即沒有小鎮式保守傳統的世界觀，也不追求物質、社會地位和傳統宗教的實用主義，更不是極端自然主義者，熱衷於回歸自然的生活方式。

或許這樣的描述更準確，我們是面向未來的一家人，獨立思考，自由開放。研究和思考過去——甚至是被遺忘的古老過去，從過去看到現在和未來。華偉在他的圖書館應用先進科技，他促成圖書館館員和管理者去不同地方旅行，開闊對世界的認識，用交流和合作連接起東方和西方兩個世界，那是他走向未來的方式。

獨立閱讀和學習令我擁有超前的世界觀，現實世界不僅僅是物質的世界，我看到當下時空中的因果來源於過去，而且作用於未來。孩子們和我一起研究人類的進化，我們因而看到一個多維度延伸的未來。

這樣的描述也許過於空泛，我想強調的是，我一直超脫於任何組織、宗教、和各種活動之外，閱讀書籍，也不會輕易相信任何觀點。我喜歡研究作者的背景，他信仰什麼宗教，屬於什麼機構，我試圖尋找他的觀點的來源。我對世界的看法是經過思考和研究之後的獨立認識，不會用自己的觀點影響孩子們，更不會影響華偉。

我們沒有皈依任何宗教，孩子們生存於世的意義和有價值的信念，來源於父母親的言傳身教，華偉和我用自己的生活態度和行為方式，給孩子們樹立榜樣，在後面的章節，可以看到孩子們從父親身上受到的影響。

為了與孩子們分享知識，當我發現真正有意義有價值的書籍，而那些書籍又剛好能夠回答他們提出的問題時，就一次買六本，在每本書上標畫出重要的段落，分別寄給他們。以便他們能夠在忙碌之餘，找到時間閱讀和思考。從平常交談中，我知道他們在做什麼，與每個人單獨交談的最好時間，是他們開車帶著我出門，沒有其他人在旁邊，也沒有其他更要緊的事情做，在途中，我們可以單獨面對面交談，享受難得的獨處時光。

在介紹孩子們之前，讓我先從家庭和婚姻開始，華偉和我的婚姻很完美，因為彼此基本的價值觀和目標一致，志趣相投。我們都很現實，不看重物質，如果現有的一切很好，我們不會想著用新的東西去替代它們。最早形成的共識避免了不少衝突：華偉的職業最重要，一切他需要的，我都沒問題。他同意我管理家務和孩子，家

裏的財務也歸我管，因為華偉一直忙於工作，另外，他也相信，我用錢從不鋪張。

我唯一的嗜好是和我的書在一起。除了自己作為妻子、母親、和教師的角色之外，我的志趣在於從知識中探求「智慧之徑」。我買了很多書，所有閒暇時間都用來閱讀，我感激華偉，他從來沒抱怨過我因為此項嗜好投入的金錢和時間。

我與華偉個性不同，他的天性更接近孔子儒家的本質，我是老子道家哲學的追隨者。華偉喜歡實際做事情，他是行動者，我更傾向於沉思默想；華偉喜歡計畫和秩序，他總是把周圍的一切，家事、公事、包括財務處理得井井有條，我總是天馬行空地想著過去、將來的大圖景，忽略了每天具體的小事情。這樣的差異一直以來組合得很完美。

在泰國生活的七年，是孩子們成長發育期，足球和每天開放的游泳池，令他們身體健康。潘穆拉、愛德華、和查理斯在閃爍星星（Twinkle Star Kindergarten）幼稚園，我在那裏的學前班教了兩年書，直到羅伯特出生為止。另外兩個大孩子，雪麗和詹姆斯在曼谷的國際學校上學。放學之後，有美國軍隊人員組織的棒球隊和足球隊，詹姆斯成為出色的隊員。另外一位軍人的妻子辦了戲劇表演班，我們家裏三個比較大的孩子都去上她的課。雪麗年齡大，她經常參加青少年俱樂部的活動。週末我們全家一起去泰國皇家運動俱樂部，在那裏，任何年齡的人都可以找到自己的遊戲和競賽。我們李家的孩子們，幾乎每次都能贏兩、三塊金牌，高高興興地掛在胸前回家。

每天下班後，華偉沒有額外的工作，我們就帶孩子們去看電影或到最好的中國餐廳吃晚餐。當然，旅遊是全家的最愛，在湄南河上乘坐遊輪；到運河岸邊的種植園採摘；到鱷魚農場參觀，在那裏，遊客不能出聲音，因為剛出生的小鱷魚神經系統脆弱，任何噪音都足以讓它們喪命。我們還遊覽泰國的宮殿，奢華的大理石圍牆，門和窗戶上精美的金葉裝飾。泰國人敬神，買黃金葉子揉進佛像裏，再燃起又細又高的香。水上市場是泰國最獨特的風光，運河

兩岸，到處是商店，人們可以隨時下船買東西。更有趣的是，那裏居然還有照相商店和摩托車店，遊人可以穿著結婚禮服，直接拍結婚照。遊人還可以在摩托車店裏買摩托車，但要放在船上，自己帶回家。我一直想像不出來，什麼樣的顧客會到這裏拍結婚照片和買摩托車，因為一切都顯得有點麻煩和不可思議。

　　泰國的高速公路很危險，人們不守規則，經常反向開車。更糟糕的是，我們的美國大旅行車的方向盤在左邊，而泰國車輛的方向盤在右邊，我必須一路看著，隨時告訴華偉，以便他有足夠的時間做出反應。謝天謝地，即使這樣，我們還是開車去了泰國北面的清邁和南面的芭堤雅海灘。

　　節日的時候，我們並不孤單，因為身邊都是離開家鄉的人，所以大家聚在一起，不會錯過任何彼此的節日。在專家公寓院子裏，孩子們和鄰居的孩子交朋友，他們來自日本、義大利、黎巴嫩、緬甸、英國和印度。雖然說著不同的語言，孩子們仍然毫不費力地組織起足球隊，與其他院子裏的孩子比賽。

　　萬聖節聚會是所有人的節日，孩子們都喜歡穿上萬聖節的鬼怪服裝，各處要糖，更有趣的是媽媽們聚到一起，相互交換自己民族的服裝，日本媽媽穿上印度紗麗，印度媽媽穿上和服，她們的國際化友情甜蜜動人。

　　在泰國的最後兩年，我們從曼谷搬到了亞洲理工學院（AIT）在郊外新建的校園，除了校園之外只有一個叫做瀾市（Rangsit）的小村子，我們搬進了紐西蘭政府捐贈的「預製」別墅，可以自己設計中國風格的傢俱。泰國的國王和王后都出席了新校園的啟動儀式。

　　在亞洲理工學院（AIT）的新校園裏，孩子們參加所有學生活動，參加燒烤聚會，在篝火晚會上圍著篝火唱歌，還有歌舞節。有一次，中國的地震影響到泰國，我們的房子有點傾斜了，櫥櫃裏的衣服不停地搖晃，我正在給羅伯特洗澡，浴盆裏的水都濺出來，灑了滿地，然後，樓上的房間也傾斜了，AIT的工程師特地過來維修，學生們都跑來看我們的院子和房子是不是危險。

雪麗（Shirley）

　　我們的大女兒「玉驊」，一直是一位纖纖淑女。她出生在匹茲堡附近的奧克蘭（Oakland）。雪麗很小的時候，我們就從凱塔特街（Coltart Street）的公寓搬到了匹茲堡大學足球場附近的政府廉租房。我父親用他的大旅行車買來了所有三個房間的傢俱。新的公寓在三樓，水泥地面塗著油漆，廚房是開放式的。華偉和我很高興有了寬敞的三居室公寓。雪麗稍稍長大一些，鄰居們喜歡看她在院子裏玩，或者看她在人行道上滑旱冰。她個性像我，身材像華偉，與華偉的母親和菲利斯[2]姨媽（Phyllis）相像，她們身材都比較矮小。雪麗與菲利斯姨媽很親近，我們居住的公寓和菲利斯姨媽工作的匹茲堡大學醫學圖書館不遠，我們經常約她在咖啡廳裏吃午餐，她特別喜愛雪麗，總在雪麗的衣袋裏塞滿糖果。

　　雪麗跟我母親也非常親近，我母親得癌症時，雪麗陪她待了幾個星期，老人家去世時，雪麗一直在醫院裏陪她。我的母親問我「你知道人死後會發生什麼？」，當時雪麗也在旁邊。我無法回答母親，因為我不知道。當我和雪麗到醫院禮品商店時，在慢慢旋轉的書架上，在眾多的小說和勵志書籍中，我們偶然找到了一本書，可以解答母親的疑惑。從那時起，我開始尋找和閱讀有關生死的書籍。雪麗說，我們的家庭總是很幸運，好像有神靈護佑，在我們需求的時候總會有奇跡出現。

　　雪麗在長大的過程中換了五個城市，像是在軍人家庭裏長大的孩子，不停地跟隨父母親搬家。華偉在都肯大學圖書館工作時，她在德曼特（Dormont）上幼稚園；後來搬到愛丁堡鎮，她在愛丁堡州立學院教育系辦的學校裏上學，學校在大學校園裏，她每天早晨跟華偉一起出門，放學了先去愛丁堡州立學院圖書館，等著華偉下班一起回家，華偉經常找來各種書給她玩。在六個孩子中，只有雪

2　筆者注：菲利斯是李華偉博士的姨媽王肖珠女士的英文名字。

麗對愛丁堡有記憶，她還記得在我們房子附近的樹林裏和愛丁堡湖畔散步，在湖畔小商店裏買一分錢糖果。

　　與街道筆直寬敞的匹茲堡比較起來，愛丁堡鎮是十足的鄉野風光。我們的房子在州際公路旁邊，沒有人行道，但我們這一排有八棟房子，後院的草地連在一起，中間沒有圍欄，有小徑通往各家房門，於是這片草地成為孩子們的大遊樂場，雪麗第一次學會騎自行車就是在這裏的人行小徑上。

　　去泰國曼谷是我們所經歷的巨大變化，雪麗當時八歲了。她在國際學校上四年級，那差不多算得上是世界上最大的國際學校，學生從幼稚園直到高中，總共有五千多人，全部集中在同一個校園裏。與美國學校不同的是，學生們一律穿校服，乘坐專門的校車上下學。野戰服風格的T恤衫，短褲有不同的顏色。雪麗在國際學校非常活躍，參加了學校的田徑賽隊、排球隊和網球隊。

　　泰國有很多大象，在鄉下，大象是人們的幫手，幹搬運重物的活。人們甚至把訓練有素的大象組成兩個足球隊，帶到國際學校進行表演比賽。雪麗有一張在校門口與大象的合影，那實際上是一頭幼象，學生們都喜歡它，讓它做學校足球隊的吉祥物。還有一張在公園裏的照片，雪麗騎在大象上。後來雪麗結婚後，有了女兒克瑞斯汀（Kristen），她經常把自己與大象的合影給克瑞斯汀看，小克瑞斯汀被那些照片和照片裏的大象迷住了。有一天，雪麗在街上遇到克瑞斯汀幼稚園的老師，老師告訴她說，在班裏講故事時，克瑞斯汀非常認真地告訴班裏其他的小孩子：「我媽媽在泰國的時候，每天都騎著大象上學！」

　　回到美國後，雪麗在科羅拉多州的科林斯堡讀了兩年高中，又轉到俄亥俄州的雅典城。對雪麗和家裏的其他孩子，以及對華偉和我來說，最幸運的莫過於，他們在俄亥俄大學讀書，可以享受八成的免學費獎學金。這是一筆不小的數字，尤其對六個孩子的大家庭，簡直是上天的賜予！雪麗參加俄亥俄大學的入校準備培訓，學校提供的罐頭食物讓她大倒胃口，於是雪麗決定與家人住在一起，而不是搬到學生公寓去。這簡直太好了，我的雪麗可以在我們身邊

多住幾年，後來其他的幾個孩子也是一樣，我們可以像成年人一樣彼此相處。

雪麗在俄亥俄大學讀完了商科學位，主修市場。畢業後她和傑·甘迺迪（Jay Kennedy）結婚，傑曾經是一位出色的飛行員，後來在俄亥俄大學飛機場負責培養飛行員，並給他們發飛行許可證。九月的第三個星期，當雅典城茂密的樹木開始變成秋天的顏色，他們在俄亥俄大學的高布賴斯教堂（Galbreath Chapel）舉辦了結婚儀式。為了決定結婚的日期，我們仔細研究了幾年的記錄，確定雅典城秋天最美麗的時刻。城中的牧師和華偉在匹茲堡浸會教堂時相識的保羅牧師，一起主持了雪麗的結婚儀式。

雪麗和傑先後搬到不同的城市居住，先去了雪麗工作的北卡羅尼納州（North Carolina），而後又去了可哥海灘（Cocoa Beach）和卡納維拉爾角（Cape Canaveral）附近的洛克萊治城（Rockledge）。雪麗做過教育專案經理、教師、還做過媒體助理，她目前的職位是佈雷瓦德城選舉辦公室（Brevard County Elections Office）的總協調。她愛好擊劍。現在，他們全家迷上了懸掛式滑傘和跳傘。雪麗和傑有兩個孩子，女兒克瑞斯汀是註冊護士，兒子凱爾（Kyle）在佛羅里達大學讀書。

詹姆斯 （James）

詹姆斯（書怡）出生在匹茲堡，他從小就比同齡的孩子高大、健壯。在我們小丘街區（Hill District）的公寓裏，他整天在水泥地上跑來跑去，劈劈啪啪的腳步聲最讓樓下的鄰居頭疼，據說聽起來簡直像打雷一般。他九個月學會走路，從此總是一刻不停地走。詹姆斯繼承了華偉的黑頭髮，但十幾歲的時候，有一次去剪髮，理髮師問：「你的黑頭髮裏怎麼會有銅黃色的髮絲哪？」他回答說：「噢，那應該是我媽媽遺傳的。」

我們到泰國時，詹姆斯六歲，潘穆拉四歲，愛德華三歲，查理斯兩歲。詹姆斯在泰國上國際學校，參加了足球隊，是不錯的小隊員。他後來在美國科羅拉多州科林斯堡讀萊斯高中，在俄亥俄州雅

典城讀雅典高中時，都是學校足球隊著名的得分手。

我們回到科羅拉多的科林斯堡時，詹姆斯已經長成一個大男孩，可以在洛磯山的雪原上盡享滑雪的樂趣。後來我們全家還在洛磯山脈中的銅山（Copper Mountain）安排了一次滑雪聚會。

詹姆斯很小就表現出成熟和擔當，十四歲時就在一家中國餐館打工，後來他和姐姐雪麗又一起在購物中心的乳酪專賣店作兼職。我們搬到雅典城之後，因為雪麗不開車，他還當起了家庭司機。為了讓孩子們讀俄亥俄大學時選擇住在家裏，華偉和我還用了點誘餌，答應他們如果在家裏住，可以送給每個人一輛車。雪麗沒有得到她的車，因為她直到大學畢業時才拿到駕照，那時候她已經二十一歲了。我們給詹姆斯買了一輛日本製造的豐田車，他畢業之後在通用汽車公司申請到一個兩年的實習工作機會。通用公司的停車場上是清一色的美國車，他開日本車覺得格外不舒服。有一天，出了一個意外，一輛裝滿金屬管子的貨車倒車，沒有看到後面詹姆斯的車，車尾撞上他的車頭，貨車上的管道滾落下來，砸在副駕駛的位置上。詹姆斯個子高，費了好大的勁兒才逃脫了，從此他再不要日本車了。我們都開玩笑說，詹姆斯運氣挺好，在厭倦了開日本車的時候，有人意外為他清除障礙。

詹姆斯還記得我們在另外一次意外中逃生的經歷，那是在科羅拉多的時候，我們去梅薩山韋德（Mesa Verde）一個被稱為阿納薩斯（Anasazi）的美洲印第安部落遺址，那裏有堅固的多層的建築，外面是峽谷岩石牆，它們建在海邊八千五百七十二英尺的地方，俯瞰猶他州、科羅拉多州和亞利桑那三個州，是當地最有特色的旅遊景觀。

那是復活節的星期天，天近黃昏，我們從大下坡的山路上開車下來，突然聽到一個輪胎格格作響，沒有地方停車，旁邊也沒有其他的車經過，路旁甚至連護欄都沒有，非常危險。華偉不能停車，沒有別的辦法，只能繼續向前開。簡直不敢相信，當接近山腳的地方，居然有一家修車店，更不可思議的是，這家店居然在復活節還開張營業，店老闆也在。他告訴我們，剛剛發生的一切實在太危

險了，我們非常幸運，因為實際的情況是輪胎的螺絲鬆了，輪圈也彎了，輪胎隨時有可能掉下來，那我們就沒命了，這比輪胎爆胎要危險得多！他後來開車帶華偉去買了新的輪胎和輪圈，等他們回來後，店老闆幫忙收拾好了一切，華偉付錢給他，他卻分文不取，孩子們一直記著那位善良的店主人，還有那一天的經歷。

在通用汽車工作之後，詹姆斯又在哈菲自行車（Huffy Bicycle）公司工作了十年，其中有四年的時間負責全球市場，有六年不斷地往返亞洲。他在哈菲自行車公司遇到了妻子麗莎（Lisa）。他們的兒子克裏斯特夫（Christopher）出生在俄亥俄州的戴頓城（Dayton，Ohio），他們一家還在科羅拉多州生活過四年的時間，他們的兒子泰勒（Tyler）和奧斯丁（Austin）都是在科羅拉多出生。

現在詹姆斯有了他自己的諮詢和培訓公司，簡潔QuE（Simple QuE），全家人住在俄亥俄州的維斯塔維爾城（Westerville, Ohio），麗莎在奧特本大學（Otterbein University）工作，擔任校長助理。

潘穆拉（Pamela）

六個孩子中，潘穆拉（書芬）長相最像華偉，出生時一頭濃密的黑髮，她堅定執著的性情和熱愛工作的態度也是華偉的翻版。潘穆拉出生時，由於醫生的差誤，我不能站著或坐著超過一個半小時，這樣，抱她的時間很少，她很獨立，甚至很快就學會了自己拿著奶瓶。

潘穆拉蹣跚學步時，我的母親經常看見她獨自坐在樹幹上，而其他的孩子都在樹底下玩鬧，我母親說，潘穆拉像是一隻獨立的小鳥，已經準備著自己起飛了。

果然，她高中畢業後就飛走了，高中時期，她是個全能運動健將，壘球、排球和田徑樣樣出色，她為自己贏得了印第安那州印第安那大學布魯明頓校區（Indiana University in Bloomington, Indiana）的獎學金，包括體育專長獎學金和學業優秀獎學金，是出

色的「全面手」。她的球隊在全美國的比賽中奪冠，我們全家去看她比賽，為她驕傲。大學畢業以後，她留在運動隊擔任助理教練，後來被愛荷華大學運動隊請去做助理教練。在此期間，潘穆拉在愛荷華大學讀完了理療碩士的學位。

潘穆拉和她的伴侶——柏絲·伯格林（Beth Beglin），在愛荷華州愛荷華城的城郊建造了一幢房子，全部由她們自己設計，內部有健身房，地下室裏還有一個游泳池，其他設置也都完全按照她們需要和想像的樣子。柏絲也熱衷於運動，曾經作為美國曲棍球國家隊的隊員，三次參加奧林匹克運動會。退役後成為曲棍球美國奧林匹克隊的助理教練，後來又在法學院完成了法律學位，成為起訴法官。

一個不尋常的吉兆是在我們全家聚會為她們慶祝的幾個星期之前，她們的房子前面曾經出現過兩條半圓形的彩虹，這樣的情景非常少見。而就在全家聚會的當天，黃昏時分，兩條彩虹再一次出現，華偉為潘穆拉和柏絲拍了一張合影，她們身後是新建起來的房子，兩條巨大的彩虹橫臥她們房頂的天空。

愛德華（Edward）

愛德華（書真）出生在賓夕法尼亞州愛丁堡城南部二十英里的的伊利鎮（Erie, Pennsylvania）。每次到托兒所接他，即使在窗外，我也能從一群孩子中一眼找到他，因為愛德華長得跟我一模一樣，而且在氣質上也非常像我。

他最早的教育來自於我，那時候我們在泰國，潘穆拉去了閃爍星星（Twinkle Star Kindergarten）幼稚園，在我們住處的兩個街區之外。等愛德華到了上幼稚園的年齡，校長問我願不願意到幼稚園教課，我高興地答應下來，我在美國基地購物中心買來的書和學習資料甚至比幼稚園還要多，對幼稚園的孩子們大有幫助。我在閃爍星星幼稚園教了兩年書，直到羅伯特出生。

回到科林斯堡時，愛德華已經十一歲了，他還記得在那裏度過的第一個美國國慶日。孩子們重返美國非常興奮，與周邊的鄰居們

組織了別出心裁的遊行。他們把自己的自行車和小弟弟羅伯特的推車裝飾起來，用紅、白、藍三色寫著「回到美國真高興！」。城市裏的人聚集到公園，我們全家人也在其中，感覺親切和溫暖。公園裏舉行燒烤晚會，有樂團演奏，天剛黑，國慶日的煙花就開始滿天開放，我們有幾年的時間沒看過七月四日國慶日的煙花了。

搬到俄亥俄州雅典城之後，有一次，牙醫給他治療，需要輕度麻醉，他卻發現自己離開了自己的身體，升到了診室的天花板上，向下可以看見自己正坐在牙椅上，醫生就在旁邊忙碌。愛德華的特殊經歷讓我們全家對人的身體有了新的思考。

愛德華喜歡音樂和藝術，他記得在泰國時，我從美國基地購物中心買來鋼琴，孩子們圍著鋼琴，我彈琴，他們一起唱歌。從高中起，愛德華就一直參加學校的合唱團。愛德華在俄亥俄大學讀完了室內設計和電腦設計學位，後來又在俄亥俄州的邁阿密大學（Miami University，Ohio）完成了建築學的碩士學位，在那裏他遇到了艾米（Amy），艾米學習職業治療，兩人相愛。

艾米來自威斯康辛州（Wisconsin），畢業之後，愛德華與艾米結婚，他們一起搬到威斯康辛州。婚禮在綠海灣（Green Bay）舉行，艾米的家住在那裏。我們全家人都飛到綠海灣，參加了愛德華的婚禮，愛德華成為了艾米他們大家族的一員，我們都替他感到幸福，更有意思的是，艾米的姐姐嫁給了愛德華最好的一個朋友，愛德華在綠海灣不用擔心缺少朋友。

現在，愛德華是室內設計師並擁有自己的設計公司——安塔斯設計公司（ENTASIS DESIGNS, Inc.），最近他正與施耐德公司（Schneider National）簽約合作，並在威斯康辛大學斯蒂文斯點分校（University of Wisconsin, Stevens Point）兼職教授室內設計的課程。愛德華和艾米有兩個女兒，漢娜（Hannah）和伊莉莎（Ellisa），每次我們全家聚會，他們趕過來的路程都是最遠的。

查理斯（Charles）

查理斯（書千）和愛德華一樣，出生在賓夕法尼亞州的伊利鎮

（Erie, Pennsylvania），他出生時臉上帶著笑，註定他天性快樂而有幽默感。離開愛丁堡鎮之前，華偉的父母親曾經和我們全家在一起生活了幾個月，蹣跚學步的查理斯總會在吃晚飯之前，跑到爺爺奶奶房間，抓著他們的手去吃晚飯，兩位老人家都特別喜歡他。

　　全家去泰國時，查理斯兩歲，像曼谷那樣的旅遊城市，到處是遊客，人來人往，我們出門時，經常給每個孩子穿上一模一樣的紅色短衫，在人流裏很容易一眼看到他們中的任何一個。這個辦法不錯，有一次還幫了大忙。那是個週末，我們逛週末的農貿市場，查理斯突然不見了，華偉和我頓時急成一團。市場上的泰國小販看到我們著急地帶著一群紅衫小孩子跑來跑去，都猜到發生了什麼，一位店主告訴說，剛剛看到一個穿同樣衣服的小男孩跑過去，按照他說的方向，好幾家店主，一位接著一位地告訴我們查理斯的去向，直到我們找到他。

　　我們住在雅典城的時候，查理斯還遇到過一件奇跡般偶然的事情，好像證明了一句話：「好好照顧陌生人，因為你照顧的有可能是沒有顯身的天使。」

　　那是一個週末，華偉請一位紐約的中國圖書館員到我們家共度週末，她來之前打電話問能不能帶她的女兒和女婿一起來，我們說當然沒問題。週末，紐約的客人來到家裏，我們正坐在客廳裏聊天，查理斯回來了，他當時正做著一份送報紙的兼職工作，剛好途經家門口，回家休息一下。查理斯看起來非常疲憊，出了很多汗。中國圖書館員的女婿是從事醫學研究的，他看著查理斯說：「這段時間我一直研究甲狀腺功能亢進症（hyperthyroidism），也許有點過分敏感了，不過，我確實覺得您的兒子很像得了甲狀腺功能亢進症，有必要馬上去看看醫生，明天我可以陪你們去。」他說對了，查理斯的老師前段時間就提醒我們說，他好像什麼地方有點不對，我們帶他去看了雅典城裏的醫生，但醫生說，沒什麼，查理斯雖然非常瘦，但他的健康沒有問題，瘦總比胖好。原來查理斯得了甲狀腺功能亢進症，多虧這位來自紐約的陌生人，他像天使一般，直接飛進了我們的客廳。

雖然身體情況不夠好，查理斯還是參加了高中的橄欖球隊，打「魔鬼後衛」（Monster Back）的位置，他的任務就是干擾對方中鋒的投球。查理斯打得非常好，大概因為他的視覺與眾不同，他眼睛看到的任何東西都好像是慢動作，這樣一來他的身體可以做出更準確的反應，快速地跑向對方中鋒，干擾他的投球。另外，在參加賽跑時，他很有耐力，而且有後勁，知道如何減少體能消耗，跑到終點。

查理斯在俄亥俄大學完成了工商企業管理的本科學位，然後獲得了喬治華盛頓大學（George Washington University）工商管理碩士的學位。他在真實軟體（True Software）公司工作了五年的時間，開發和設計了一個千禧年安全資料轉換的電腦系統。在過去的八年裏，他在一家叫做「黑板」（Blackboard）的公司工作，擔任高級經理和提供解決方案的工程師，專門從事網路遠端教育專案（online educational systems）。查理斯的太太是傅爾布萊特和嘉維斯基律師事務所（Fulbright and Jaworski Law Firm）的高級律師，他們都在華盛頓工作，住在附近馬里蘭的波托麥克鎮（Potomac, Maryland）。他們有一兒一女，女兒叫麥迪森（Madison），兒子叫歐文（Owen）。

羅伯特（Robert）

羅伯特（書泰）出生在泰國的美軍基地第五醫院（the U.S. Fifth Army Field Hospital），比查理斯還年幼了五歲，哥哥姐姐們都寵愛寶貝弟弟，他於是成了每個人的小寶貝。回到科林斯堡時，羅伯特四歲，他只在科林斯堡上了一年學，就隨我們搬到雅典城。他的所有教育都是在雅典城完成的。

雅典城很多人包括學生都知道羅伯特，因為他曾經在橄欖球比賽中受過一次重傷。不幸的是，第一場就有一位隊員受傷，等在賽場外的救護車送他去醫院急救，羅伯特受傷後，只能在又冷又硬的地上躺了半個多小時，等待人們給他找到另一輛救護車。當時，羅伯特的雙腿已經完全失去知覺，他與對方球員頭對頭撞在一起，頭

盔撞頭盔的衝撞力太大，傷到脊椎，傷情十分嚴重，所有的人都擔心他，但沒人敢移動他。

　　當時我們正在三小時車程之外的戴頓城參加一個婚禮，本來計畫在那裏住一個晚上，臨時改變計畫提前返回，途徑橄欖球場時，已經是夜裏十一點了，球場仍然燈火通明，比賽居然還在繼續。我們停車進了球場。很多人爭著問我們：「羅伯特怎麼樣了？」我們馬上感覺到事情嚴重。趕緊問「誰能告訴我們，到底發生了什麼？」終於見到了教練，他只是對我們說：「羅伯特受傷了，已經送去醫院，現在你們還是趕緊去醫院吧，開車別太快，當心你們自己不要出車禍！」這麼嚴重的事，他竟然只對我們說了這些！我記得自己昏昏沉沉地走進歐伯萊斯醫院（O'Blenese Hospital）。

　　也許是「神靈護佑」的又一個奇跡，當我們趕到時，羅伯特的雙腿已經可以移動，他的骨頭只是受了傷，但並不嚴重。那次意外結束了羅伯特的橄欖球生涯。他開始專心學習並開始成為學校辦的報紙的編輯。大學畢業時，羅伯特是榮譽畢業生，同學們推選他在畢業式上代表大家發言，這也許是羅伯特退出橄欖球隊的又一個收穫。

　　羅伯特在俄亥俄大學獲得了雙學士學位，工商管理學士和新聞學士，然後他作為交換學生到臺灣逢甲大學（Feng Chia University）教了一年英文。此後不久，他又完成了運動管理的碩士學位。

　　羅伯特覺得最幸運的是：他在科羅拉多泉城的奧林匹克訓練中心（Olympic Training Center in Colorado Springs, Colorado.）做實習，他住在詹姆斯和麗莎家，每天從丹佛開車往返泉城。他碩士研究生畢業實習在丹佛野馬隊（Denver Broncos），那是國家級的職業橄欖球隊，羅伯特負責公共關係、比賽轉播、還做了助理導演，協助影像拍攝。實習的經驗使得他順利地在另一家國家級橄欖球隊——紐奧爾良聖徒隊（New Orleans Saints）找到第一份工作。

　　羅伯特一直對自己的中國血統有興趣，後來讀了格文‧曼則斯（Gavin Menzies）寫的關於鄭和的書《一四二一：中國發現美洲大陸之年》，留下深刻印象，並希望更多瞭解鄭和，瞭解中國。

羅伯特住在俄亥俄州的維斯特維爾（Westerville, Ohio），差不多是詹姆斯和麗莎的鄰居，兩家距離只有三英里，與他的堂哥斯蒂文·李（Steven Lee）和堂表姐王晴也住得很近。王晴曾經在雅典城跟我們住過一段時間，晴來自中國大陸的北京，她在俄亥俄大學讀完電腦碩士學位，現在全美保險公司（Nationwide Insurance Company）工作，她的丈夫楊志剛在哥倫布斯經營著一家傢俱店。斯蒂文來自臺灣，他在雅典城上的高中，後來到辛西那提大學（University of Cincinnati）讀本科，之後在俄亥俄州立大學（Ohio State University）完成了牙科博士學位。他的牙科診所就開在俄亥俄州的首府哥倫布斯市，他的妻子凱莉（Kelly）是臺灣人。

現在，羅伯特在哥倫布斯學院（Columbus Academy）擔任宣傳部門的經理，那是一所著名的私立學校，設有從幼稚園到高中的全部課程，它同時也是美國最早教授中文的學校之一，從中國邀請教師，並把他們的學生派往中國。羅伯特的妻子卡拉（Cara）是俄亥俄州政府托兒所監管部（Child Care Enforcements Administrator for the State Government of Ohio）的負責人，監管州內所有的托兒所（Day Care Centers）符合相關法律規定。他們有兩個兒子，賽斯（Seth）和埃維瑞（Avery），賽斯已經開始學習中文，他總是驕傲地說他的爺爺是中國人，他的爸爸和他也是中國人。

我們的退休生活

二〇〇八年，華偉第二次退休，這是我們全家人最高興的事，二〇〇五年他在美國國會圖書館工作時，雪麗幫我在距離她住處不遠的傑克森維爾（Jacksonville），找到了我們退休養老的地方——柏山莊（Cypress Village）。那是傑克森維爾最好的退休社區，緊鄰海灘，旁邊就是全美國醫療設施最好的梅奧醫院（Mayo Clinic），華偉看過以後也贊同我們的選擇，於是我們在柏山莊買了一套不大的房子。

結果證明，靠近梅奧醫院是最好的選擇，華偉有嚴重的心臟病，並在梅奧醫院接受了心臟搭橋手術，全美國最頂級的專家為

他做了手術。身體恢復之後，華偉馬上又接受了美國伊利諾伊大學香檳厄巴納校區（University of Illinois at Urbana-Champaign）的邀請，擔任了中美圖書館館員專業交流專案（China-US Librarian Collaboration Project）的美方評審員。從二〇〇九年五月培訓項目開始，華偉每年往返中國兩、三次，和美國的專家團隊一起到中國很多地方，為中國圖書館館員舉辦研討會和培訓。雖然是一份兼職的工作，華偉花費了大量的時間做評估，分析培訓反饋，寫評審報告。另外，他還幫忙組織了幾個在中國大陸和臺灣舉辦的圖書館國際會議，以及二〇〇九年九月的第五屆中美圖書館合作會議。我知道，他永遠都不會退休。

華偉今年[3]過了他的八十歲生日，他仍然精力充沛。華偉很幸福，我們全家也很幸福。好像沒有什麼能夠使他減速，除了忙於工作，華偉一直是一個好父親，好丈夫，他有忙不完的事情，我們都非常愛他。當我們看望最小的孫子埃維瑞的時候，如果他看到華偉又坐到電腦旁邊，他的爸爸媽媽就教會他喊：「爺爺，不要工作！」

---

[3]　編注：二〇一一年。

第二十六章　兒女家書

雪麗的信

我的父母親一直是我生命中積極的力量，順利的時候他們鼓勵我加速，艱難的時候他們用愛支持我度過難關。

毫不奇怪，我從父母親身上學到的眾多人生課程中，最重要的一課是熱愛和珍惜家庭。我是六個孩子中最大的，我看到他們為養育一個大家庭所付出的忠誠、時間和愛，而且我們的家庭因為不斷有表兄妹、堂兄妹、親戚和留學生的加入而變得更大。我們經常要共用浴室、臥房，準備大份的食物，我們大家庭的成員都很愛吃！

我和最小的弟弟相差十二歲，中間還有四個弟弟妹妹，因此我也幫忙照顧了他們，給他們穿衣服、餵他們吃飯，帶他們一起長大。我們全都盡力幫助媽媽，她經營起我們這個大家庭。大家庭的好處是大家可以一起玩或者廝守在一塊，直到今天，聚在一起的時候，我們還喜歡打牌和遊戲，現在我們的孩子也加入進來，非常有趣！大家聚在一起的節日真是太美妙了！當然，這變得越來越不太容易，因為我們各自住在不同的州。

父親喜歡帶我們旅行，探索世界，接觸其他文化。這樣的經歷，以及和父母親在他們的人生中所樹立的榜樣，讓我們學會了開放和接受不同的價值觀、宗教和生活方式。也體會到了拍照片的重要性，無論去那裏，無論什麼場合，父親都一定帶著他的照相機，這麼多年，總有上千次了！小時候在每個地方，每個旅遊點停下來拍照，並不令人喜歡，而現在，長大成人之後，我們開始感激父

第二十六章　兒女家書
403

親，照片上都是值得珍藏的記憶。現在的家庭聚會經常有五、六個相機一起按快門，拍照成了我們李家的傳統之一。

通過各種途徑接觸到中國的歷史、語言、文化和食物，我們有機會理解文化的傳承和內涵。雖然出生在美國，我們每個人都有中文名字，因為父親是圖書館員，每個孩子的名字都與書有關。母親愛讀書，也保證了我們每個人都花大量時間閱讀，或者到圖書館，跟書在一起。

一九八六年，我和父母親一起到中國，有機會更多地暸解父親的童年時代，我們先後去了九個城鎮，那是一次神奇的體驗，中國數千年的歷史和文化讓我覺得，擁有一半的中國血統，做我父親的女兒，永遠令我驕傲。

詹姆斯的信

我十三歲的時候就已經環球旅行了四次，梵蒂岡（the Vatican）、帕台農神廟（the Parthenon）、泰姬陵（the Taj Mahal）還有其他聞名於世的奇觀。我的企業家精神地來源於我的父親，以及這些旅遊的經歷。

這樣說，是因為我是一個不折不扣的「旅行蟲」，在跨國旅行的工作經歷中，我遇到多位有影響力的企業家，他們大多數是中國人。看到企業家們創業並建造自己的商業王國，我也希望創建自己的企業，直到二〇〇一年，我終於有了這樣的機會。

我們全家也曾經討論過一起做一個家族企業，但母親一直反對，因為她看到了家族企業消極的一面，很多家庭因此而導致矛盾甚至分裂，她決不願意為此付出任何風險，哪怕只是一點點兒。

我一直被自己設立的目標引領和驅動。二十五歲時，我為自己設定目標，十年後成為公司副總裁，雖然沒有實現，但在三十五歲時，我成為愛默生電子公司（Emerson Electric）的經理。四十歲的時候，我成為雄鷹註冊公司（Eagle Registrations）的副總裁，那是一家規模不大的公司，我同時也投資建立了另外一家小公司——尖端公司（ACLASS Corporation）。四十一歲時，我成為雄鷹註冊公

司的總裁。四十三歲時，我把尖端公司賣給了全美ANSI-ASQ信譽認可委員會（ANSI-ASQ National Accreditation Board）。此後創立了自己的諮詢和培訓公司——簡稱QuE公司，到現在已經有六年的時間了。

勤奮工作是企業家和他的家庭的理念，家庭支援是企業家最需要的，因為經常有這樣的時候，家庭和工作出現嚴重失衡。如果沒有太太麗莎的支持，我不可能承擔風險，做我想做的事情。為了保證企業的現金流，維持家庭生活品質，麗莎和我把新房子和新車都賣掉了，我們願意承擔這些風險。二○○九年經濟衰退，麗莎甚至重新開始全職的工作，以便可以得到全家的醫療保險和部分日常收入。

能夠成為企業家，我有幾個特質來自於我的父親：「旅行蟲」、勤奮盡職地工作、友好的個性。從母親那裏我得到了：追求你想要的、珍惜家庭。

潘穆拉的信

我愛我的父親。去泰國，假期去環球旅行，那都是我們童年時候最美好的記憶。我們都有機會追求自己最熱愛的，對我來說就是運動，我天生喜歡競爭。我父親也喜歡運動，他擅長籃球。他和我們兄妹幾個跟鄰居的孩子比賽，大家興奮地稱之為「奧林匹克運動會」，李家隊就是中國隊，所有能想像得出來的運動，我們都相互競賽。

從童年起，我就得到了父母親最大的支援，可以從事自己喜歡的任何運動，我還記得，在一次去臺灣的旅行中，父親特意安排我們拜訪了臺灣女子籃球隊。

全家回到科羅拉多後，壘球變成了我喜歡和熱衷的運動，我參加了科羅拉多牛仔隊（Colorado Buckaroos），父母親全力支持我去美國各地參加比賽，這段特殊的經歷成為我後來取得壘球運動獎學金進入印第安那大學（Indiana University）的門票。

在雅典城讀高中時，我參加排球隊、籃球隊、壘球隊、還有田

徑隊，四年當中得了十四塊獎牌。正像我所說的，李家的孩子都爭著在學校活動和學業上做最棒的，毫無疑問我們都是最優秀的。我畢業時在所有學生中排名前百分之十，因而同時拿到學術獎學金和運動獎學金，以一個「全能手」的資格進入印第安那大學（Indiana University）。

家裏的每個孩子都可以享受俄亥俄大學提供的免學費獎學金，我們兄弟姐妹中，只有我沒在俄亥俄大學讀書，我之所以做出這樣選擇，是因為要繼續自己的壘球夢想，同時在學業上更進一步。雖然要額外花費家裏一大筆錢，父母親還是一如既往地支持我，他們對我說，他們會盡全部力量給我所需要的一切，實現自己的夢想。任何語言都不足以表達我對父母親的感激之情。

要做好任何一件事情都必須付出長時間的努力，追求完美是我們李家所有孩子從父母親身上學到的最有價值的品質。我們看到父親怎樣勤奮工作，辛苦賺錢，養育全家。最初到美國時，他身無分文，英語也說不好，到後來獲得兩個碩士學位和一個博士學位。他在圖書館行業做到了最卓越，他的經歷簡直不可思議。母親教會我們抓住生命中任何受教育的機會，並得到自己所需要的。從他們身上學到的東西成為我成就自己的最好養料。

現在，我在愛荷華大學的附屬醫院擔任物理治療師，我一直喜歡美譽我的父親，做他的女兒我感到驕傲。

愛德華的信

父親在他的一生中給予家庭太多的東西，一直令我們感激不盡。他盡可能帶給我們特殊的機會和經歷，他用自己的成就和榮譽鼓勵我們，他的個性在潛移默化中給予我們深刻的影響。對我來說，父親給予我最有價值的禮物莫過於熱愛教學以及終身學習。毫無疑問，我們六個孩子都受到父親在學術方面不斷追求的影響，我們每個人都取得了至少一個本科學位，都讀了碩士學位。

我的學生們有時問我，作為好的設計師，最重要的是什麼？我相信，要成為優秀的設計師，首先必須是一個「全面」的人，有藝

術才華，同時也掌握科技技能。不過，優秀的設計師還應該擁有豐富的經歷和廣泛的興趣。所以，我告訴學生們說，他們應該大量閱讀、與人交往、旅遊、學習，感受生命提供的任何體驗。我感激父親用他的人生，為我提供了學習、感受和成長的機會，他同時也為我能夠成為「全面」的人，好的設計師和教育者，準備了堅實的基礎。美國詩人奧利弗·溫德爾·霍姆斯（Oliver Wendell Holmes）說過：「頭腦一旦被新的觀念改變了形狀，就永遠不會再回到它原本的樣子。」我們去了那麼多的國家，觀察和體會到不同的文化，還有父親自身的生活經歷、職業特質和學術追求，都是我們的特殊感受，改變了我們頭腦原本的形狀。

我後來進入設計領域是受到了早年全家在亞洲和歐洲旅遊的影響，我周邊認識的人當中，幾乎沒有人，登上過古希臘阿波羅神廟遺址（the Acropolis in Athens, Greece）；參加一九七〇年日本大阪的世界博覽會（the 1970 World Expo in Osaka, Japan）；或是親眼看到印度孟買（Bombay, India）令人絕望的生存狀況。當你面對羅馬鬥獸場（Colosseum in Rome），或柬埔寨的吳哥寺廟群（temple complex of Angkor Wat），怎麼可能不被它們的巍峨和滄桑震撼？當你凝視這些人類建築的奇跡，怎麼能夠不對創造它的文化充滿好奇和敬仰？我的朋友和同學們在建築和歷史課上看到這些建築的幻燈演示，而他們當中沒有人曾經像我一樣身臨其境。

在泰國曼谷的七年是最難忘、最美妙的生活經歷，也使得到亞洲和歐洲國家旅遊成為可能。我們全部沉浸在異國的文化和風俗當中，讓我有了更獨特的角度理解文化的多元化。目前，我們的教育機構開始關注和強調多元文化的國際學生群體，我曾經在一個遙遠的東方國度，作為一個外國人，生活了七年，我最能夠設身處地地理解國際學生在美國學習所面臨的壓力和挑戰。

我父親人生中大部分時間都做行政管理，但他一直堅持從事教學和學術研究，他完成了三個學位，獲得了數不清的嘉獎和榮譽，他的成就在圖書館界獲得高度的認可，一直都是我們的驕傲。他自己是勤奮工作、追求完美和全心奉獻的再好不過的榜樣，給我深刻

的影響，並使得我最終成為今天的自己。我父親在學術上和職業上的成就令我自豪、敬愛和尊重，我一直以來都努力在學術和職業方面接近他達到的標準，為此越來越多地投入到大學本科的教學中，因為父親一直熱衷於教育，除了在圖書館行業，他還一直做教育系的教授，不把自己限制在一個行業中，這對我的職業選擇啟發良多，我與學生們分享我的知識和經驗，他們將是未來的設計師。我父親一直強調持續教育和終身學習的理念，我不僅贊同而且親身實踐，在成為一個優秀設計師的同時，不懈努力做成功的教育者。

我能夠成為今天的自己，要感激父親的引導和潤物無聲的影響，他所樹立的終生學習和教學的榜樣是我取之不盡的精神財富，我將繼續努力，做一個好的教師、好的設計師和我孩子們的好父親，希望我能夠影響我的孩子們，正如同我的父親給我的影響一樣。

查理斯的信

我從父親身上學到了太多的東西，他是一位堅守原則，以家庭為重，深愛孩子的父親，他對家庭和對孩子的承諾，都是從他每天的生活中表現出來。即使在第二次退休之後，他仍然沒有停止勤奮地工作，他有超乎尋常的領導力，用他的方式感染和引導身邊的人，在別人需要的時候，他總是慷慨給予，從不吝嗇。任何人都可以感受到他對工作的激情和對家人、朋友、同事的關愛和支持。他總有忙不完的事，這大概就是為什麼他一直沒有什麼其他愛好的原因。他熱愛工作和家庭，他的激情不斷感染和影響周圍的人，我就是其中之一，我一直為自己能夠受到一個偉大的男人的影響而驕傲，這位偉大的男人正是我的父親。

我從父親身上學到的人生重要功課：

1.找到你最熱愛的工作，工作就不會感覺到辛苦。

2.找到可以學習的榜樣。

3.慷慨待人，我喜歡他時常在郵件結尾處引用的溫斯頓·邱吉爾（Winston Churchill）的話：「我們所得到的東西只是為了生存，而我們所給予的東西才是生命意義之所在！」

羅伯特的信

童年時代最深的記憶，是家裏來來往往，像溪流一般從不間斷的客人們，他們經常會在家裏住上一段日子。雖然要養育六個孩子並負擔我們接受大學教育，但我的父母親仍然非常慷慨，歡迎其他的人住在我們家裏，成為我們大家庭的成員。

有些客人是來自父親家族的親戚，但大多數的客人不是。當然，所有這些客人都來自中國大陸或臺灣，希望到美國來求學，讓自己的生活變得好起來。他們此後的生活都發生了很多的變化，我們的家是他們在美國最初的落腳點。

作為家裏最小的孩子，我的出生成就了一個完整的家，哥哥姐姐們都親近我，疼愛我，當他們都漸漸長大，有了其他的興趣，最終離開家，去上學或者去上班的時候，我是最失落的一個，幸好此時不斷地有客人們來，並住在家裏，這些中國的留學生們，他們跟我一起遊戲、陪伴我，我越來越依戀他們，以至於在他們搬走之後，我時常想念他們。

多年之後，我開始明白父親為這些年輕的移民所做的一切，對他們意味著什麼。實際上，父親的幫助是他們在美國的起點，正如菲利斯奶奶當年為我父親所做的，當時父親是匹茲堡大學的外國留學生，他在那裏遇到媽媽，並開始了他的圖書館生涯。

這是我人生的重要一課，當別人對你慷慨給予的時候，你要傳遞下去，回報給其他的人。我的父親就是這麼做的，無論在他生活當中還是在職業上。我曾經有一年的時間在臺灣教英文，遇到了很多父親幫助過的人，直到那時我才知道我的父親是多麼受人尊重！

很遺憾，我一直沒有機會和父親一起到中國大陸旅行，我在哥倫布斯學院（Columbus Academy）工作，學校與中國合肥的一個學校有長期的交換項目，因而我明年也許會有機會與學校的老師們一起訪問中國。

希望我的兩個兒子——賽斯和埃維瑞，等他們長大到讀高中的年齡，可以參加學校與中國學校的交換項目。我最大的夢想是，在

我父親還能夠旅行的時候，我們一家人跟父親一起到中國旅行，也許很難成行，但我不放棄這個希望，因為那將是最不可想像的令人難忘的經歷。

後　記

　　完成李華偉博士的傳記，正是北京的秋天。窗外園子裏的樹木，已經開始準備秋天的顏色了，這讓我想起俄亥俄州的雅典城（Athens，Ohio），那個美麗而安靜的美國中部大學城，那裏的秋天跟北京一樣美。一九九三年，李博士在俄亥俄大學圖書館擔任院長級館長，我當時在俄大攻讀傳播與發展專業的（Communication and Development Studies）碩士學位和商學院MBA，並兼職擔任李博士的學生助理。

　　傳記的寫作開始於二○○八年。當時，李博士從美國國會圖書館退休，仍然兼任了中美圖書館合作館員培訓項目的美方評審員，加上其他的會議，他每年要往返中美幾次，這使得我有機會詳細訪談和記錄了李博士的經歷，也完成了自己、以及多位敬重和感激李博士的俄大校友的心願。

　　這是一次幸福的寫作經歷。每天早晨送孩子上學之後，到去辦公室上班前的空檔，每個孩子入睡後的夜晚，都成為我最期盼和享受的時間。坐在電腦前，李博士的人生在眼前展開，我如同進入一段探索的旅程。他對人性的溫暖的信任，他的平和和堅定，他對職業的執著和勤力，他對家庭、親人和朋友的擔當，總會在不經意的瞬間，尖銳地打動我。在我看來，他的人生是如此之智慧，如此之平衡和豐盛，甚至超越了他在圖書館行業中的「成功」。

　　近些年，因為在中國中央電視臺新聞評論部和新聞中心工作，我採訪和接觸到社會各階層的人，包括政企要人、財富名流、城市

後記
411

平民、農民工、貧困母親和兒童等等，他們的行為方式、價值信仰和人生夢想構成我對當今中國社會的觀察，也引發了相關的關注和思考，我甚至又重新回到純真時代，開始不斷地問自己，究竟怎樣的人生最值得？在寫作過程中，我逐漸清晰地認識到，某一瞬間的輝煌和成功是令人驚喜的華彩，而生命更需要持續而平衡的節奏，它的品質要通過長度來實現，李博士人生的豐盛之處正在於——他擁有了執著淡定、寵辱不驚的「長度」。

在與李博士的交往中，我親身感受到他的勤勉敬業和誠懇待人。李博士總在忙，總要加班，工作好像是他唯一享受的事情。大概是一九九三年年底的一天，我因為加班，走得晚了一些，當我走進他的辦公室，居然發現他躺在地毯上，辦公桌上的文件都擺在地上，而他手裏正拿著文件審閱。那情景留給我的震驚是如此之深，至今都無法忘掉。他抱歉地笑一笑說，後背痛得厲害，躺著舒服些，還說很快要接受手術。以他一向的隱忍和紳士風度，我猜想他一定是背疼得忍不住了。我快速把文件交給他，等不及走出辦公室，已經忍不住眼淚。

和我一樣，雅典城的中國留學生和國內圖書館的培訓館員們，大多受益於李博士的熱忱相助。有時候，他對人的關心甚至毫不缺乏幽默感。還記得我在俄大校園裏遇到過一次意外，一大段乾枯的樹枝被風刮落，正打在我頭上，連額頭也砸傷了。李博士知道後，急忙囑咐我到學校醫院徹底檢查，還開玩笑地安慰我說，在校園裏被樹枝打中的機率跟中Lottery（彩票）的機率同樣低，被我遇到了，說不定是幸運，應該去買Lottery試試運氣。後來，他真的開車帶我去買Lottery，結果沒有中獎。他笑著說：「糟糕，運氣好像已經用完了，難怪中不了獎了！」

李博士經歷了不同的歷史年代，跨越東西方的文化，涵蓋不同的工作環境，他的生活軌跡中不停地與眾多的人物相遇，而圖書館是他的志向和興趣所在，他一直生活在圖書王國的心臟裏，透過他的經歷，我們也更多地瞭解了儲藏人類知識和智慧的圖書館，感受書籍殿堂的變遷往事。他的世界是海，浩大無邊，而我只能在寫作

的過程中，依據多方採訪和查閱資料，串聯和編織那些片段，完成一個算不上完整的架構，期間面對了很多心有餘力不足的掙扎，成為完稿後無法彌補的遺憾。唯一值得欣慰的是，自己做了一件幸福的事。

該書的完成得到了李博士、他的太太Mary和他們的兒女的幫助，中山大學圖書館程煥文館長也熱心協助了該書的寫作和出版，深圳公共圖書館吳晞館長、北京大學圖書館前館長莊守經先生，中國國家教育部董哲潛先生為此書作序，在此深表感謝。還有我的丈夫，他是俄亥俄大學的校友，是書稿的第一位讀者，我的兩個女兒一直用最好奇和焦急的方式等待書稿的完成，他們的支持和鼓勵使我一直保持了寫作的熱情和信心。另外，還要感謝一位學生時代的老朋友——甘琦，中國大陸第一家民營書店「萬聖書園」的創始人之一。她一直鼓勵我寫作，給我很多有價值的建議，她讓我重新發現自己內心深處寫作的欲望，並享受了寫作的美好過程。

附錄一：
李華偉博士五十年圖書館生涯大事記

二〇〇三~二〇〇八年，任職美國國會圖書館亞洲部主任。

在此期間李博士大力改革亞洲部。建立矩陣式組織管理體系；增添高素質館員；延長閱覽室開放時間；建立亞洲部之友會；擴大亞洲部收藏，其中中文書籍、期刊，數位化資料庫的採購和訂閱大量增加；實現館藏善本古籍數位化；整理亞洲部書庫；創立研究獎助金；建立亞美裔特藏；進一步擴大和改善亞洲部的國際合作。

應當時中國國家圖書館詹福瑞館長的請求，自二〇〇六年起，每年在國會圖書館辦為期一個月的高級培訓班，由國家圖書館選派十位館員參加。接受培訓的館員均為國家圖書館的精英，該項目大大促進了兩個國家圖書館間的交流與合作。

二〇〇七年，李博士參與中美兩國政府最高層次文化交流活動的規劃。美國總統的藝術人文委員會（U.S. President's Committee on the Art and the Humanities）[1][2] 應中國文化部之邀前往中國訪問。由國會圖書館館長詹姆斯·畢靈頓博士（Dr. James H. Billington）領隊。李博士代表畢靈頓館長，擔任部分聯絡及準備工作，包括後

---

[1] 筆者注:總統的藝術人文委員會成員包括美國的國家人文基金會主席，國家藝術基金會主席，國會圖書館館長，史密森尼學會（Smithsonian Institution）主席，國務卿，內政部部長，教育部部長，財政部部長，博物館與圖書館服務署署長等。

[2] 筆者注：史密森尼學會（Smithsonian Institution）是美國博物館和研究機構的集合組織。該組織包括十九座博物館、九座研究中心美術館和國家動物園以及一億三千六百五十萬億件藝術品和標本。是美國唯一一所由政府資助、半官方性質的博物館機構，擁有世界最大的博物館系統和研究聯合體。

來中國文化部的回訪。因為此次交流活動的成功,中美兩國政府,中國文化部與美國博物館與圖書館服務署(Institute of Museum and Library Services)在二〇〇八年十一月正式簽訂了「加強中美圖書館合作協議」。

根據伊利諾大學圖書館網站發佈的資訊:此協議名為「放眼全球,行諸全球」,伊利諾伊大學香檳厄本那分校下屬的亞洲圖書館為該專案執行單位,與摩藤森國際圖書館項目中心以及美國華人圖書館員協會和中國圖書館學會合作,完成兩年期的試點專案,從而增強中美圖書館員間的聯繫與交流,增強美國圖書館資訊和服務的多樣性。專案內容包括分別在美中兩國進行的培訓專案,以及開發一個向美國圖書館開放的有關中國資訊資源的門戶網站[3]。李博士此時已經退休,他被聘請為該專案的美方評審專家。

二〇〇九~二〇一〇年期間,美方先後 選派了六批共三十六人的專家團隊前往中國,在十三個省市舉辦圖書館員培訓班。參加培訓館員將近兩千兩百人。中國也先後選派了三批共三十二人的高級代表團前往美國參觀,學習,及交流。對促進中美圖書館界的合作和交流意義重大。因為雙方對試點專案感到滿意,決定延長一年,並考慮長期後續。

二〇〇〇~二〇〇三年,OCLC傑出訪問學者,亞太部顧問。

一九九九年底,李博士從俄亥俄大學退休後,二〇〇〇年初,聞名全球的OCLC聯網電腦圖書館中心聘請李博士為傑出的訪問學者。二〇〇一至二〇〇二年,請他擔任亞太部的顧問,借助李博士在亞洲的聲望和影響力推廣其亞洲業務。

二〇〇二年九月他以傅爾布萊特資深專家(Fulbright Senior Specialist)的身份前往泰國清邁大學(Chiangmai University)協助設計圖書館研究所課程。任務完成後,李博士與該系系主任Ratana Na-Lamphun教授合寫了一篇論文發表在 Information Development 雜

---

[3] http://www.library.illinois.edu/china/chinese/index.html

誌上[4]。

一九七八～一九九九年，任職俄亥俄大學（Ohio University）圖書館館長，後晉升為院長級館長。

一九八二年十二月，由加拿大國際發展研究中心的邀請，李博士作為外方專家，參加在中國的昆明舉辦的為期兩周的「情報中心管理」的培訓班。該培訓班由中國科技情報所（ISTIC China）和加拿大國際發展研究中心合辦，邀請六位專家，其中兩位是美籍華人，李博士是其中之一。另一位是伍斯特理工學院（Worcester Polytechnic Institute）電腦系系主任丁子錦（T. C. Ting）博士[5]。培訓班的成員包括中央部級，省級，及特別情報中心的主管。這是李博士在離開大陸三十三年後第一次回中國，他借此機會參觀了一些大學圖書館，瞭解了中國圖書館的發展，並開始與中國圖書館界建立起長久的友誼關係。

一九八二年後，李博士多次應邀回中國進行講學及參加學術會議，他多次在國家圖書館、中科院圖書館、北大、清華、北師大、南開、武漢等大學圖書館講學。有些是由聯合國發展基金資助。在世界銀行貸款的專案下，中國的教育部邀請李博士前往師範院校圖書館講學及指導，教育部條件裝備司圖書館處董哲潛處長曾多次親自陪同。

一九七九年，李博士在俄大設立國際圖書館員培訓項目，為發展中國家圖書館員提供培訓。早期受訓的館員大多來自印尼，馬來西亞，臺灣，泰國各地。一九八二年以後，來自中國圖書館員逐年增加。從一九八三年至一九九九年，來自中國各地的大學及研究圖書館的近一百七十五位館員接受培訓。北大圖書館先後派遣幾批

---

[4]　With Ratana Na-Lamphun, "Focusing on Information and Knowledge Management: Redesigning the Graduate Program of Library and Information Science at Chiang Mai University," «Information Development», V. 18 No.1 (March 2002), pp. 47-58.

[5]　«Management of Information Centres in China: Results of a course held in Kunming, Yunnan Province, People's Republic of China, 6-18 December 1982». Editor: K.P. Broadbent. (Ottawa, Ont., IDRC, 1984. 470 p.

館員到俄大接受培訓。北京郵電大學圖書館前館長馬自衛也作為訪問學者到俄大進行圖書館自動化研究，並完成《圖書情報自動化》一書[6]。華東師範大學刁維漢教授在俄大做訪問學者期間編著了《OCLC聯機與光碟編目概論》[7]。清華大學圖書館資深館員孫平也是訪問學者之一，回國後編寫了圖書館工具書《英漢圖書館情報學辭彙》[8]。

俄大圖書館與深圳圖書館和中科院武漢圖書館建立姐妹館的關係，進行館員交換。交流有助於深圳圖書館最終完成ILAS圖書館自動化集成系統的開發。ILAS系統標誌著中國圖書館真正意義上的自動化，成為文化部重點科技項目，在全球擁有四千多用戶[9]。

一九八七年，經過李博士和南開大學圖書館來新夏館長的協調和安排，促成中美大學圖書館館長集體互訪活動。一批俄亥俄州大學圖書館館長與天津市大學圖書館館長進行為期兩周的互訪，引起了美方館長對中國圖書館的興趣，促成了一系列合作項目。

在任職俄大圖書館館長期間，李博士組織了眾多大型國際會議，以促進圖書館新知識和經驗的交流，引進圖書館的新技術。其中中美圖書館合作會議，李博士擔任美方籌委會委員之一，負責籌畫及聯絡工作。是中美圖書館合作史上具有里程碑意義的國際合作會議。（詳見下文3，7，10，11，13）

1. 由俄亥俄大學與西安交通大學合辦的《圖書館新技術應用國際學術討論會》。一九九八年九月八至十一日在西安交大圖書館舉行[10]。

---

[6] 《圖書情報自動化》，馬自衛編著，李華偉審。北京郵電學院出版社，一九九三年，二九五頁。

[7] 《OCLC聯機與光碟編目概論》，刁維漢編著。上海：華東師範大學出版社，一九九九年，二二二頁。

[8] 《英漢圖書館情報學辭彙》，孫平編。李華偉審。北京：清華大學出版社，二〇〇六年，八二二頁。

[9] 〈ILAS20回顧與展望。ILAS二十周年技術研討會。2009年6月12日-14日。深圳〉。公共圖書館 2009/2. 第九頁。

[10] «International symposium on New Techniques and Applications in Libraries 圖書館新技術應用國際學術討論會. Xi'an, China Sept. 8-11, 1988.Sponsored by Xi'an Jiaotong University, P.R.C. and Ohio University, U.S.A.». Cooperated by Kanazawa Institute of Technology, Japan. Published by Xi'an Jiaotong University Press, 1988. 576 p.

2. 由中國科學院上海圖書館主辦的《資訊技術與資訊服務國際研討會》。一九九四年十月二十至二十四日在上海舉行。

3. 《第一屆中美圖書館合作會議——全球的資訊存取：挑戰和機會》。一九九六年八月二十一至二十三日在北京國家圖書館舉行[11]。

4. 由武漢大學及上海師範大學等合辦的《資訊資源與社會發展國際學術研討會》。一九九六年九月三至六日在武大圖書館舉行。

5. 為慶祝北大建校一百周年及新圖書館大樓落成所舉辦的《二十一世紀大學圖書館的新使命國際學術討論會》。一九九八年十月二十五至二十八日在北大圖書館舉行。

6. 《海外華人研究與文獻收藏機構國際合作會議》。二〇〇〇年三月二十四至二十五日在俄亥俄州雅典城俄亥俄大學舉行[12]。

7. 《第二屆中美圖書館合作會議——中美圖書館合作的戰略性政策方向》。二〇〇一年八月十一至十六日在紐約皇后區圖書館及華府美國國會圖書館舉行。

8. 由中國科學院文獻情報中心和國家科技圖書文獻中心合辦的《知識管理：圖書館的機遇與挑戰學術研討會》。二〇〇二年五月十九至二十二日在北京舉行[13]。

9. 由香港中文大學圖書館系統與美國俄亥俄大學圖書館合辦的《第二屆海外華人研究與文獻收藏機構國際合作會議——跨國網路：海外華人研究與文獻收藏面臨的挑戰》。二〇〇三年三月十三至十五日在香港中文大學舉行[14]。

---

[11] http://darkwing.uoregon.edu/ felsing/ala/first.html

[12] 《海外華人研究與文獻收藏機構國際合作會議》Papers and Abstracts. March 24-25, 2000. Ohio University, Athens, Ohio, U.S.A. Athens: Dr. You-Bao Shao Overseas Chinese Documentation and Research Center, 2000.294 p.

[13] 《知識管理：圖書館的機遇與挑戰學術研討會》論文集。二〇〇二年五月十九至二十二日。北京：中國科學院文獻情報中心和國家科技圖書文獻中心，二〇〇二年，一三六頁。

[14] The Second International Conference of Institutes & Libraries for Chinese Overseas Studies–Transnational Networks: Challenges in Research and Documentation of the

10. 《第三屆中美圖書館合作會議——數位時代的知識管理與服務》。二〇〇四年三月二十二至二十五日在上海圖書館舉行[15]。

11. 《第四屆中美圖書館合作會議——中美圖書館，博物館，和文獻檔案館之間 的合作》。二〇〇七年十月二十三至二十五日在哥倫布斯市（Columbus）OCLC總部舉行。

12. 由中國暨南大學與美國俄亥俄大學合辦的《第四屆海外華人研究與文獻收藏機構國際合作會議——互動與創新：多維視野下的華僑華人研究》。二〇〇九年五月九至十一日在廣州暨南大學舉行[16]。

13. 《第五屆中美圖書館合作會議——數字資源分享：機遇與挑戰》。二〇一〇年九月九至十一日在北京國家圖書館舉行[17]。

一九九六年正是在中國加入國際互聯網之後，積極籌畫中國教育科研網的建設。為引進世界上最重要的資訊，李博士幫助清華大學與美國最大的資訊機構——OCLC聯網電腦圖書館中心，簽訂了長期互惠的合作協定。李博士被稱為OCLC與清華大學聯姻的「紅娘」，並被當時海南大學圖書館徐國定館長讚譽為「中國圖書館界和資訊界全面走向網路化的牽線人之一，是中美乃至全世界資訊相通，心心相連的橋樑。」後來還在《書與人》雜誌上著文介紹說：「多年來，他奔走於海峽兩岸，教學，演講及參加各有關會議，宣揚圖書館經營的新理念。可以說，他是當今外籍華人中在這方面所

Chinese Overseas 《第二屆海外華人研究與文獻收藏機構國際合作會議——跨國網路：海外華人研究與文獻收藏面臨的挑戰》. 由香港中文大學圖書館系統暨美國Ohio大學圖書館合辦. Hong Kong: Chinese University of Hong Kong, 2003. 100 p.

[15] 《第三屆中美圖書館合作會議》The 3rd China-US Library Conference, March 22-25, 2005. Proceedings 論文集。Shanghai, China.上海，上海圖書館國際交流處。一七五頁。

[16] 《第四屆海外華人研究與文獻收藏機構國際合作會議——互動與創新：多維視野下的華僑華人研究》會議手冊。二〇〇九年五月九至十一日。廣州：暨南大學，二〇〇九年，六十七頁。

[17] 《第五屆中美圖書館合作會議》 The China-North America Library Conference 2010.9。論文集Conference Presentations. 北京，國家圖書館。一七二頁。

作的貢獻最大的一個。」[18]

　　一九八二年以後，李博士積極參與臺灣圖書館界的合作活動。經常回臺灣講學及參加圖書館會議，擔任圖書資訊學系所的評估及學術刊物的編輯工作等。在香港地區，李博士也與很多大學圖書館有緊密的來往。

　　李華偉博士經常應邀前往中國大陸和臺灣各地講學。在多所大學擔任訪問教授或客座教授，其中包括北京大學、北京師範大學、北京郵電大學、西安交通大學、南開大學、湖南醫大、武漢大學、四川大學、東北師範大學、天津理工學院等。中國科學院武漢文獻資訊中心及蘭州文獻資訊中心也聘請他擔任學術顧問。中國的國家圖書館、中國科學院圖書館、清華大學圖書館、深圳圖書館、浙江圖書館、及臺灣的國立中央圖書館也禮聘他擔任顧問。中國圖書館學會在二〇〇五年的年會上授予他終身名譽會員的稱號。

　　李華偉博士是極少數在美國大學圖書館擔任總館館長的華人之一。因為貢獻卓越，退休時，俄大董事會破例將新建的圖書館分館命名為「李華偉圖書館分館」。為表彰他在發展國際合作，促進圖書館藏書全球化方面的貢獻，將總館的第一層樓重新裝修，命名為「李華偉國際藏書中心」。這在美國圖書館界是罕見的榮譽。

　　李華偉博士擔任過美國圖書館學會理事、國際關係委員會亞洲太平洋地區小組主席、俄亥俄州圖書館學會理事、美國華美圖書館員學會會長及理事、OCLC會員代表大會俄州代表、國際圖聯大學及研究圖書館委員會委員等職務。因為成就卓越，李博士得到很多嘉獎，其中主要包括：俄亥俄大學最傑出行政人員獎（一九八二年）、華美圖書館員學會傑出服務獎（一九八三年）、俄亥俄州最傑出圖書館員獎（一九八七年）、臺灣中國圖書館學會傑出貢獻獎（一九八九年）、美中華人學術及專業學會傑出服務獎（一九九一年）、美國圖書館學會國際關係卓越貢獻獎（一九九一年）、亞美及太平洋地區圖書館員學會傑出服務獎（一九九一年）、美國新聞

---

[18] 徐國定〈經緯樞紐，美華橋樑——李華偉博士印象〉。《書與人》（Books & People）.1997 (5).一五二～一五五頁。

署傑出服務獎（一九九二年）、美國圖書館學會傑出理事獎（一九九二年）、俄亥俄圖書及資訊網感謝狀（一九九三年）等。此外，《世界名人傳》、《美國名人傳》、《美國教育界名人傳》等年鑑也陸續登載了李博士的業績。

李博士兼顧行政管理和學術研究，發表過一百多篇文章，出版了六本著作，編過三本會議錄及先後擔任了七種學術期刊的編輯委員。他的著作包括《圖書館學的世界觀》（一九九一年，臺灣學生書局出版)、《九十年代圖書館的籌款指引》（與格林‧漢博士合著，一九九二年，美國堅拉威公司出版）、《現代化圖書館管理》（一九九六年，臺灣三民書局出版）、《OCLC聯機與光碟編目概論》（與刁維漢、王行仁合著，一九九九年，上海華東師範大學出版社出版）、《知識管理：理論與實踐》（與董小英、左美雲合著，二○○二年，北京華芝出版社出版）、及《李華偉文集 Collected Works of Hwa-Wei Lee》（二○一一年，廣州中山大學出版社出版，上，下卷，共一五六五頁）。

在俄大圖書館館長任內，李博士通過優越的人際關係，為俄大圖書館籌募了上千萬美元，其中八百多萬是圖書館的專用基金。

在一九九九年底，李館長從俄亥俄大學退休的前夕，美國圖書館學會特別由理事會決議表揚。美國的華美圖書館員學會、亞太美裔圖書館員學會、俄亥俄州的OhioLINK及Ohionet、以及臺灣的中國圖書館學會及國立中央圖書館等都頒贈獎狀，祝賀李博士榮退。俄亥俄州圖書館學會授予他終身榮譽館員稱號（Ohio Hall of Fame Librarian）。

一九七五～一九七八年，
科羅拉多州立大學圖書館擔任教授級副館長。

一九七五年，越戰結束，李博士在科羅拉多州立大學的安排下回到美國，任該校圖書館教授級副館長。科羅拉多州立大學是美國和加拿大兩國研究圖書館學會一百一十所大型研究圖書館之一。

一九六八～一九七五年，
亞洲理工學院圖書館及資訊中心主任。

　　李華偉博士由美國國際發展署（U.S. Agency for International Development）派往泰國曼谷，擔任亞洲理工學院（Asian Institute of Technology，AIT) 圖書館及資訊中心主任，他積極規劃圖書館的建立、館藏的擴充、新館的規劃、人員的招聘、制度的制定等。

　　在此期間，李博士不僅將亞洲理工學院的圖書館和資訊中心建成亞洲地區最著名的理工科研究圖書館，還在亞洲地區內第一個採用電腦作業。一九七〇年推出由IBM1130支援的聯合期刊目錄作業系統，圖書採購及會計系統，新書目錄發佈系統[19]；並印發了定期的期刊收藏目錄（Journal Holding List）[20]，最新資料通報（Current Awareness Service）[21]，和其他多種目錄工具書。

　　由於創新了眾多的圖書館服務專案，引起亞洲地區很多國際機構、國家圖書館、國家科技資訊中心、大學圖書館、圖書館學系等的關注，李博士被邀請為顧問，前往東亞及東南亞各國講學或指導。他在日本、馬來西亞、印尼、菲利賓、及泰國等國家，舉辦過亞洲地區的圖書館培訓班或會議。一九七一年在馬來西亞舉辦的《馬來西亞和新加坡對於科技資訊的需要》會議中，李博士應邀做了關於「科技資訊服務的地區合作」的主題報告[22]。從一九七〇年開始，泰國的國立朱拉隆功大學圖書館系邀請李博士為兼任教授，並開設《圖書館自動化》課程。

---

[19] "Library Mechanization at the Asian Institute of Technology". In «International Library Review», V.3, No.3, June 1971. Pp. 257-270.

[20] «Asian Information Center for Geotechnical Engineering. AGE Journal Holding List» (1973 Edition). Bangkok, Thailand.

[21] «Asian Information Center for Geotechnical Engineering. AGE Current Awareness Service». V.2, No.3,(February 1975). Bangkok, Thailand.

[22] "Regional Cooperation in Scientific and Technical Information Service", paper presented at the Conference on Scientific and Technical Information Needs for Malaysia and Singapore, Institut Teknoloji Mara, 24-26, September, 1971. 12 p.

加拿大國際發展研究中心（International Development and Research Centre of Canada IDRC）、聯合國發展計畫（United Nations Development Program UNDP）、聯合國糧農組織（Food and Agriculture Organization of UN FAO）、聯合國教科文組織（United Nations Educational, Scientific, and Cultural Organization UNESCO）等國際機構聘任李博士為顧問。幫助東亞及東南亞國家開發圖書館現代化管理和服務。加拿大國際發展研究中心還撥款支持亞洲理工學院的圖書館及資訊中心建立亞洲地區工程技術資料庫專案。

一九六五～一九六八年，
擔任賓夕法尼亞州州立愛丁堡學院圖書館副館長，
一年後晉升館長。

李華偉博士是華裔在美國高等院校圖書館擔任館長的第一人。一九六八年，憑著傑出的行政能力及卓越的才華，李博士從助理教授升到副教授並獲得終身職（Tenure）。

一九六二～一九六五年，擔任賓夕法尼亞州匹茲堡市都肯
大學（Duquesne University）圖書館採編部主任。

在此期間，李華偉繼續在匹茲堡大學攻讀哲學博士學位，主修教育，副修圖書館學。一九六五年夏天完成博士學位。

一九五八～一九六二年，匹茲堡大學圖書館學生助理，
訓練館員，後受雇為正式館員及採購部第一助理。

一九五七年，李華偉由臺灣赴美留學，就讀匹茲堡大學教育學院研究所，一九五八年開始在匹茲堡大學圖書館擔任學生助理，一九五九年獲得教育碩士學位，成為匹茲堡大學圖書館訓練館員，並開始在當時的卡內基理工學院攻讀圖書館學碩士學位，一九六一年夏天，獲得圖書館學碩士學位，並被提升為圖書館採購部的第一助理。

一九五六～一九五七年，受聘國立台灣師範大學訓導處
　　課外活動組以助教名義指導學生社團活動。

一九五五～一九五六年，受聘為當時省立師範專科學校
　　　附屬小學擔任訓導主任。

　　一九五〇年考進當時的台灣省立師範學院教育系，
一九五四年畢業。一九五五年受完一年預備軍官訓練。

附錄二：李華偉著作目錄

李華偉著作目錄
Bibliography of Hwa-Wei Lee's Publications

書Books:

1. *Educational Development in Taiwan Under Nationalist Government, 1945 - 1962,* (Ph.D. dissertation, University of Pittsburgh, 1964). 333 p.

2. *Areas of Cooperation in Library Development in Asia and Pacific Regions.* Papers presented at the 1983 Joint Annual Program of the Asian/Pacific American Librarians Association and Chinese American Librarians Association, June 28-29, 1983, Los Angeles, California. Edited with Sally C. Tseng and K. Mulliner. Athens, Ohio: Chinese American Librarians Association, 1985. 63p.

3. 圖書館學的世界觀*Librarianship In World Perspective: Selected Writings, 1963-1989.* (臺北Taipei: 學生書局Student Book Company, 1991）. 332 p. (部分中文)

4. *Library Development, Resource Sharing, and Networking among Higher Education Institutions in Papua New Guinea. Final Report and Recommendations.* (Port Moresby, Papua New Guinea: Commission for Higher Education, 1991). 48 p.

5. Co-authored with Gary Hunt, *Fundraising for the 1990s: The Challenge Ahead -- A Practical Guide for Library Fundraising:*

From Novice to Expert (Canfield, Ohio: Genaway and Associates, 1992).183 p.

6. 現代化圖書館管理*On Modern Library Management*. (臺北Taipei: 三民書局San Ming Book, 1996). 257 頁. (中文)

7. 與刁維漢Weihan Diao 和 王行仁Andrew H. Wang 合著, **OCLC 連線與光碟編目概論***OCLC Compact Disk and Online Cataloging*. (上海Shanghai: 華東師範大學出版社East China Normal University Press, 1999). 222 頁. (Chapter 2：Automate Cataloging in Libraries. pp. 47-78).

8. 與董小英，左美雲合著。**知識管理的理論與實踐**。(北京，中國：華藝出版社，2002). 471 頁。二十一世紀圖書館學叢書。（中文）

9. **李華偉文集 Collected Works of Hwa-Wei Lee**. 上下兩集。廣州：中山大學出版社，2011. 1565 頁。（圖書館學家文庫）（中英文）

Papers, reports, and presentations 文章, 報告, 和演講：

10. "Africana at Duquesne University Library," *African Studies Bulletin*, V.6, No. 3 (October 1963), pp. 25-27.

11. "Africana - A Special Collection at Duquesne University," *The Catholic Library World*, V. 35, No. 4 (December 1963), pp. 209-211.

12. "留美學生所面對的實際問題及其認識—出席美國中西部各大學中國留學生申請入學審查研討會記要"，**中國一週** (*China Newsweek*), No. 834 (April 18, 1966), 12-15 頁。（中文）

13. "The Recent Educational Reform in Communist China," *School and Society*, V.46, No. 2311 (November 9, 1968), pp. 395-400.

14. "Computer Application in Library and Information Services: The Current AIT Experiments and Future Plans," paper presented at the First Computer Applications Symposium jointly sponsored by the Computer Science Laboratory, Chulalongkorn University and U.S.

Educational Foundation in Thailand, Bangkok, June 23-25, 1969.

15. "亞洲理工學院Asian Institute of Technology," *The Scooper Monthly*, October 1969, pp. 76-81. (中文)

16. "Planning for Computer Applications in the AIT Library," paper presented at the 1969 annual conference of the Thai Library Association, Bangkok, December 15-19, 1969.

17. *Proposal for a Regional Information Center for Science and Technology at the Asian Institute of Technology*. (Bangkok, Thailand: Asian Institute of Technology, January 1971). 13 p.

18. "Fragmentation of Academic Library Resources in Thai University Libraries," *International Library Review*, V.3, No. 2 (April 1971), pp. 155-167. "Library Mechanization at the Asian Institute of Technology," *International Library Review*, V. 3, No. 3 (July 1971), pp. 257-270.

19. "Regional Cooperation in Scientific and Technical Information Service," *Proceedings of the Conference on Scientific and Technical Information Needs for Malaysia and Singapore*, Institiut Teknoloji Mara, Kuala Lumpur, September 24-26, 1971. Kuala Lumpur: Persatuan Perpustakaan Malaysia and Library Association of Singapore, 1972, pp. 97-105.

20. "A New Engineering Library Emerging in Asia," *Libraries in International Development*, No. 41 (December 1971), pp.103.

21. "The Information Technology--New Tools and New Possibilities for Information Storage, Retrieval and Dissemination," paper presented at the Regional Seminar on Information Storage, Retrieval and Dissemination, organized by Asian Mass Communication Research and Information Centre in cooperation with the National Research Council of Thailand, Bangkok, March 26-30, 1973. 10p.

22. *Asian Information Center for Geotechnical Engineering. Progress Report, January to June 1973*. (Bangkok, Thailand: Asian Institute

of Technology, July 1973). 16 p.

23. "Partner for School Library Development in Thailand," *T.L.A. Bulletin*, V. 17, No. 5 (September/October 1973), pp. 443-448.

24. "建立全國圖書資料網謅議," *Central Daily News* (Taipei), February 26-27, 1974. (中文)

25. "Possibilities in Employing Computer and Other Information Technologies to Further Library and Information Services in Southeast Asia," *Network*, V.1, No. 3 (March 1974), pp. 10-12, and 24-28.

26. With S. W. Massil, *Library Automation at the Asian Institute of Technology--Bangkok. The Larc Reports*, V. 7, No. 3. (Peoria, Illinois: The Larc Press, 1974). 35p.

27. "Regional Cooperation in Scientific and Technical Information Service," In *A Survey of Automated Activities in the Libraries of Asia and the Far East*. (World Survey Series, V.5). (Peoria, Illinois: The Larc Press, 1974). pp. 11-17.

28. "The Application of Information Technology to Close the Information Gap," paper presented at the First Conference on Asian Library cooperation, Tamsui, Taipei, August 19-22, 1974.12 p.

29. "User and Use Analysis: A Case Study of the Information Utility by Geotechnical Engineers in Asian Countries," *Information Utilities: Proceedings of the 37th Annual Conference of the American Society for Information Science*, Atlanta, Georgia, October 13-17, 1974. Edited by Pranas Zunde. Washington, D.C.: 1974, V. II, pp. 133-136.

30. With S. W. Massil, *Proposal for Library Development at Prince of Songkla University in Southern Thailand*. Prepared at the request of the University Development Project Office, Prince of Songkla University. (Bangkok: Asian Institute of Technology, 1974). 23p.

31. With S. W. Massil, "Scholarly Publications: Considerations on Bibliographic Control and Dissemination," *Scholarly Publishing in*

Southeast Asia, Proceedings of the Seminar on Scholarly Publishing in Southeast Asia, sponsored by the Association of Southeast Asian Institutions of Higher Learning, University of Malaya, Kuala Lumpur, January 16_18, 1975. Edited by Beda Lim. Kuala Lumpur: 1975, pp. 212-218.

32. 與 楊黃晴Jane C. Yang, "國際圖書刊物統一編號及著錄的標準International Standard Numbering for Books and Serials and the Standardization of Bibliographic Descriptions," 圖書館學與資訊科學*Journals of Library and Information Science*, V. 1, No. 1 (February 1975), 60-66 頁. (中文).

33. "The Experience of a Specialized Information Service in Asia-- AGE," paper presented at the Round Table Conference on Documentation Problems in Developing Countries, Khartoum, Sudan, April 10-11, 1975 sponsored by FID/DC and FID National Member in Sudan. Published in *Journal of Library and Information Science*, V. 1, No. 2 (Oct. 1975), pp. 82-93.

34. "Recent Important Developments in the Library World," *Bulletin of the Library Association of China*, No. 27 (December 1975), pp. 34-36. (中文).

35. "Regional Cooperation for ISDS," *Proceedings of the Third Conference of Southeast Asian Librarians*, Jakarta, Indonesia, December 1-5, 1975. Edited by Luwarsih Pringgoadisurjo and Kardiati Sjahrial. Jakarta: PDIN-LIPI for Ikatan Pustakawan Indonesia (Indonesian Librarians Association), 1977, pp. 159-166.

36. *The Possibility of Establishing a Regional Centre for the International Serials Data System in Thailand.* (SC-76/WS/7), Paris: UNESCO, 1976. 43 p

37. "The Third Conference of Southeast Asian Librarians," *Leads*, V. 18, No. 1 (March 1976), pp. 3-4.

38. "Proposal for the Establishment of an ISDS Regional Center for

Southeast Asia in Thailand," *Leads*, V. 18, No. 2 (July 1976), pp. 4-5.

39. "Cooperative Regional Bibliographic Projects in Southeast Asia," paper presented at the Library Seminars of the International Association of Oriental Librarians held in conjunction with the 30th International Congress of Human Sciences in Asia and North Africa, Mexico City, August 3-8, 1976. 17 p. Published in *UNESCO Bulletin for Libraries*, V. 31, No. 6 (Nov.-Dec. 1977), pp. 344-351, 370.

40. With Marjorie Rhoades, "Approaches to Development of Water Resources Scientific Information Systems," *Water Knowledge Transfer: Proceedings of the Second International Conference on Transfer of Water Resources Knowledge*, Colorado State University, June 29-July 1, 1977. (Fort Collins, Colorado: Water Resource Publications, 1978). V. 2, pp. 625-644.

41. "Sharing Information Resources Through Computer-assisted Systems and Networking," *Resource Sharing of Libraries in Developing Countries*. Proceedings of the 1977 IFLA/UNESCO Pre-Session Seminar for Librarians from Developing Countries, Antwerp University, August 30-September 4, 1977. Munchen: K. G. Saur, 1979, pp. 208_216. Also published in *Journal of Library and Information Science*, V. 4, No. 1 (April 1978), pp. 14-24.

42. "Impact of International Information System and Programs on NATIS," Paper presented at the 4th Congress of Southeast Asian Librarians on Regional Co-operation for the Development of National Information Services, June 5-9, 1978, Bangkok, Thailand. 15 p.

43. "The Millionth Volume," *The Library Scene*, V. 8, No. 4 (December 1979), p. 24.

44. "Impacts of International Information Systems on NATIS," paper presented at Fourth Congress of Southeast Asian Librarians,

Bangkok, June 5-9, 1978. Published in the *Proceedings of Regional Cooperation for the Development of National Information Services*. (Bangkok: Thai Library Association, 1981). pp. 133-146.

45. "Online Revolution and Libraries," *Library Planning and Media Technology*. Library Workshop Proceedings, November 28-30, 1979. (Taipei: National Taiwan Normal University Library, 1980). pp. 14-17. (中文).

46. "The Current Status of Academic Library Administration in the U.S.," paper presented at the Annual Meeting of Directors of Academic and Research Libraries, Taipei, December 1, 1979.10 p. (中文).

47. With K. Mulliner and Lian The-Mulliner, "International Information Exchange and Southeast Asia Collections--A View from the U.S.," presented at the 1980 Meeting of the International Association of Orientalist Librarians, Manila, August 17-23, 1980. 17 pages. Published in *Journal of Educational Media Science*, V. 18, No. 2 (Winter 1980), pp. 3-18.

48. "A Sketch for a Computerized National Library and Information Network," paper presented at the International Workshop on Chinese Library Automation, Taipei, February 14-19, 1981. 11 p.

49. *Acquisitions From the Third World*, Editor and Compiler, with K. Mulliner, special thematic issue of *Library Acquisitions: Practice and Theory*, V. 6, No. 2 (1982), pp. 79-238.

50. With K. Mulliner, "Library Acquisitions from the Third World: An Introduction," *Library Acquisitions: Practice and Theory*, V. 6, No. 2 (1982), pp. 79-85.

51. "Recent Breakthroughs in Library Automation in Taiwan," *Journal of Educational Media Science*, V. 19, No. 2 (Winter 1982), pp. 119-136.

52. With K. Mulliner, "International Exchanges of Librarians and

the Ohio University Internship Program," paper presented to the International Relations Round Table of the American Library Association at the ALA Conference in Philadelphia, July 1982. Published in *College & Research Libraries News*, V. 43, No. 10 (November 1982), pp. 345-348

53. "Challenges for the Library and Information Profession," *Bulletin of the Library Association of China*, No. 35 (1983), pp. 235-246.

54. "International Library Internships: An Effective Approach to Cooperation," paper presented to the annual program of the Asian/ Pacific American Librarians Association and the Chinese American Librarians Association, in conjunction with the annual American Library Association conference, Los Angeles, June 28-29, 1983. Published in *Areas of Cooperation in Library Development in Asian and Pacific Regions*, (Athens, Ohio: Chinese-American Librarians Association, 1985). pp. 21-27, and, in a revised form, in the *International Library Review*, V. 17, No. 1 (1985), pp. 17-25.

55. With K. Mulliner, E. Hoffmann-Pinther, and Hannah McCauley, "ALICE at One: Candid Reflections on the Adoption, Installation, and Use of the Virginia Tech Library System (VTLS) at Ohio University," paper presented at the Integrated Online Library Systems Second National Conference, September 13_14, 1984, in Atlanta, Georgia. Published in the *Proceedings*. (Canfield, Ohio: Genaway & Associates, 1984). pp. 228-242.

56. With M. Beckman and Jianyan Huang, "Management of Scientific and Technical Information Centres: Aspects of Planning a Course Sponsored by IDRC (Canada) and ISTIC (China)," paper presented at the International Federation for Documentation (FID) Pre-Congress Workshop on Curriculum Development in a Changing World, The Hague, September 3-4, 1984. 19 p.

57. *Lecture Notes and Suggested Readings on Modern Library*

Management and Automation. Athens, Ohio, 1985. 87 p.

58. With K. Mulliner, "Educating for International Interdependence: The Role of the Academic Library--Ohio University and Malaysia," at the First Annual Tun Abdul Razak Conference in Malaysia, Athens, Ohio, May 10, 1985. 9 p.

59. With K. Mulliner, "Funding the Southeast Asia Collection and Research Resources at Ohio University," paper presented at the Annual Meeting of the Association for Asian Studies in Chicago, Illinois, March 21, 1986.

60. "International Exchanges and Internships for Librarians," paper presented at the LACUNY [Library Association of the City University of New York] Institute '86, New York City, April 4, 1986.

61. "美國圖書館現狀及其發展動向" **福建省圖書館學會通信**。1986年第一期。34-38頁。（晉陽 根據錄音報告摘要）.

62. "Principles and Issues on National Library and Information Policy," *Papers of the Library Cooperation and Development Seminar*, August 17-18, 1986. (Taipei: National Central Library, 1987). pp. 5.1-5.22. Also published in *Journal of Library and Information Science*, V.13, No. 1 (April 1987), pp. 1-16.

63. "Applications of Information Technology in An American Library--The Case of Ohio University Libraries," published in First Pacific Conference on New Information Technology for Library and Information Professionals, June 16-18, 1987, Bangkok, *Proceedings*. Edited by Ching-Chih Chen and David I. Raitt. (West Newton, MA: MicroUse Information, 1987). pp. 155-164.

64. "Library Automation at Ohio University Library: Past, Present and Future." **蔣慰堂先生九秩榮慶論文集** *Collection of Essays Honoring Chiang Wei-Tang on His Ninetieth Birthday*. (臺北，臺灣：中國圖書館學會 Library Association of China, 1987). pp. 47-72.

65. *Proceedings of the International Symposium on New Techniques and Applications in Libraries*, Xi'an, China, September 8-11, 1988. Edited with Zhang Zhiyou. (Xi'an: Xi'an Jiaotong University Press, 1988). 576 p.

66. "Trends in Automation in American Academic Libraries: Ohio University's Experience," by Educational Resources Information Center, ED 315 081, ERIC Clearinghouse, May 1989. 20 p. Also published in *Journal of Educational Media & Library Sciences*, V. 27, No. 1 (Autumn 1989), pp. 1-23.

67. "美國圖書館自動化六十年代以來的重要里程碑," *National Central Library News Bulletin*, Vol. 11, No. 4 (Nov. 1989), pp. 4-7. (Speech delivered at the National Central Library in Taipei on June 2, 1989). (In Chinese).

68. "Planning Process and Considerations for a Statewide Academic Libraries Information System in Ohio," Second Pacific Conference on New Information Technology for Library and Information Professionals and Educational Media Specialists and Technologists, Singapore, May 29-31, 1989. Published in *Proceedings*, edited by Ching-chih Chen and David I Raitt. West Newton, MA: MicroUse Information, 1989, 203-210. Also published in *Journal of Educational Media & Library Sciences*, V. 27, No. 2 (Winter 1990), pp. 127-138.

69. 圖書館服務的新觀念與新技術*New Concepts and New Technology in Library Services*. 圖書館學講座專輯之十Library Lecture Series, No.10. (高雄， 臺灣Kaohsiung, Taiwan: 國立中山大學圖書館 National Sun Yat-Sen University, 1989). 25 頁. (中文)

70. *Final Report of the INNERTAP Project Review*. Consultant Report on the Information Network on New and Renewable Energy Resources and Technologies for Asia and the Pacific, commissioned by the International Development Research Centre. Ottawa, Canada:

IDRC, 1990. 33 p.

71. With Anne S. Goss, "Medical Librarianship in China: Recent Developments," *Asian Libraries*, V.1, No.1 (March 1991), pp. 80-84.

72. "New Visions in Library Automation and Networking--Ohio's Approach to the 1990s," paper presented at the International Conference on New Frontiers in Library Information Services, May 8-12, 1991 *Proceedings*. 2 vols. Taipei, Taiwan: National Central Library, 1992. pp. 361-382 A Chinese translation：圖書館自動化和網路化的新境界 -- 俄亥俄走向九十年代 "鮑平 , 張曉豔 譯。大學圖書館學報*Journal of Academic Libraries*, No. 59 (1992), pp. 38-45.

73. "Contributions of International Faculty to International Education on Campuses," paper presented at the 1992 Ohio Chinese Academic and Professional Association, Columbus, Ohio, April 1992. 15 p.

74. "The Future Begins Now: Ohio's Library Automation, Information Services and Networking," paper presented at the International Seminar on Collection Development and Resource Sharing in Modern Library 現代圖書館藏書建設與資源分享國際研討會，1992年5月17-20日， Xian， China. The Abstract is included in the *Proceedings* which was edited by Chen Yu and published by Shanghai Scientific & Technical Publishers. P. 59-60.

75. With Judith Sessions and Stacey Kimmel, "OhioLINK: Technology and Teamwork Transforming Ohio Libraries," *Wilson Library Bulletin*, V. 66, No. 10 (June 1992), pp. 43-45.

76. With John Evans, "Developing Higher Education Libraries in Papua New Guinea," *Information Development: The International Journal for Librarians, Archivists and Information Specialists*, Vol. 8, No. 2 (November 1992), pp. 221-227.

77. With Gary Hunt, "The Ten Principles for Successful Fundraising,"

The Bottom Line, V. 6, No. 3/4 (Winter 1992/Spring 1993), pp. 27-33.

78. "Advancing Information Technologies: The Role of National Libraries," presented to the International Conference on National Libraries: Toward the 21st Century," sponsored by the National Central Library, Taiwan, Republic of China, April 20-24, 1993.

79. "Ohio Academic Libraries Prepare for the 21st Century," *Library in the 90's, Selected Papers of the International Symposium on the Latest Development in Technologies of Library Service*, September 6-10, 1992, Beijing, China. Edited by Sun Chengjian and Jiang Bingxin. (Beijing: International Academic Publishers, 1993). pp. 292-308.

80. "Managing Information Technology--The Experience of Ohio Academic Libraries," presented to the IX Congress of Southeast Asian Librarians (CONSAL) in Bangkok, May 2-7, 1993, and the Seminar on National Academic Library Networking, May 12,-14, 1993, Chiang Mai, Thailand. Published in *CONSAL IX Papers: Future Dimensions and Library Development*. (Bangkok: CONSAL IX Secretariat, 1993). pp. B45-B62.

81. With Angela Lew, *Workshops and Consultation on the Management of Libraries and Information for the Institutes of Education in China*, held in Tianjin, Beijing, and Shanghai, July 11 to August 8, 1993. (A World Bank Funded Teacher Training Project). August 15, 1993. 14 p.

82. "Expanding Ties between Ohio and Chinese Libraries," *Ohio Libraries*, V. 6, No. 4 (Fall 1993), pp. 22-23.

83. "管理資訊技術 -- 俄亥俄州大學圖書館之經驗"，**政大圖資通訊**。No. 7 （1993年11月）。1-11 頁。

84. "Managing Information Technology—the Experience of Ohio Academic Libraries," *Chiang Mai University Library Journal*, V. 4

(1994), pp. 20-43.

85. With Kent Mulliner, "Southeast Asia Collection Growth in the United States: Ohio University's Experience." *In the Information Challenge. A Festschrift in Honor of Dr. Donald Wijasuriya.* Edited by Ch'ng Kim See. (Kuala Lumpur: Knowledge Publishers, 1995). pp. 87-103

86. "Networked, Electronic and Virtual Library--Libraries of the 1990s," paper published in the *Proceedings of the International Seminar on Information Technologies and Information Services*, October 20-24, 1994, Shanghai, People's Republic of China. (Beijing: China Social Sciences Publishing House, 1994). V. 2, pp. 167-172. Also published in *Journal of Educational Media & Library Sciences,* V. 32, No. 2 (Winter 1995), pp. 119-129.

87. "Global Information Access: Libraries as Citizens' Gateway to the World," paper presented at the Chubu University-Ohio University Conference on Lifelong Learning for the 21st Century: Local and Global Dimensions, October 4-6, 1994, 中部大學開學30周年紀念－生涯學習研究會。Kasugai, Japan. *The Proceedings of...* (Kasugai: Chubu University 中部大學, 1995). pp. 75-82.

88. *Program CPR/91/420 Basic Education: Administration and Teachers Training. Consultant Report*, submitted to United Nations Educational, Scientific and Cultural Organization, June 30, 1995. 13 p.

89. "Sharing of Library and Information Resources: the OhioLink Model", Paper presented at the 96 資訊資源與社會發展國際學術研討會，1996年9月3-6日。 Wuhan, China。

90. "American Contributions to Modern Library Development in China: A Historic Review," paper presented at the China--US Conference on Global Information Access: Challenges and Opportunities, held in Beijing, China, August 21-23, 1996. 14 p. Also published in

Journal of Information, Communication, and Library Science, V. 4, No.4 (Summer 1998), pp. 10-20.

91. "Maximizing Information Access and Resource Sharing: The OhioLINK Experience," paper presented at the 10th International Conference on New Information Technology, March 24-26, 1998, Hanoi, Vietnam. Published in its *Proceedings*, edited by Ching-Chih Chen. (West Newton, MA: MicroUse Information, 1998). pp. 149-156.

92. "Maximizing Information Access and Resources Sharing: The OhioLINK Approach," paper presented at the International Conference on New Missions of Academic Libraries in the 21st Century, October 25-28, 1998, Beijing, China. Published in its *Proceedings*. (Beijing: Peking University Press, 1998). pp. 283-287.

93. "The Ten Principles for Successful Fundraising," co-authored with Gary Hunt, in *Sponsoring fur Bibliotheken*, edited by Rolf Busch. (Berlin: Deutsches Bibliotheksinstiut, 1997). pp.130-141.

94. "Library Cooperation and the Development of a Library Network—The OhioLINK," paper presented at the Seminar on Library Cooperation, Resource Sharing and the Development of Networks, August 19-20, 1999, Bangkok, Thailand, organized by the Rajabhat Institute Bansomdejchaopraya. Published in its *Proceedings*. (Bangkok: Rajabhat Institute Bansomdejchaopraya, 1999). pp. 1-27,

95. "The Success of OhioLINK for Information Access and Resources Sharing in a Networked Environment – OhioLink 在網路環境裡對資訊獲取和資源分享的成就". *Bulletin of Library and Information Science*, No. 30 (August 1999), pp. 1-17,

96. "網路環境中OhioLink在資訊獲取和資源分享方面所取得的成就".' **99 現代圖書館的服務與管理講習班，1999年9月13-15日**. 浙江大學圖書館承辦. pp. 5-12. **送**

97. "網路環境中的圖書館合作和資源分享". **網際網路與圖書館發**

展研討會論文集，1999年12月4日，國家圖書館會議廳. (臺北，臺灣：中國圖書館學會，1999). 3-44 頁. (In Chinese).

98. *Ohio University Libraries 1998-99 Annual Report*. (Athens, Ohio: Ohio University Libraries, 1999). 33 p.

99. "A New Milestone Reached and a New Chapter Opened" Preface for the *International Conference of Institutes and Libraries for Overseas Chinese Studies* 海外華人研究機構國際合作會議 *Papers and Abstracts. March 24-25, 2000*, Ohio University, Athens, Ohio. Published by the Dr. You-Bao Shao Overseas Chinese Document and Research Center, (Athens, Ohio: Ohio University Libraries, 2000). p. 1-2.

100. "Libraries in the Digital and Networked Knowledge Age of the Twenty-First Century," paper presented at the Seminar on 21st Century Public Libraries: Vision and Reality, May 1-3, 2000, Taipei, Taiwan, organized by the Central Taiwan Office of the Council for Cultural Development of ROC. Published in its *Proceedings*. (Taichung, Taiwan: National Taichung Library, 2000). pp. 43-68, "二十一世紀數位化及網路化知識時代中的圖書館" 賴麗香譯，69-88 頁。

101. "Knowledge Management and the Role of Libraries in the New Century," Published in 展望二十一世紀論文集*Prospects of the 21st Century*. (台中，臺灣Taichung, Taiwan: 逢甲大學 及廖英鳴文教基金會Feng Chia University and Liao Ying-Ming Cultural and Educational Foundation, 2000). pp. 397-436.

102. "Does Library have a Role in Knowledge Management?" paper presented at the 12th International Conference on New Information Technology, May 29-31, 2001, Beijing, China. Published in its Proceedings, *Global Digital Library Development in the New Millennium*, edited by Ching-Chih Chen. (Beijing: Tsinghua University Press, 2001). pp. 145-152.

103. "Strategic Direction of Libraries in Knowledge Management," 現代圖書館情技術 *New Technology of Library and Information Service*, No. 93, 2002 年刊. 13-17 頁.

104. With Ratana Na-Lamphun, "Focusing on Information and Knowledge Management: Redesigning the Graduate Program of Library and Information Science at Chiang Mai University," *Information Development*, V. 18 No.1 (March 2002), pp. 47-58.

105. "實施知識管理，提供優質服務，促進知識創新"，**知識管理：圖書館的機遇與挑戰學術研討會錄**, 2002 年 5月19-22日, 中國 北京，由 中國科學院文獻情報中心 和 國家科技圖書館合辦. 北京: 中國科學院出版, 2002. 90-94 頁. 同時發表在 **圖書情報工作動態** *Newsletter of Library and Information Service*, 2002 年第4期, 2-6 頁. (In Chinese).

106. 與 劉淑德 Peggy Shu-Te Liu, "非營利組織在電子期刊出版行銷的合作模式：以 SPARC與OCLC 合作 BIO-ONE 為例（The Cooperation of Non-profit Organizations Publish and Market Electronic Periodicals: The Case of Bio-One by SPARC and OCLC）"，**中國圖書館學會會報** *Bulletin of the Library Association of China*, 第 68 期 (2002 年6月), 14-25 頁. (In Chinese). .

107. "Who Should be in Charge of Knowledge Management, Librarians/ Libraries or Someone Else?" **大學圖書館學報** *Journal of Academic Libraries* , V. 20, No. 5 (2002 增刊), pp. 79-84. 數位圖書館時代：現狀與發展趨勢國際學術研討會專輯. 中國 北京 2002年10月23-25日. 慶祝北京大學圖書館建館一百周年。

108. "Libraries in Asia: New Life for Libraries in the Digital Age," *Harvard Asia Pacific Review*, (Fall 2002).

109. "知識管理：圖書館的作用 Knowledge Management: The Role of Libraries," **津圖學刊** *Tianjin Library Journal*, No. 78 (No. 1, 2003), 1-5 頁. (中文)

110. With Liren Zheng, "First Decade of the Dr. Shao You Bao Overseas Chinese Documentation and Research Center at Ohio University (1993-2003)," published in the *Proceeding of the Second International Conference of Institutes & Libraries for Chinese Overseas Studies. "Transnational Networks: Challenges in Research and Documentation of the Chinese Overseas," March 13-15, 2003, Hong Kong*, organized jointly by the Chinese University of Hong Kong Libraries and Ohio University Libraries. Hong Kong: 2003. 17 p. Also published in *Chinese Overseas: Migration, Research and Documentation*. Edited by Tan Chee-Beng, Colin Storey, and Julia Zimmerman. (Hong Kong: The Chinese University Press, 2007). pp. 275-295.

111. 與 樓宏青，"關於圖書館服務效益評估的若干問題)," **大學圖書館學報**Journal of Academic Libraries, V. 21, No. 5 (2003), 18-22 頁. (中文)

112. "Libraries in Rapid Transition: Information Management vs Knowledge Management", "Library Cooperation and Resources Sharing", "Steps in Implementing Knowledge Management", "Promoting Positive Changes in Scholarly Communication: The SPARC Initiative", "Measuring Library Service Quality: The LibQUAL + Tool". Five papers presented at the *International Conference on Challenges and Opportunities for Libraries and Information Professionals in Knowledge Management and the Digital Age, 20-22 March 2003, Chiang Mai, Thailand*. Organized by Department of Library Science, Faculty of Humanities, Chiang Mai University, Chiang Mai, Thailand, 2003. pp. 1-9, 29-32, 84-93,118-121, & 122-128.

113. "Building a World-class Asian Collection in the Library of Congress for Area Studies, Culture Preservation, Global Understanding, and Knowledge Creation." (Japanese translation on p. 57-67. English

paper and slides on p. 150-169.) Published in the *Proceedings of the Symposium "The New Horizon of Library Services Toward the Better Understanding of Asia," November 19, 2003*. (Kyoto, Japan: National Diet Library, Kansai-kan, 2004). 179 p.

114. "Building a World-class Asian Collection in the Library of Congress"，跨越數位時代的資訊服務：張鼎鍾教授七秩榮慶認文集。張鼎鍾教授七秩榮慶籌備小組編。(臺北市：文華圖書館管理，2004). pp. 17-30。

115. "Ching-chih Chen: A Shining Star and Model of Chinese American Library and Information Science Professionals." In Chinese American Librarians Association. *Bridging Cultures: Chinese American Librarians and Their Organization: A Glance at the Thirty Years of CALA, 1973-2003*. Edited by Zhijia Shen, Liana Hong Zhou, and Karen T. Wei. (桂林Guilin: 廣西師範大學出版社 Guangxi Normal University Press, 2004), pp. 9-25.

116. "Sharing the Treasures of the Asian Collections in the Library of Congress 共用美國國會圖書館的亞洲文獻寶庫," paper presented at 第二屆國際圖書館論壇 – 城市發展與圖書館服務the Second Shanghai International Library Forum – City Development and Library Services, held at the Shanghai Library, October 12-15, 2004. Published in the 論文集*Proceedings of the Forum*. (Shanghai: 上海科學技術文獻出版社Shanghai Scientific and Technological Literature Publishing House, 2004). 157-165頁

117. "Historical Resources on Northeast China and Japan in the Library of Congress," paper presented at the International Conference of the Historical Resources for the Studies of Northeast China and Japan, held at Niigata University in Japan, October 27-30, 2004. (中文，日文).

118. "美國國會圖書館的漢學資源Sinological Resources in the Library of Congress," keynote speech at the International Conference on

Sinological Resources in the Digital Era, December 7-9, 2004, organized by the National Central Library (Taiwan) and Center for Sinological Studies, Taipei, Taiwan. 13 pages. Also published in the 師大校友, 第 325 期 (2005年2月), 4-12 頁. (中文)

119. "Sinological Resources in the Library of Congress," *Culture Communication*, No. 17 (July/August 2005, p. 2) and No. 18 (September/October 2005, p. 3). (中文)

120. "Chinese Resources for Zheng He Studies in the Library of Congress," paper presented at the Third International Conference of Institutes and Libraries for Chinese Overseas Studies held in Singapore on August 18-21, 2005 under the theme "Maritime Asia and the Chinese Overseas, 1405-2005."

121. "Building a World-Class Asian Collection in the Digital Age at the Library of Congress 美國國會圖書館建立世界級的數位時代亞洲館藏," keynote speech at the 數位時代圖書館館藏發展研討會Symposium on Library Collection in the Digital Age, January 16-17, 2006, organized by the 國立中興大學圖書資訊學研究所及國立中興大學圖書館National Chung Hsing University Graduate Institute of Library and Information Science and the National Chung Hsing University Library, Taichung, Taiwan. Published in the **數位時代圖書館館藏發展研討會論文集**Proceedings of the Symposium, January 2006. （台中, 臺灣: 國立中興大學National Chung Hsing University, 2006）. 11-29 頁.

122. "海外華人與海外華人研究 – 兼介紹美國俄亥俄大學邵友保博士海外華人文獻研究中心", 2004 年. 1-34 頁.

123. "Asian Collections in the Digital Age at the Library of Congress," 深圖通訊*Shenzhen Library Newsletter*, No. 14 (No. 1, 2007). 3-11 頁.

124. "Asian Collections in the Library of Congress: A Historical Overview", Paper presented at the Conference on *Over a Hundred Years of Collecting: The History of East Asian Collections in North*

America, held at the University of California, Berkeley, October 18-19, 2007. 25 pages.

125."Building a National Asian Pacific American Collection in the Library of Congress, USA", 《第四屆海外華人研究與文獻收藏機構國際合作會議－互動與創新：多維視野下的華僑華人研究》, 由中國暨南大學與美國俄亥俄大學合辦,2009年5月9-11日在廣州暨南大學舉行.

126."A History of the East Asian Collections in the Library of Congress: A Bibliographic Guide," in *Collecting Asia: East Asian Libraries in North America, 1868-2008*. Edited by Peter X. Zhou. (Ann Arbor, Michigan: Association for Asian Studies, 2010). (Asian Past & Present: New Research from AAS, No. 4). pp. 22-31.

127. "美國圖書館自動化五十年主要里程碑," **高校圖書館工作**. V. 30, No. 135 (2010 年第1期), 3-7 頁.

128. "美國國會圖書館中文館藏的發展與影響", **圖書為媒　溝通中西：中美文化交流與圖書館發展國際學術研討會暨錢存訓圖書館開館典禮會議論文集**。張志強, 周原主編。（南京：南京大學出版社，2010）. 189-201 頁.

129. "美國國會圖書館收藏有關中國東北與日本的近代歷史文獻". 張海惠主編：**北美中國學：研究概述與文獻資源** *Chinese Studies in North American – Research & Resources*. (北京：中華書局，2010). 787-794 頁.

130. "大學圖書館實行知識管理的新理念 ", **全球化視野－大學圖書館館長論壇， 2010年6月1日－6月3日－巨變中的大學圖書館—現狀思考與學科化服務發展趨勢.會務手冊**。(上海：上海財經大學圖書館，2010). 32-43 頁.（PPT格式）

131. "分享中文數位資源的契機與探討", 第八次中文文獻資源共建共用合作會議暨圖書館中文資源與數位典藏學術研討會會議手冊. (臺北，臺灣： 漢學研究中心。 2010). 17-36 頁.（ 中英對照, PPT 格式）

Preface or Foreword 序言:

Yun, Franklin Hum. *The Centered Life: An Introduction to I Chine – Book of Changes. The Universal Principles of Living and Its Amazing Oracle.* (Raleigh, North Carolina: Pentland Press, 2001). 367 p.

孫平. **英漢圖書館情報學詞彙** *An Englsih-Chinese Dictionary of Library and Information Science.*（北京：清華大學出版社，2006）.822頁.

史勇偉. **養生之道**.（北京：文化藝術出版社，2007）. 134 頁.

Gong, Ginny. *From Ironing Board to Corporate Board: My Chinese Laundry Experience in America.* (Paramus, NJ: Homa & Sekey Books, 2008). 151 p.

附錄三：李華偉生平大事記

李華偉生平大事記
Important Dates and Events of Hwa-Wei Lee

1931 出生於中國廣州關祥和婦產科醫院（1931年1月25日）。

Born on January 25, 1931 at 關祥和婦產科醫院in Guangzhou, China.

父親李幹軍當時在廣東省四會縣擔任縣長。

Father Luther Kang-Chun Lee was the Chief of Shihui County, Guangdong Province.

1932 因父親工作，全家遷往南京。

Family moved to Nanjing because of father's work.

1937 在南京進小學一年級。

Started first grade in Nanjing.

1938 因日軍入侵，全家遷往廣西桂林。

Family moved to Guilin, Guangxi because of the Japanese invasion.

1939 母親懷孕，因逃避日軍轟炸，遷往越南河內避難。小妹在越南誕生。

In order to avoid daily bombing and threats by the Japanese invasion force, his mother and six children escaped to Hanoi, Vietnam, where his youngest sister was born.

1941 全家遷回桂林。因不斷逃難，小學教育時斷時續。

Family moved back to Guilin. Schooling was frequently interrupted by the war.

1943 小學畢業，全家遷往重慶。

Graduated from elementary school. Family moved to Chongqing.

進入國立第二華僑中學（四川江津杜市五福場）。

Started junior high school at the Second National Middle School for Overseas Chinese in Dushi, Jiangjin, Sichuan Province

1946 二次世界大戰結束後, 全家遷回南京。

Family moved back to Nanjing after WWII.

進入南京市立第一中學初三班。

Entered the third-year class of the First Nanjing Municipal Middle School.

1947 初中畢業。

Graduated from the First Nanjing Municipal Middle School.

因內戰關係，全家遷回桂林。

Family moved back to Guilin again because of the civil war.

進入國立漢民中學高一班。

Entered the National Han Min High School.

1949 全家從桂林遷往臺灣台中。

Family moved from Guilin to Taichung, Taiwan.

進入臺灣省立台中第一中學高三班。

Entered the Senior Class of the Taiwan Provincial Taichung First High School.

1950 畢業於臺灣省立台中第一中學。

Graduated from Taiwan Provincial Taichung First High School.

考進省立臺灣師範學院 （後改名為國立臺灣師範大學)，主修教育系。

Passed the entrance examination and entered Taiwan Provincial Teachers College (Name changed later to National Taiwan Normal University), majoring in Education.

1954 畢業於國立臺灣師範大學教育系。

Graduated from National Taiwan Normal University.

在陸軍軍官學校 及政工幹部學校接受13個月的預備軍官訓練。

Received thirteen-month ROTC training at the Military Academy.

1955 預備軍官訓練完畢。

Commissioned as First Lieutenant Reserved Officer.

高級公務人員考試及格。

Passed the High Grade Civil Service Examination.

分配到北師附小擔任訓導主任。

Assigned to the Affiliated Elementary School of the Provincial Taipei Teachers College and served as the Dean of Students.

1956 返回國立臺灣師範大學以助教名義派往訓導處課外活動組主管學生社團活動。

Returned to National Taiwan Normal University to serve as a teaching assistant and was assigned to work in the Office of the Dean of Students in charge of student organizations and activities.

1957 通過留學考試。

Passed the Examination for Students Going Abroad.

獲得美國匹次堡大學學費獎學金。

Received a tuition scholarship from the University of Pittsburgh.

前往美國匹次堡大學教育學院攻讀教育碩士學位。

Went to Pittsburgh and enrolled in the College of Education of the University of Pittsburgh for study toward the Master of Education Degree.

在匹次堡大學認識了同班同學Mary Frances Kratochvil。

Met Mary Frances Kratochvil in the same class at the University of Pittsburgh.

1958 開始在匹次堡大學圖書館擔任學生助理。

Began library work as a student assistant at the University of Pittsburgh Library.

1959 獲得教育碩士學位。

Received his M.ED degree.

3月14日與Mary Frances Kratochvil 結婚。

Married Mary Frances Kratochvil on March 14, 1959.

開始在匹茨堡大學圖書館做培訓館員，同時在卡內基梅隆大學圖書館系就讀圖書館碩士學位。

Began work as a full-time Library Trainee and started graduate studies for his M.L.S. degree at the Carnegie Library School of Carnegie Mellon University.

1961　獲得圖書館學碩士學位，又繼續在匹茨堡大學攻讀教育博士學位。

Received his M.L.S. degree from Carnegie and resumed Ph.D. studies in Education at Pitt.

由匹茨堡大學圖書館聘為採訪部第一助理。

Hired by Pitt Library as the First Assistant in the Acquisitions Department.

1962　由都肯大學圖書館聘為採訪部主任兼非洲特藏部主任。

Hired by Duquesne University Library (also in Pittsburgh) to serve both as the Head of the Acquisitions Department and as the Africana Librarian.

1964　在都肯大學圖書館升任為技術部主任。

Promoted to the position of Head of Technical Services at Duquesne University Library.

1965　在匹茨堡大學完成主修教育副修圖書館學的哲學博士學位。

Completed his Ph.D. degree (Majoring in Education with a minor in Library Science) from the University of Pittsburgh.

由賓州愛丁堡州立學院聘為圖書館副館長（助理教授）。

Hired by Edinboro State College (Edinboro, Pennsylvania) to serve as the Assistant Head of the College Library with the rank of Assistant Professor.

1967　升為館長（副教授）。

Promoted to Head Librarian with the rank of Associate Professor.

1968 在美國國際發展總署資助下，由科羅拉多州立大學聘用，派往設在泰國曼谷的亞洲理工學院，擔任圖書館及資訊中心主任。

Hired by Colorado State University to serve as the Director of the Library and Information Center at the Asian Institute of Technology, in Bangkok, Thailand, under the sponsorship of the U.S. Agency for International Development.

Mary 和五個孩子同行，在泰國生活了七年。

Moved with Mary and five children moved together to Bangkok, Thailand and stayed for 7 years.

1975 返回美國，由科羅拉多州立大學聘為教授級圖書館副館長。

Returned to the U.S. and was hired by Colorado State University (Fort Collins, Colorado) to serve as the Associate Director of the Colorado State University Libraries with the rank of Professor of Library Administration.

1978 俄亥俄大學聘為大學圖書館館長兼教育學院教授。

Hired by Ohio Univeristy (Athens, Ohio) as the Director of University Libraries and as Adjunct Professor of Education at the College of Education.

1983 父親李幹軍教授過世，享年九十歲（一八九三年九月二十二日～一九八三年三月一日）。

Father, Professor Luther Kang-Chun Lee 李幹軍, passed away at the age of 90 (9/22/1893-3/1/1983).

1984 母親王曉暉女士過世，享年九十歲（一八九四年五月二十七日～一九八四年八月六日）。

Mother, Xiao-Hui Wang, passed away at the age of 90 (5/27/1894-8/6/1984).

1991 提升為俄亥俄大學圖書館院長級館長。

Promoted to the Dean of Ohio University Libraries.

1999 在俄亥俄大學服務二十一年後退休，由俄大授予終身榮譽院長級圖書館館長稱號。

Retired from Ohio University after 21 years of service and was honored with the title: Dean of Libraries Emeritus, Ohio University.

由俄大校董會通過將一座圖書館新樓命名為李華偉圖書館分館。

By a Resolution of the Board of Trustees, Ohio University named a new building as the Hwa-Wei Lee Library Annex.

俄大也將總館第一層命名為李華偉國際藏書中心。

The University also named the first floor of the Vernon R. Alden Library as the Hwa-Wei Lee Center for International Collections.

由俄亥俄州圖書館理事會選入俄亥俄州圖書館員名人館。

Inducted into the Ohio Hall of Fame Librarians by the Ohio Library Council.

2000 由OCLC 聘為傑出訪問學者。

Invited by OCLC to serve as a Visiting Distinguished Scholar.

2001 由美國政府派往泰國清邁的清邁大學擔任傅爾布萊特資深專家。

Served as a U.S. Fulbright Senior Specialist at Chiang Mai University in Chiang Mai, Thailand.

2002 擔任OCLC 亞太服務部顧問。

Served as a Consultant for the OCLC Asian Pacific Services.

2003 受聘於國會圖書館擔任亞洲部主任。

Hired by the Library of Congress to serve as the Chief of Asian Division.

2008 從國會圖書館退休。遷往佛羅里達州傑克森維爾市定居。

Retired from the Library of Congress and moved to Jacksonville, Florida.

2009 與Mary慶祝結婚五十周年紀念。

Celebrated the 50th Wedding Anniversary.

經伊利諾伊大學邀請擔任由美國博物館及圖書館服務署資助的中美圖書館員專業交流項目美方評估員 （二〇〇九～二〇一一）。

Invited by the University of Illinois to serve as the Project Evaluator for the U.S. Institute of Museum and Library Services funded China-US Librarians Collaboration Project (2009-2011).

2011 慶祝80壽誕。

Celebrated his 80th birthday.

出版李華偉文集及李華偉傳記。

The Collected Work of Hwa-Wei Lee and the Biography of Hwa-Wei Lee 《書籍殿堂的智者》 were published.

在廣州中山大學設立王肖珠紀念獎學金。

Established the Xiao-Zhu Wang Memorial Scholarship Fund at Zhongshan University in Guangzhou.

李華偉圖書館學術思想研討會在深圳圖書館舉行。

The Symposium on Hwa-Wei Lee's Library Thoughts and Contributions was held at Shenzhen Library.

2012 俄亥俄大學頒授榮譽人文博士學位。

Ohio University conferred an Honorary Doctor of Letters Degree.

2013 美國華人圖書館員協會二〇一三年六月三十日在芝加哥舉行年會時特別出版《回憶之旅：圖說李華偉博士》專輯做為慶祝該會成立40週年活動之一。

As one of its 40th anniversary activities, the Chinese American Librarians Association published <Spotlight on CALA Members: Dr. Hwa-Wei Lee> at its annual conference on June 30 in Chicago.

國立台灣師範大學圖書館在二〇一三年十二月十二日舉辦《華人之光 豐偉典藏：學術圖書館發展趨勢研討會》及為期三週的 《李華偉教授特展》。

In honor of Hwa-Wei Lee, the National Taiwan Normal University Library held a special symposium on <The Development and Trends of Academic Libraries> on December 12, 2013, as well as a three-week special exhibition of his life-long achievements.

Do人物08　PC0375

書籍殿堂的智者
——傑出圖書館學家李華偉傳

作　　者／楊　陽
責任編輯／廖妘甄
圖文排版／詹凱倫
封面設計／秦禎翊

出版策劃／獨立作家
發 行 人／宋政坤
法律顧問／毛國樑　律師
製作發行／秀威資訊科技股份有限公司
　　　　　地址：114 台北市內湖區瑞光路76巷65號1樓
　　　　　電話：+886-2-2796-3638　傳真：+886-2-2796-1377
　　　　　服務信箱：service@showwe.com.tw
展售門市／國家書店【松江門市】
　　　　　地址：104 台北市中山區松江路209號1樓
　　　　　電話：+886-2-2518-0207　傳真：+886-2-2518-0778
網路訂購／秀威網路書店：https://store.showwe.tw
　　　　　國家網路書店：https://www.govbooks.com.tw

出版日期／2014年7月　BOD一版　定價／630元

|獨立|作家|
Independent Author

寫自己的故事，唱自己的歌

書籍殿堂的智者：傑出圖書館學家李華偉 / 楊陽著. --
一版. -- 臺北市：獨立作家, 2014.07
　　面；　公分. -- (Do人物；PC0375）
BOD版
ISBN　978-986-5729-03-5 (平裝)

1. 李華偉　2. 圖書館學家　3. 傳記

020.99　　　　　　　　　　　　　　　103001443

國家圖書館出版品預行編目

讀 者 回 函 卡

感謝您購買本書，為提升服務品質，請填妥以下資料，將讀者回函卡直接寄
回或傳真本公司，收到您的寶貴意見後，我們會收藏記錄及檢討，謝謝！
如您需要了解本公司最新出版書目、購書優惠或企劃活動，歡迎您上網查詢
或下載相關資料：http:// www.showwe.com.tw

您購買的書名：_____

出生日期：_____年_____月_____日

學歷：□高中 (含) 以下　　□大專　　□研究所 (含) 以上

職業：□製造業　□金融業　□資訊業　□軍警　□傳播業　□自由業
　　　□服務業　□公務員　□教職　　□學生　□家管　　□其它_____

購書地點：□網路書店　□實體書店　□書展　□郵購　□贈閱　□其他

您從何得知本書的消息？

　□網路書店　□實體書店　□網路搜尋　□電子報　□書訊　□雜誌

　□傳播媒體　□親友推薦　□網站推薦　□部落格　□其他_____

您對本書的評價：(請填代號　1.非常滿意　2.滿意　3.尚可　4.再改進)

　封面設計____　版面編排____　內容____　文／譯筆____　價格____

讀完書後您覺得：

　□很有收穫　□有收穫　□收穫不多　□沒收穫

對我們的建議：_____

_____

_____

_____

11466
台北市內湖區瑞光路 76 巷 65 號 1 樓
獨立作家讀者服務部 　　　收

....

（請沿線對折寄回，謝謝！）

姓　　名：＿＿＿＿＿＿＿＿　年齡：＿＿＿＿　性別：□女　□男

郵遞區號：□□□□□

地　　址：＿＿＿＿＿＿＿＿＿＿＿＿＿＿＿＿＿＿＿＿＿＿

聯絡電話：(日)＿＿＿＿＿＿＿＿＿＿(夜)＿＿＿＿＿＿＿＿＿＿

E-mail：＿＿＿＿＿＿＿＿＿＿＿＿＿＿＿＿＿＿＿＿＿